유학과 현대 총서 2

유도사상과 생태미학

유학과 현대 총서 2
유도(儒道)사상과 생태미학

초판 1쇄 2020년 8월 25일

지은이 **신정근·쩡판런·정석도·청샹잔·김미영·후요우펑
　　　　이용윤·한칭위·금종현·왕주저·박지혜·장훼이칭**
펴낸이 **김기창**
디자인 **銀** · 인쇄 및 제본 **천광인쇄사**

펴낸곳 도서출판 문사철
주소 서울 종로구 창경궁로 265 상가동 3층 3호
전화 02 741 7719 · 팩스 0303 0300 7719
홈페이지 wwww.lihiphi.com · 전자우편 lihiphi@lihiphi.com
출판등록 제300-2008-40호

ISBN 979 11 86853 81 8 (94150)
ISBN 979 11 86853 58 0 (세트)

※ 값은 뒤표지에 있습니다.

유학과 현대 총서 2

신정근 辛正根 · 쩡판런 曾繁仁 외

유도儒道 사상과 생태미학

도서출판문사철

서문

2019년에 성균관대학교 동양철학과가 산동대학교 문예미학연수센터와 2006년부터 학술 교류를 해온 바탕 위에 서로의 연구 성과를 첫 번째 단행본으로 공동 출간했다. 이러한 공동 출간의 성과는 결코 적지 않다. 한·중 간에 학술대회의 초대와 참여 등 학술 교류가 빈번했지만 학계와 일반 독자가 접근할 수 있는 성과물이 외부로 잘 알려지지 않는다. 따라서 학술대회 방식의 학술 교류는 참가자 위주로 성과를 공유하는 한계를 지니고 있었다. 공동 출간은 학계와 일반 독자가 동양철학과와 문예미학센터가 그간 교류해온 역사와 성과를 공유할 수 있는 마당을 제공한다.

이제 동양철학과와 문예미학센터의 공동 발간이 2019년의 제1권을 넘어 2020년의 제2권으로 이어지게 되었다. 세상사에는 처음이 있지만 끝이 없는 유시무종有始無終의 사례가 많다. 공동 발간은 공들여 시작하여 적시에 매듭을 잘 짓는 유종지미有終之美의 좋은 사례가 될 만하다. 문예미학센터는 중국에서 생태미학으로 왕성한 활동을 하고 있는데 이제 공동 발간으로 한국의 학계와 일반 독자들에게 많이 알려지게 되었다.

원래 성균관대학교 동양철학과와 산동대학교 문예미학센터는 해마다 번갈아가면서 상대방을 초청하여 학술대회를 개최해왔다. 올해는 성균관대학교에서 개최할 계획이었지만 코로나19로 인해 문예미학센터를 초청하여 학술대회를 열 수가 없게 되었다. 2006년에 시작된 학술교류가 처음으로 개최되지 못하기 되었다. 해마다 반가운 얼굴을 보며 서로 우의를 다져왔는데 그럴 수가 없으니 참으로 아쉽기 그지없다. 학술 교류보다 늦게 시작된 공동 발간이 빛을 발하게 되었다. 늦게 시작한 공동 발간이 동양철학과와의 학술 교류를 더욱 공고하게 하는 데에 중요한 역할을 하게 된 셈이다. 아울러 공동 발간이 서로를 보지 못하는 아쉬움을 글로 대신할 수 있어서 무척 다행이다.

올해는 작년에 비해 필자가 10명에서 12명으로 늘어났다. 그만큼 한국과 중국은 더 많은 연구자와 그 성과를 공유할 수 있는 기회를 가지게 되었다고 할 수 있다. 두 번째 공동 발간이 마무리되는 시점에 이르자 벌써부터 세 번째로 나올 책이 궁금해진다. 더 많은 연구자와 그 성과가 한국과 중국에 알려져서 동양철학과 문예미학센터의 공유를 넘어 관심 있는 분들에게 큰 도움을 주게 되기를 희망한다. 이를 통해 그간에 진행된 학술 교류와 공간 발간이 더욱 빛을 발하게 될 것이다. 공동 발간에 참여한 필자와 10여 년의 학술 교류를 위해 도움을 준 모든 분들에게 감사드린다.

2020년 7월
신정근辛正根
성균관대 유학대학 학장

서문

『생태미학과 동양철학』(2019)의 한국어본과 중국어본이 한국과 중국에서 각각 정식으로 출판된 다음, 우리는 계속해서 이 총서의 제2집을 기획하여 양자 간 학술 교류와 협력을 촉진하는 계기로 삼고 있다. 이 과정에서 기록할 만한 두 가지 중요한 일이 있었다.

첫 번째는 '대화와 이해: 생태미학의 용어 연구'라는 주제로 국제학술회의를 개최한 것이다. 2019년 10월 18일부터 21일 까지, 한국의 성균관대학교 동양철학과와 산동대학교 문예미학연구센터가 공동으로 주최한 이 회의에서는 미국, 오스트리아, 한국, 중국 양안 세 지역에서 온 50여 명의 학자들이 '생태미학 연구의 회고와 반성', '환경미학 연구의 회고와 반성', '생태미학과 생태문명의 건설', '동아시아 전통의 생태지혜와 생태미학의 구성' 등, 네 가지 의제를 둘러싸고 열띤 토론을 전개했다. 회의의 개최지는 산동대학교 본 캠퍼스의 지신관이었다. 주지하다시피 '지신知新'은 공자가 말한 "옛것을 익히고 그것에 미루어 새것을 안다면 스승이 될 수 있다.[溫故知新, 可以爲師矣]"에서 비롯한 것으로, 우리 모두가 동아시아 전통에서 생태적 지혜의 발굴을 모색하고, 그것을 창조적이고 새롭게 전환-발전시켜, 현대의 생태미학을 구축하는 생명력 풍부한 자원으로 활용할 것을 표명했다. 제2집 가운데 몇 편의 글은 바로 당시의 학술회의 논문이다. 그것들은 당시 국제학술회의의 학술적 성과를 진실하고 생생하게 반영하면서 양국 학자간의 두터운 학술적 우의를 기록하고 있다.

두 번째는 전세계적인 신종 코로나 바이러스의 폭발과 만연이 우리의 환경, 작업, 생활과 심리 등에 광범위한 영향을 미쳤다는 것이다. 솔직히 말해, 처음 바이러스의 위협에 직면했을 때 나는 마음속으로 걱정과 공포를 떨치기 어려웠고, 한국의 친구와 끊임없이 바이러스에 관한 정보를 교환하면서 서로 격려하고 축복했다. 성균관대학교 동양철학과의 강교희 박사는 내게 특별히 메시지를 보내 마스크가 부족하지는 않은지, 한국에서 보내야 하는지를 물었다. 안부는 비록 간단했지만 온정을 실감하게 했다. 바이러스의 유행은 생태위기마냥 국경을 초월해서 전 인류가 함께 직면한 위협이다. 청대의 시인 조익趙翼은 일찍이 「제유산시題遺山詩」에서 "국가가 불행한 때가 시인이 행운인 때라, 시에 쓴 상전벽해의 시구가 아주 깔끔하구나!"라고 읊었다. 우리는 이 두 구절의 시를 차용해 생태미학이 직면한 기회를 묘사해도 무방하다.

바로 전세계와 전인류가 모두 생태위기의 위협을 받고 있기 때문에 생태미학이 짊어진 시대적 사명이 더욱 커지고 발전의 기회 역시 더 많다. 한국과 중국의 생태미학 연구자들은 '불행'과 '행운'의 관계를 더욱 또렷하게 식별하고, 더 자각적으로 시대가 우리에게 부여한 학술적 사명을 짊어져야 하며, 긴밀하고 효과적인 학술 교류와 협조를 통해 심도 있고 성숙한 생태미학 연구를 추진해야만 한다.

2020년 7월
청샹잔程相占 제남의 천불산 기슭 아래에서 서문을 쓰다.
산동대학교 문예미학연구센터 부주임

차례

서문 | 신정근　**4**
서문 | 청샹잔　**7**

동아시아 효도와 영원한 생명 의식 ·················· **13**
신정근 辛正根 | 성균관대학교 유학대학

동아시아 유가 문화권의 공통된 철학적 주제 ·················· **53**
쩡판런 曾繁仁 | 산동대학교 문예미학연구센터

생태학 관점에서 본 노자철학의 개념과 논리 ·················· **81**
정석도 鄭錫道 | 가톨릭관동대학교 VERUM교양대학

생태 미학: 생태학과 미학의 합리적 연계
: 버린트(Berleant) 교수에 답하다 ·················· **127**
청샹잔 程相占 | 산동대학교 문예미학연구센터

『악학궤범』의 천인합일 2580 ·················· **151**
김미영 金美英 | 성균관대학교 유학대학

자연미 이론에 대한 생태미학의 비판과 초월 ·················· **181**
후요우펑 胡友峰 | 산동대학교 문예미학연구센터

팔조목의 생태미학적 이해 ·· **221**
이용윤李容潤 | 성균관대학교 유학대학

자연 문학의 철학적 토대에 대한 반성과 재구성 ············· **243**
한칭위韓淸玉 | 산동대학교 문예미학연구센터

이어의 『한정우기』에 나타난 근대성과 생태미학적 태도 ······ **269**
금종현琴鍾鉉 | 성균관대학교 유학대학

무엇 때문에 인간과 자연 사이에 모순이 존재하는가············ **307**
왕주저王祖哲 | 산동대학교 문예미학연구센터

산수화 속에 담긴 생태미학: 탁족도를 중심으로 ··············· **339**
박지혜朴智慧 | 성균관대학교 유학대학

생태미학의 욕망 전환: 생태미학의 타당성 논변 ··············· **365**
장훼이칭張惠靑 | 산동대학교 문예미학연구센터

저자 소개　**391**

동아시아 효도와 영원한 생명 의식

신정근 辛正根
성균관대학교 유학대학

내용요약

효는 넓게 동아시아 전통 사상 좁게 유교의 핵심으로 간주되고 있다. 이 때문에 효가 아주 일찍부터 등장했으리라 생각할 수 있다. 지금까지 연구를 보면 효는 갑골문자에 나타나지 않고 금문에 초형이 나타난다. 따라서 효 자의 출현 시기는 주나라로 추정할 수 있다. 이는 효가 순임금 시절부터 있었다는 전설에 바탕을 둔 논의와 다른 주장이다.

효의 초기 의미와 관련해서 "자식이 어버이를 공경하고 잘 섬기다" 또는 '선사부모善事父母' 등이 가장 널리 알려져 있다. 또 가장 널리 받아들여지고 있다. 하지만 이러한 주장은 나이 많은 사람이 젊은 또는 어린 사람에게 기대고 걸음을 옮긴다는 효의 도상으로 이어지게 되었다. 즉 효는 나이가 많아 혼자서 걸음도 제대로 걷지 못하는 무기력한 사람을 전제하고 있다. 이것이 바로 부축설의 핵심이라고 할 수 있다.

이러한 풀이는 효가 사회적으로 작동하던 사회적 사실과 부합하지 않는다. 노인은 경험이 많고 지혜가 풍부한 사람을 가리킨다. 따라서 효는 경험과 지혜가 풍부한 과거 세대가 경험과 지혜가 부족한 현세대 또는 미래 세대와 연결되어있고 전승한다는 점을 나타낸다고 할 수 있다. 그렇지 않으면 공동체의 안정성과 토대가 불안해질 수 있기 때문이다.

아울러 효는 처음에 제사 의미에서 그 기원을 찾을 수 있고 이는 다시 동아시아에서 영생永生의 문제를 풀어가려는 문화적 시도와 관련이 있다. 이로 인해 사람은 죽는다고 해서 완전히 사라지지도 잊히지 않고 계속 살아남을 수가 있다. 이러한 논의는 지금까지 효의 연구와 차별성을 갖는 새로운 결론이라고 할 수 있다.

핵심어 : 효, 제사, 영생, 삼재三才, 선사부모善事父母

1. 문제 제기

효는 3,000년의 역사를 가지고 있다. 그 역사를 종합하면 지금 효孝는 긍정되거나 부정되는 운명에 처해 있었다.[1] 긍정론자는 효도의 가치를 더 강조하고 효행을 더 철저하게 실천한다면, 사람이 사람으로서 역할을 다할 수 있다고 주장한다. 심지어 좋은 인성과 다양한 사회 문제를 해결할 수 있다고 주장하기까지 한다. 부정론자는 효도가 가부장제의 강화로 이어지므로 현대사회의 그 가치를 인정하지 않고 효행의 필요성을 대수롭지 않게 여긴다. 이처럼 긍정과 부정의 입장은 화해가 불가능할 정도로 모순이 된다고 할 수 있다.

긍정론자와 부정론자는 모두 효도를 일종의 사회 윤리로 간주하고 있다. 두 진영은 사람이 부모와 자식처럼 특정한 관계에 놓일 때 양자가 바람직한 관계를 형성하고 유지하기 위해 실천해야 할 것이 무엇

---

[1] 이하에 서술하는 孝의 용례와 관련해서 肖群忠, 『孝與中國文化』, 5, 9-10쪽에서 도움을 받았다.

인가라는 차원에서 효도를 조망하고 있다. 효도가 사회적이고 자연적인 관계를 규율하는 덕목이자 가치로서 간주되고 있다. 여기서 효도가 사회적 자연적 관계를 바람직한 방향으로 이끌어 사회 질서를 높이는 맥락에서 고려되고 있다.

그 결과 사회의 조건과 상황이 달라지면 효도의 의미와 위상이 달라질 수밖에 없다. 만약 한 사회가 절대적인 힘을 유일신의 존재를 숭배한다면, 사람은 그 신에게 기도하여 자신의 문제 상황을 해결하려고 한다. 신의 숭배와 효도의 연관성이 입증되지 않는다면 사람은 자연히 현실의 관계에 바탕을 둔 효도를 등한히 하게 된다. 이것은 유가가 불교와 도교를 비판할 때 상투적으로 드는 비판이라고 할 수 있다. 불교와 도교가 신의 숭배에 초점을 두므로 현실의 부모와 자식 관계를 중시하지 않는다고 보기 때문이다.

아울러 현대는 과거 그 어느 시대보다도 사람의 자연적 사회적 관계보다 개인의 욕망과 가치를 존중하고 있다. 공동체주의보다 개인주의의 성향이 더 강하게 나타나고 있기 때문이다. 개인의 욕망과 가치가 침해할 수 없는 권리로 존중되는 상황에서 효도는 이전과 같은 지위를 유지하기가 어렵다. 이러한 어려움은 오늘날 세대별 성별로 효도를 달리 생각하는 원인이 되기도 한다. 따라서 우리는 효도를 사회적 관계를 규율하는 사회 철학의 맥락이 아니라 새로운 측면에서 성찰할 필요성을 제기하지 않을 수가 없다.

이를 위해 먼저 효의 어원을 살피면서 "자식이 어버이를 공경하고 잘 섬기다" 또는 '선사부모善事父母'로 알려진 초기 의미가 부적절하다는 점을 밝히고자 한다. 아울러 동아시아의 효가 가족 질서와 사회 질서의 유기적 결합에 한정되지 않고 영생 문제를 풀려는 사상적 문화적 노력과 연관되어있다는 점을 해명하고자 한다. 두 가지는 지금까지 효의 연구에서 다루어진 적이 없는 새로운 주장이라고 할 수 있다.

2. 효의 어원과 출현 시기

사전을 찾으면 보통 효도는 일반적으로 "자식이 어버이를 공경하고 잘 섬기다"로 풀이되고 있다. 대부분 이 풀이를 효도의 가장 기본적인 의미로 알고 있다. 하지만 효도는 기원에서부터 시작해서 시대마다 의미의 변화를 겪었다. 여기서 효가 처음에 어떤 의미를 나타내다가 『시경』과 『서경』, 『논어』, 『효경孝經』, 한 제국을 거치면서 어떻게 바뀌는지를 살펴보고자 한다.

지금은 자식이 부모를 잘 모시는 것이 효의 어원으로 잘 알려져 있다. 효는 초 시대적인 덕목이 아니라 시대와 더불어 그 의미가 바뀌었다. 효 자가 처음으로 나타나는 시기를 밝혀서 그 초기 의미를 해명하고자 한다.

1) 효孝의 기원: '선사부모善事父母'의 어원 비판

'효'와 같은 중요한 개념어의 기원을 알려면, 우리는 후한시대 허신許愼이 지은 『설문해자說文解字』를 보거나 출토 자료의 글자꼴을 살펴볼 수밖에 없다. 출토 자료가 쏟아지기 전에는 한자의 어원은 거의 전적으로 허신의 『설문해자』에 의거해서 풀이했다. 갑골문자甲骨文字를 비롯하여 백서帛書와 죽간의 자료가 출토되면서 어원 연구는 새로운 국면을 맞이하게 되었다. 효의 어원을 밝히려면 『설문해자』와 출토 자료를 종합적으로 검토하지 않을 수가 없다.

먼저 『설문해자』에서 글꼴에 주의해서 어원을 밝히는 내용을 살펴보자.

> 효는 부모를 잘 모시는 것이다. 글자는 노老의 아랫부분이 생략된 꼴에다 자子의 글자가 합쳐진 모양이다. 자식이 나이가 많은 부모를 받들어 모시는 것이다.[2]

허신은 효 자가 노老 자에서 비匕가 생략된 꼴에다 자子가 결합한 꼴로 이루어졌다고 보고 있다. 그는 효 자가 노와 자의 결합인 만큼 의미도 두 글자의 특성에서 연유한다고 보고 있다. 승承은 물질적인 의미와 추상적인 의미를 동시에 전달할 수 있다. 자식 세대가 부모 세대가 소유했던 물질적 자산과 혈연적 특성을 이어받을 뿐만 아니라 문화적 자산과 정신적 특색을 물려받을 수 있다. 하지만 후대에서는 승은 상당히 제한적인 맥락으로 한정되거나 효의 의미에서 중요한 비중을 차지하지 못했다. 노 자가 혼자서 걸음을 자유롭게 할 수 없는 상태의 사람으로 보고서, 효 자가 그런 사람을 곁에서 부축하는 맥락으로 풀이하게 되었다. 즉 승은 노의 의미에 흡수되어 별다른 의미를 나타내지 못하고 있다.

---

2 段玉裁 注, 『說文解字注』, 上海古籍出版社, 398쪽: "孝, 善事父母者. 從老省, 從子, 子承老也." 비슷한 풀이는 『荀子』「王制」의 "能以事親謂之孝", 『逸周書』「諡法」의 "慈惠愛親曰孝"에 보인다.

『설문해자』의 효 풀이는 별다른 이의 제기 없이 이후에 줄곧 가장 널리 받아들이는 전제이자 지배적인 주장이 된다. 아래처럼 비슷한 맥락의 풀이를 『이아爾雅』 등에서도 찾아볼 수 있다. 아마도 전국시대와 한 제국 당시에 널리 받아들여진 해석이라고 할 수 있다.

부모를 잘 모시는 것이 효이다.[3]

『설문해자』와 『이아』는 공통적으로 효를 부모를 잘 모시는 것으로 풀이하고 있다. 여기서 잘 모시는 의미와 방법에 대해 따지지 않는다고 하더라도, 이러한 풀이는 우리가 알고 있거나 사전에서 풀이하고 있는 효도의 일반적인 의미와 부합한다. 사람마다 개인적인 차이가 있겠지만 우리는 부모를 제대로 섬기는 것을 효도로 생각하고 있기 때문이다.

이러한 풀이는 근거로 효의 소전小篆 자형과 금문金文, 갑골문자 등 초기 글꼴 자체를 제시하고 있다. 그 글꼴은 『설문해자』의 풀이처럼 어르신을 나타내는 노老 자와 아이를 뜻하는 자子 글꼴의 조합으로 보인다. 이에 따라 캉인康殷은 『문자원류천설文字源流淺說』에서 자식이 손과 머리로 어른을 부축하고 걸어가는 모양으로 해석했다.[4] 이를 삽화로 그린다면 쉽게 상상될 수 있듯이 효는 어린아이가 거동이 불편한 노인을 옆에서 몸으로 부축하고 가는 모양이라고 할 수 있다.

이처럼 어른을 공경한다는 효의 의미는 훗날 다양한 고사와 결합

---

3 『爾雅』「釋訓」: "善事父母爲孝."
4 康殷, 『文字源流淺說』, 肖群忠, 『孝與中國文化』, 11쪽. 徐仲舒는 자신이 편집한 『漢語大字典』에서 金文의 孝 자의 윗부분이 머리띠를 한 허리가 구부정한 노인을 나타낸다고 주장했다. 漢語大字典編輯委員會 編纂, 徐仲舒 主編, 『漢語大字典』 참조.

하여 변주되었다. 예컨대 공자 제자 중 민자건閔子騫은 증자曾子, 자로子路 등과 함께 효자로 유명하다.[5] 그의 어머니가 일찍 돌아가시자 아버지가 재혼을 했다. 늘 그렇듯이 이러한 가족 관계의 변화가 집안에 말썽을 일으키게 된다. 계모는 자식 2명을 데리고 시집을 왔는데, 평소 자신이 낳은 아들은 끔찍이 돌보고 전처가 낳은 민자건은 밥도 제대로 주지 않고 옷도 제대로 입히지 않았다. 학대받는 전처의 아들이라는 서사가 생겨나게 된다.

 좀 더 구체적으로 말하자면 이렇다. 아버지가 이웃마을의 잔치에 참석하기 위해 민자건에게 수레를 끌게 했다. 민자건은 추운 날씨에 옷을 제대로 입지 못한 탓에 말고삐를 자주 놓쳤다. 화가 난 아버지가 채찍으로 아들의 등짝을 내리치자 옷이 찢어지며 갈대 옷의 정체가 그대로 드러났다. 아버지는 옷 때문에 자식이 추위에 떠는 것을 확인하게 된 것이다.

 결국 아버지는 계모의 악행을 알고서 이혼을 하려고 했다. 이때 민자건이 아버지의 이혼을 만류했다. "자신이 참으면 자신 혼자만 추위에 떨지만 어머니가 떠나면 세 아들이 고된 삶을 살게 된다."[母在一子寒, 母去三子單]라고 주장했다. 사실 오늘날의 기준에서 보면 추운 날에 자식더러 수레를 끌게 하는 아버지도 그 새어머니에 비해 나을 바

---

[5] 세 사람은 『논어』에서 효자의 전형으로 묘사되지 않지만 역사적으로 유명한 효자를 다룬 『二十四孝』에 간략한 내용과 삽화로 소개되고 있다. 曾參은 어머니가 손가락을 깨물자가 심장의 통증을 느꼈다는 "嚙指心痛"의 이야기, 閔子騫은 추운 겨울에 갈대 옷을 입는 박대를 받았지만 아버지에게 알리지 않은 "蘆衣順母"의 이야기, 子路는 부모님이 쌀밥을 드시게 하려고 쌀자루를 짊어지고 백미를 걸었다는 "百里負米"의 이야기로 나온다. 郭守正·高月槎 輯錄, 임동석 역, 『이십사효』, 『이십사효』에 나타난 효의 도상과 관련해서 조정래, 「中國『二十四孝』와 『三綱行實圖』에 나타난 孝 관련 도상서사 연구」, 『중국문화연구』, 69-99쪽 참조.

가 하나도 없다. 하지만 초점은 아버지보다 새어머니의 몰인정에 있다.

〈그림 1〉은 근현대 중국 화가 진소매陳少梅(1909-1954)가 『이십사효도二十四孝圖』 중에 갈대꽃으로 누빈 옷을 입고도 새어머니에게 순종한다는 '노의순모蘆衣順母'를 나타내고 있다. 이 고사는 달리 민자건이 홑옷을 입었다는 '민손단의閔損單衣'라고도 한다.「노의순모蘆衣順母」는 겨울에 갈대꽃의 옷을 입었지만 어머니를 잘 따랐던 민자건의 효행을 그리고 있는 것이다. 이로써 효는 초기의 글꼴과 훗날의 효행 이야기를 통해 '선사부모'의 뜻으로 굳어지게 되었다.

하지만 이러한 풀이가 과연 효의 어원에 어울릴까? 이 물음에 대답하려면 해결해야 할 많은 의문이 남아 있다.

첫째, 효 자의 윗부분과 아랫부분이 과연 노인과 아이로 볼 수 있

〈그림 1〉 노의순모(蘆衣順母)

느냐는 문제이다. 효 자의 어원을 '선사부모'로 풀이하려면, 효 자의 위와 아래가 각각 노인과 아이로 볼 수 있어야 한다. 그렇다면 우리는 효 자의 위와 아래가 노인과 아이인가 아닌가를 어떻게 판정할 수 있을까? 글자 자체만으로 판정할 수 없다. 왜냐하면 노인과 아이인가 아닌가는 개인의 판단에 따라 달라질 수 있기 때문이다. 여기서 우리는 객관적인 기준을 찾지 않을 수가 없다.

나는 사회 질서를 형성하는 가장 기본적인 단위를 어떻게 설정하느냐에 따라 효 자의 비밀을 풀 수 있다고 생각한다. 만약 부모와 자식으로 된 소가족이 사회 질서를 유지하는 가장 기본적인 단위라고 한다면, 효의 어원을 '선사부모'로 보는 관점이 가능하다. 이에 따르면 효도는 자식과 부모 사이에 적용되는 규범이 된다. 하지만 만약 부모와 자식으로 된 소가족이 아니라 다양한 씨족 구성원이 사회 질서를 유지하는 기본적인 단위라고 한다면, 효의 어원은 '선사부모'로 볼 수 없다. 이에 따르면 효도는 가족이 아니라 그보다 더 넓은 부족에 적용되는 규범이 된다.

이 문제를 풀려면 다시 효가 언제 출현했느냐는 새로운 문제를 해결해야 한다. 그래야만 효 자가 출현할 당시 사회 질서를 유지하는 기본 단위를 확정할 수 있기 때문이다. 지금까지 연구에 따르면 소가족은 춘추전국 시대 이후에 사회 질서를 지탱하는 근간으로 등장하게 된다. 이에 따르면 적어도 효 자가 출현할 당시 사회 질서가 부모와 자식의 개별 가족이 아니라 직계와 방계를 포괄하는 씨족(종족)에 의해 유지되었다고 할 수 있다.[6]

---

6 徐揚杰, 윤재석 역, 『중국가족제도사』 참조.

지금까지 논의를 바탕으로 결론을 내려 보자. 효 자가 출현했을 때에는 『설문해자』와 『이아』에 풀이한 '선사부모'로서 효의 어원이 더 이상 타당하지 않게 된다. '선사부모'는 자식과 부모의 가족 관계를 전제하고 있지만 어원은 부족 또는 종족적 삶을 바탕으로 하고 있기 때문이다.

둘째, 효 자의 윗부분과 아랫부분이 과연 노인과 아이이고 이 둘이 부축하는 장면을 나타내는 것으로 볼 수 있는가라는 문제이다. 앞에서 이미 효 자의 어원이 노인과 아이 사이라는 가설과 상관없다는 것이 밝혀졌다. 따라서 종래 노인과 아이의 가설에 따르면 둘의 관계는 부축을 전제로 하는 연대가 중요하다. 즉 노인이 육체적으로 힘이 없어서 스스로 움직일 수 없으니 아이의 부축을 받아서 가고자 하는 곳으로 이동할 수 있는 것이다.

부축설에서 노인은 힘이 없어서 다른 사람의 도움을 받아야만 움직일 수 있는 무기력하고 수동적인 존재로 그려지고 있다. 힘없는 노인의 존재가 과연 효 자의 어원 단계에서 어울리는 관념 또는 사회적 사실일까? 하지만 고대 사회로 가면 갈수록 노인은 경험이 풍부할 뿐만 아니라 고래로 전해지는 지혜를 많이 알고 있는 사람으로 존중을 받았다. 공동체가 풀 수 없는 어려운 문제 상황에 놓이면 노인은 경험과 지혜를 가진 원로로 자문을 했다. 경험과 지혜를 가진 노인은 전국시대의 '이정里正', '부노父老'로 불리었고, 한 제국에 이르러 '삼노三老', '오경五更'으로 불리었다.[7]

---

[7] 肖群忠, 『孝與中國文化』, 66쪽. 漢 제국은 三老와 五更 제도를 실시하여 향촌의 연장자를 사회 질서의 핵심으로 활용했다. 이와 관련해서 班固, 신정근 역, 『백호통의』 참조.

정현鄭玄의 주석에 의하면 '삼노오경三老五更'은 글자처럼 3명과 5명이 아니라 하늘을 밝히는 별자리를 바탕으로 지역 공동체의 존중을 받는 각각 1명의 어른을 말한다. 천자도 삼노와 오경의 어른을 예우하여 세상 사람들에게 효제孝悌의 덕목을 본받게 하려고 했다. 아마 하늘의 별자리가 세상을 밝히는 것처럼 그것에 연유한 삼노와 오경이 세상의 질서를 밝히리라 보았던 것이다.[8] 이에 따르면 노인은 도움을 받아야 겨우 살아가는 힘없는 형상이 아니라 자신이 가진 것으로 공동체를 위기에서 구할 수 있는 지혜로운 영웅의 형상을 갖는다.

이렇게 보면 '선사부모'에 전제된 힘없는 노인과 아이의 도움은 『설문해자』와 『이아』에서 전제하는 가설에 불과하다. 물론 이 가설은 효자의 어원 단계가 아니라 적어도 춘추시대 또는 한 제국 이후에 나타난 가족 구성 등 사회적 조건을 반영한 접근법이라고 할 수 있다. 두 가지 논의를 통해 효를 부모와 자식의 관계로 보는 기존의 어원이 별다른 근거가 없다는 점이 밝혀지게 되었다.

그렇다면 이제 우리는 '선사부모'와는 다른 효의 어원을 찾을 때가 되었다. 갑골문자과 금문金文에서 효孝 자가 노老 자와 자子 자로 구성되어 있는 것은 움직일 수 없는 사실이다. 현대의 연구자들은 노인을 기계적으로 힘이 달려서 보호를 받아야 사람으로 연상했기 때문에 부축설이 나왔다고 주장한다. 하지만 고대 사회의 노인은 부축의 대상이 아니라 존경의 대상이었다는 점을 감안하면 효 자의 두 요소는 다른 방식으로 결합이 가능하다. 효 자에서 노老 자는 기성세대를 가리키

---

8 『禮記正義』 「文王世子」에 나오는 정현의 주: "三老五更, 各一人也. 皆年更事致仕也. 天子以父兄養之, 示天下之孝悌也. 以三五者, 取象三辰五更, 天所因之照明天下者."

고 자子 자는 자식 세대를 가리킨다고 하자. 효 자는 두 세대가 부축이 아니라 전승하고 연결되어 있다는 점을 나타내는 데에 초점이 있다.

효는 사람과 사람 또는 과거 세대와 현 세대가 서로 뚝 끊어지지 않고 쭉 이어져 있는 특성을 포착하는 것이다. 그것이 바로 새로 태어난 세대와 노련한 경험을 가진 세대로 표상되고 있는 것이다. 달리 생각하면 효 자는 노련한 경험을 가진 세대가 새로 태어난 세대를 품고 있는 모습이라고 할 수 있다. 경험이 적은 사람이 낯선 곳을 향해 나아갈 때 그 두려움이란 이루 다 말로 표현할 수 없다. 경험이 많은 세대가 옆에 있다는 사실만으로 새로 태어난 세대는 위안과 평화를 느낄 수 있다.

이렇게 보면 우리는 갑골문자와 금문의 효 자에 대해 새로운 증거를 제시하지 않고 기존의 자료를 그대로 사용하면서 고대 사회의 특성에 맞게끔 그 글꼴의 의미를 새롭게 해석할 수 있다. 기존에는 어린 자식이 나이 많은 어른을 돌보는 '부축副軸'의 특성을 강조했다. 이것은 노인老人을 잉여적 존재로 생각하는 사회의 특성을 반영하고 있으므로 사실이라고 하기 어렵다.[9] 반면에 나는 나이 많은 세대 또는 과거 세대가 시간 때문에 어린 세대 또는 미래 세대와 끊어지지 않고 이어져 있는 특성에 주목하고자 한다. 이에 따르면 효 자는 서로 다른 세대가 시간의 차이에도 불구하고 이어져 있다는 '연속連續'의 특성과 그로 인

---

9 高麗葬에서 연유한 고래장이 바로 노인을 잉여적 존재로 보는 관념을 반영하고 있다. 노인은 사회적 재화가 부족한 상황에서 가장 먼저 배제되어야 할 대상으로 간주되었다. 이러한 상황에서 孝 자가 생성되었다고 하면, 효는 너무나도 자기 배반의 기원을 갖게 된다. 『효행록』에 고려장 관련 효행 이야기가 나온다. 이와 관련해서 權溥·權準, 윤호진 역, 『효행록』; 권보·권준, 윤호진 역, 『효행록』 참조.

해서 서로 안전감을 느끼는 공속共屬과 전승傳承의 특성을 나타낸다고 생각한다.

이렇게 효 자를 부축이 아니라 연속과 공속의 측면에서 읽어내게 되면, 앞서 말했듯이 효도는 복지福祉라는 사회 철학의 문맥을 넘어 영생永生이라는 종교 문화의 문맥으로 이어질 수가 있다. 왜냐하면 사람이 나이가 많이 들거나 죽게 되더라도 혈연을 통해 후손과 계속해서 이어지는 계기를 설명할 수 있기 때문이다.

영생으로서 효의 기원은 고대 사회의 특성과도 잘 부합한다. 고대 사회에서 인간은 자연이 주는 재앙의 위험을 늘 고려해야 했다. 만약 동아시아 사람들이 유일신을 믿었다면, 그 숭배의 힘으로 자연의 위력에 대한 두려움을 떨쳐버릴 수 있다. 하지만 동아시아 사람들은 기후, 질병 등 다양한 자연과 사회 현상을 신적 존재 또는 특별한 힘의 작용으로 생각했다. 이 때문에 동아시아 고대인들은 다양한 신들을 숭배하거나 기나긴 시간을 통해 검증된 전통적 지식을 통해 자연의 위력을 이겨낼 수 있었다. 특히 후자는 특정 개인이 아니라 공동체의 구성원이 집단적으로 찾아낸 지혜의 결실이라고 할 수 있다. 노인이 이러한 지혜를 기억하고 소유한 상징적 인물이다.

이렇게 보면 효 자는 노인이 지닌 집단적 지혜의 결실을 어린 세대에게 전해주고 그 과정을 통해 시간과 공간의 한계를 뛰어넘어 한 세대와 다른 세대가 연결되는 측면을 문자적으로 포착하고 있다고 할 수 있다. 효 자는 적어도 다신多神의 힘에 전적으로 굴복하는 시대를 지나 인간이 집단 지성을 발휘하여 찾아낸 지혜를 전제한다고 할 수 있다. 그래야만 사람이 신만이 아니라 조상을 통해 공동체를 평화롭게 유지할 수 있는 능력을 갖추게 된다. 효 자는 인간이 서서히 역사의 무대에 올라서는 시대와 결합된다고 할 수 있다.

2) 효 자의 출현 시기

효는 한국만이 아니라 동아시아를 대표하는 덕목이자 문화라고 할 수 있다. 이렇게 효가 중요하다 보니 그 기원과 역사가 오래되었을 것이라고 예상한다. 즉 효의 기원을 가급적 멀리 소급하려고 한다. 우리는 이러한 경향을 효의 연구사에서도 여실히 확인할 수 있다.

캉쉐웨이康學偉는 효도가 부계 씨족 사회에서부터 나타났다고 주장한다.[10] 그는 효 관념은 부권제父權制가 확립되고 중앙 집권적 관료 국가가 등장하기 이전에 등장할 수 있다고 보았다. 그 이유로 고대 문헌에 자주 나오는 요堯, 순舜 임금과 같은 고대 성왕들의 이야기에 주목하고 있다. 특히 순 임금은 자신의 시대보다 훨씬 후대에 나타난 『맹자』와 『이십사효』에서 효자孝子로 유명하다. 순이 임금이 되기 전에 어머니가 일찍 돌아가시자 아버지는 재혼을 했다. 아버지와 계모 그리고 이복동생은 어찌 된 일인지 일치단결하여 순을 해치거나 심지어 죽이려고 했다. 순은 가족의 박해를 받았음에도 불구하고 아버지와 어머니를 한결같이 모셔서 전날의 잘못을 뉘우치고 행복한 가정을 새롭게 일구었다.[11]

아울러 캉쉐웨이는 고대 문헌에서 요순이 효에 바탕을 두고 백성

---

10 康學偉, 『先秦孝道硏究』, 36-42쪽 참조.
11 관련 이야기가 『孟子』「萬章」上에 나온다. 『二十四孝』에는 맹자에 나오는 순의 이야기를 "孝感動天"으로 수록하고 있다.

을 교화한 기록을 찾을 수 있다고 보았다. 예컨대 『서경』을 보자.

> 순 임금이 말했다. 설契이여! 백성들이 서로 친하지 않고 오품五品을 따르지 않는구려. 당신이 사도의 직책을 맡아 오교五教를 신중하게 실시하더라도 너그럽게 진행하시오.[12]

여기서 오품과 오교를 각각 오륜五倫과 오상五常과 연결 지으면 순舜과 효의 연관성이 생기게 된다.

> 선량한 여덟 사람을 등용하고 오교를 동서남북 사방에 널리 퍼뜨리게 하자. 아버지는 의롭고, 어머니는 자애롭고, 형은 우애 있고, 동생은 공손하고, 자식은 효성스럽다.[13]
> 사람은 지켜야 할 도리가 있다. 배불리 먹고 따뜻하게 입으며 편하게 지내면서 배우지 않으면 짐승과 다를 바가 없다. 성인이 이러한 현상을 우려하여 설로 하여금 사도의 직책을 맡아서 인륜을 가르치게 했다. 부모와 자식 사이에 가까움이 있고, 군주와 신하 사이에 의리가 있고, 남편과 아내 사이에 구별이 있고, 어른과 아이 사이에 차례가 있고, 친구 사이에 믿음이 있다.[14]

『서경』에서 순 임금과 설 사도가 말하는 오품과 오교를 『좌전』과

---

12 『書經』「舜典」: "帝曰: 契! 百姓不親, 五品不遜, 汝作司徒, 敬敷五教, 在寬."
13 『左傳』「文公」18년: "擧八元, 使布五教於四方. 父義, 母慈, 兄友, 弟共(恭), 子孝."
14 『孟子』「滕文公」上: "人之有道也, 飽食煖衣, 逸居而無教, 則近於禽獸. 聖人有憂之, 使契爲司徒, 教以人倫: 父子有親, 君臣有義, 夫婦有別, 長幼有序, 朋友有信."

『맹자』의 내용을 연결해서 살펴보면 흥미로운 결론을 내릴 수 있다. 순 임금이 사도 설로 하여금 자식의 효도와 오륜五倫을 가르친 셈이 된다. 따라서 "순 임금의 시대에 효도의 관념과 덕목이 있었다"는 결론이 나오게 되는 것이다.

캉쉐웨이의 주장을 뒷받침하는 고사와 문헌은 세상에 처음에 밝혀지는 내용이 아니라 『맹자』 등의 책을 통해 널리 알려진 이야기이다. 『맹자』 등 믿을 만한 문헌에 나와서 그 내용이 널리 알려져 있다고 하더라도 캉쉐웨이의 주장이 성립되기가 어렵다. 그의 주장은 몇 가지 측면에서 신빙성을 가질 수 없다.

첫째, 『맹자』 등에 순 임금의 효자 이야기가 전한다고 하더라도, 그것이 역사적 사실이라고 단정할 수는 없다. 후대의 문헌에서 이전의 이야기를 기록했다고 해서 그 기록을 모두 믿을 만한 사실로 인정할 수는 없다. 이것은 맹자가 처음부터 거짓말을 한다는 것이 아니다. 맹자가 생각하는 사실은 오늘날 우리가 생각하는 사실의 기준과 다르게 때문이다.

둘째, 신화 전설과 역사적 사실을 동일시할 수 없다. 맹자는 자신의 시대에 여러 사람들이 말하는 이야기를 듣고 그것을 사실로 간주했을 수 있다. 하지만 지금 중원 지역에서 주나라와 은나라의 역사적 실재가 유물로 확인되고 있지만 그 이전에 대해 아직 충분한 믿음을 주지 못하고 있다. 순 임금은 은나라와 하나라보다 훨씬 이전에 활약했던 인물로 간주되고 있다. 순 임금은 역사적 인물이 아니라 아스라한 신화 전설의 시대에 나오는 인물이라고 할 수 있다. 따라서 『맹자』 등 후대의 역사적 기록에 나오는 순 임금의 효자 이야기를 바탕으로 효도의 기원을 신화 전설의 시대로 올려 잡을 수 없는 것이다.

셋째, 설혹 순 임금이 효자였고 그의 시대에 효의 관념과 덕목이 있었다고 하더라도 그것은 후대의 문헌에 나오는 내용이지 순 임금 시대의 기록에서 확인할 수 없다. 특히 갑골문자 이전에 언어의 체계를 갖춘 문자가 아직 발견되지 않았다. 언어와 문자 이전에 덕목과 가치가 존재한다고 말하게 되면, 동물과 사람 사이의 경계가 사라진다. 즉 언어와 문자를 사용하지 않는 동물이 가치와 덕목에 따른 삶을 산다면 모를까, 그렇지 않다면 언어와 문자가 없던 순 임금의 시절에 효도가 있었다고 말할 수 없다.

넷째, 순 임금의 역사적 실재가 밝혀지지 않은 시점에서 순 임금을 둘러싼 효도의 이야기는 선결 문제 미해결의 오류를 범하고 있다. 순 임금이 역사적 인물인지 아닌지 확실하지 않은데, 그를 둘러싼 이야기가 사실일 수가 없기 때문이다.

이렇게 보면 부권제가 확립된 씨족 공동체 단계에서 효의 관념과 덕목이 있다고 하지만, 그 주장은 입증해야 할 것이 많이 남아있다. 따라서 검증이 가능하지 않은 무의미한 말이지 시비를 가릴 수 있는 주장이라고 할 수 없다.

양롱궈楊榮國과 리위민李裕民은 효도가 신화 전설의 시대가 아니라 갑골문자의 기록을 가진 은나라에서 시작되었다고 주장한다.[15] 양롱궈와 리위민의 은나라 가설은 캉쉐웨이의 원시 공동체 가설에 비해 확실한 증거를 제시할 수 있다. 은나라의 중기와 후기 역사를 반영하는 갑골문자에 효 자가 나온다면, 은나라에는 효의 문자가 있을 뿐만 아니

---

15 楊榮國, 「中國古代思想史」와 李裕民, 「殷周金文中的'孝'和孔子'孝道'的反動本質」, 「考古學報」 第2期 참조.

라 효 관념이 존재한다고 볼 수 있다. 지금까지 정리한 갑골문자에 따르면, 효 자는 갑골문자에 단 한 차례 쓰이고 있는데, 그때 효 자는 지명地名으로 쓰이고 있다. 그리고 은나라 금문에도 효 자가 쓰이고 있는데, 그때 효 자는 효기孝己와 같은 인명으로 쓰이고 있다.[16] 즉 효는 갑골문자와 금문에서 사람이 특정한 방식으로 행위 하는 바람직한 덕목과 가치를 가리키는 말로 쓰이지 않았다.

여기서 우리는 은나라에 효 관념이 완전히 없었다고 단정할 수는 없다. 효 자가 지명과 인명에 쓰이는 만큼 당시 효 관념이 있었을 가능성을 완전히 배제할 수 없기 때문이다. 고대 사회가 상징적인 사고와 표현을 강조한다는 점을 고려한다면, 지명과 인명의 효 자도 언어 사용자의 '어떤 의도'를 반영할 수 있다. 물론 지명과 인명의 효 자가 의미가 아니라 사람과 장소를 구별하는 기호로만 쓰인다면, 효 자는 차이를 나타내는 표기 방식의 다름에 불과할 뿐 특정한 의미를 전달하지 않는다고 할 수 있다. 현재로서는 단정할 수 없지만 증거에 주목하면 효가 인명과 지명 이외에 쓰이지 않으므로 효의 은나라 가설은 증거가 발견될 때까지 유보하지 않을 수가 없다.

이제 우리는 원시 공동체 가설과 은나라 가설보다 후대에 효 관념이 생겨났다고 할 수 있다. 『서경』과 『시경』은 주나라 초기의 역사적 사실을 기술하는 다양한 내용을 담고 있다. 특히 『서경』과 『시경』의 특정 구절과 내용은 지하에서 발굴된 유물의 명문銘文, 즉 금문에서도 그대로 나타난다. 따라서 우리가 금문과 『서경』 그리고 『시경』에서 지명과 인명의 형식으로 쓰이지 않는 효 자를 확인할 수 있다면, 주나라

---

16 肖群忠, 『孝與中國文化』, 13쪽.

초기에 효 관념이 있었다고 주장할 수 있다. 실제로 이들 자료에서 효자를 대량으로 확인할 수 있다.[17]

3. 효의 초기 의미

글꼴의 분석에 따르면 효는 부모와 자식 사이가 아니라 조상과 후손 사이의 유대와 관련이 있다. 이것은 사회 질서를 이루는 기본 단위의 측면에서도 부합된다고 할 수 있다. 효는 처음에 조상과 후손을 기본 관계로 하여 유한한 존재로서 인간의 한계를 풀고자 했다. 그러한 효의 초기 의미는 두 가지 방향으로 전개되었다.

첫째, 제사를 통해 가까이로는 조상, 멀리는 선조의 위상을 드높이는 의미 맥락으로 쓰인다. 줄여서 조상 숭배ancestor worship 또는 기원 숭배origin worship라고 할 수 있다. 둘째, 후사(자식)를 통해 부계의 혈통이 끊어지지 않고 계속해서 이어지는 의미 맥락으로 쓰인다. 줄여서 혈통 숭배lineage worship 또는 남아男兒 선호preference for boys라고 할 수 있다. 효는 사람이 태어난 시원(조상)과 연계를 유지하면서 후사(후손)를 통해 소멸의 공포를 극복하고자 했던 것이다. 이로써 사람은 유한한 시간을 살다가 죽더라도 과거의 시원과 접속하고 미래의 지류로 연속되는 영생의 길을 개척하게 된다. 이제 효의 초기 의미를 구체적으로 살펴보자.

---

17 여기서 孝 자의 주나라 탄생 사실만을 간단하게 언급하고 그 내용을 자세하게 설명하지 않는다. 다음에 효의 초기 의미를 밝히면 주나라의 발생 사실이 저절로 밝혀지게 된다.

이제 먼저 주나라에 쓰이기 시작한 효가 조상 숭배의 의미 맥락에서 사용되는 경우와 그 의미를 구체적으로 살펴보도록 하자. 『시경』 등 주나라의 문헌으로 밝혀진 자료에 따르면 흥미롭게도 효 자는 제사와 관련된 맥락에서 아주 많이 쓰이고 있다. 아니 거의 대부분이라고 해도 무방할 정도이다. 이것은 훗날 부모와 자식 사이의 자연스러운 애정을 효도로 생각하는 것과 커다란 차이를 보인다고 할 수 있다.

> 하늘(하느님)이 세상을 안정시키니 모든 것이 흥성하네. 높은 산과 같고 큰 땅덩어리와 같고, 높은 산등성이와 같고 높은 언덕과 같네. 강물이 쉼 없이 흐르듯 불어나지 않은 것이 없네. 맛있고 정갈한 음식을 차려서 조상에게 바치려고, 봄·여름·가을·겨울 빠지지 않고 제사를 선공과 선왕에게 드리네.[18]

「천보天保」에서는 하늘(하느님)의 도움으로 세상이 안정을 찾은 사실을 특기하고 있다. 이어서 그 업적이 우뚝 솟은 산과 언덕처럼 더없이 높고 크다는 점을 상기시키고 있다. 이어서 하늘의 도움을 받아 세상을 안정시킨 선공先公과 선왕先王에게 제사를 지낸다는 맥락이 이어지고 있다.

이러한 상황에서 '시용효향是用孝享'의 효향이라는 표현이 등장하고 있다. 『모전毛傳』에서는 향후을 바치다, 희생물을 올리다, 이바지한다는 헌獻으로 풀이하고 있다. 이 풀이에 따르면 효향은 봄·여름·가을·

---

18 『詩經』「小雅·天保」: "天保定爾, 以莫不興. 如山如阜, 如岡如陵. 如川之方至, 以莫不增. 吉蠲爲饎, 是用孝享. 禴祠烝嘗, 于公先王."

겨울에 제사에 들어가는 기본 음식에다 계절 음식을 덧보태서 선공과 선왕에게 제사 음식을 올린다는 맥락이라고 할 수 있다. 이렇게 보면 효향孝享은 넓은 맥락에서 선왕과 선공에게 제사를 지낸다는 뜻이고 좁은 맥락에서 선공과 선왕의 영전에 제사 음식을 바친다는 뜻이다. '효향孝享'처럼 제사와 관련된 효의 용례는 『시경』만이 아니라 주나라의 문헌을 간주되는 『주역』과 『국어』 등에 많이 보인다.[19]

'효향'의 용례가 광범위하게 널리 쓰이면서 하나의 상투적인 문형이 나타난다. 그 결과 서주시대 금문金文에서는 '용향용효用享用孝'의 꼴로, 『시경』에서는 '이효이향以孝以享'의 꼴로 나타난다.[20] 용用과 이以가 같은 뜻으로 쓰인다는 점을 고려하면, 금문과 『시경』 단계에서는 효가 상투적인 형식으로 쓰일 정도로 일반화된 삶의 제도로 볼 수 있다. 아울러 상투적인 표현이 다른 표현의 가능성을 허용하지 않는다면, 제사로서 효가 삶의 지배적인 형식으로 작용하고 있었으리라 추측할 수 있다.

여기서 이제 우리는 제사의 의미를 살펴보지 않을 수가 없다. 오늘날 우리는 제사를 '명절 증후군'의 사례처럼 노동의 관점에서 바라본다. 이러한 관점은 효의 초기 의미를 제대로 이해하는 것을 막을 수 있다. 초기의 효는 제사로서 노동으로 바라보는 문맥과 전혀 달리 쓰이고 있다. 그렇다면 당시 제사는 노동과 다른 어떤 문맥으로 쓰였을까?

이와 관련해서 『예기』 「제통」에서 나타난 제사의 의미를 살펴볼 만하다.

---

19 『周易』 「升卦」의 "王用享于岐山", 「象傳」下의 "萃致孝享"에서 享은 祭, 祀 등으로 풀이된다. 또 『國語』 「魯語」의 "嘗禘蒸享"에서 享은 獻物로 풀이된다. 이렇게 보면 주나라에서 享, 孝, 孝享 등은 제물을 마련하여 제사를 지낸다는 일반적인 문맥으로 사용되었다고 할 수 있다.
20 肖群忠, 『孝與中國文化』, 15쪽.

사람을 다스리는 길에는 예보다 절실한 것이 없다. 예에는 다섯 가지 분야가 있는데 제사보다 중요한 것이 없다. 제사는 어떤 것이 밖에서부터 들어오는 것이 아니다. 안에서부터 나가니 마음에서 생기는 것이다. 제사는 돌아가신 부모(조상)를 추모하여 효도를 이어가는 바탕이다.[21]

이 때문에 효자가 어버이를 모실 때 세 가지 길(도리)이 있다. 부모님이 살아계실 적에 잘 돌보고, 돌아가셨을 적에 상례를 치르고, 상례가 다 끝난 뒤에 제사를 지낸다. …… 이 세 가지 도리를 다 하는 것이 효자가 나아갈 길이다.[22]

여기서 우리는 효 자를 보았다고 해서 그것의 의미를 곧바로 부모와 자식 사이의 자연스런 애정 표현으로만 바라봐서는 안 된다. 이 효는 효성스럽다는 것이 아니라 제때를 잊지 않고 음식을 정갈하게 마련하여 제사를 지낸다는 뜻이다. 즉 자식은 부모가 살아있을 때와 돌아가셨을 때 그리고 상례를 치르는 난 뒤 각각의 상황을 적절하게 행동하는 것을 모두 포함한다. 다양한 효의 의미 중에 효와 제사의 직접적 연관성이 초기에 가장 강하게 나타난다.

제사는 효를 환하게 밝히는(드러내는) 길이다.[23]

---

21 『禮記』「祭統」: "凡治人之道, 莫急於禮. 禮有五經, 莫重於祭. 夫祭者, 非物, 自外至者也. 自中出, 生於心者也. 祭者, 所以追養繼孝也."
22 『禮記』「祭統」: "是故孝子之事親也, 有三道焉. 生則養, 沒則喪, 喪畢則祭. …… 盡此三道者, 孝子之行也."
23 『國語』「周語」上: "夫祀, 所以昭孝也."

「주어周語」 상上의 내용만큼 제사와 효의 긴밀한 상관성을 드러내는 곳은 없다. 제사를 지내지 않고 효도를 한다고 하면 그것은 말이 되지 않는다. 제사는 효를 현실에서 의미 있게 만드는 결정적인 요소이기 때문이다.

제사는 효를 환하게 드러낸다. 각각 태조에게 재계하고 공경을 최대로 바치니 더 말할 나위 없이 효를 환하게 드러낸다.[24]

「노어」 상은 「주어」 상과 마찬가지로 제사와 효도의 직접적인 연관성을 주장하고 있다. 차이라고 하면 이곳에는 '치재경致齋敬'의 부분에 있다. 지금까지 효의 초기 의미는 사람의 특정한 정서와 관련이 약한 것으로 말해왔다. 하지만 이곳의 '치재경'은 어떻게 보더라도 사람이 특정한 대상에 대해 최고로 나타낼 수 있는 정성과 존경 등 정감을 가리킨다고 할 수 있다.

그렇다면 이곳의 감정은 나중에 살펴볼 『논어』에 나오는 부모와 자식 사이의 자연스런 애정과 어떻게 다른 것일까? 후손과 조상은 자식과 부모처럼 직접적인 관계가 아니므로 친밀한 감정이 발생할 수 없다. 이 감정은 현재의 나를 생겨나게 하고 생활하게 수많은 혜택을 준 인물에 대한 존경을 나타내고 있다. 이로써 이 감정은 능력과 업적의 측면에서 나와 위격을 같이 할 수 없는 위대한 존재에 대한 초월적 반응이라고 할 수 있다. 오늘날 학문 영역으로 말한다면 종교적 심성에 가깝다고 할 수 있다. 이러한 감정은 기원적으로 혈연이 아니라 업적에

---

24 「國語」「魯語」上: "夫祀, 昭孝也. 各致齋敬於其皇祖, 昭孝之至也."

대한 존중과 숭배에서 비롯된다고 할 수 있다.[25] 줄여서 기원 숭배이자 조상 숭배라고 할 수 있다.

기원과 조상 숭배는 사상과 관념에 그치지 않고 건물과 의례를 통해 뚜렷한 방식으로 그 모습을 드러냈다. 그것은 제도가 되고 전통이 되었다.

> 조상과 선조를 위해 거대한 건물을 지어 기념의 공간을 마련하고 사당을 지어 제사의 공간을 마련하는데, 이는 조상과 후손 사이의 친소와 원근 관계를 구별하고 백성에게 옛날(기원)로 돌아가고 시초(시원)로 돌이켜서 자신이 생겨난 유래와 바탕을 잊지 않는다.[26]

효는 사회 질서를 유지하는 덕목에 한정되지 않는다. 먼저 후손은 제사를 통해 조상과 의례적으로 유대 관계를 유지한다. 이 의례는 일시적인 것이 아니라 주기적으로 반복된다. 이를 위해 제사로서 효도는 후손들이 생을 영위하는 일상생활과 구별되는 조상의 공간을 짓게 된다. 이로써 효는 살아있는 후손과 죽은 조상(시조)을 신성한 공간인 사당과 명당에서 제사를 지내면서 온 세상의 존재가 연결망을 이루게 된다. 사람은 태어났다가 사라지는 것이 아니라 끊임없이 지금의 한 단계에서 다음 단계로 나아가는 과정에 놓여있다.

---

25 이와 관련해서 신정근, 『동중서: 중화주의의 개막』, 참조.
26 『禮記』「祭義」: "築爲宮室, 設爲宗祧, 以別親疏遠近, 敎民反古復始, 不忘其所由生也."

대를 이으며 선조(문왕과 무왕)를 결코 잊지 않으리.[27]

선조(문왕과 무왕)가 일군 공업을 단단하게 하다.[28]

효는 먼저 선인의 뜻을 이어가고 선인의 사업을 풀어나가는 것이다.[29]

출처는 다르지만 『시경』, 『서경』, 『예기』 세 문헌의 내용에는 같은 점을 담고 있다. 『시경』의 잊지 말자는 주문과 『서경』의 선인의 업적을 굳게 지키자는 요구는 『예기』에서 선인의 의지를 계속 이어가고 선인의 사업을 계속 풀어가는 것으로 종합된다고 할 수 있다. 선인의 의지와 사업을 잇는 것이 『예기』에서 효로 규정되고 있다.

계繼와 술述은 제사의 절차와 결합하여 그 진실성이 드러난다. 이로써 선인은 죽음과 함께 이 세상에서 소멸하는 것도 아니고 후손과 관계가 단절되는 것도 아니다. 선인은 제사를 통해 저승과 이승의 격리에도 불구하고 후손과 지속적으로 연결된 상태에 놓여있다. 만약 후손이 선인의 존재를 기억하지도 않고 그들의 사업을 계승하지도 않고 주기적으로 제사를 지내지 않는다면, 조상은 후손과 지속적인 연결 상태를 유지할 수 없기 때문이다.

종합하면 효 자의 초기 의미는 제사에 초점이 있고, 조상은 죽음과 더불어 망각이 아니라 기억의 공간에 있으면서 후손과 연결된다. 이렇게 되면 선인과 후손은 모두 죽을 수밖에 없지만 역설적으로 결국 죽지 않는다고 할 수 있다. 선인과 후손은 사람인 한 유한한 존재로서

---

27 『詩經』「周頌·閔予小子」: "繼序思不忘."
28 『書經』「洛誥」: "篤前人成烈."
29 『禮記』「中庸」: "夫孝者, 善繼人之志, 善述人之事者也."

죽을 수밖에 없지만 효의 제도를 통해 선인과 조상의 관계가 결코 단절되지 않는다. 따라서 효의 초기 의미는 동아시아 사람들이 순간을 살아가는 사람을 영원히 살아가는 존재로 탈바꿈시켜 영생의 물음에 응답하고자 했던 지혜의 결실이라고 할 수 있다.

4. 효도와 영생의 연관성

나는 이 글에서 효도를 영생의 문제를 해결하고자 했던 종교 문화의 측면에서 해명하고자 한다. 사람은 수명의 차이에도 불구하고 유한한 시간을 살 수밖에 없다. 유사 이래로 수많은 위인들은 불로不老와 장생長生의 꿈을 꾸었다. 즉 인간은 시간의 지배를 벗어나는 안티 에이징anti-aging의 꿈을 현대에 비로소가 아니라 처음부터 줄곧 가져왔다고 할 수 있다.

예컨대 진시황秦始皇은 7개 국가로 나누어 분열의 고통을 겪고 있던 전국시대를 통일했다. 개별 국가로 분화되어 지배 영역을 넓히기 위해 경쟁하던 상황에서 하나의 세계를 일구어냄으로써 공간의 한계를 초월한 셈이다. 그는 자신의 영광을 나타내기 위해 이전에 없던 '황제皇帝'라는 칭호를 만들 정도였다.[30] 당시 세계를 통일한 진시황도 만년

---

30 『史記』「秦始皇本紀」: "丞相綰·御史大夫劫·廷尉斯等皆曰, 昔者五帝地方千里, 其外侯服夷服諸侯或朝或否, 天子不能制. 今陛下興義兵, 誅殘賊, 平定天下, 海內爲郡縣, 法令由一統, 自上古以來未嘗有, 五帝所不及. 臣等謹與博士議曰, 古有天皇, 有地皇, 有泰皇, 泰皇最貴.' 臣等昧死上尊號, 王爲泰皇. 命爲制, 令爲詔, 天子自稱曰朕. 王曰, 去泰, 著皇, 采上古'號, 號曰皇帝. 他如議. 制曰, 可." 진시황은 전국시대의 분열을 통일한 뒤 최고 지도자를 기존의 이름으로 부를 수 없다고 생각했다. 특히 통일은 前代未聞의 위대한 업적이었던 만큼 새로운 칭호가 필

에 정복하지 않은 하나의 세계, 즉 시간을 초월하고자 했다. '늙지 않은 인간', '죽지 않은 인간mortal person', '영생을 누리는 인간eternal person', 즉 '시간의 지배를 초월한 인간'의 꿈을 실현하고자 했다. 이를 위해 그는 선남선녀를 선발하여 불로초를 구하는 집단 여행을 실시했고, 수많은 예산을 들여 비밀스런 건물을 짓기도 했다.

진시황도 공간의 정복에도 불구하고 여느 시도와 마찬가지로 시간의 정복에 실패했다. 시간 앞에 무릎을 꿇지 않은 사람은 아직도 없다. 이로 인해 엉뚱하게 지식인을 산 채로 구덩이에 묻는 갱유坑儒가 발생했다.[31] 하지만 진시황의 꿈은 시대와 기술의 발달에 조응해서 지금도 계속되고 있다. 화장술, 주름제거 수술, 노화를 막는 각종 건강 보조 식품은 '안티 에이징anti-aging'은 현대 사회를 이해하는 키워드 중의 하나가 되었다. '진시황'은 아직도 사라지지 않은 것이다. 특히 100세 시대와 120세 시대의 가시화와 더불어 '안티 에이징'은 인간의 기본적 욕망으로 각광을 받고 있다.

아직까지 죽을 수밖에 없는 인간은 영생의 꿈을 어떻게 이룰 수 있을까? 그것은 유일신 또는 일신교Monotheism를 믿는 세계와 다신교

요했다. 그는 李斯의 도움으로 원래 여러 지도자를 묶어서 부르던 '三皇五帝'의 호칭에 바탕을 둔 '皇帝'의 호칭을 지었다. 이로써 秦 제국이 첫 번째 황제를 뜻하는 始皇帝에서 二世皇帝, 三世皇帝의 순서로 영원히 이어지리라 믿었다. 하지만 그의 꿈은 이루어지지 않았다. 그가 죽은 뒤에 제국의 질서가 급격히 와해되었기 때문이다.

31 坑儒는 焚書와 함께 진시황의 반인문적 특성을 보여주는 사건으로 유명하다. 『史記』「秦始皇本紀」: "臣請史官非秦記皆燒之. 非博士官所職, 天下敢有藏詩·書·百家語者, 悉詣守·尉雜燒之. 有敢偶語詩書者棄市. 以古非今者族. 吏見知不擧者與同罪. 令下三十日不燒, 黥爲城旦. 所不去者, 醫藥卜筮種樹之書. 若欲有學法令, 以吏爲師." 이와 관련해서 다른 곳에도 비슷한 내용이 나온다. 『史記』「儒林列傳」: "及至秦之季世, 焚詩書, 阬術士, 六藝從此缺焉." 서한 말 孔安國, 「尙書序」: "及秦始皇滅先代典籍, 焚書坑儒, 天下學士逃難解散." 서한 劉向, 「戰國策書」: "任刑罰以爲治, 信小術以爲道, 遂燔燒詩書, 坑殺儒士."

Polytheism를 믿는 세계에 따라 다른 해답이 제시될 수밖에 없다.[32] 여기서 다신교와 일신교는 종교 문화의 유형에 해당될 뿐이지 우월과 열등 문화의 차이로 간주되지 않는다.

유일신the One and Only God 문화에서 세계는 신에 의해 창조되었다. 사람을 비롯하여 피조물은 모두 자신을 만든 유일신의 뜻에 따라 살아가야 한다. 그 뜻이 사람이 살아가야 할 정의이기도 하다. 문건을 작성하지 않았지만 사람은 신과 약속 또는 계약을 한 것이나 다름이 없다. 약속(계약)을 하면 지키는 사람도 나오고 어기는 사람도 나온다. 이 둘의 차이를 그냥 내버려두면 누가 약속을 지키려고 하겠는가?

따라서 유일신 문화에서는 창조 이야기만큼이나 심판 이야기가 많다. 심판은 최종적인 사후 심판도 있지만 수시로 일어나는 생전 심판도 있다. 심판은 '내'가 신의 뜻을 나타내는 정의에 따라 살았느냐를 판정하는 것이다. 사후 심판에서 사람의 육신은 없어지겠지만 영혼은 구원을 받으면 영원한 삶을 살게 된다. 이로써 유일신 문화는 창조-정의-약속(계약)-심판-영생이라는 구원을 받는 일련의 과정을 나타내고 있다.

동아시아는 유일신을 숭배하는 종교 문화가 아니다. 그렇다고 하더라도 동아시아 사람들이 영생에 관심이 없었다고 할 수 없다. 아니 진시황의 경우에 보듯이 동아시아인들도 영생에 대한 꾸준하며 강렬한 열망을 가졌다고 할 수 있다. 이러한 열망에도 불구하고 영생의 기회를 부여하는 신이 없다면 사람은 죽음과 더불어 모든 것이 소멸하고 마는 것일까? 그렇지 않다.

---

32 이하의 내용에 대한 자세한 논의는 신정근, 『논어: 세상을 바꾸는 것은 사랑이다』 참조.

동아시아는 자연신, 기능신, 조상신 등을 위시하여 실로 다양한 신이 있다. 이 신들은 유일신과 위격이 다르다. 이 신들은 세계에서 각자 자신이 맡은 역할을 수행하는 제한적 능력을 가지고 있다. 조상신은 자신의 혈족 후손과 관계만을 하지 다른 가문과 상관하지 않는다. 따라서 제사를 지낼 때 후손은 자신의 조상에게만 제사를 지내야지 다른 신에게 제사를 지낼 수 없다. 제사를 지낼 관계와 지위가 아닌데도 제사를 지내면 분에 넘치는 음사淫祀가 된다. 이러한 음사는 아무리 성대하게 지낸다고 하더라도 복을 받을 수가 없다.[33]

『심청전』에 나오는 용왕신은 그리스 신화의 포세이돈처럼 바다를 주관하는 신이다. 용왕이 분노하면 파도를 크게 일으키고 기분이 좋으면 파도를 일으키지 않는다. 뱃사람들은 용왕의 기분을 달래기 위해 매년 예쁜 처녀를 희생물로 바쳤다. 이러한 자연신으로는 용왕 이외에도 강과 산 그리고 사물에도 있다. 자연신은 사람에게 도움을 주느냐 해를 끼치느냐로 구분되지 세상을 심판하는 권능을 가지고 있지 않다.

자연신 이외에도 사람이 사회적 삶을 영위하는데 필요한 수많은 신들이 있다. 칼에는 칼신이 있고, 장사에는 장사신이 있고, 곡식에는 곡식신 등이 있다. 경복궁景福宮에서 신촌新村으로 가는 방향에 있는 사직단社稷壇은 바로 과거 농업사회를 지탱하던 토지와 곡식의 신을 모신 곳이다. 토지가 곡식을 자라게 하지 않으면, 사람은 살 수가 없다. 따라서 이들 신에게 풍년을 기원하는 제사를 올렸다.

이렇게 이 세계에는 실로 사물과 일대일 대응 관계를 가질 정도로 수많은 신이 있다. 동아시아에는 조상신, 자연신, 기능신 등 다양한 신

---

33 『禮記』「曲禮」下: "非其所祭而祭之, 名曰淫祀. 淫祀無福."

이 있지만 세계를 창조하거나 인간이 신의 뜻대로 살지 않는다고 세계의 흐름을 재부팅을 하는 심판을 수행하지 않았다. 이들은 모두 세상의 모든 사물이 생명을 이어갈 수 있도록 도와주는 보호신 역할을 했다고 할 수 있다. 조상신은 자신의 후손이 나쁘게 되지 않고 좋게 되도록 돌보는 보호신인 것이다. 이렇게 보면 동아시아의 세계는 어느 날 갑자기 유일신이 창조한 것이 아니라 다양한 힘들이 함께 작용함으로써 모습을 드러낸 형성形成이다.

모습을 드러낸 세계는 신의 특별한 의지를 실현하는 것이 아니다. 간혹 신적 존재 또는 하느님의 의지가 이 세계를 운영하는 원인으로 이야기되지만 주로 세계는 외부의 요인을 배제하고 그 스스로의 힘으로 진행된다. 이를 자연自然이라 부른다.[34] 자연은 후대에 사회 또는 인간 세계와 구별되는 또 하나의 영역이 아니라 저절로 그렇게 되어가는 자기 운동을 나타내는 말이다. 세계가 끊임없이 운영된다는 것은 그 생명이 끊임없이 이어진다는 뜻이다.

사람은 유일신에 의해 창조된 존재가 아니라 세계의 생명력이 줄어들거나 사라지지 않도록 하는 역할을 맡는다. 이것은 천지(天地)가 원래 무한히 생명을 잉태하지만 가뭄과 홍수에서 보이듯 그 자체로 완전하지 않다.[35] 사람은 천지와 더불어 세계에 빛이 비추지 않는 곳에 빛을 비추고 물이 부족한 곳에 물을 보내고, 곡식이 부족한 곳에 곡식을 보내는 역할을 해야 한다. 이로써 인간은 수동적인 존재가 아니라

---

34 과거에 天地가 오늘날 사회에 대비되는 '자연(nature)'을 가리켰다. 과거에 자연은 글자 그대로 "저절로 그러하다", "스스로 그러하다(self-so)"의 뜻으로 쓰였다.
35 신정근, 『논어: 세상을 바꾸는 것은 사랑이다』 참조.

천지와 함께 세계의 운영에 참여參與하는 우주적 존재가 된다. 사람이 천-지의 작용을 보조함으로써 천天-인人-지地의 세 축, 즉 삼재三才를 완성하게 된다.

유일신 문화와 다신교 문화의 특성을 요약하면 다음과 같다. 유일신 문화는 '창조-정의-약속(계약)-심판-영생'의 메커니즘을 통해 사람은 영생의 구원을 얻는다. 동아시아의 다신 문화는 '형성-생명-참여(동참)-자연-영생'의 메커니즘을 통해 사람은 영생을 얻는다. 이로써 사람은 유한한 존재이지만 죽음과 더불어 소멸하지 않는다.

그렇다면 동아시아 다신교 문화의 영생 메커니즘과 관련해서 효는 어떤 연관을 맺고 있을까? 사회 철학으로 바라보면 효는 영생과 관련을 맺을 수 없다. 종교 문화의 구원 측면에서 접근하면 효는 유일신이 없는 동아시아의 독특한 영생을 설명할 수 있다.

동아시아의 인간관에 따르면 사람은 혼魂과 백魄으로 구성되어있다.[36] 또는 사람을 비롯하여 생명을 기氣의 이합취산離合聚散으로 설명한다. 이 용어는 사람의 이원적 특성을 나타내는 몸과 영혼, 육체와 정신, 육肉과 영靈 등의 다른 어휘와 완전히 겹치지 않더라도 공통되는 측면이 많다. 혼과 백이 결합되어 있으면 생명이 유지되고, 둘이 분리되면 생명이 끝나는 것이다.

진시황이 공간을 초월하여 막강한 권력을 가졌더라도 시간을 초월하지 못했듯이 사람은 오래 살고 죽고 싶지 않은 욕망에도 불구하고 죽을 수밖에 없다. 평균 수명과 기대 수명이 늘어나서 사람이 고대

---

[36] 동아시아의 생명과 사망을 둘러싼 관념과 문화에 대해서 마이클 로이, 이성규 역, 『고대 중국인의 생사관』; 鄭曉江 主編, 『中國死亡文化大觀』; 鄭曉江, 『生命與死亡』 참조.

에 비해 오래 산다고 하더라도 죽음을 초월할 수는 없다. 동아시아의 다신교 문화에서도 사람이 죽을 수밖에 없다는 사실을 인정할 수밖에 없다.

그렇다면 동아시아의 다신교 문화에서 사람이 죽으면 모든 것이 살아지는 것일까? 혼과 백이 분리되어 혼은 하늘로, 백은 땅으로 돌아간다. 이때 효도는 주로 세 가지 측면에서 유한한 인간의 영생을 가능하게 하는 메커니즘으로 작동하게 된다.

첫째, 효는 생명이 끊임없이 이어지는 재생再生의 기반이다. '나'는 태어나면서부터 죽음이 예정되어있을 뿐만 아니라 한 번밖에 살지 못한다. 물론 불교와 장자莊子의 윤회를 받아들인다면 '나'는 죽어도 죽은 것이 아니다.[37] '내'가 또 다른 나로 태어나기 때문이다.(물론 과거의 '나'와 다시 태어난 '나'의 동일성은 문제로 남아있다.) 윤회를 믿지 않더라도, '나'는 나를 닮은 존재에 의해 다시 태어날 수 있다. 효에서 자식은 나와 완전히 다른 존재가 아니라 나의 일부를 공유한 존재이다. 나의 일부를 공유한 존재가 끊임없이 태어난다면, 나는 죽음을 피할 수 없지만, 나의 일부는 결코 소멸하지 않고 재생 가능하다. 재생이 지속적으로 이루어지면, 나는 개체個體의 사라짐에도 불구하고 하나의 계통을 이루면서 서로 이어져서 통하는 통체通體로서 영생을 누리게 된다.

역사적으로 하나의 계통을 지키기 위해 '아들'의 출산을 강조해

---

[37] 佛敎의 輪回說은 익히 알려져 있지만 장자의 윤회설은 잘 알려져 있지 않다. 장자는 생명과 죽음을 氣의 離合集散으로 설명한다. 기는 한 생명체가 지닌 생명의 시간이 끝나면 해체되어 다른 생명체로 모습을 바꿔간다. 불교는 일찍이 윤회의 주체 문제를 푸느라 골머리를 앓았지만 장자는 기의 끊임없는 변화로 보므로 같은 문제를 풀 필요가 없었다. 장자의 윤회와 관련해서 신정근, 「변신 유희의 자유와 의무(계약)의 인성화 부정」, 『신정근 교수의 동양고전이 뭐길래?』 참조.

왔다. 이를 남아선호사상이라고 한다. 사실 현대의 여성주의와 인권의 측면에서 보면 아들 중심의 가계 유지 또는 남아선호는 명백하게 도덕적으로 정당화되기가 어렵다. 하지만 사람은 유한한 생명을 지니고 있다고 점에서 영생의 문제를 해결하고자 했던 맥락에서 보면, 남아선호는 아들의 출산을 통해 '잊히지 않음'의 문제를 풀고자 했던 문화적 선택이라고 할 수 있다. 사람은 긴 시간의 흐름에서 보면 순간을 살다가지만 통체로서 효라는 관점에서 영원을 살 수 있는 것이다. 이렇게 보면 효는 유일신이 없는 문화적 특성에서 혈통을 통해 영생을 가능하게 하는 길이었다고 할 수 있다.

둘째, 효는 성격, 성취 등 부모 세대의 제반 조건을 자식 세대에게 전달하는 유전遺傳의 매개이다. 자식 세대는 법적으로나 사회적으로 부모 세대가 이룬 물질적 정신적 자산을 상속할 수 있는 자격을 갖추고 있다. 재산財産은 부모가 살았을 적에 자식이 누릴 수 있는 물질적 혜택이고, 유산遺産은 부모가 죽었을 적에 자식이 소유할 수 있는 물질적 자산이다. 유산은 상속이라는 법적인 절차를 통해 이루어지므로 부모에서 자식에게로 건네는 과정과 내용이 뚜렷하게 확인 가능하다.

부모 세대가 자식 세대에게 넘겨주는 것은 물질적 재산만이 아니라 정신적 문화적 다양한 습관도 있다. 부모 세대가 평소 집에서 TV 드라마를 보고 영화관에서 영화를 자주 관람한다고 해보자. 그 환경은 자식 세대에 자연스런 삶의 조건으로 제공된다. 물론 자식이 주체적인 판단에 따라 TV 드라마와 영화를 볼 수도 있고 보지 않을 수도 있다. 하지만 그 환경에 따른 자식은 다른 환경에 자란 사람과 구별되는 문화적 행위를 할 수 있다. 이 때문에 우리는 현실에서 자식에게서 죽은 부모의 흔적을 쉽게 찾아볼 수 있다.

'부전자전父傳子傳'과 '모전녀전母傳女傳'은 바로 이러한 현상을 나타내는 말이다. 이렇게 보면 효는 부모 세대가 자식 세대에 남긴 정신적 문화적 물질적 흔적과 자취를 인위적으로 제거하지 않고 그대로 유전하는 특성을 갖는다고 할 수 있다. 이 때문에 공자는 부모가 죽은 뒤에 자식이 부모의 흔적을 인위적으로 뜯어고치려는 하는 것을 효도와 관련지어서 이야기를 한 적이 있다.[38] 자식에게 남은 부모의 자취를 없앨 수 없는데 그것을 의식적으로 지우려고 한다면, 그것은 당연히 효에 어울리지 않는다. 왜냐하면 부모와 자식 사이에 이어지는 유전을 부정하는 것이기 때문이다. 이렇게 보면 유전으로서 효도 유한한 삶을 살아가는 인간의 한계를 돌파하는 길이라고 할 수 있다.

셋째, 효는 제사祭祀를 통해 살아 있는 후손과 죽은 조상을 주기적으로 만나는 절차와 의식을 치른다.[39] 효는 살아 있는 사람 사이에 한정되는 덕목이 아니다. 효는 죽은 조상과 선조를 포함하여 시간적으로 과거와 현재, 공간적으로 저승과 이승을 아우르는 포괄적인 덕목이라고 할 수 있다. 살아 있는 사람 사이는 효의 덕목을 지키느냐 그렇지 않느냐는 식별하기가 쉽다. '혼정신성昏定晨省'을 하느냐 여부에 따라 판단을 할 수 있다. 그렇다면 죽은 조상과 선조에 대해 효도를 하느냐 여부를 어떻게 확인할 수 있을까? 그것이 바로 제사라고 할 수 있다.

제사는 사망과 절기 그리고 명절의 계기를 통해 다른 시간과 분리하고서 살아있는 후손과 죽은 선조와 조상이 함께 만나는 의례이다.

---

38 『論語』「里仁」: "子曰, 三年無改於父之道, 可謂孝矣."
39 유교의 제사가 갖는 의미와 의례에 관해서는 금장태, 『귀신과 제사: 유교의 종교적 세계』 참조.

제사를 지내지 않는다면, 그것은 후손과 조상의 만남을 거부하는 심각한 행위가 된다. 반면 노동과 일상의 시간을 중지하고 오로지 조상에게 집중하는 제사를 지낸다면, 그것은 후손이 조상을 만나는 장을 유지할 뿐만 아니라 조상을 잊지 않았다는 것을 상징적으로 나타내게 된다. 오늘날 제사에 익숙하지 않는 세대라고 하더라도 '기념일'을 잘 챙긴다. 기념일은 특정한 날을 다른 시간과 엄격하게 구분하고 평소와 다르게 보내는 일종의 의례 행위라고 할 수 있다. 제사도 물론 일종의 기념일에 해당되며 후손과 조상의 연대를 확인한다는 점에서 특수성을 갖는다고 할 수 있다.

제사가 후손과 조상의 재결합인 만큼 의례 절차에서도 그 점을 소홀히 취급할 수가 없다. 죽음이 혼과 백이 분리되는 사건이라고 한다면, 제사는 혼과 백이 일시적으로 재결합하는 사건이다. 그래서 향을 피워서 혼을 불러들이고 술을 따라서 백을 불러들이는 의식을 치르는 것이다. 제사를 지내기에 앞서 가장 먼저 향을 사르고 제주를 올리는 이유가 여기에 있다고 할 수 있다.

제사로서 효는 천주교가 전래된 뒤에 우상 숭배에 해당되느냐를 두고 전례 논쟁이 벌어졌다. 천주교는 하나님 이외의 신을 모시지 말라는 유일신의 특성을 지니고 있기 때문에 제사는 그 율법을 위반하는 것으로 여겨졌기 때문이다. 하지만 전례 논쟁典禮論爭, Ritenstreit은 제사로서 효의 특성을 제대로 이해하지 못한 이문화異文化에 대한 편견을 드러낸 것이라고 할 수 있다.[40] 제사 대상으로서 죽은 조상은 살아있는

---

40 전례 논쟁은 천주교의 전래 과정에서 피할 수 없는 통과의례와 같았다. 이 논쟁은 천주교를 전파하는 선교사 집단의 문제만이 아니라 선교사가 明淸, 조선과 갈등을 일으킬 수 있는

후손과 결코 분리될 수 없는 통체通體이자 근원이다. 제사는 후손이 기원과 유대를 확인하는 문화적 행위라고 할 수 있다. 만약 제사를 지내지 못하게 한다면, 나라는 후손은 자신이 어디에서 왔는지 어떠한 문화적 정신적 자원을 물려받았는지 모른 채 살아가게 된다. 근본을 모르는 무가치한 존재가 된다.

유일신을 믿는 종교 문화에서는 사람이 절대신과 직접적인 관계를 맺으며 실존적으로나 사회적으로나 문제 상황에 놓이면 기도를 하게 된다. 신은 그 기도에 응답하여 사람이 앞으로 나아갈 바를 알게 한다. 이 때문에 유일신을 계시신앙이라고 하는 것이다. 제사 대상으로서 조상신은 유일신에 필적하거나 유일신의 존엄을 해치지 않는다. 조상은 유일신의 대리인으로서 천사에 해당한다고 할 수 있다. 조상은 하나님의 뜻을 자손들에게 전달하는 매개가 되는 것이다. 이렇게 보면, 제사로서 효는 살아 있는 후손으로서 나를 과거에 있었던 조상과 유대를 확인할 수 있는 의례라고 할 수 있다. 여기서 후손으로서 나도 훗날 조상이 되면, 또 후손으로부터 제사를 받게 된다. 이로써 제사로서 효는 사람을 과거와 현재, 현재와 미래 그리고 이승과 저승으로 갈라지지 않고 연결되어 있다는 것을 실현하는 특성을 갖는다고 할 수 있다.

뜨거운 문제였다. 예수회는 토착화를 내세우며 제사가 일상적인 의례 행위로 본 반면 도미니크회는 제사가 미신 행위에 해당되므로 금지해야 한다고 보았다. 교단 내의 상반된 견해를 둘러싸고 격렬한 논쟁이 발생하자, 교황 베네딕토 14세는 1742년 6월 11일 반포된 칙서(Ex quo singulari)를 통해 논쟁의 종지부를 찍었다. 그 결과 천주교에서 중국의 전통적인 의식을 허용할 수 없다고 결정했다. 교황은 금지 결정을 내리면서 1715년 발표되었던 교황 클레멘스 11세의 칙서를 참조로 했다. 교황 클레멘스 11세는 하느님 예배의 순수성이 지켜져야 하는데, 그것이 미신으로 말미암아 훼손되어서는 안 된다고 말했다.

5. 맺음말

근대 중국에 이르러 자유, 평등, 박애는 사람이 누려야 할 기본적인 권리로 간주되기 시작했다. 이에 반해 효도는 사람을 노예로 만드는 봉건 도덕으로 비판을 받기 시작했다. 심지어 효도는 사회 질서를 지키는 토대가 아니라 개인의 인권을 심각하게 해치는 반인간적 덕목으로 평가되었다. 이제 효도를 한다는 것은 의무로서 실천하거나 권장해야 할 바람직한 덕목이 아니라 금지시켜야 할 부정적인 가치를 대변했다. 특히 5·4 신문화 운동을 전후로 효는 사람을 잡아먹는 도덕이자 전제 정치를 공고하게 만드는 주요 원인으로 신랄한 비판을 받았다. 효도는 중국의 '근대 만들기'에 방해가 되므로 폐기해야 한다고 간주되었다. 하지만 '신유가新儒家'를 표방한 지식인들은 효도를 전통 도덕으로 부활시켜야 한다고 주장했다. 이들은 효도의 부족 또는 무시가 지금 당면한 사회 문제의 원인이라고 보았다.

이렇게 보면 효도는 3,000년의 역사에서 그 의미와 사회적 위상이 끊임없이 바뀌어왔다. 앞으로 21세기에서 효도는 어떤 의미 맥락을 가져야 할까? 그것은 이전과 확실히 구별되는 지점이라고 할 수 있다. 여기서 본격적으로 다룰 수는 없지만, 효도는 우주를 기氣에 의해 상호 연결된 네트워킹으로 바라보는 우주 가족cosmic family의 측면에서 재해석될 수 있다. 우주 가족은 자원 개발과 환경 오염으로 신음하는 지구 생태계를 돌아볼 수 있는 사상 자원이라고 할 수 있다.[41] 모든 사물

---

41 이와 관련해서 메리 에블린 터커 외, 오정선 역, 『유학사상과 생태론(원제: *Confucianism and Ecology: The Interrelation of Heaven, Earth, and Humans*)』, 참조.

이 하나의 생명체로 이어져 있다는 만물일체萬物一體와 자연과 사람이 변증법적으로 통합되어있다는 천인합일天人合一 등도 생태주의의 맥락에서 재해석될 수 있다. 이로써 효는 죽은 조상과 살아 있는 후손 또는 사람과 사람 사이의 틀에서 확장되어 인간과 자연 또는 사람과 우주의 틀이라는 새로운 차원에서도 논의될 수 있는 것이다.

참고문헌

『周易』
『書經』
『詩經』
『禮記』
『爾雅』
『逸周書』
『左氏傳』
『國語』
『論語』
『孟子』
『荀子』

금장태, 2009, 『귀신과 제사: 유교의 종교적 세계』, 제이앤씨.
신정근, 2004, 『동중서: 중화주의의 개막』, 태학사.
신정근, 2012, 『신정근교수의 동양고전이 뭐길래?』, 동아시아.
신정근, 2012, 『논어: 세상을 바꾸는 것은 사랑이다』, 한길사.
班固, 신정근 역, 2005, 『백호통의』, 소명출판.
段玉裁 注, 1981; 1988 2쇄, 『說文解字注』, 上海古籍出版社.
郭守正·高月槎 輯錄, 임동석 역, 2012, 『이십사효』, 동서문화사.
康殷, 1979, 『文字源流淺說』, 學海出版社.
康學偉, 1992, 『先秦孝道研究』, 文津出版社.
權溥·權準, 윤호진 역, 2004, 『효행록』, 경인문화사.
肖群忠, 2001, 『孝與中國文化』, 人民出版社.
徐揚杰, 윤재석 역, 2000, 『중국가족제도사』, 아카넷.
楊榮國, 1954; 1973 2쇄, 『中國古代思想史』, 人民出版社.
鄭曉江 主編, 1995 1쇄; 2000 2쇄, 『中國死亡文化大觀』, 百花洲文藝出版社.
鄭曉江, 2011, 『生命與死亡』, 北京大學出版社.
마이클 로이, 이성규 역, 1987, 『고대 중국인의 생사관』, 지식산업사.
에블린 터커 외, 오정선 역, 2010, 『유학사상과 생태론(원제: Confucianism and Ecology: The Interrelation of Heaven, Earth, and Humans)』, 예문서원.
조정래, 2015, 「中國『二十四孝』와 『三綱行實圖』에 나타난 孝 관련 도상서사 연구」, 『중국문화연구』 28.
李裕民, 1974, 「殷周金文中的'孝'和孔子'孝道'的反動本質」, 『考古學報』 第2期.

동아시아 유가 문화권의
공통된 철학적 주제
: 중화위육 中和位育

쩡판런 曾繁仁
산동대학교 문예미학연구센터

내용요약

'중화위육中和位育'은 동양의 고대 '중화론' 철학의 고대적 표현으로서, 동아시아 각국의 고대의 공통된 철학적 사유와 지혜를 반영하고 있으며 중요한 현대적 가치를 지니고 있다. '중화위육'의 핵심은 천지와 만물이 각자의 위치에 처하고 그 위치를 편하게 여김으로써 만물이 성장하고 번식하도록 촉진시키는 것이다. 인간을 포함한 천지 만물의 '화육化育'의 도道이며, '중화위육'을 구체적인 인생의 실천 과정에서 실행할 경우 이것은 심성수양心性修養을 핵심으로 삼고 인간의 '중화'의 미덕을 배양하는 것이다. '중화위육'이 중국의 고대 문화전통 중에서 실행되고 관철될 수 있었던 중요한 경로는 '예악교화禮樂敎化'이다. '예악교화'는 동양의 정치·윤리와 문화·교육제도로 하여금 줄곧 인간의 마음을 교화함으로써 전체적인 조화로움을 촉진하는 것을 요지로 삼는 심미교육審美敎育이 관통되도록 하였다. '중화위육'은 『주역周易』의 '생생생生生生' 철학과 '태극화생太極化生'의 관념을 바탕으로 하고 동양철학이 천지자연의 규칙과 인생·사회 발전의 근본적인 오묘함을 밝혀준 것을 구현하였다. '중화위육' 관념 중의 '화실생물和實生物'·'화이부동和而不同'·'집기양단이용기중執其兩端而用其中' 등의 논술은 현대사회 발전 과정에서 인간과 인간, 인간과 사회, 국가와 국가, 인류사회와 자연환경 간의 발전과 모순 문제를 잘 처리할 수 있도록 계시적 의미를 지닌 동양의 지혜를 제공해 주었다.

핵심어: 중화위육中和位育, 생생생生, 수신修身, 예악교화禮樂敎化, 화이부동和而不同

철학의 발전은 한 가지 유형인가? 아니면 여러 가지 유형인가? 이것은 학술계에서 오랫동안 논쟁해 왔던 문제이다. '유럽 중심론자'들은 철학의 발전에는 한 가지 유형만 있으며 서양에만 철학이 있고 동양에는 철학이 없다고 생각한다. 동양에서도 오랜 기간 서양철학으로 동양의 사상 문헌을 해독解讀하는 데 습관이 되어 있었다. 이것은 중국철학 연구 내지 동양철학 연구가 오랫동안 걸어왔던 길이라고 말할 수 있다. 사실이 증명하듯이, 이 길은 올바른 길이 아니며 또한 통하지 않는 길이다.

영국의 사학자 아놀드 조셉 토인비Arnold Joseph Toynbee는 『역사의 연구』에서 세계 문명은 다형태적이며 중국 문명은 그 주요 형태 중의 하나라고 말하였다. 그가 말한 '중국 문명'은 일본 문명과 조선 문명을 포함하고 있으며 실제상 동아시아 문명을 가리킨다. 주지하다시피 철학은 문명의 정신적 내용으로서 이것은 일정한 지리환경과 경제사회·문화습속의 표징表徵이다. 각기 다른 지리환경·경제사회와 문화습속은 각기 다른 철학 형태를 형성하게 된다.

동양철학은 기원전 '축의 시대Axial period'의 고대 아시아 내륙의 농업사회 환경에서 발원되었다. 고대 중국의 선민先民들은 '농農'에 대한 깊은 갈망이 있었다. 그들은 해가 뜨면 일하고 해가 지면 쉬었으며 봄에 심어서 가을에 수확하였는데, 그들의 가슴속에는 토지에 대한 그리움으로 가득 찼으며 비바람이 순조로워 풍작을 거두기를 간절히 바랐다. 중국의 전통적인 사회문화 생활은 농경경제를 기반으로 확립된 사회조직 형식으로서, 이것으로부터 자연규칙과 서로 통일된 일종의 문화생활 방식을 발전시켰다. 이것을 바탕으로 탄생된 유가문화는 '중화中和'를 철학 주제로 삼고 선善의 추구를 요지로 삼는 농후한 인문 색채를 포함하고 있으므로 고대 그리스의 '화해론和諧論' 철학과는 다르다.

고대 그리스 문명은 고대 그리스 반도에서 탄생된 것인데, 그곳은 산을 끼고 바다를 인접하고 있어서 해양성 기후에 속하며 항해와 상업을 위주로 하였으므로, 물질을 대상으로 삼는 농후한 과학적 색채를 포함하고 있는 '화해론' 철학이 생성되었으며 이른바 '비례·대칭·화해'를 추구한다. 동양의 '중화론' 철학과 서양의 '화해론' 철학은 배경·내용·감정·치중점 등 여러 방면에서 분명한 차이를 가지고 있다.

동양의 고대 '중화론' 철학의 고대적 표현이 바로 '중화위육中和位育'이다. 이것은 곡부曲阜에 있는 공묘孔廟의 문미門楣에 걸려 있는 편액에 새겨놓은 말인데, 유가문화 정신을 구현한 핵심적 개념이며 동양 문명 전체를 통솔하는 성격을 갖고 있다. '중화위육'은 '사서' 중의 하나인 『예기』「중용」편에 나오는 말이다. "희로애락이 아직 발하지 않은 것을 중이라고 하고, 발하여 모두 절도에 맞는 것을 화라고 한다. 중은 천하의 큰 근본이고 화는 천하의 공통된 도이다. 중과 화를 지극히 하면 천지가 제자리에 있게 되고 만물이 자라게 된다."[1]

---

[1] 『禮記』「中庸」: "喜怒哀樂之未發, 謂之中. 發而皆中節, 謂之和. 中也者, 天下之大本也. 和

동아시아 각국은 지역이 가깝고 언어가 서로 통하며 문화상의 상호적인 영향 때문에 공통의 유가 문화권과 한자 문화권을 형성하였으며 대체로 유가철학과 그 가치적 추구를 인정한다. 한국 조선시대의 유학대가인 퇴계退溪 이황李滉(1501-1570)은 그의 저명한 『성학십도聖學十圖』에서 "대개 성학은 인을 구하는 데 있다. 모름지기 이 뜻을 깊이 체득하여야 비로소 천지 만물과 더불어 일체가 됨이 진실로 이러하다는 경지를 볼 수가 있다. 그렇게 되면 인을 실현하는 공부가 비로소 친절하고 맛이 있어서 망망하여 손댈 수 없는 걱정을 면할 것이요, 또 물物을 자기로 여기는 병통도 없어져서 심덕이 온전할 것이다."[2]라고 밝혔다.

퇴계가 말하는 '성학聖學'이 바로 유학이다. '구인求仁'·'위인爲仁'과 '여천지만물일체與天地萬物一體' 등은 모두 '중화위육'의 내용이다. 일본의 현대 종교철학가 이케다 다이사쿠池田大作는 동아시아 지역에 있는 문화의 공통된 특징을 언급할 때, "대체로 이 지역에는 '공생적 에토스ethos'(공생적 도덕 기질)가 관통되어 있다고 말할 수 있다. 비교적 온화한 기후 속에서 그 지역의 풍토에는 하나의 심리 경향을 내포하고 있는데, 이것이 바로 조화를 추구하고 대립을 버리며 결합을 취하고 분열을 버리며 '대아大我'를 취하고 '소아小我'를 버리는 것이다. 인간과 인간, 인간과 자연은 다같이 생존하고 서로 지탱해 주면서 함께 발전해 나간다. 이러한 기질의 중요한 근원 중의 하나가 유교儒敎이다."[3]라고 밝혔다. 이케다가 말하는 '공생'과 '공존'이 바로 '중화위육'의 핵심이다.

也者, 天下之達道也. 致中和, 天地位焉, 萬物育焉.

2 張立文, 『退溪書節要』, 24쪽. "聖學在於求仁, 須深體此意, 方見得與天地萬物一體, 真實如此處. 爲仁之功, 始親切有味. 免於莽蕩無交涉之患. 又無認物爲己之病, 而心德全矣."

3 蔡德麟, 『東方智慧之光: 池田大作硏究論綱』, 71쪽 재인용.

'중화위육' 관념은 대단히 풍부한 내용을 가지고 있고 동아시아 각국의 고대의 공통된 철학적 사유와 지혜를 반영하고 있으며 중요한 현대적 가치를 지니고 있다.

1. '천인지화天人之和'의 생태적生態的 사유

현대의 인류는 생태문명의 시대로 향하고 있다. 생태문명의 핵심은 인간과 자연의 화해和諧·공생共生과 영속적인 발전이다. '중화위육'을 핵심 관념으로 삼는 동아시아 문명에는 풍부한 고전적 생태 지혜를 포함하고 있으므로 상당히 참고할 만한 가치가 있다. '중화위육'의 '중화'는 바로 『논어』에서 말하는 '중용'이다. 공자는 "중용의 덕 됨이 지극하도다!"[4]라고 말하였다. 위魏나라의 하안何晏은 "용은 상이니, 중화는 항상 행해야 할 덕이다."[5]라고 주석을 달았고, 남송南宋의 주희朱熹는 "중은 무과와 무불급의 명칭이고 용은 평상이다."[6]라고 말하였다.

공자는 '중용'을 최고의 덕행으로 삼으며 '과유불급過猶不及'이라고 밝혔다. 주자가 보기에 이것은 "도는 중용을 극치로 삼으니, 현자와 지자의 지나침이 비록 우자와 불초한 자의 미치지 못함보다 나을 것 같으나 그 도를 잃음은 똑같다."[7]이기 때문이다. 『예기』 「중용」편에서는

---

4 『論語』「雍也」: "中庸之爲德也, 其至矣乎!"

5 程樹德, 『論語集釋』, 493쪽. "庸, 常也, 中和可常行之德也."

6 朱熹, 『四書章句集注』: "中者, 無過無不及之名也. 庸, 平常也."

7 朱熹, 『四書章句集注』: "道以中庸爲至, 賢知之過, 雖若勝於愚不肖之不及, 然其失中則一也."

공자의 '중용' 사상을 발휘하는 데 역점을 두었다.「중용」편에 의하면, 공자는 순 임금이 능히 "양 극단을 절충하여 그 중도를 백성에게 행하였다."[8]고 칭송하였다. 그러므로 일반적으로 '중용'을 물건의 양쪽 두 끝이 평형을 이루는 곳이라고 이해한다. 예를 들면 주자가 "양단은 여러 의논이 같지 않음의 극치를 이른다. 모든 사물에는 다 양단이 있으니, 대소와 후박과 같은 종류이다. 선의 가운데에 또 그 두 끝을 잡고서 헤아려 중을 취한 뒤에 쓴다면, 택함이 분명하고 행함이 지극할 것이다"[9]라고 말하였다.

우리는 '중용' 관념이 잡으려고 하는 '양단兩端'의 내용이 상당히 풍부하다고 생각한다. 이것은 '중론衆論'의 양단, 물물의 양단, 사사의 양단을 가리킬 뿐만 아니라 인간이 처하고 있는 하늘과 땅의 양단도 포함되어 있다고 이해할 수 있다. 그렇다면 '중용'의 '중화'는 바로 '천인합일天人合一'의 '일一'로 이해할 수 있다.「중용」에서는 "희로애락이 아직 발하지 않은 것을 중이라고 하고, 발하여 모두 절도에 맞는 것을 화라고 한다. 중은 천하의 큰 근본이고 화는 천하의 공통된 도이다. 중과 화를 지극히 하면 천지가 제자리에 있게 되고 만물이 자라게 된다."[10]라고 밝혔다. 여기의 '중화'는 인간의 심성수양心性修養의 도道이기도 하고 인류사회의 근본적인 도이기도 하다.「중용」에서는 인간의 사명, 인간의 책임 또는 인성의 요구는 '중화'의 미덕을 양성해야 할 뿐만

---

8 『禮記』「中庸」: "執其兩端而用其中於民."

9 朱熹,『四書章句集注』: "兩端, 謂衆論不同之極致. 蓋凡物皆有兩端, 如小大厚薄之類, 於善之中又執其兩端, 而量度以取中, 然後用之, 則其擇之審而行之至矣."

10 『禮記』「中庸」: "喜怒哀樂之未發, 謂之中. 發而皆中節, 謂之和. 中也者, 天下之大本也. 和也者, 天下之達道也. 致中和, 天地位焉, 萬物育焉."

아니라 이 미덕을 충분히 발휘하는 데에 있다고 생각한다. 이것이 바로 '치중화致中和'이다. 그리고 '천지위天地位'와 '만물육萬物育'은 '치중화'의 목적이기도 하고 '중화'의 내용이기도 하다. 그러므로 '중화'의 도의 핵심은 천지 만물이 각자의 위치에 처하고 그 위치를 편하게 여김으로써 만물이 성장하고 번식하도록 촉진시키는 것이다. 다시 말하면, '중화'는 바로 인간을 포함한 천지 만물의 '화육化育'의 도라는 것이다.

「중용」의 이 이념은 노자老子가 말한 "도가 일을 낳고 일이 이를 낳으며 이가 삼을 낳는다."[11]를 계승하였으며, 또한 『주역』「역전易傳」에서 말한 "낳고 낳음을 역이라 한다."[12]에서 발전되었다. 『주역』「태괘泰卦」의 단전彖傳에서는 "태는 작은 것이 가고 큰 것이 오니 길하여 형통하다. 천지가 사귀어 만물이 통하고 상하가 사귀어 그 뜻이 같아진다."[13]라고 말하였다. 태괘의 괘상卦象은 곤坤이 위이고 건乾이 아래인데, 건은 하늘을 형상한 것이고 곤은 땅을 형상한 것이며 하늘이 큰 것이고 땅이 작은 것이며 하늘은 본래 위에 있고 하늘은 본래 아래에 있다. 그러므로 '소왕대래小往大來'는 한편으로 천지의 기운이 서로 교감하여 만물을 낳고 기르는 것을 의미하고 있으며, 또 한편으로 천지가 각기 자신의 바른 위치로 복귀하였음을 상징하고 있다. 『주역』「역전」에서는 '천지교태天地交泰'의 경지가 바로 자연 만물이 성장하고 번식하는 경지이며 인간의 책임은 바로 "천지의 도를 마름질하여 완성하고 천지

---

11 『老子』 42장: "道生一, 一生二, 二生三."
12 『周易』「易傳」: "生生之爲易."
13 『周易』「泰卦·象傳」: "泰, 小往大來, 吉, 亨. 則是天地交而萬物通也, 上下交而志同也."

의 마땅함을 돕는다."¹⁴라고 생각한다. 이것은 또한 「중용」편에서 말하는 '찬천지지화육贊天地之化育'이기도 한다. 이로부터 『주역』의 '천지지도天地之道'가 「중용」의 '중화위육'의 도이며 바로 '생생'의 도임을 알 수 있다.

'생생'은 유가를 포함한 동양문화의 요지이다. 유가에서는 '애생愛生'을 강구하여 '어진 자는 다른 사람을 사랑한다',¹⁵ '백성을 어질게 대하고 사물을 사랑한다'¹⁶를 강조하였다. 도가에서는 '양생養生'을 중요시하여 '태어나는 때를 편안히 맞이하고 죽는 때를 편안히 따른다'¹⁷를 강조하며, 불가에서는 '호생護生'을 창도하여 '중생평등衆生平等'을 제창하며 '살생殺生'을 반대한다. '중화위육' 관념은 동양문화의 '생생지도'의 집중적인 구현이라고 말할 수 있다. 『주역』「건괘」의 단전에서는 "건도가 변화하여 각각 성명을 바르게 하니, 태화를 보합하여 이에 이롭고 곧다."¹⁸라고 밝혔다. 여기의 '태화'는 바로 '치중화'의 경지이고 '건도'는 곧 '천지지도'이다. '건도변화乾道變化'는 '보합태화保合太和'를 궁극적인 목적으로 삼는데 그 전제가 '각정성명各正性命'이다. '각정성명'은 곧 「중용」에서 말하는 '천지위언天地位焉'이다. 천·지·인과 자연 만물은 각기 자신의 올바른 위치를 얻고 각기 자신의 올바른 위치를 편안히 여기면 '내리정乃利貞'이다. '이정利貞'의 경지는 인간이 모든 자연 만물과 조

---

14 『周易』「泰卦·象傳」: "裁成天地之道, 輔相天地之宜."
15 『論語』「顔淵」: "樊遲問仁. 子曰, 愛人."
16 『孟子』「盡心」上: "君子之於物也, 愛之而弗仁, 於民也, 仁之而弗親. 親親而仁民, 仁民而愛物."
17 『莊子』「養生主」: "安時而處順, 哀樂不能入也, 古者謂是帝之懸解."
18 『周易』「乾卦·象傳」: "乾道變化, 各正性命, 保合太和, 乃利貞."

화로움을 이룬 이상적인 경지이며, 또한 인간과 자연 만물이 각기 자신의 '성명'을 실현함으로써 끊임없이 성장하고 번식하는 생명력이 충만한 이상적인 생명 경지이다. 이 경지를 「중용」의 내용으로 말하면, "만물이 함께 길러지면서 서로 해치지 않으며 도가 함께 행해지면서 서로 위배되지 않는다."[19]라는 것이다.

'중화위육' 관념은 일종의 거시적인 천인지화天人之和로 구현되는데, 이것은 고대 그리스 이후의 서양문화에서 강구하는 비례·대칭·황금분할 등의 물질적·형식적 화해와는 분명히 다르다. '중화위육'은 전근대의 농업사회에서의 천인지화에 대한 영원한 추구이며 소중하고도 고전적인 생태 지혜이다. 어떤 의미에서 보면 동양의 고대철학은 고전적 형태를 갖춘 생태철학의 일종이라고 말할 수 있다. '중화위육' 관념이 구현하고 있는 동양문화의 전통적인 '애생'·'양생'·'호생'의 생태 지혜는 현대사회의 인류의 끝없는 욕망을 억제하여 생태 위기를 구제해 주며 인간과 자연의 조화로운 공생과 영속적인 발전을 촉진시키는 데 있어서 적극적인 계시적 의미를 틀림없이 가지고 있을 것이다.

2. '수신지성修身至誠'의 덕성적德性的 사유

'중화위육' 관념은 거시적인 '천인합일' 사상의 구현으로서, 구체적인 인생 실천 과정에서 실행한다면 바로 심성수양을 핵심으로 삼고 인간의 '중화'의 미덕을 배양하는 것이다. 유가에서는 덕행의 수양을 인간이 인

---

19 『禮記』「中庸」: "萬物並育而不相害, 道並行而不相悖."

간다워지는 기본 방법으로 삼으며 덕행의 수양이 '지성至誠'의 경지에 도달할 것을 추구한다. 그러므로 유가 학문의 핵심은 인간의 철학이며 인간을 인간답도록 만드는 학문이다. 공자의 말로 말하면 바로 '성인成人'의 학문이다. '성인'은 '수신'을 시작점으로 하는데 수신의 '지성' 경지가 바로 '천인합일'의 경지이다. 그래서 '중화위육'의 인생 추구는 일종의 '덕성적 사유'로 구현되며 이것은 고대 그리스 이후 서양문화 전통의 '과학적 사유'와는 다르다.

『예기』의 「대학」과 「중용」은 모두 사서 중의 하나이다. 「중용」은 주로 '중화위육'의 도를 상세히 밝혔다면, 「대학」은 주로 어떻게 '중화위육'의 도를 인생의 실천 과정에서 구체화시킬 것인지를 탐구하였다. 「대학」에서는 "천자로부터 서인에 이르기까지 일체 모두 수신을 근본으로 삼는다."[20]라고 밝혔다. 유가에서는 인간의 사명, 인간이 인간다운 이유가 바로 '수신'·'제가'·'치국'·'평천하'인데 '수신'이 그 시작점과 기초라고 생각한다. 「대학」에서는 "옛날에 자신의 밝은 덕을 천하에 밝히고자 하는 자는 먼저 그 나라를 다스리고, 그 나라를 다스리고자 하는 자는 먼저 그 집안을 가지런히 하고, 그 집안을 가지런히 하고자 하는 자는 먼저 그 몸을 닦고, 그 몸을 닦고자 하는 자는 먼저 그 마음을 바르게 하고, 그 마음을 바르게 하고자 하는 자는 먼저 그 뜻을 성실하게 하고, 그 뜻을 성실하게 하고자 하는 자는 먼저 그 지식을 지극히 하였으니, 지식을 지극히 함은 사물의 이치를 궁구함에 있다."[21]라고 밝

---

20 『禮記』「大學」: "自天子以至於庶人, 壹是皆以修身爲本."
21 『禮記』「大學」: "古之欲明明德於天下者, 先治其國. 欲治其國者, 先齊其家. 欲齊其家者, 先修其身. 欲修其身者, 先正其心."

했다.

　유가에서 말하는 '수신'은 비록 '정심正心'을 주로 삼지만 실제상 이 것은 내면과 외면을 아울러 수양하여 몸과 마음이 함께 나아가는 과정이다. 예를 들면 공자는 "문채와 바탕이 조화를 이룬 뒤에야 군자라고 할 수 있다."[22]라고 말하였다. '문질빈빈文質彬彬'의 경지는 바로 몸과 마음의 관계에서의 '중화' 경지이다. 유가에서는 '수신'이 인간을 인간답게 만들어 완벽한 인성을 실현하도록 하는 도라고 생각한다. 이 경지에 도달한 표지가 '지성'인데, 「중용」에서는 "오직 천하에 지극히 성실한 사람이어야 본성을 다할 수 있으니, 본성을 다하면 사람의 본성을 다하게 할 수 있고 사람의 본성을 다하면 물건의 본성을 다하게 할 수 있고 물건의 본성을 다하면 천지의 화육化育을 도울 수 있고 천지의 화육을 도우면 천지에 참여할 수 있다."[23]라고 밝혔다. '천인합일' 관념에 근거하면, '인성'과 '물성'은 서로 통하기 때문에 '능진인지성能盡人之性'이면 곧 '능진물지성能盡物之性'이다. 『주역』 「계사繫辭」 상上편에서 말하는 "한 번 음하고 한 번 양하게 함을 도라 이르니, 계속 함은 선이요, 갖추어 있음은 성이다."[24]를 결합시키면, '진물지성盡物之性' 이후에 '여천지참與天地參'하고 '찬천지지화육贊天地之化育' 하는 것은 마찬가지로 인성이 발전하는 필연적 요구이다. 다시 말하면, '찬천지지화육'은 인간이 하늘을 계승하여 행하는 선도善道임과 동시에 인성의 완성이라는 것이다.

---

22 『論語』「雍也」: "文質彬彬, 然後君子."
23 『禮記』「中庸」: "惟天下至誠, 爲能盡其性. 能盡其性, 則能盡人之性. 能盡人之性, 則能盡物之性. 能盡物之性, 則可以贊天地之化育. 可以贊天地之化育, 則可以與天地參矣."
24 『周易』「繫辭傳」上: "一陰一陽之謂道, 繼之者善也, 成之者性也."

인성의 수양이 어떻게 '지성至誠'의 경지에 도달할 것인지 대하여, 「중용」에서는 신독愼獨·충서忠恕·인애仁愛 등 세 가지 방면의 요구를 제기하였다. 이른바 '신독'이란 "숨겨진 곳보다 더 드러남이 없으며 은미한 것보다 더 나타남이 없다."[25]인데, 설령 은밀하고 미세한 곳에 있을지라도 늘 한결같이 고상한 인격을 지키라고 요구하는 것이다. '충서'란 "자신에게 시행하여 원하지 않는 것을 또한 남에게 시행하지 마라."[26]인데, 이것은 『논어』「위령공」편에서 말하는 "자신이 원치 않는 것을 남에게 시행하지 마라."[27]는 뜻으로서 자신이 하기를 원치 않는 것을 남에게 강요하지 말라고 요구하는 것이다. '인애'란 "인이라는 것은 사람다움이다.[仁者, 人也]"인데, 너그럽고 자애로운 마음으로 다른 사람을 대우하라고 요구하는 것이다. 즉 자신을 이룩하면서 남을 이룩하는 것이다. 예를 들면 『논어』「옹야」편에서는 "무릇 인자는 자신이 서고자 함에 남도 서게 하고, 자신이 통달하고자 함에 남도 통달하게 한다."[28]라고 말하였다.

수신 문제에 대하여, 「중용」은 일련의 구체적인 요구를 제기하였다. 예컨대 '오달도五達道'란 군신·부자·부처夫妻·곤제昆弟·붕우朋友 등 다섯 가지의 주된 사회관계를 정확하게 잘 처리하는 것이다. '삼달덕三達德'이란 몸에 지知·인仁·용勇 세 가지 미덕을 갖출 것을 요구하는 것이다. '구경九經'이란 수신修身을 존현尊賢·친친親親·경대신敬大臣·체군신

---

25 『禮記』「中庸」: "莫見乎隱, 莫顯乎微."
26 『禮記』「中庸」: "施諸己而不願, 亦勿施於人."
27 『論語』「衛靈公」: "己所不欲, 勿施於人."
28 『論語』「雍也」: "夫仁者, 己欲立而立人, 己欲達而達人."

體羣臣·자서민子庶民·내백공來百工·유원인柔遠人·회제후懷諸侯 등과 서로 결합해야 한다는 것이다. 이로부터 유가에서 제창하는 '수신'은 결코 고립된 수심양성修心養性이 아니라, 이것은 혈연관계의 '친친'을 기본적인 출발점으로 삼으며 입기立己와 입인立人, 진성盡性과 성물成物, 개체의 발전과 사회의 진보가 함께 앞으로 나아가는, 인류사회와 천지자연이 전체적으로 조화로워지는 과정임을 알 수도 있다. 이것이 바로 이른바 '내성외왕'의 도이다.

    유가에서 말하는 '수신'이 '중용'의 도가 인생에서 구체화되는 것이기 때문에 인성의 수양에는 줄곧 '중용'의 요구가 관통되고 있었다. 「중용」에서는 공자의 말을 인용하면서 "군자는 중용을 하고 소인은 중용을 위반한다. 군자의 중용은 군자로서 때에 알맞은 것이요, 소인이 중용을 위반하는 것은 소인으로서 꺼리는 바가 없는 것이다."29라고 밝혔다. '중용'의 도로써 수신한다는 것은 '시중時中'을 강구하고 있음을 알 수 있다. '시중'의 기본적 의미는 곧 때때로 '처중處中'하여 자신의 몸과 마음 사이, 자신과 타인 및 사회 심지어 천지 사이에서 한결같이 '중위中位'를 지킨다는 것이다. 동양의 고대 문화 중에서 '시時'는 매우 중요한 개념이다. 동양의 고대 문화는 우주의 대화大化 속에서, 천·지·인의 상호 영향 속에서, 시간의 흐름 속에서, 절기의 변화 속에서 자신의 몸과 마음, 자신과 사회, 인간과 자연이 조화롭게 발전하고 공생하면서 함께 나아감을 실현하는 것이라고 말할 수 있다. 그러므로 '시중'은 '중화위육'의 발생 계기를 잘 파악하여 인간이 더욱 적극적으로 '치

---

29 「禮記」「中庸」: "君子中庸, 小人反中庸. 君子之中庸也, 君子而時中. 小人之反中庸, 小人而無忌憚也."

중화致中和'하고 '찬천지지화육贊天地之化育'할 수 있도록 하는 것이라고 이해할 수 있다. '수신지성'을 통해 이처럼 '중화위육'의 시기를 장악할 수 있는 '군자'를 배양하는 것이 바로 '수신'의 핵심이다.

3. '예악교화禮樂敎化'의 심미교육적 사유

'중화위육'은 일종의 철학적 주제와 이론적 원칙으로서 중국의 고대 문화전통 중에서 실행되고 관철될 수 있었던 중요한 경로는 '예악교화'이다. 『주례』의 정치·사회적 이상은 "예악으로써 천지의 조화와 만물의 생성에 합치시키고, 그로써 귀신을 섬기고 만 백성을 조화롭게 하며 만물을 이루게 한다."[30]는 것이다. 『예기』 「악기」편에서는 "큰 악은 천지와 조화를 함께 하고 큰 예는 천지와 절도를 함께 한다."[31]라고 밝혔다. 예악의 도는 곧 천지지도의 구현이다. 사회와 정치 방면에서 예악교화를 실행한다는 것은, 우선 "예악으로 문채를 낸다.[文之以禮樂]"를 통해 "문채와 바탕이 조화를 이룬다.[文質彬彬]"는 군자를 배양하는 것이다.

그러나 더욱 중요한 것은 예악의 교화로써 '치중화'하여 전체적으로 조화로운 사회를 창조하는 것이다. 「악기」에서는 "이 때문에 악이 종묘에서 연주되어 군신과 위아래가 함께 들으면 화하고 공경하지 않은 이가 없고, 족장과 향리에서 연주되어 장유가 함께 들으면 화하고 순하지 않은 이가 없고, 집안에서 연주되어 부자와 형제가 함께 들으

---

30 『周禮』「天官」: "以禮樂合天地之化·百物之産, 以事鬼神, 以諧萬民, 以致百物."
31 『禮記』「樂記」: "大樂與天地同和, 大禮與天地同節."

면 화하고 친하지 않은 이가 없다."[32]라고 말하였다. 군자가 수양하는 '문질빈빈'은 질과 문, 즉 인과 예, 악과 예의 '중화' 관계를 구현하였으며, 사회의 전체적 조화로움으로서의 화경和敬·화순和順·화친和親 등은 마찬가지로 "천지가 제자리에 있게 되고 만물이 자라게 된다.[天地位焉, 萬物育焉]"는 철학적 추구를 구현하였다.

'예악교화'는 원시적 종교문화에서 기원한 것으로서, 주공周公이 '예를 제정하고 악을 만듦[制禮作樂]'에 이르러서야 비로소 발전되고 성숙되었다. 『사기』「주공본기周公本紀」의 기록에 의하면, 주공 때에 "예악이 흥기하고 바르게 되며 제도가 이에 개선되자 백성이 화목해져서 칭송의 노래가 울려 퍼졌다."[33]고 한다. 이것은 중국에서는 서주西周 초기부터 본격적으로 예악교화를 기본적인 정치·교육제도로 삼았음을 설명해준다. 『주례』의 설계에 의하면, 국가는 '대종백大宗伯'이라는 관직을 두어 예악교화의 일을 전적으로 맡아보게 하였다.

'예'란 예의禮儀·예절禮節·예물禮物·예제禮制·예법禮法 등으로 구성되어 있고, 종교·정치·윤리가 하나로 융합되어 있는 종합적인 문화제도이다. '악'이란 고대 악무樂舞와 가시歌詩의 총칭으로서 '예'의 구성부분이면서도 '예'와는 상대적으로 독립되어 있다. 예악교화는 국가의 기본적인 정치·윤리 제도이기도 하고 기본적인 문화·교육 제도이기도 하다. 예악은 서로 보완하면서 완성되도록 하며, 예로써 중을 제지하고 악으로써 화를 이루게 한다. 「악기」에서는 "예는 백성의 마음을 절제하

---

32 『禮記』「樂記」: "是故樂在宗廟之中, 君臣上下同聽之, 則莫不和敬. 在族長鄕里之中, 長幼同聽之, 則莫不和順. 在閨門之內, 父子兄弟同聽之, 則莫不和親."
33 『史記』「周公本紀」: "興正禮樂, 度制於是改, 而民和睦, 頌聲興."

며 악은 백성의 소리를 조화롭게 한다."[34], "예와 음악을 통솔하게 되면 사람의 마음을 다스릴 수 있다."[35], "선왕이 예악을 제정한 것은 입이나 배나 귀나 눈의 욕망을 만족시키기 위한 것이 아니라 장차 백성을 가르쳐서 좋고 나쁜 것을 공평하게 하여 인도의 바름으로 돌아오도록 하기 위한 것이다."[36]라고 밝혔다. 예와 악은 사람의 마음을 교화시키고 사회의 전체적 조화로움을 촉진시키는 심미교육의 역할을 함께 발휘하고 있었다.

이런 의미에서 볼 때 중국의 전통적인 예악교화는 바로 동양 고대의 심미교육이다. 하지만 이러한 심미교육은 서양의 전통적인 심미교육과는 매우 큰 차이점이 있다. 서양의 심미교육은 철학·체육·음악의 종합교육 중에서 음악에 치우쳐 있지만 중국의 예악교화는 예·악·사·어·서·수 등 '육예六藝'가 서로 결합된 일종의 종합적인 예술 교육이다. 서양의 심미교육은 주로 일종의 문화예술 교육활동으로 구현되지만 중국의 예악교화는 문화예술 활동일 뿐만 아니라 또한 정치활동과 정치제도이기도 하다. '심미교육' 개념은 1795년에 독일의 미학자 실러 Schiller가 『인간의 미적 교육에 관한 서한』에서 최초로 제기한 것이지만 동서양을 막론하고 일찍부터 자각적인 심미교육 활동을 펼치기 시작하였다.

중국은 늦어도 기원전 11세기 주공의 '제례작악制禮作樂' 때부터 이미 자각적인 심미교육을 시작하였다. 서양의 심미교육에는 고대 그

---

34 『禮記』「樂記」: "禮節民心, 樂和民聲."
35 『禮記』「樂記」: "禮樂之統, 管乎人心."
36 『禮記』「樂記」: "先王之制禮樂也, 非以極口腹耳目之欲也, 將以教民平好惡而反人道之正也."

리스의 '화해지미和諧之美'의 과학정신이 관통되고 있지만 동양의 예악교화는 하늘과 인간 사이의 서로 조화로운 거시적 '중화지미中和之美'의 인문정신을 반영하고 있다. 서양의 심미교육은 주로 과학·철학을 취지로 삼는 이성적 추구이지만 중국의 예악교화는 심신을 수양하고 인간을 인도하여 선을 이루게 하는 도덕적 교육이다. 서양의 심미교육은 음악·희곡 등을 수단으로 삼고 고대 그리스의 '고귀하고 단순하며 장엄하고 위대한' 서양의 고전 미학정신이 관통되어 있지만 중국 고대의 '예악교화'는 주로 『주례』에서 말하는 '육대대악六代大樂' 및 『시경』을 대표로 하는 '아송지성雅頌之聲'을 근거로 삼는데, 이처럼 공자가 일컫는 '아악'에는 유가의 정치·도덕·심미 이상을 담고 있으며 '진선진미盡善盡美'·'문질빈빈' 등의 '중화中和' 미학정신을 구현하고 있다.

'예악교화' 관념은 동양 사상 문화의 각 분야와 각 측면에 구현되고 있다. 그것의 존재와 영향은 동양의 정치·윤리와 문화·교육제도로 하여금 줄곧 사람의 마음을 교화함으로써 전체적 조화로움을 촉진시키는 것을 취지로 삼는 심미교육이 관통되도록 하였으며 동양의 전통 문화로 하여금 전반적으로 농후한 예술 분위기를 나타내도록 하였다. '예악교화' 관념의 영향 아래 동양 문화전통 중의 문학예술에는 넓은 의미에서 말하는 심미교육의 정신적 기운이 녹아 있다. 이것은 발양할 만한 가치가 있는 우수한 전통이다.

4. '태극화생太極化生'의 태극적 사유

'중화위육' 관념이 한대漢代의 『예기』「중용」편에서 제기되고 확립된 것은 결코 우연한 것이 아니라, 이것은 선진시대 이후 중국의 지혜가 발전됨에 따라 생성된 결과물이다. 그중에서 『주역』「역전」의 출현은 '중화위육'을 위해 중요한 이론적 전제를 제공해 주었다. 『주역』은 원래 복서卜筮의 책이지만 「역전」이 출현하여 그것의 철학적 의미를 밝히고 부여함에 따라 '경전 중의 으뜸'이 되었다. 「역전」은 최초로 '천인상합天人相合'의 중요한 사상을 명확히 제기하였다. 『주역』「계사」하편에서는 "『주역』은 광대하고 모든 것을 구비하여 천도가 있고 인도가 있고 지도가 있으니, 삼재를 겸하여 두 번 거듭하였으므로 육이다."[37]라고 말하였다.

『주역』이란 책에는 '천도天道'·'지도地道'·'인도人道'를 겸비하였는데, 천·지·인의 도는 각자 독특한 의미를 갖고 있지만 근본적으로 볼 때 정신이 서로 통한다. 그래서 『주역』「문언文言」편에서는 "대인은 천지와 그 덕이 합치하며, 일월과 그 밝음이 합치하며, 사시와 그 질서가 합치하며, 귀신과 그 길흉이 합치하여, 하늘보다 먼저 하여도 하늘이 어기지 않으며 하늘보다 뒤에 하여도 천시를 받든다."[38]라고 밝혔다. 이것은 천인상합·천인합일은 인간과 인류사회가 발전하는 도임을 의미한다. 『주역』「역전」의 논술에 근거하면, 천·지·인의 도가 상통하고 합일하는 곳은 '생생'에 있다. 즉 「계사」 상편에서 말하는 "낳고 낳음을 역이라

---

[37] 『周易』「繫辭傳」下: "易之爲書也, 廣大悉備. 有天道焉, 有人道焉, 有地道焉. 兼三才而兩之, 故六."
[38] 『周易』「文言傳」: "夫大人者, 與天地合其德, 與日月合其明, 與四時合其序, 與鬼神合其吉凶. 先天而天弗違, 後天而奉天時."

한다."³⁹와 「계사」하편에서 말하는 "천지의 큰 덕을 생이라 한다."⁴⁰이다. 「역전」에서 '생생' 관념을 제기한 것은, 유가의 '중화' 관념 속에 천지 만물의 '화육'의 도라는 내용을 주입시켜 주었다.

『주역』「역전」에서 '생생'의 도를 논하면서 '태극화생'의 관념을 제기하였고 '천지화육'의 문제를 더욱 충분히 구현하였다. 「계사」 상편에서는 "그러므로 역에 태극이 있으니, 태극이 양의를 낳고 양의가 사상을 낳고 사상이 팔괘를 낳으니, 팔괘가 길흉을 정하고 길흉이 큰 사업을 낳는다."⁴¹라고 밝혔다. '태극화생' 관념의 제기는 서양의 이성적 사유와 다른 동양의 '태극'적 사유방식을 마련해 주었다. 북송시기의 성리학자 주돈이周敦頤는 『태극도설太極圖說』에서 『주역』「역전」의 '일음일양지위도一陰一陽之謂道'라는 관념을 결합하여 '태극화생'의 문제를 더욱 심도 있게 자세히 설명하면서, "무극이면서 태극이다. 태극이 동하여 양을 낳고 동이 극에 이르면 정하고 정이 극에 이르면 다시 동한다. 한 번 동하고 한 번 정하여 서로 뿌리가 된다."⁴²라고 밝혔으며, 또한 "태극은 본래 무극이다."⁴³, "두 기운이 교감하여 만물을 화생한다.⁴⁴라고 말하였다.

주돈이는 우리에게 동양의 특유 태극적 사유의 풍부한 내용을 밝

---

39 『周易』「繫辭傳」上: "生生之爲易."
40 『周易』「繫辭傳」下: "天地之大德曰生."
41 『周易』「繫辭傳」上: "是故易有太極, 是生兩儀. 兩儀生四象, 四象生八卦, 八卦定吉凶, 吉凶生大業."
42 周敦頤, 『太極圖說』: "無極而太極. 太極動而生陽, 動極而靜, 靜而生陰, 靜極複動. 一動一靜, 互爲本根."
43 周敦頤, 『太極圖說』: "太極本無極."
44 周敦頤, 『太極圖說』: "二氣交感, 化生萬物."

혀주었다. 첫째, '태극은 본래 무극이다[太極本無極]'에서 태극은 대립되는 쌍방이 없고 주와 객이 없으며 감성과 이성이 없고 아무런 대립면도 없음을 의미한다. 둘째, 음과 양은 모두 운동하는 과정 속에 처해 있으며 운동하는 과정 속에서 음이 양으로 변할 수 있고 양도 음으로 변할 수 있으며 음과 양은 상호 작용하면서 서로 의존하고 서로 포용한다. 셋째, 음과 양의 두 기운이 교감하여 만물을 화생한다. 이로부터 '태극화생'은 일종의 생명적 사유임을 알 수 있다. 이러한 사유방식은 서양의 주객 양분 또는 대립 통일의 사유방식으로는 해석할 방법이 없으며 이것은 동양의 특유한 사유방식이다. 「계사」 상편에서는 "한 번 음하고 한 번 양하게 함을 도라 이르니, 계속하여 함은 선이요, 갖추어 있음은 성이다."[45]라고 말하였다. 음과 양이 상생相生하는 도는 바로 천지 만물의 생명 존재와 발전의 근본적인 도이며, 인간의 사명과 인간의 본성은 바로 이러한 '생생'의 도를 발휘하고 이 '생생'의 도를 이룩하는 것이다. 이것은 바로 「중용」편의 "중과 화를 지극히 하면 천지가 제자리에 있게 되고 만물이 자라게 된다."[46]는 말의 의미이다. '태극화생' 사유는 동양철학의 근본적인 음양지도陰陽之道의 생명 방식을 구현하였으며 동양철학이 천지의 자연규칙과 인생·사회 발전의 근본적 오묘함을 밝힌 것을 구현하였다.

심미와 예술 방면에서, 음양의 상생과 기화氣化의 조화[諧和]는 곧 동양예술의 정수精髓이기도 한다. 동양의 전통예술은 서양의 고전예술처럼 현실을 직접적으로 '모방'하는 경상鏡像 방식의 예술이 아니라,

---

45 『周易』「繫辭傳」上: "一陰一陽之謂道, 繼之者善也, 成之者性也."
46 『禮記』「中庸」: "致中和, 天地位焉, 萬物育焉."

'기운이 생동함[氣韻生動]'과 '생기가 멀리 뻗어 나감[生氣遠出]'을 강구하는 '기운 외의 정취[韻外之致]'가 흘러넘치는 '의경意境' 방식의 예술이다. 중국의 전통적인 시가詩歌·회화繪畫·경극京劇 등, 일본의 전통적인 우키요에와 한국의 고전 가무 등을 막론하고 그 속에는 동양예술의 '신운神韻'이 깃들어 있다. 요컨대 '음양화생陰陽化生'·'동정호근動靜互根'·'생기원출生氣遠出' 등의 관념과 함의는 동양의 심미와 예술의 '중화위육'이라는 이상적인 경관으로 진입하는 데에 관건이 된다.

5. '화실생물和實生物'의 생존적生存的 사유

중국 전통문화는 '화和'의 문제에 대해 상당히 풍부하고 다양한 설명을 가지고 있다. 이중에서도 가장 유명한 것은 '화실생물'과 '화이부동和而不同'의 관념이다. 이것은 인류 생존의 도에 대한 유력한 논술이다.

『국어』「정어鄭語」의 기록에 의하면, 서주 말기에 정나라 환공桓公이 사백史伯에게 "주나라는 패망하겠는가?"라고 물었더니 사백은 "거의 패망에 가까워져 있습니다."라고 대답했다고 한다. 왜냐하면 사백이 보기에 주왕이 조화를 버리고 부화뇌동을 취하여 필연코 국운의 쇠퇴를 초래할 것이기 때문이다. 사백은 "저 가부可否의 조화에서 실상 사물이 생육되고, 부화뇌동에서는 계속 이어지지 못합니다. 다른 것을 가지고 다른 것과 화평하게 하는 것을 '화'라고 합니다. 그러므로 능히 풍부하게 생장시키고 사물도 그곳에서 삶을 영위합니다. 만일 동일한 것으로 동일한 것에 보태면 둘 모두를 버리게 됩니다."[47]라고 지적하였다. 이것은 '화'가 천지 만물 및 인류사회가 발전하는 '풍장豐長'의 도이며 그 관건은 사물에게 다양성이 존재한다는 소위 '이타평타以他平他'에 있음을 의미하고 있다. 오직 '화'해야만 '풍장이물귀지豐長而物歸之' 할 수 있다. 만약 같은 종류의 사물만 반복된다면 '풍장'의 도는 멸절되어 '진내기의盡乃棄矣' 하게 될 것이다. 사백은 '화'의 규칙은 보편적으로 존재하는 것으로서, "음악이 오성 중의 한 소리로만 구성되어 있으면 들을 수 없고, 사물이 동일한 것들만 모아져 있으면 문채가 이루어지지 아니하고, 음식이 오미 중 한 가지 맛으로만 만들어져 있으면 맛이 없고, 물품이 동일한 것들만 있으면 품평할 수 없습니다."[48]라고 말하였으며, 그렇기 때문에 정치·요리·예술·수신 등을 막론하고 모두 '화실생물'의 도를 지켜야 하며 "그러므로 선왕은 흙[土]을 금·목·수·화와 버무려 온갖 사물을 만들어 내셨습니다. 그러므로 오미를 조화시켜 입맛에 맞게 하고, 사지를 강건하게 해서 몸을 보호하게 하고, 육률을 조화시켜 귀가 밝아지도록 하고, 칠체를 바르게 해서 마음을 위해 일하게 하고, 팔색을 화평하게 해서 사람의 외모를 완전하게 하고, 아홉 장기의 기능을 건강하게 하여 순수한 덕목을 확립시키고, 열 등급의 숫자를 모아 백관에 딸린 관속들을 가르치고 인도합니다."[49]라고 밝혔다. 이것이 바로 "많은 일들을 바로잡게 하니, 조화와 뇌동을 구별하여 조화에 힘쓴

---

47 『國語』「鄭語」: "夫和實生物, 同則不繼. 以他平他謂之和, 故能豐長而物歸之. 若以同裨同, 盡乃棄矣."
48 『國語』「鄭語」: "聲一無聽, 物一無文, 味一無果, 物一不講."
49 『國語』「鄭語」: "故先王以土與金·木·水·火雜, 以成百物. 是以和五味以調口, 剛四支以衛體, 和六律以聰耳, 正七體以役心, 平八索以成人, 建九紀以純德, 合十數以訓百體."

다.[講以多物, 務和同]"는 것이다.

춘추 말기에 이르러, 제齊나라의 유명한 재상인 안영晏嬰은 제후와 군신의 관계를 토론할 때에 또 한번 '조화를 버리고 부화뇌동을 취한다[去和而取同]'는 경향을 비판하였다. 『좌전』「소공昭公」 20년의 기록에 의하면, 안영은 정치상의 '화'는 마땅히 "임금이 '가하다'고 하더라도 그중에 '불가'한 점이 있으면 신하는 그 불가한 점을 말하여 그 가한 것을 이루게 하고, 임금이 '불가하다'고 하더라도 그중에 가한 점이 있으면 신하는 그 '가'한 점을 말하여 그 불가한 것을 버리게 해야 하며"[50] 이렇게 해야만 비로소 "정치가 화평하여 서로 침범하는 일이 없어서 백성들도 쟁탈하는 마음이 없어질 수 있다고 밝혔다. 안영은 요리[烹飪]를 예로 들면서, "'화'는 마치 국을 끓이는 것과 같아서, 물·불·식초·젓갈·소금·매실을 사용하여 생선이나 고기를 삶는 것과 같습니다. 그리하여 장작으로 불을 때고 재부宰夫가 간을 맞추어 맛을 알맞게 조절하여 모자라면 첨가하고 지나치면 줄입니다."[51]라고 밝혔다. 안영이 말하는 '화'는 마찬가지로 사물에게 다양성이 존재함을 강조하고 있다. 하지만 그는 더 나아가 다양하게 존재하고 있는 사물 사이에는 '모자라면 첨가하고 지나치면 줄인다[濟其不及, 以洩其過]'는 관계와 '상성相成'하면서 '상제相濟'하는 내재적 연관성을 밝혀주었다. 이처럼 안영은 다양한 사물의 통일 문제를 제기하였다. 마찬가지로 안영도 '화'는 요리·예술·정치 등 방면에 보편적으로 존재하는 공통된 규칙이

---

50 『春秋左氏傳』「昭公」 20年: "君所謂可, 而有否焉, 臣獻其否以成其可. 君所謂否, 而有可焉, 臣獻其可以去其否."

51 『春秋左氏傳』「昭公」 20年: "和如羹焉, 水·火·醯·醢·鹽·梅, 以烹魚肉, 燀之以薪, 宰夫和之, 齊之以味, 濟其不及, 以洩其過."

라고 밝히며 "선왕이 오미로써 음식의 맛을 맞추고 오성으로써 소리를 조화한 것은, 그 마음을 평안하게 하고 그 정사를 이루기 위한 것입니다."[52]라고 말하였다.

'화실생물和實生物'·'상성相成'·'상제相濟' 등의 관념은 유가의 '중화위육' 관념을 위하여 풍부한 사상적 자원을 제공해주었다. 『논어』 「자로子路」편에 의하면, "공자는 군자는 화합하면서도 부화뇌동하지 않는 반면에 소인은 부화뇌동할 뿐 화합하지 않는다고 말했다."[53]라고 한다. 공자가 '중용'을 궁극적 미덕으로 삼기 때문에, 유가의 이상적 인물인 '군자'는 당연히 '화이부동'을 처사處事와 위인爲人의 도로 삼아야 한다. 공자의 제자 유약有若은 "예의 쓰임은 조화가 귀중하다. 선왕의 도는 이것을 아름답게 여겼으니, 작은 일이나 큰일을 이것으로 말미암아 행하였다. 행해서는 안 될 것이 있었으니, 조화롭게 해야 한다는 것만 알고 조화롭게만 하고 예로써 절도 있게 하지 않는다면 또한 행해서는 안 된다."[54]라고 말하였다. 유약의 주장은 공자의 '중용' 사상에 부합된 것이다. 이른바 "예로써 절도 있게 한다"는 것은 바로 「중용」편에서 말하는 '중절中節'의 의미이다. 예가 일으키는 작용은 '중을 제지한다'는 것이며 이것을 바탕으로 해야만 '예의 쓰임'에 '중화'의 미가 있을 수 있다. 중을 제지하는 예가 있었기 때문에 공자가 수신 방면에서는 "지나침은 미치지 못함과 같다."[55]라고 지적하였고, 예술 방면에서는 "즐거워하

---

52 『春秋左氏傳』「昭公」20年: "先王之濟五味·和五聲也, 以平其心·成其政也."
53 『論語』「子路」: "子曰, 君子和而不同, 小人同而不和."
54 『論語』「學而」: "禮之用, 和爲貴. 先王之道, 斯爲美. 小大由之, 有所不行. 知和而和, 不以禮節之, 亦不可行也."
55 『論語』「先進」: "過猶不及."

지만 음탕하지 않으며 슬프지만 자신을 해치지 않는다."[56]라고 주장하였다. 『예기』「중용」편은 '화실생물'·'화이부동'·'중용' 등 관념을 바탕으로 '중화'를 인성 수양의 도와 인류사회가 존재하고 발전하는 근본적인 도로 끌어올림으로써 인간에게 '치중화致中和'하고 '찬천지지화육贊天地之化育'하는 사명과 책임을 부여해 주었다.

유가의 '중화위육' 관념 중에서 '화실생물', '중용의 덕', '화이부동', '과유불급', '집기양단이용기중執其兩端而用其中' 등의 논술은 현대사회의 발전 과정에서 인간과 인간 사이, 인간과 사회 사이, 국가와 국가 사이, 인류사회와 자연환경 사이의 발전과 모순 문제를 잘 처리하도록 계시적 의미를 지닌 동양 지혜를 제공해 주었다. 조화로움과 발전을 중심으로 하는 이러한 지혜는 소위의 '문명충돌론'보다 인류사회의 생존과 발전에 더욱 부합된다. 이러한 동양 지혜는 개인·조직·국가와 국제사회로 하여금 복잡한 관계 속에서 긍정적인 생기와 활력이 충만하도록 만들었다.

결론적으로 말하면, '중화위육'은 유가가 우리들에게 남겨준 소중한 철학적 사유이다. 이것은 특유한 '천인지화'의 철학적 사유와 '화이부동'의 생존 이념과 '음양이 상생하고 기화가 조화한다[陰陽相生, 氣化諧和]'는 예술적 신운神韻으로써 동아시아 문명의 특유한 문화 지혜를 구축하였고 동양의 민족적 철학 사유의 중요한 가치를 분명히 드러내었다. 줄곧 동아시아 문명이 끊임없이 발전하도록 이끌어주고 있을 뿐만 아니라 반드시 인류에게 기여하고 세계에 영향을 미칠 것이다. 이것은 특유한 동양철학·동양문화·동양정신이고 동아시아 각각의 공통된 문

---

56 『論語』「學而」: "樂而不淫, 哀而不傷."

화 재산이며 동양문화 간의 장기적인 교류와 대화의 중요한 언어이다. 우리는 마땅히 이 귀중한 재산을 소중히 여기고 새로운 시대에 이것을 비판적으로 계승함으로써 한 걸음 더 발전시켜 성대하게 해야 한다.

참고문헌

『論語』
『老子』
『禮記』
『周禮』
『周易』
『春秋左氏傳』
『國語』
『莊子』
『孟子』
『史記』
『太極圖說』
蔡德麟, 2003,『東方智慧之光: 池田大作研究論綱』, 清華大學出版社.
程樹德, 2013,『論語集釋』, 中華書局.
張立文, 1980,『退溪書節要』, 中國人民大學出版社.
朱熹, 1983,『四書章句集注』, 中華書局.

생태학 관점에서 본 노자철학의 개념과 논리

정석도 鄭錫道
가톨릭관동대학교 VERUM교양대학

내용요약

노자철학의 존재가치는 지금 우리가 당면한 환경오염 문제와 결부해서 사유할 때 더욱 분명히 드러난다. 노자의 사유를 현대의 생태학으로 재정립할 수 있는 근거는 무엇보다 '도'의 가치 등을 구상화하는 다양한 은유적 개념이 본질적으로 생태적 개념이기 때문이다. 노자의 '도' 개념을 생태학적 관점에서 정의하면 바로 '생태적 세계질서'다. '무無'와 '자自'의 논리에서 비롯하는 '무위자연'의 논리 또한 생태적 가치의 논리다. '무'는 사물에 가치가 부여되지 않은 생태적 원본 상태를 개념화한 것으로, '무위無爲', '무명無名', '무욕無慾', '무지無知' 등으로 확장되는 동시에 생태적 자족성의 함의가 있는 '자연自然', '자정自正', '자화自化' 등의 개념과 인과적으로 호응한다.

'무위자연'의 논리는 은유적 개념과 함께 노자의 '마음[心]'의 문제에 수렴된다. 노자가 '영아嬰兒', '적자赤子' 등의 은유적 개념을 통해 생태적 원형으로의 복귀를 말할 때 그것은 발가숭이 갓난애나 젖먹이의 '마음'으로 되돌아감을 뜻하기 때문이다. 성인의 '무위' 또한 실제로 성인의 마음가짐으로서 '무위하는 마음'이고 '자연'은 백성의 마음가짐으로서 '자연적 마음'이다. 노자는 생태적 질서인 '도'에 부합하지 않는 마음 안의 '욕망'을 부정한다.

인간에 의해 가공된 지식과 윤리체계를 부정함으로써 생태적 질서인 '도'를 부각하는 노자의 사상은 '소국과민'을 통해서 보다 구체적으로 형상화된다. '소국과민'은 생태학적 함의를 갖는 노자의 각종 은유와 무위자연의 논리가 최종 귀결된 공간의 모습이다. '소국과민' 역시 '젖먹이로의 복귀[復歸於嬰兒]'나 '통나무로의 복귀[復歸於樸]'와 같은 맥락으로서, 생태적 순박함으로 구성된 사회적 공간이 바로 사람의 자연에 가장 부합한다는 의미다. 그러한 공간의 궁극적 목적은 가공된 문화적 실용성이 아닌 본연의 생태적 '미美'에 있다. 가공된 아름다움을 부정하고 사물 본래의 생태성에서 '미'의 근거를 발견하는 노자의 가치론적 사유는 '원목의 미학'이다.

핵심어: 은유적 개념, 무위자연無爲自然, 마음[心], 소국과민小國寡民, 원목의 미학

1. 들어가는 말

이 글은 '지금 노자철학의 존재가치는 어디에 있는가?'라는 물음에서 출발한다. 총체적 관점에서 볼 때 동아시아 고대철학은 순수한 형이상학적 사변보다는 당시 사회문화의 구조에 토대를 둔 체험적 사유가 돋보인다. 그동안 필자는 주로 고대철학에 깃든 체험적 사유를 통시적 관점에서 개념화하는 작업을 진행해 왔다. 그러면서 늘 떠나지 않는 물음이 있었다. 그것은 바로 '동아시아 고대철학은 과연 사상사적 의미를 넘어 지금 우리가 마주한 현실의 문제에 답할 수 있는가?'라는 것이다.

21세기에 인류가 당면한 문제 가운데 가장 시급한 것으로 우리는 무엇보다 환경문제를 꼽을 수 있다. 물과 대기오염, 미세먼지의 문제 등은 이제 일상적인 것이 되어 사람들은 그것들에 대한 일시적인 대처가 생활화되었다. 최근에는 바다의 오염이 심각한 문제로 떠올랐다. 세계 곳곳의 해안에서 발견되는 죽은 고래의 사체에는 인간이 쓰고 버린 플라스틱 생활제품들이 다량 들어 있었다.[1] 인간이 생활의 편리를 위해 끊임없이 생산하는 플라스틱 제품은 결국 쓰레기가 되어 바다 생태계와 바다생물의 생존을 심각하게 위협하고 있는 실정이다. 문제는 그러한 눈에 보이는 플라스틱 쓰레기가 전부가 아니라는 데 있다.

눈에 보이는 플라스틱 제품뿐만 아니라 바닷물 전체에 스며들어 있어 눈에 보이지도 않는 미세 플라스틱의 문제는 생태계의 순환을 거쳐 이제 인간의 몸에 소리 없이 축적되고 있다. 미세 플라스틱이 몸에 쌓였을 때 그것이 어떤 형태의 질병으로 드러날지 아직 모르는 일이다. 결코 좋은 형태로 나타날 일이 없다고 보는 것은 이미 의학적 상식이다. 미세 플라스틱은 자연 상태의 천연물질이 아니라 가공된 화학물질이다. 쉽게 말해 '먹는 것이 아닌 것'이다. 즉 인체가 정상적으로 소화 흡수할 수 없는 물질이 일상의 각종 경로와 물고기 등을 통해 인간의 몸에 흡수되었을 때 그것은 이른바 환경호르몬이 되어 쉽게 배출되지 않고 혈액과 함께 순환하면서 인체의 면역체계를 교란한다.

언뜻 보기에 이러한 환경의 문제는 개인이 발버둥 쳐서 해결할 수 있는 문제가 아니다. 끊임없이 자본의 이윤을 추구하는 자본주의 생산 시스템의 문제를 비롯해서 사회적 국가적 문제이자 해결과제임이 분명해 보인다. 하지만 조금 더 깊이 생각해 보면 결국 궁극적인 해결책은 개인의 의식을 전환하는 데 있다는 것이 사실이다. 추상적인 국가의 운영체계가 구체적인 개인의 의식을 구성하는 기본 질료가 되는 것은 맞지만, 동시에 개인의 의식이 개인이 배속된 세계의 시스템을 바꿀

---

1 「임신한 고래 사체에서 플라스틱 22kg 나와」: "이탈리아 사디니아섬 해안에서 임신한 향유고래가 배 속에 22kg에 달하는 플라스틱 쓰레기를 담고 숨진 채 발견됐다고 CNN이 전했습니다. 세계자연기금 WWF는 지난 2년 동안 지중해 일대에서 쓰레기를 삼켜 숨진 대형 고래 5마리가 발견됐다며, 플라스틱 사용 자제를 촉구했습니다." http://news.kbs.co.kr/news/view.do?ncd=4171790, [글로벌24 주요뉴스]에서 발췌.

수 있는 것 또한 가능한 논리이기 때문이다. 결과적으로 우리가 당면한 환경문제의 본질이 자연 생태의 회복에 있다고 할 때 그 해답은 바로 개인의 생태 의식의 전환에 있다고 말할 수 있다.

동아시아 고대의 사유에서 보면 유가와 도가는 비록 사상적 지향성의 차이에도 불구하고 특히 바람직한 세계를 구성하거나 회복하는 근원에 있어서는 무엇보다 개체성에 주목하는 측면이 있다. 개체의 도덕적 자아 수양을 강조해서 '수신, 제가, 치국, 평천하'로 나아가는 유가의 논리와 장자가 강조하는 '자유' 등이 바로 그것이다. 개체와 전체의 유기적 연결과 확장이든 개체와 전체의 대립이든 세계는 개체의 변화를 통해 가능하다는 것이 유가와 도가에 공통된 논리 가운데 하나라고 할 때 특히 생태적 세계의 근원적 회복에 주목한 사유가 있다. 바로 노자의 사유다.

고대의 철학적 사유가 단지 '의미의 환원'이 아닌 '의미의 환생'을 통해 현대의 문제에 답할 수 있다면 우리의 사유 작업은 의미가 있다고 말할 수 있다. 현재적 의미와 무관하게 먼 과거의 맥락에서만 이해하고자 한다면 그것은 가령 골동적 사유취미로서 '살아 있는' 의미와는 거리가 멀다고 볼 수도 있다. 과거와 현재 간의 소통의 맥락에서 이제 필자의 물음은 '노자의 철학적 사유는 현대의 문제에 어떤 통찰을 줄 수 있을까?'로 구체화된다. 동시에 '노자의 철학적 사유는 어떻게 재정립될 수 있을까?'로 나아간다.

동아시아 고전철학에 관한 연구는 대체로 '사유의 본의에 대한 해명' 혹은 '현대적 재해석'의 두 가지 유형과 관련되고 노자의 철학적 사유 역시 예외가 아니다. 이 글에서 필자는 노자의 철학을 대상으로 노자의 본의와 필자의 해석 간의 간극을 최소화해서 노자의 사유의 본질을 그려내고자 한다. 이 작업은 곧 노자철학의 존재가치를 지금 우리의 처지에서 그 윤곽을 그리는 작업이다. 보다 구체적으로 이 글은 노자의 본래 의도에 합치한다는 가정 하에 노자의 사유를 생태학으로 재해석하는 작업이다.

　이 글에서 필자가 논의하고자 하는 것은 크게 세 가지다. 첫째, 노자의 사유는 근원적으로 생태적이며 통치의 논리 또한 생태적이라는 점이다. 이 부분은 노자의 각종 은유적 개념과 핵심 논리를 분석함으로써 이해할 수 있다. 둘째, 노자의 생태학적 사유는 '심心' 개념을 토대로 구성되어 있다는 점이다. 여기에 대한 논증으로서『노자』에서 '마음'이 드러나는 양상을 포함해서 '영아嬰兒와 적자赤子' 및 '성인의 마음가짐[無爲]'과 '백성의 마음가짐[自然]'을 다시 분석한다. 셋째, 노자의 생태학적 사유는 통치론에서 나아가 최종적으로는 미학적 사유에 이른다는 점이다. 여기에 대해서는 '소국과민'의 재해석을 통해 살펴보고자 한다. 이상의 세 가지 핵심 논의를 통해 필자는 노자의 철학에 내재한 현대적 가치를 특히 생태적 위기 문제와 그 철학적 해법을 중심으로 사유하고자 한다.

2. '생태'의 발견: 은유적 개념과 '무위자연'의 논리

이 장에서는 우선 노자의 사유를 구성하는 중심적 은유가 본질적으로 생태적이라는 점을 밝히고자 한다. 이어서 노자의 철학사상을 대표하는 '무위자연無爲自然'의 논리에 내재한 생태적 함의를 '무無'와 '자自'의 논리에서부터 '무위'와 '자연' 논리의 인과적 결합에 이르기까지 논의한다. 개념과 논리는 일정한 철학사상의 뼈대다. 노자의 은유적 개념과 무위자연의 논리가 본질적으로 '생태적'이라면 노자의 철학적 사유는 현대의 생태학으로 재정립할 수 있게 된다.

1) 은유적 개념의 생태적 함의

노자의 철학을 구성하는 주요 개념은 사실상 모두 은유적 개념이다. 동아시아 고대의 사유에서 개념의 의미는 직접 설명되지 않고 대부분 은유를 통해 드러난다. 노자의 사유는 보다 더 풍부하고 복합적인 은유적 개념으로 직조되어 있다. 노자의 각종 은유 가운데서도 대표적인 것은 '도' 개념을 유추하고 체험하게 하는 은유들이다. 그러한 은유로서 '물[水]', '골짜기[谷]', '어머니[母]', '영아嬰兒', '적자赤子', '통나무[樸]', '현빈玄牝', '뿌리[根]' 등을 들 수 있다. 이러한 각종 은유들은 각기 다른 형상에서 비롯하지만 공통성이 있다. 바로 물리적이거나 생물학적인 근원지향성을 내포한다는 점이다.

위와 같은 개념화된 은유, 즉 은유적 개념 외에 『노자』의 구절에서 발견할 수 있는 문장 단위의 은유 또한 대체로 물의 성질을 닮아 있어 '부드럽고', '연약하며', '아래를 지향'하는 '원형적 상태'인 동시에 시간상으로 사물 발생의 '시원'을 연상하게 하는 형상성을 특징으로 한다. 일반적인 가치의 위계에서 볼 때 '부드럽고' '약한 것', '작은 것', '낮은 것' 등은 '나쁜 것'에 해당한다. 하지만 노자는 모든 사물들이 살아 있을 때는 부드럽고 죽으면 딱딱하게 굳는 현상에 빗대어 '부드러움'과 '유약함'을 긍정적인 가치로 내세운다. '부드럽고' '약한(유연한)' 것은 살아있음의 증표로서 '좋은 것'이고, '단단하고 강한(딱딱한)' 것은 곧 죽음과 가까운 것이어서 '나쁜 것'으로 이해한다.

사람이 살아있을 때는 유연하지만, 죽은 다음에는 경직된다. 세상 모든 사물과 풀과 나무도 살아 있을 때는 부드럽지만, 죽고 나면 딱딱하게 변한다. 그러므로 경직되고 딱딱한 것은 죽음의 범주에 해당되고, 유연하고 부드러운 것은 삶의 범주에 해당된다. 이러한 현상을 참조할 때 군대가 강하면 패하게 되고, 나무 또한 강하면 부러지게 될 것이다. 강대한 것은 아래에 위치하고, 유약한 것이 위에 머문다.[2]

위의 삶의 범주에 해당하는 사물의 상태를 통해 우리는 '삶은 부드러운 것' 내지는 '살아 있는 것은 부드러운 것'과 동시에 '죽은 것은 딱딱한 것'이라는 은유를 구성할 수 있다. 노자는 당시의 문화적 기반에서 형성된 '높고' '강하고' '단단한 것'이 '좋은 것'이라는 가치의 위계에 대한 인식을 부정하고, 반대로 '낮고', '약하고', '부드러운 것'이 더 '좋은 것'임을 내세운다. 노자가 기존의 가치를 부정하고 이른바 '낮은 것이 더욱 높은 것'과 '약한 것이 더욱 강한 것' 등을 내세울 때 그 근저에는 삶의 가능성이 더욱 충만한 의미로서의 '생태적 원형성'이 존재한다.

생태적 원형성은 '통나무[樸]'의 비유에서 더욱 부각된다. 노자의 통나무는 가공되지 않은 원목을 말한다. 노자의 '통나무'는 '이름 없는 원목[無名之樸: 37장]'이라는 은유적 표현을 통해 나타난다. 통나무는

---

[2] 『노자』 76장: "人之生也柔弱, 其死也堅强. 萬物草木之生也柔脆, 其死也枯槁. 故堅强者死之徒, 柔弱者生之徒. 是以兵强則不勝, 木强則折. 强大處下, 柔弱處上."

'도'의 전일성을 비유하는 사물로서 쪼개지지 않은 원형질의 의미를 가진다. 그것은 가치가 인위적으로 재단되지 않은 전일한 질감으로서 생태적 원본 상태를 암시한다. '통나무' 은유는 "성인이 욕심이 없으면 백성이 제 스스로 순박해진다.[我無欲而民自樸: 57장]"고 하는 노자의 정치적 사유에로 확장된다.

생태적 원형성이 돋보이는 은유로서 또한 '골짜기의 신[谷神]', '거뭇한 여성[玄牝]', '천지의 뿌리[天地根]' 등이 있다. 이 세 가지 은유는 더욱 뚜렷하게 생태적 공간과 생태적 순환의 의미를 내포한다. '골짜기의 신'과 '거뭇한 여성', '천지의 뿌리'는 모두 한통속의 의미다. 모두 노자의 다른 은유에서 볼 수 있는 '아래 지향성', '거무스름함', '여성성', '물'과 같이 부정적 가치를 토대로 한다. 하지만 그것들은 모두 사물의 생성과 지속의 진원지로서 원초적 생명성을 끊임없이 이어지게 하는 작용을 한다.

> 골짜기의 신은 죽지 않는다. 이것을 거뭇한 여성이라 말한다. 거뭇한 여성의 문, 이것을 천지의 뿌리라고 말한다. 그것은 끊임없이 이어지며 대략 있는 듯하지만, 그 작용은 다함이 없다.[3]

노자는 위와 같은 중심적인 은유들에 내포된 발생적 시초의 계기에 주목하고 있는 것으로, 노자의 은유적 개념은 본질적으로 생태적 개념이다. 노자의 사유를 대표하는 '도' 개념 또한 은유적 개념으로서 특히 생태적 가치와 연관된 개념이다. '도' 개념은 무엇보다 생태환경을

---

3 『노자』 6장: "谷神不死. 是謂玄牝. 玄牝之門, 是謂天地根. 綿綿若存, 用之不勤."

구성하는 가장 기본적인 요소인 물을 통해서 비유된다.

> 가장 선한 것은 물과 같다. 물은 만물을 곧잘 이롭게 하지만 '만물과' 투쟁하지 않고, 여러 사람들이 싫어하는 곳에 거처하는 까닭에 도에 가깝다.[4]

물은 '가장 선한 것' 혹은 '가장 좋은 것'이다. 만물생장에 필수불가결한 요소이지만 낮은 곳을 지향하는 본성이 있다. 낮은 지향성에 의해서 물이 가진 생태적 흐름은 '도'의 정치적 가치를 환기하는 의미로서 은유적으로 개념화되고 있다. 노자철학에서 강조하는 '도'는 실체가 있는 것이 아니라 가치 관념의 총체이다. '도'는 '큰 것[大]'으로 비유되는 은유적 개념[吾不知其名, 字之曰道, 强爲之名曰大: 25장]이다. 그것은 사물의 생성과 존재에 직접 관여하는 것이 아니라 이미 존재하고 있는 사물의 가치를 확인하는 논리적 근거로서 작용한다. 그런데 여기서 사물의 가치를 확인한다는 것은 인간이 사물에다 새로운 가치를 부여한다는 의미가 아니다. 그것은 특정 사물의 사물성을 있는 그대로 인정함과 동시에 그 사물의 가치의 근거를 인간의 관점을 벗어난 다른 관념에서 찾는다는 것을 뜻한다.

가치라는 것은 인간이 사물에 부여하는 것으로서 모든 사물을 새롭게 생성하고 존재하게 하는 근거가 된다. 하지만 노자는 인간이 '이름[名]'을 통해 사물에 부여한 가치를 부정함으로써 '도'라고 하는 전일소-적 가치를 내세운다. 세계에 존재하는 사물은 본래 인간의 부여한

---

4 『노자』 8장: "上善若水. 水善利萬物而不爭, 處衆人之所惡, 故幾於道."

가치와 상관없이 태생적 완결성을 가지고 있다는 것이 바로 노자가 도 개념을 내세우는 기본적 근거이다. 바로 이 지점에서 노자의 도 개념은 보다 구체적으로 생태적 함의를 갖게 된다. 노자의 도 개념의 의미는 곧 생태적 세계질서다. 생태적 질서로서 '도'는 실제 사물의 생성이나 존재의 근원을 말하는 것이 아니라 가치 생성의 시점을 말하는 것이다. 사물과 세계의 생태적 질서로서 '도' 개념을 이해하게 되면 비로소 노자의 '무無' 개념과 '유有' 개념의 의미와 그 논리적 상호 관계를 보다 분명하게 파악할 수 있다.

2) '무위자연' 논리의 생태적 함의

(1) '무無' / '자自'의 논리와 그 확장

'무無'는 통행본 『노자』에서 60여 차례 등장한다. 그 의미는 '없다[없음]',[5] '-않는다[不]',[6] '하지 말라',[7] '물질의 잠복상태',[8] '형태 없음[無形; 虛無]'[9] 등으로 나타난다. 노자의 사유에서 '무'는 부정사 '부不'와 '비非'와 함께 비본래적인 기존 가치를 부정하고 사물에 내재한 본래적 가치를 부각하는 개념이다.

---

5 『노자』 8장: "常使民無知無欲."; 『노자』 14장: "復歸於無物, 是謂無狀之狀, 無物之狀."; 『노자』 41장: "大方無隅, 大器晚成, 大音希聲, 大象無形, 道隱無名."
6 『노자』 57장: "我無事而民自富, 我無欲而民自樸."; 『노자』 63장: "事無事."; 『노자』 64장: "是以聖人無爲故無敗." 등.
7 『노자』 72장: "無厭其所生."
8 『노자』 1장: "故常無, 欲以觀其妙."; 『노자』 40장: "有生於無."
9 『노자』 2장: "故有無相生."; 『노자』 11장: "當其無, 有車之用;當其無, 有器之用; 當其無, 有室之用."

'무'의 용법은 무엇보다 『노자』 1장의 논리에서 확인할 수 있다. 1장에서 노자는 "언어로 표현되는 도는 진정한 도가 아니다.[道可道, 非常道]", "개념화된 이름은 진정한 이름이 아니다.[名可名, 非常名]"라며, 부정사 '비非'를 통해서 기존 세계와 사물의 가치 규정에 대해 부정한다. 여기서 부정사 '비'는 '부不'나 '무無'에 비해 훨씬 단도직입적인 의미가 있다. 말하자면 그것은 세계와 사물의 가치에 대한 노자의 선언이다. 1장의 첫 두 구절에서 모두 '언어', 즉 개념화의 문제가 제기되고 있다. 여기에는 '언어와 사물의 실체'에 대한 노자의 통찰이 개입한 것으로 볼 수 있지만, 노자의 논리는 언어를 통해서는 도의 실체를 나타낼 수 없고, 역시 언어를 통해서는 사물의 본모습을 파악할 수 없다는 의미가 아니다. 노자는 이름에 내재한 가치 분별의 정당성을 부정한다.

1장의 첫 구절의 논리에서 언어(이름)가 단순히 사물의 구별 짓기의 차원에서 이해되는 것이 아니라 사물의 가치 분별의 정당성의 차원에서 사유되고 있음을 알 수 있는 근거는 바로 '진정한 도[常道]'와 '진정한 이름[常名]'이라는 개념화된 표현에서 확인할 수 있다. '상도常道'와 '상명常名'은 바로 언어화된 차원과 본래 다른 '도'와 '이름' 그 자체의 본질적 가치를 함축한 개념이다. 이름붙이기[命名]는 또한 사물에 일정한 가치를 부여하는 작업이다. 노자의 '도'는 분화되지 않은 가치의 전일성으로서 특정한 이름으로 표현될 수 없고 다만 '큰 것[大]'이라는 은유적 형용만이 가능하다고 말한다.[10] 인위적 가치분별인 언어(이름)로는 세계와 사물의 본질적 가치를 드러낼 수 없기 때문에 노자는 "언어로 표현되는 도는 진정한 도가 될 수 없고, 개념화된 이름 또

---

10 『노자』 25장: "吾不知其名, 字之曰道, 强爲之名曰大."

한 진정한 이름이 될 수 없다"고 말한다.

부정사 '비非'를 앞세워 노자가 보다 구체적으로 내세우고자 하는 논리가 바로 '무'의 논리다. 노자는 "'무'라는 것은 인간의 욕망에 따른 가치가 개입하지 않은 천지의 시발점[無, 名天地之始]"이며, "'유'라는 것은 이름을 통해 가치를 가진 현상적 사물의 다양성[名, 萬物之母]"이라는 시적 묘사를 통해 '유有'라고 하는 분별적 가치와 동시태로서의 '무'분별적 가치를 내세운다.[11] '무'의 논리는 주로 통치론적 의미와 연관된 '무명無名', '무욕無慾', '무극無極', '무사無事', '무소無所', '무도無道', '무지無知', '무덕無德', '무신無身', '무공無功', '무위無爲' 등으로 구체적으로 개념화되어 노자의 특징적 사유논리를 구성하는 토대가 된다.

'무'에서 확장된 개념 가운데서도 『노자』에서는 '무위'가 가장 많이 등장한다. 통행본 『노자』에서 총 12회 등장하는 '무위'의 기본 의미는 '인위적 행위를 하지 않음'과 '자연에의 순응'이다. 추상적인 '무' 개념은 보다 실질적인 '무위'로 전화되어 드러나며, '무'에서 확장된 위와 같은 여러 개념을 모두 포괄하는 것이 바로 '무위'다.

> 서른 개의 바퀴살이 한데 모여 있지만 '빔'을 만나서 수레의 실용성이 있게 된다. 흙을 개어 그릇을 만들지만 '빔'이 있어 그릇의 쓸모가 형성된다. 문이나 창을 뚫어 방을 만들어도 '빔'이 있어야만 방의 용도가 마련된다. 따라서 '있음'의 이득은 '없음'의 쓰임에 있다.[12]

---

11 『노자』 1장: "無, 名天地之始, 有, 名萬物之母, 故常無, 欲以觀其妙, 常有, 欲以觀其徼, 此兩者, 同出而異名, 同謂之玄, 玄之又玄, 衆妙之門."

12 『노자』 11장: "三十輻共一轂, 當其無, 有車之用, 埏埴以爲器, 當其無, 有器之用, 鑿戶牖以爲室, 當其無, 有室之用, 故有之以爲利, 無之以爲用."

도는 언제나 하는 것 없이도 하지 않는 게 없다. 통치자가 이를 지킨다면 온갖 사물은 제 스스로 자리를 잡을 것이다. 제 스스로 성장하는 것을 억지로 조작하려 한다면, 나는 그것을 이름 없는 원목으로 막을 것이다. 이름 없는 통나무조차 억지스런 욕망이 없다. 억지로 하고자 하지 않아 고요하면, 세계는 또한 제 스스로 자리를 잡는다.[13]

위의 첫 번째 인용문에서 '무'는 사실상 '비어 있음'이라는 것을 알 수 있다. 노자가 말하는 '없음[無]'이라는 것은 존재의 차원에서 비존재라는 의미가 아니라 가치의 차원에서 '비어 있음'이다. 욕망에 따른 고정된 가치 관념이 개입되지 않은 상태를 노자는 비어 있어 쓸모가 형성되는 각종 사물을 통해 은유적으로 표현하고 있다. 첫 번째 인용문에서 강조한 '무'의 유용성은 성인 통치론에서의 '무위'로 확장된다. 두 번째 인용문에서 보면 '무위'는 '억지 욕망이 없는' 공리적 가치 실현의 논리라는 것을 알 수 있다.

'무'의 논리는 노자의 사유에서 '자自'의 논리와 호응한다. '자自'는 『노자』에서 총 18회 등장하는데, 그 의미는 '자기'(자기의 몸), '스스로 그렇게 함'(억지로 강권하지 않음), '-으로부터' 등의 의미가 있다. '자'는 '자애自愛', '자벌自伐', '자긍自矜', '자시自是', '자견自見', '자화自化', '자정自正', '자정自定', '자부自富', '자박自樸', '자연自然' 등으로 확장된다.

'자自'의 논리는 우선 적극적인 의지가 덜 개입된 의미로서의 자발성으로 이해할 수 있다. 노자는 통치 권력을 가진 왕과 제후들이 '도'

---

13 『노자』 37장: "道常無爲而無不爲, 侯王若能守之, 萬物將自化, 化而欲作, 吾將鎭之以無名之樸, 無名之樸, 夫亦將無欲, 不欲以靜, 天下將自定."

를 이해하고 그것을 잘 지키게 되면 백성들은 '알아서 손님처럼 찾아들고', 명령하지 않아도 '스스로 각종 관계의 질서를 유지할 것'이라고 말한다.[14] 또한 왕과 제후들이 '무위'를 따르게 되면 '만물이 스스로 평화를 되찾고', '천하가 스스로 안정될 것'이라고 강조한다.[15] 계속해서 성인인 '내가 무위하면 백성은 제 스스로 좋은 변화를 모색하게 되고', '내가 고요한 것을 좋아하면 백성은 제 스스로 행위를 바로잡게 되고', '내가 일을 지어내지 않으면 백성은 스스로 부유하게 되고', '내가 욕망이 없어야 백성이 제 스스로 순박하게 된다.'[16]고 말한다. 이와 같이 노자의 사유에서 '자'의 논리는 최종적으로 자발적 수긍과 자발적 수용의 논리로서 정립된다.

노자의 '자'의 논리는 무엇보다 '천하'와 '만물'과 '백성'에 해당하는 논리다. 노자의 '무'의 논리가 '무위'로 구체화되고 대표되듯, '자'의 논리는 '자연'으로 대표되고 구체화된다. '자연'은 『노자』에서 5회 출현하며, 그 의미는 '본래 이와 같음'과 '인위에 기탁하지 않은 본성' 등이다. '자연' 개념 또한 보다 실질적으로 통치의 논리로서 작용한다. 17장을 통해 볼 수 있는 '자'와 그것에서 확대된 '자연'의 논리에는 어떤 행위에 있어서 자기 근거가 돋보이는 자율성의 의미가 내포되어 있다.

---

[14] 『노자』 32장: "道常無名, 樸, 雖小, 天下莫能臣也, 侯王若能守之, 萬物將自賓, 天地相合, 以降甘露, 民莫之令而自均, 始制有名, 名亦旣有, 夫亦將知止, 知止, 可以不殆, 譬道之在天下, 猶川谷之於江海."

[15] 『노자』 37장: "侯王若能守之, 萬物將自化, …… 天下將自定."

[16] 『노자』 57장: "以正治國, 以奇用兵, 以無事取天下, 吾何以知其然哉, 以此, 天下多忌諱, 而民彌貧, 民多利器, 國家滋昏, 人多伎巧, 奇物滋起, 法令滋彰, 盜賊多有, 故聖人云, 我無爲而民自化, 我好靜而民自正, 我無事而民自富, 我無欲而民自樸."

가장 높은 단계에서는 아래에서 통치자가 존재한다는 것만 안다. 그 다음은 친한 척하고 찬양한다. 그 다음은 두려워한다. 그 다음은 업신여긴다. 통치자가 백성을 믿지 않아서 백성도 통치자를 믿지 못한다. 말을 귀하게 여기는 것이 참으로 조심스럽구나! 공이 이뤄지고 일이 잘 되어도 백성은 모두 '내가 본래 이러했다'고 말한다.[17]

백성의 자율성[自然]은 통치자의 신뢰에 따라 신장되는 것으로, 가장 잘 하는 정치는 권력의 존재만 인식할 뿐 실제 작용을 인식할 필요가 없다는 소리다. 바로 이 같은 '자연'의 논리로부터 통치 권력은 형식은 존재하되 타율적 내용이 없는 형태로 전화한다. 백성이 모두 '내가 본래 이러했다'라고 하는 말은 곧 권력수용에 있어서의 자율성과 자발성을 대변한다. 이로써 '무위'와 '자연' 사이에는 서로 간의 논리적 귀속이 성립된다. 무위 또한 그 안에 '자연'의 속성을 내재하는 것이다. "사람은 땅을 본받고, 땅은 하늘을 본받으며, 하늘은 도를 본받고, 도는 제 스스로의 그러함을 본받는다."[18]에서도 보면 성인과 결부되는 '도'(와 '무위') 개념 또한 백성의 자연과 동떨어지지 않는 동질적 속성을 갖는다는 것을 알 수 있다.

---

17 『노자』 17장: "太上下知有之, 其次親而譽之, 其次畏之, 其次侮之, 信不足焉, 有不信焉, 悠兮其貴言, 功成事遂, 百姓皆謂我自然."
18 『노자』 25장: "人法地, 地法天, 天法道, 道法自然."

(2) '무위자연'의 생태논리

'무'와 '자'의 논리는 가치론의 측면에서 서로 융합하는 관계다. '무'라는 것은 무엇보다 사물에 가치가 부여되지 않은 생태적 원본 상태를 개념화한 것이다. '무'가 천지의 시발점[無, 名天地之始]이라고 하는 『노자』 1장의 논리는 바로 '무'를 통해 이름이 없는 상태의 생태적 원형을 개념화한 것으로 이해할 수 있다. '무'의 논리는 기존 가치를 부정하는 맥락을 갖는 동시에 '자'의 논리를 요청하게 된다. 즉 '가치를 부정함으로써[無]' 논리적으로 그 '스스로의 가치정립[自]'을 하게 되는 것이다. 여기서 '자'의 논리에는 무엇보다 '생태적 자족성'의 함의가 있게 된다. '무'는 다시 '무위無爲', '무명無名', '무욕無慾', '무지無知' 등으로 확장되고 동시에 '자연自然', '자정自正', '자화自化' 등의 개념에 귀속하면서 실질적인 무위자연의 논리체계를 형성한다.

바로 앞 소절에서 인용한 『노자』 37장의 논리와 은유에서 보면, 도와 연관된 '무위'는 '욕심 없음[無欲]'과 통하고 끝내 '스스로의 변화[自化]'와 '스스로의 안정[自定]'으로 귀결되는 것을 알 수 있다. 이 때 등장하는 '이름 없는 통나무[無名之樸]'의 비유는 '무위'의 의미를 그대로 함축하는 원형질의 사물이다. 인위적으로 조작된 욕망이 가미되지 않은 상태로서 '이름 없는 통나무'를 통해 조작된 욕망을 제어할 때 비로소 세계는 고요와 안정을 되찾게 된다. '스스로 안정된 세계'는 이름 없는 통나무와도 같이 조작된 마음가짐으로서의 욕심이 없는 상태다. 따라서 그러한 상태와 더불어 '스스로 변하는 만물의 양태[自化]'와 '스스로 자리 잡는 세계의 안정[自定]'은 바로 인위적인 조작이 가미되지 않은 본래 그대로의 생태적 회복과 생태적 안정의 의미를 내포한다.

'무'에서 확장된 '무위'의 논리는 또한 '유有'와 '유위有爲'의 논리와 비교를 통해 거기에 내재한 생태적 함의를 확인할 수 있다. "'무無'는 천지의 시작에 대한 이름이며, '유有'는 만물의 근원을 지칭한다."[19], "'유有'와 '무無' 이 두 가지는 동시에 나왔으나 이름이 다른 것이다."[20], "천하 만물은 '유'로부터 생산되어 있고, '유'는 '무無'에 말미암아 생산되어 있다."[21]라고 하는 노자의 표현에서 '무'는 사물의 사물성에 있어서의 '비어 있는 형식'에 가깝다. 반면, '유'는 그 비어 있는 형식을 채운 실질적이고 가시적인 현상을 지시한다. '동시에 나왔으나 이름이 다를 뿐이다'라고 하는 표현은 본래 '도' 개념을 염두에 두고서 도의 양면성에 관한 표현이긴 하다. 하지만 일반적 사물에 적용해서 사물의 사물성을 구성하는 형식과 내용의 관계로도 이해할 수 있다. '무'는 인위가 끼어들기 이전의 사물의 본래성과 연관되고, '유'는 인위적 가치부여로서의 이름이 가미된 상태로서 가시적으로 파악 가능한 현상성과 연관된다.

'유有' 개념은 『노자』에서 단일 개념으로서 71차례나 나타나고 있다. 또한 '유위' 등으로 확장된 개념으로서 11차례 나타난다. 노자의 사유에서 '유'와 '유위'는 '무'와 '무위'에 짝지어 등장하는 개념으로서 궁극적으로는 '무위'에 의해 '자연'에 이르는 논리를 강화하는 대립자의 역할로 자리매겨지고 있다. 그럴 때 '유'와 '유위'는 인위적으로 가공된 행위와 사물의 가치를 나타내고 '무위'는 그와 반대로 가공되지 않은 생태적 함의를 갖는다. 노자는 바로 생태적 함의의 '무위'의 논리를

---

[19] 『노자』 1장: "無, 名天地之始, 有, 名萬物之母."
[20] 『노자』 1장: "此兩者, 同出而異名."
[21] 『노자』 40장: "天下萬物生於有, 有生於無."

통해서 무위가 유위에 비해 공리적 차원에서 보다 우위에 있다는 것을 말하고 있다. '무위'의 논리, 즉 가공되지 않고 생태적 가치와 합치된 통치 논리를 적용하는 것이 백성을 통치하는 데 있어서 훨씬 더 자연스럽고 유리하다는 것을 노자는 말하는 것이다. 그런데 그것은 성인 통치자에게만 좋은 것이 아니라 백성에게도 동시에 좋은 것이다.

무위자연의 논리는 성인의 '무위'와 백성의 '자연'을 합한 논리다. 외연적으로 그것은 '성인이 무위하면 백성이 자연한다'는 순차적이고 인과적인 논리다. 하지만 실질적인 작용에서는 상호 융합의 계기를 내포한다. 성인의 무위가 백성의 자연을 가능하게 하는 동시에 백성의 자연은 또한 권력의 존재를 단지 형식으로서 정립하기 때문이다. 성인과 백성 간에 신뢰를 매개로 무위와 자연은 사실상 형식상의 위계를 넘어 일체화되는 계기를 갖게 된다.[22] 결과적으로 노자의 무위자연의 논리는 성인과 백성을 통틀어 생태적 가치의 확산이라는 의미로 귀결된다.

3. '마음[心]'의 생태학

노자가 '영아嬰兒', '적자赤子', '통나무[樸]' 등의 은유적 개념을 통해 기존 가공된 문화체계를 부정하고 생태적 원형으로의 복귀를 말할 때 거기에는 필연적으로 '마음[心]'이 개입하게 된다. 노자가 말하는 '되돌아

---

[22] 『노자』 17장: "太上下知有之, 其次親而譽之, 其次畏之, 其次侮之, 信不足焉, 有不信焉, 悠兮其貴言, 功成事遂, 百姓皆謂我自然."

감[復歸]'이란 것은 불가능할 수밖에 없는 과거로의 물리적 회귀가 아닌, 젖먹이나 발가숭이 갓난애의 '마음', 그리고 분절되지 않아 통나무같이 순박한 '마음'으로의 '복귀'를 뜻한다. '무위자연'의 논리 또한 마찬가지다. 무위자연의 논리는 '도'의 은유(의인화)인 성인聖人의 '무위無爲'와 '만물'의 은유인 백성의 '자연自然'으로 구성된 논리다.

이때 성인의 '무위'는 실제로 성인의 마음가짐으로서 '무위하는 마음'을 뜻하고, '자연'은 백성의 마음가짐으로서 '자연적 마음'을 뜻한다. 따라서 무위와 자연 또한 '마음'의 문제로 귀결되는 셈이다. 노자의 사유에서 '마음'은 근원적으로 긍정적이다. 그런데 '마음' 안의 또 다른 '마음'으로서 '욕망'은 부정의 대상으로 자리 매겨진다. 마음 안의 마음으로서 욕망이 부정되는 이유는 기본적으로 그것이 생태적 질서로서 '도'에 부합하지 않기 때문이다. 노자의 '심心'의 본질에 대한 규정과 '영아嬰兒 – 적자赤子'라는 생태적 형상의 가치와 '허심虛心'의 생태학적 토대를 통해 노자의 생태학을 보다 사실적으로 정립할 수 있다.

1) 『노자』에서 '마음'의 인지

(1) '심心'과 '욕欲': 그릇으로서 '마음' / 그릇 안의 '마음'

노자가 바라보는 '마음[心]'은 '도道'와 '덕德' 개념과 밀접한 관계를 형성한다. 겉으로 볼 때 노자의 사유가 크게 '도'와 '덕' 개념을 중심으로 구성되어 있긴 하지만 내적인 의미의 구조를 자세히 보면 그 두 개념 또한 '마음'의 문제로 수렴된다. 왜냐하면 사물의 존재에 대한 추상적이고 형식적인 근거로서의 '도'와 사물의 구체적 내용적 근거로서의 '덕'은 다름 아닌 '성인'과 '백성'의 '마음'에서 체득되는 것이기 때문이다.[23] 물론 사물 가운데서 사람만이 '마음'이 있기 때문에 노자의 사유에서 사람을 제외한 사물은 '마음'과 무관하게 '도'와 '덕'을 자기 존재의 현상적 근거로 설정하고 있다. 하지만 그런 경우에 있어서도 가령 '하늘'과 '땅'을 비롯한 사물은 의인화되어 '도'를 자기 내면으로 받아들이는 형식으로 드러난다.[24] '무위'와 '자연' 또한 성인과 백성의 마음가짐을 의미한다. 따라서 비록 직접적으로 '심心'의 출현 빈도가 그리 많지 않다 하더라도 노자의 사유에서 '마음'의 존재가치는 상당히 큰 것이다. 노자의 사유를 '마음의 사유'라고 표현한다고 해도 이상할 것이 없다. 노자의 '심'은 특히 가치론의 차원에서 의미화 된다.

통행본『노자』에서 '심'은 대략 10차례 나타나는데, 그것은 각각 3장, 8장, 12장, 49장, 55장 등에서다. 노자의 사유에서 '심' 또한 다른 여러 개념과 마찬가지로 은유적으로 개념화된다.『노자』8장에서는 '물'과 함께 표현되어 '마음'의 본질적 가치가 드러난다.

가장 좋은 것은 물 같다. 물은 세상의 모든 사물을 이롭게 하면서도 사물과 '이로움'을 다투지 않고, 대부분의 사람들이 있기 싫어하는 곳에 자리

---

[23] 총체적인 학술 전개상 '心'에 대한 탐구는 전국 중기 이후라고 볼 수 있다. 전국 중기 이전에 사람들은 '심'에 대해 아직 많은 관심을 기울이지 않았다. 아마도 이런 이유 때문에『노자』가운데 '심'이 그렇게 많이 출현하지 않는지도 모른다. 여타 개념에 비해 상대적으로 적은 출현 빈도에도 불구하고『노자』에서 나타나는 '심'은 매우 중요한 의미를 내포한다. 만약에 도가의 사상 전통 가운데서 '德'이라는 개념을 '도' 개념이 만물과 만물 가운데 하나인 사람의 몸에 구체적으로 표현된 것으로 볼 수 있다면, '含德之厚者', 즉 '덕을 잔뜩 머금고 있는 사람'이라는 것은 바로 '도를 체득한 사람'을 뜻한다. 나아가 '도를 체득하고 덕이 있는 사람'은 노자에 의해 '적자(赤子)' 혹은 '嬰兒'로 지칭된다. '도를 체득하는 장소'는 두루뭉술하게 말해서 사람의 '몸'이지만, 구체적으로 그것은 '마음'이다. 匡釗, 王中江,「道家"心"觀念的初期形態 -『老子』中的"心"發微」,『天津社會科學』第4期, 122-123쪽 참조.
[24]『노자』39장: "昔之得一者, 天得一以淸, 地得一以寧, 神得一以靈, 谷得一以盈, 萬物得一以生, 侯王得一以爲天下貞, 其致之."

하므로 도에 가깝다. 좋은 곳에 자리 잡고, 마음은 깊은 연못 같이 고요하고, 사람을 대할 때 항상 진정하며, 말은 믿음 있게 하고, 이치에 맞게 다스리고, 일을 잘 처리하며, 때에 맞게 움직인다. 모름지기 다투지 않는 것 때문에 '아무런' 허물이 없다.[25]

인용문에서 보듯 '물'은 '가장 좋은 것'을 대변한다. 또한 '스스로 낮은 곳에 거처함'으로써 사람들과 아무런 문제를 일으키지 않는다. 노자가 생각하는 '가장 좋은 것'은 다름 아닌 사람들에게 이로운 '가장 좋은 행위'로서, '좋은 곳(낮은 곳)에 거처하고', '깊고 고요한 마음을 지속하며', '진정성 있게 타인을 대하고', '진실한 언행과 합리적 행위를 하고', '때맞춰 행동하는 것'으로서 매사에 아무런 허물이 없는 것을 일컫는다. 이와 같은 '물의 덕'은 노자의 '마음'의 본질적 가치에 관한 분명한 해답을 보여준다. 노자의 사유에서 '마음'은 '깊은 것이 좋은 것'이며 '고요한 것이 좋은 것'이다. '마음은 깊은 연못같이 고요하고[心善淵]'에서 그 근거를 찾을 수 있다.[26] 더 나아가 '물의 덕'이 '부드러움'과 '약함'에 있다는 것을 염두에 두고 보면 노자의 '마음'의 본질적 가치는 '부드러움'과 '약함'과도 밀접하다.[27] 즉 '마음'은 '부드럽고 약한 것이 좋

---

25 『노자』, 8장: "上善若水. 水善利萬物而不爭, 處衆人之所惡, 故幾於道. 居善地, 心善淵, 與善仁, 言善信, 正善治, 事善能, 動善時. 夫唯不爭, 故無尤."
26 '淵' 자는 대체로 '깊고 깊어서 마치 빈 것 같은' 의미로 이해된다. 이 때 '淵' 자는 '深' 자와 통한다. 그래서 "古之善爲士者, 微妙玄通, 深不可識."(15장)에서 '深不可識'의 '深' 자는 노자의 '心'의 허정상태에 대한 형용과 평가와 관계 깊다. 匡釗, 王中江, 「道家"心"觀念의 初期形態-『老子』中的"心"發微」, 『天津社会科学』 第4期, 123-124쪽 참조.
27 『노자』 78장: "天下莫柔弱於水, 而攻堅强者莫之能勝, 以其無以易之. 弱之勝强, 柔之勝剛, 天下莫不知, 莫能行."

은 것'이다.

'마음'은 또한 미적 가치의 인식에서 그 본질이 드러난다. 노자는 『노자』 2장에서 "세상 사람들이 다 같이 알고 있는 '아름다움'과 '선함'이 '더러움'과 '불선'일 뿐"이라고 말한다.[28] 노자의 이 말은 기존의 미적 가치에 대한 부정 이전에 아름다움에 대한 인식에서 '마음'의 문제를 제기한 것이다. 즉 이미 규정된 아름다움을 아름다움으로 수용하는 것과 달리 아름다움 혹은 더러움에 관한 사회적 규정에서 벗어나 마음의 주체성을 확보할 때 비로소 미적 가치의 본질을 알아챌 수 있다는 뜻이다. 아름다움을 인식하는 주체의 주체성을 확보한다는 것은 기존 가치규정에 함몰되지 않고 마음이 비어 있는 상태를 말한다. 따라서 노자의 '마음'은 보다 근본적으로 '비어 있는 것이 좋은 것'이다. '비어 있는 것이 좋은 것'으로서 '마음'은 『노자』 3장에서 구체적으로 표현된다.

> 재능이 뛰어난 사람을 숭상하지 않아 사람들을 싸우지 않게 하고, 얻기 어려운 재물을 귀하게 여기지 않아서 사람들이 도둑이 되지 않도록 하고, 욕심날 만한 물건을 드러내놓지 말아서 사람들의 마음이 혼란하지 않게 한다. 그러므로 성인의 통치는 마음을 비우게 하고, 배를 부르게 하며, 의지를 약하게 하고 뼈대를 강건하게 한다. 늘 사람들을 앎과 욕망에서 떼어놓고, 안다고 나서는 사람들이 감히 함부로 하지 못하게 한다. '무위'를

---

28 『노자』 2장: "天下皆知美之爲美, 斯惡已, 皆知善之爲善, 斯不善已. 故有無相生, 難易相成, 長短相較, 高下相傾, 音聲相和, 前後相隨. 是以聖人處無爲之事, 行不言之敎, 萬物作焉而不辭, 生而不有, 爲而不恃, 功成而弗居. 夫唯弗居, 是以不去."

행하면 다스려지지 않는 것이 없다.[29]

위에서 '재능이 뛰어난 이를 받든다는 것'은 곧 '마음'에 '재능'에 대한 동경과 재능을 가진 자에 대한 숭배를 '채운 것'이다. 얻기 힘든 재물을 귀하게 여기는 것 역시 '마음'에 전에 없던 세속적 가치 관념을 '채운 것'이다. 노자에 따르면 이런 것들은 사람들의 마음의 안정을 해치는 '나쁜 것'이다. '마음'은 모름지기 '비어 있는 것이 좋은 것'이며, '비어 있는 것'은 '부드러운 것[柔]', '고요한 것[靜]', '약한 것[弱]'과 통한다. '비어 있는' '마음'에 대한 본질적 긍정은 『노자』에서 직접 '심心' 개념이 나타나지 않는 장절에서도 나타난다. '영아嬰兒'와 '박樸'이 바로 그것인데, 여기에서 '박', 즉 가공되지 않은 원목 역시 노자의 '마음'의 원형질에 부합하는 본질적 가치를 대변하는 개념이다. 즉 '마음'은 '쪼개지지 않은 것[樸]'이 좋은 것'이다.

노자의 사유에서 '마음[心]'은 또한 비본질적 가치로서 부정적으로 사유되는 측면이 있다. 마음 안의 마음으로서 '욕망[欲]'이 그 대표적인 부정의 양상이다. 노자의 사유에 의하면 '욕망'은 비본래적인 마음의 양상으로서 비워내야 할 대상이다. 노자가 부정적 관점에서 바라보는 마음, 즉 과도한 '욕망'은 사람의 마음을 비인간적으로 만들고 사람의 행위를 종잡을 수 없게 하는 요인이 된다.

---

29 『노자』 3장: "不尙賢, 使民不爭, 不貴難得之貨, 使民不爲盜, 不見可欲, 使民心不亂. 是以聖人之治, 虛其心, 實其腹, 弱其志, 强其骨. 常使民無知無欲, 使夫智者不敢爲也. 爲無爲, 則無不治."

다섯 가지 색상이 사람을 눈멀게 하고, 다섯 가지 음률이 사람을 귀먹게 하며, 다섯 가지 미각이 사람의 입맛을 상하게 하며, 말을 타고서 마구 사냥하는 것은 사람의 마음을 미쳐 날뛰게 하고, 얻기 힘든 재물이 사람의 행위를 어지럽힌다. 때문에 성인은 배를 위할 뿐 눈을 중시하지 않으니, '그것'을 버리고 '이것'을 취한다.[30]

위 인용문에서 '규정된 감각의 질서[五色, 五音, 五味]가 되레 사람의 본래 감각을 상실하게 한다'는 노자의 말 역시 노자가 부정하는 '욕망'의 근거로서 파악할 수 있다. 미적인 가치와도 통하는, 얼핏 보아 과도해 보이지 않은 욕망이라고 할 수도 있는 문화적 욕망마저도 노자에 의하면 그것은 마음의 본질과는 거리가 먼 것이어서 결코 좋은 것이 아니다.

노자에 의하면 '욕망' 뿐만 아니라 인간이 선천적으로 갖고 태어나는 것이 아닌 '지식'도 마찬가지로 그릇 안의 마음의 도식으로 이해할 수 있는 부정적인 '마음'으로 강조된다. "늘 사람들을 앎과 욕망에서 떼어놓는다."[31]고 할 때의 '앎', 즉 '지식'에의 욕망은 '비어 있는 것이 좋은' 상태인 '마음'을 (부정적으로) '채운' 것으로 역시 비본래적인 것이다. 지식은 사물과 세계의 형식적 근거이자 생태적 질서로서의 '도'와는 거리가 멀어 사람의 마음을 어지럽히는 요인이 될 뿐이다.

노자가 주장하는 '무지無知'와 '무욕無欲'은 '욕망'이라고 하는 마음

---

30 『노자』, 12장: "五色令人目盲, 五音令人耳聾, 五味, 令人口爽, 馳騁畋獵, 令人心發狂, 難得之貨, 令人行妨. 是以聖人爲腹, 不爲目, 故去彼取此."
31 『노자』 3장: "常使民無知無欲."

안에 있는 비본래적인 마음을 부정하는 동시에 '본래적인 마음의 자연스런 질서를 확보하려 하고',[32] '장차 세상을 스스로 안정되게한다'[33]는 논리와 병행함으로써 최종적으로 노자가 긍정하는 '지극히 텅 비고' '고요한' '마음'[致虛極, 守靜篤]으로 복귀하는 의미를 함축한다.[34]

(2) '마음'의 생태적 질감: '적자赤子', '영아嬰兒', '박樸'

'발가숭이 갓난애[赤子]'와 '젖먹이[嬰兒]'와 '통나무[樸]'는 노자의 개념적 은유 가운데서도 특히 '마음'과 밀접한 의미가 있다. 공통적으로 노자가 되돌아가야 할 모종의 마음 상태의 비유로서 내세우는 것으로, '발가숭이 갓난애'와 '젖먹이'가 시간적 과거에 더 가깝다면 '통나무'는 공간적 과거(원형)에 좀 더 가깝다. '발가숭이 갓난애'와 '젖먹이'의 은유에는 무엇보다 '부드러운 강함'이 돋보인다. '발가숭이 갓난애'는 생명력[德]이 가장 충만한 상태의 비유이다. 그것은 비록 뼈와 근육이 아직 여물지도 않은 가장 부드러운 상태이지만 조화의 차원에서 보자면 그 어떤 것과도 비교할 수 없는 항상성[常]을 지닌 존재로서 표현되어 있다.

덕으로 충만하다는 것은 가령 갓 세상에 나온 발가숭이 갓난애에 비유할 수 있을 것이다. 벌이나 전갈, 독사가 물지 않고, 맹수나 맹금류도 공격하

---

[32] 『노자』 3장: "不見可欲, 使民心不亂."
[33] 『노자』 37장: "夫亦將無欲. 不欲以靜, 天下將自定."
[34] 『노자』 16장: "致虛極, 守靜篤. 萬物竝作, 吾以觀復. 夫物芸芸, 各復歸其根. 歸根曰靜, 是謂復命. 復命曰常, 知常曰明. 不知常, 妄作凶. 知常容, 容乃公, 公乃王. 王乃天, 天乃道. 道乃久, 沒身不殆."

거나 채가지 않는다. 비록 뼈와 근육이 여물지 않았어도 주먹을 쥐는 힘은 매우 세다. 아직 암수의 교합을 모르지만 저절로 발기하므로 정기가 충만하다(는 것을 알 수 있다). 종일 울어도 목이 쉬지 않으니 (정기의) 조화가 대단한 것이다. 조화를 알아채는 것을 '항상성'이라 하고, '상'을 아는 것을 '밝음'이라 한다. 삶에 탐닉하는 것은 상서롭지 못한 것이며, 마음이 기를 부리는 것을 강하다고 말한다. (그러나) 사물은 강건하면 곧 쇠퇴하게 되니, 이것을 일러 '도가 아니다'라고 말한다. 도가 아닌 것은 일찍 사라진다.[35]

위 인용문에서 볼 수 있듯이 '덕'으로 충만한 사물로서 '발가숭이 갓난애'는 삶에 탐닉한다든가 혹은 마음에 어떤 강한 의지[氣]를 품고서 행위 하는 것 하고는 본질적으로 거리가 멀다. 벌이나 전갈, 독사를 비롯해서 맹수나 맹금류가 그를 공격하지 않는 것은 '발가숭이 갓난애'의 마음 안에 그러한 공격적 사물에 대한 두려움 자체가 없다는 것을 뜻한다. 태생적인 조화로써 쇠퇴를 모르는 항상성을 겸비하고 있는 '발가숭이 갓난애'는 결과적으로 부드러움이라는 원초적 질감을 통해 노자가 강조하는 '도'의 항상성을 대변하는 사물로 자리매겨진다.

여기서 볼 수 있는 노자의 '도'는 곧 '발가숭이 갓난애'의 부드러움과 통하는 '부드러운 강함', 혹은 '부드러운 강건함'이며, 충만한 조화로써 쇠퇴하지 않는 항상성을 그 본질로 삼는다. 노자의 논리에서 강함

---

[35] 『노자』 55장: "含德之厚, 比於赤子. 蜂蠆虺蛇不螫, 猛獸不據, 攫鳥不搏. 骨弱筋柔, 而握固, 未知牝牡之合而全作, 精之至也. 終日號而不嗄, 和之至也. 知和曰常, 知常曰明. 益生曰祥, 心使氣曰强. 物壯則老, 謂之不道. 不道早已."

이란 단단하고 굳센 사물에서 연유하는 것이 아니라 약하고 부드러운 것에서 배태된 항상성이다. '발가숭이 갓난애'가 비록 겉으로 보기에는 아직 여물지 않아 가장 연약하고 부드러운 존재이지만, 생명력[德]의 충만과 더불어 보다 본질적인 항상성[道]의 차원에서 보면 '가장 강하고' '온전한' 존재이다. 여기서 사물의 본질적 항상성으로서 '도'는 곧 '발가숭이 갓난애'의 부드러움에서 비롯하는 생태적 항상성의 의미를 갖게 된다.

'발가숭이 갓난애'와 유사한 맥락으로 드러나는 '젖먹이[嬰兒]'의 은유 또한 '부드러움'과 연관된다. 나아가 그것은 '부드러움의 고수'와 연결된다. '젖먹이'가 '발가숭이 갓난애'와 다른 점은 그 안에 남성성과 여성성의 공존을 암시하고 있다는 것이다. 『노자』 28장의 논리에는 '발가숭이 갓난애'와 '젖먹이'에 공통된 '부드러움'을 비롯해서 노자가 같은 맥락으로 강조하며 정치적 의미로 귀결되는 '계곡[谿]'과 '골짜기[谷]', '검은 것[黑]' 등의 비유가 연이어 등장한다.

그 남성성의 강함을 알고도 여성성의 부드러움을 지킨다면 천하의 계곡이 될 것이다. 천하의 계곡이 되면 언제나 덕이 떠나질 않아, 젖먹이의 상태로 되돌아갈 것이다. 흰 것의 환함을 알면서도 검은 것의 어두움을 지킨다면 천하의 모범이 될 것이다. 천하의 모범이 되면 항상 덕이 떠나질 않아 한량없는 곳으로 되돌아갈 것이다. 그 영예로움을 알면서도 욕됨을 지킨다면 천하의 골짜기가 될 것이다. 천하의 골짜기가 되면 항상 덕이 풍족하게 되어 순박한 통나무 상태로 되돌아갈 것이다. 통나무가 쪼개져 그릇이 되었다. 성인은 그것을 사용하여 관직을 다스린다. 그런 까닭에 완전한

정치는 분리하지 않는 데 있다.[36]

　'계곡'과 '골짜기', '검고 어두운 것' 등은 모두 여성성[雌]과 밀접한 의미가 있다. 그것들은 모두 노자가 은유를 통해서 강조하는 '낮은 지향성' 혹은 '아래 지향성'과 통한다. 노자의 사유에서 '계곡'과 '골짜기'는 그 낮은 공간적 특징 때문에 물을 보존함으로써 생명의 가능성을 함축하는 비유적 사물이다. 이는 여성의 생물학적 위치와 역할과 통하는 동시에 남성에 비해 보다 낮은 여성의 사회적 지위와도 통한다. '검은 것' 또한 이미 절대적인 가치 우위에 있는 비유적 개념으로서의 '흰 것[白]'에 대비되는 것으로, 기존의 남성성 위주의 가치체계에 반하는 부정적 함의를 내포함으로써 여성성의 범주에 배속할 수 있는 것이다.

　'젖먹이' 은유는 '발가숭이 갓난애'에서 이미 드러난 '부드러움의 강함'이 여성성으로 이어져 부드러움을 '지키고', 부드러움으로 '되돌아가는[復歸]' 노자의 복귀논리를 대표한다.[37] '젖먹이'는 '덕'의 충만을 수반한 '마음'의 원초적 상태이다. 그것은 '계곡'이나 '골짜기'의 낮은 공간지향성이 보다 강한 생명의 가능성을 함축하는 것과 같이 부드러움을 지속함으로써 회복할 수 있는 더욱 온전한 인간의 본래적인 마음상태인 것이다. '계곡'과 '골짜기'는 낮은 지향성 외에도 거친 질감으로

---

36 『노자』 28장: "知其雄, 守其雌, 爲天下谿. 爲天下谿, 常德不離, 復歸於嬰兒. 知其白, 守其黑, 爲天下式. 爲天下式, 常德不忒, 復歸於無極. 知其榮, 守其辱, 爲天下谷. 爲天下谷, 常德乃足, 復歸於樸. 樸散則爲器. 聖人用之, 則爲官長. 故大制不割."

37 『노자』에서 復歸는 '反'과 '歸'로써 구성된 논리다. '되돌아감이 도의 운동성이다[反者道之動: 40장]'와 '만물이 도에 되돌아간다[萬物歸焉: 34장]'를 비롯해서, '갓난아이로 되돌아감[復歸于嬰兒: 28장]', '사물이 없는 상태로 되돌아감[復歸於無物: 14장]' '각자 그 뿌리로 되돌아감[各復其根: 16장]', '한계 없는 곳으로 되돌아감[復歸于無極: 28장]', '통나무로 되돌아감[復歸于樸: 28장]', '그 밝음으로 되돌아감[復歸其明: 52장]' 등으로 묘사된다.

구성된 사물이기도 하다. '계곡'과 '골짜기'의 외연은 '검고' '어두운' 동시에 거칠다. 하지만 거기에 내포된 본질적인 요소는 바로 물에서 비롯한 습기로서 부드러움이다. 노자의 '젖먹이'의 은유는 바로 그렇게 외면상 거친 '계곡'과 '골짜기' 등에 수반되는 물과 같은 부드러움을 '지키는 것[復歸]'을 강조한다.

생명의 가능성을 함축한 생태적 공간으로서 '골짜기[谷]'는 노자에 의해 '영예로운 것'의 '좋음'을 알면서도 '나쁜 것'으로서 '욕됨을 지킨다'는 은유적 의미(의인화)로 개념화되고 있다. 노자가 말하는 '천하의 골짜기[天下谷]'라는 것은 곧 '욕됨'을 수반한 공간적 은유다. (통치자가) 세상 사람들이 싫어하는 부정적 가치를 선호함으로써 (세상이) 보다 본질적인 상태로 환원될 수 있다는 것을 뜻한다. '그' 본질적인 상태를 노자는 '통나무[樸]'로 비유한다. '통나무'는 가공되지 않은 원목으로서 '발가숭이 갓난애'나 '젖먹이'처럼 부드러운 것은 아니지만 '계곡'이나 '골짜기'의 외연에서 볼 수 있는 다듬어지지 않은 원형적 거칠음에서 비롯된 '순박함'을 수반한다. 노자의 사유에서 '마음'은 '발가숭이 갓난애', '젖먹이', '통나무' 등의 은유적 개념을 통해서 생태적 원초성으로서의 부드러움과 생태적 원형질로서의 거칠음으로부터 항상적인 강함과 순박함으로 귀결되는 계기를 갖는다.

2) '허심虛心'의 논리: 성인의 '마음'과 백성의 '마음'

'젖먹이'와 '통나무'로써 비유되는 노자의 생태적 복귀 논리는 결과적으로 '마음'의 논리다. 노자가 말하는 '젖먹이로 되돌아감[復歸于嬰兒: 28장]'이나 '통나무로 되돌아감[復歸于樸: 28장]' 등은 물리적이고 생물학적인 복귀와 무관한 심리적 환원(회복)을 뜻한다. 다 큰 어른이 갓난아이로 되돌아 갈 수는 없다. 마찬가지로 사람이 통나무로 복귀할 수는 없다. 노자의 사유에서 복귀해야 할 사물로서 '갓난아이'나 '통나무' 등은 마음의 본질을 상징한다. 따라서 그것은 곧 생태적 원형질로서의 순박한 마음으로 되돌아가는 것을 뜻하는 동시에 생태적 질서로서의 '도'에로 복귀하는 것을 뜻한다.

노자의 '복귀'는 쉽게 말해 어린아이나 통나무와 같이 가공되지 않은 원형 그대로의 순박한 마음가짐을 갖는 것을 말한다. 하지만 보다 앞서 그것은 '마음을 비우는 것[虛心]'과 통한다. 노자가 긍정하는 마음의 본질은 '비어 있는 그릇' 같은 것이다. '발가숭이 갓난애'나 '젖먹이'의 마음은 과도한 욕망이나 지식에 노출된 상태가 아니기 때문에 그런 마음상태에 대해 우리는 '비어 있다'라는 비유적 표현을 쓸 수 있다. 노자가 말하는 어린아이 마음으로의 복귀는 보다 직접적으로는 '허심虛心'을 비유적으로 묘사한 것이다.

노자의 '허심'은 또한 정치적 목적을 내포한 것이기도 하다. "성인은 고정불변의 마음이 없어 백성의 마음을 제 마음으로 삼는다."[38]라고 할 때의 일련의 '마음'에는 정치적 '무위'와 직접 소통되는 의미가 깃들어 있다. 성인 통치자 또한 그 '마음'을 '비우는 것이 좋은 것'이다. 그럴 때 궁극적으로 "세상을 위해 가공되지 않은 원형질의 마음을 발휘할 수 있게 되기 때문이다."[39] 백성의 '허심' 또한 노자가 지속적으로

---

[38] 『노자』 49장: "聖人無常心, 以百姓心爲心."
[39] 『노자』 49장: "聖人無常心, 以百姓心爲心. 善者吾善之, 不善者吾亦善之, 德善. 信者吾信之, 不信者吾亦信之, 德信. 聖人在天下, 歙歙焉, 爲天下渾其心. 百姓皆注其耳目, 聖人皆孩之."

강조하는 것이다. 만약 백성의 마음에 욕망과 지식이 없다면 지식을 가진 자가 그 지식을 토대로 권력 행사를 할 수 없다는 것이 노자의 논리다.[40]

이렇게 볼 때 생태적 함의를 가진 노자의 '무위자연無爲自然'의 논리는 또한 '마음'의 논리로 귀결된다. '무위자연'은 성인의 '무위'와 백성의 '자연'이 결합한 논리로서, 실제로 그것은 성인의 '무위의 마음가짐'과 백성의 '자연적 마음가짐'을 가리키는 것이다. 성인의 무위와 백성의 자연은 모두 '마음을 비우는 것[虛心]'과 관계 깊다. 성인의 마음에는 일정하게 고정된 관념이 없다. 여기에 대해 또한 우리는 성인의 마음이 '비어 있다'라는 비유를 사용할 수 있다. 성인의 마음은 빈 그릇처럼 비었기 때문에 비로소 그곳을 백성의 마음으로 채울 수 있게 된다.

> 성인은 고정불변한 마음이 없기에 사람들의 마음을 제 마음 삼는다. 착한 사람에게는 나도 착하게 하고, 착하지 않은 사람에게 또한 내가 착하게 하니, 사람들은 착한 것을 미덕으로 여긴다. 믿음직한 사람을 신임하지만, 믿음직스럽지 못한 사람 또한 신임함으로써, 사람들은 '믿음'을 미덕으로 여긴다. 성인은 천하에 있어서 자신의 의지를 거두고 오로지 천하 사람들의 선량함과 신의를 위해 제 마음을 사람들에게 맡긴다. 비록 사람들이 자신의 귀와 눈에 주목(해서 행동)하지만, 성인은 그들을 모두 어린아이의 순박함으로 되돌리고자 한다.[41]

---

40 『노자』 3장: "不尙賢, 使民不爭, 不貴難得之貨, 使民不爲盜, 不見可欲, 使民心不亂, 是以聖人之治, 虛其心, 實其腹, 弱其志, 強其骨, 常使民無知無欲, 使夫智者不敢爲也, 爲無爲, 則無不治."
41 『노자』, 49장: "聖人無常心, 以百姓心爲心. 善者吾善之, 不善者吾亦善之, 德, 善. 信者吾信

노자의 성인은 실제로 생태적 질서인 도를 체득한 존재이다. 때문에 고정된 마음가짐이 없이 백성의 마음을 제 마음 삼아서 착하지 않거나 믿음직스럽지 못한 사람에게도 착하게 대하고 믿음으로 대하는 것으로 묘사되고 있다. 성인의 이와 같은 포용심은 고정불변한 마음이 없는 것에 수반한 마음가짐으로서 이것이 곧 '무위의 마음가짐[無爲]'이다. 주지하듯이 노자의 사유에서 '백성'은 고립된 자아로서 주체적인 의미를 갖는 것이 아닌 통치의 대상으로서 집합적 자아이자 객체적 의미로서 자리 매겨진다. 백성은 본래 성인처럼 고정된 마음이 없이 비어 있는 마음 상태가 아니며, 성인에 의해 본래 상태를 회복할 수 있는 가능성을 가진 존재로 개념화되었다. 백성의 마음에는 지식과 욕망에 기초한 비본래적이고 부정적인 마음의 양상이 존재한다. 노자는 부정적 마음의 양상인 '욕망'을 제거해서 젖먹이 아이와 같은 마음으로 복귀해야 함을 강조한다. 여기에서 주목할 것은 바로 성인의 마음, 즉 '무위의 마음'과 백성의 마음, 즉 '자연의 마음' 사이에 개입된 논리적 선후관계이다.

성인의 '무위하는 마음'과 백성의 '자연적 마음'의 논리로서 '무위자연'은 등가적 개념의 병렬이 아닌 전제와 결과로 구성된 논리다. 즉, 노자의 '무위자연'은 '성인이 무위하면, 백성이 자연스럽게 행위한다'는 논리다. 성인의 '무위의 마음'은 백성의 '자연의 마음'을 성립하게 하는 전제가 되는 것으로, 성인이 마음을 비우면 백성 또한 사적인 욕망에 따라 행위하지 않고 자연적인 마음을 회복한다는 순차적 의미를 내

之, 不信者吾亦信之, 德, 信. 聖人在天下, 歙歙焉, 爲天下渾其心. 百姓皆注其耳目, 聖人皆孩之."

포한다. 여기에 대한 근거는 노자가 '무위의 마음'을 묘사하고 있는 여러 구절에서 발견할 수 있다. "무위하면 다스려지지 않는 것이 없다."[42], "도는 언제나 무위하지만 하지 않음이 없다."[43]에서 보면 '무위'가 '다스려지지 않음이 없고', '하지 않음이 없는', 보다 공리적인 통치행위 등의 전제가 되고 있다. 여기서 앞의 '무위'는 성인 통치자의 마음의 논리이고, 뒤의 '다스려지지 않음'은 통치대상인 백성의 '자연(의 마음)'이 암시된 논리다. 따라서 '무위자연' 논리의 원본격인 이 같은 논리에서 곧바로 전제로서 '무위'와 그 결과로서 '자연'이라는 순차적 논리를 확인할 수 있다. 또한 "내가 무위하면 백성은 스스로 자리를 잡는다."라고 하는 일련의 논리[44]와 "공이 이뤄지고 일이 잘 되어도 백성은 모두 '내가 본래 이러했다'고 말한다."[45]에서도 보면 성인의 '무위의 마음'이 백성의 '자연적 마음'에 선행하는 논리적 전제가 되고 있다는 것을 보다 명확히 알 수 있다.

한편, 위와 같이 '무위자연'의 논리에서 비록 논리적 선후와 순차적 관계가 성립된다고는 하지만 '허심'의 차원에서 보면 성인의 '무위의 마음'과 백성의 '자연적 마음'은 실제로 동질적인 것이다. 각기 다른 양태를 드러내면서도 그 질적 측면에선 동일하다는 것을 위의 "성인은 고정불변한 마음이 없기에 사람들의 마음을 제 마음 삼는다.[聖人無常心, 以百姓心爲心]"라는 논리에서 알 수 있다. 여기서 성인의 무위의 마

---

42 『노자』, 3장: "爲無爲, 則無不治."
43 『노자』, 37장: "道常無爲而無不爲."
44 『노자』, 57장: "道常無爲而無不爲.我無爲而民自化, 我好靜而民自正, 我無事而民自富, 我無欲而民自樸."
45 『노자』, 17장: "功成事遂, 百姓皆謂我自然."

음을 채운 것은 바로 백성의 자연의 마음이다. 물론 성인이 채택한 백성의 마음은 마음 안의 비본래적 마음인 '욕망'을 배제한 본래적 자연을 암시한다. 성인이 마음을 비워 둔 것은 백성의 자연의 마음을 제 마음으로 삼기 위해서다. 결과적으로 성인의 무위의 마음은 백성의 자연의 마음과 동질적이다.

마음의 문제에서 볼 때 노자의 사유에는 구체적으로 위의 인용문에서 보이는 '성인의 포용적 마음[無常心]'과 '백성의 마음[百姓心]'을 비롯해서 역시 백성의 마음을 뜻하는 '민심民心'[46]이 등장한다. 노자의 사유에서 백성의 마음은 성인의 무위의 마음에 따르면서도 그것을 의식하지 않는 '스스로 그러한' '마음'이다. 성인의 '무위하는 마음'과 백성의 '자연적 마음'은 서로 동떨어진 별개가 아닌 동질적인 것이면서도 각기 성인과 백성이라는 개념의 본질에 부합한다. 특히 백성의 마음인 '자연적 마음'은 다름 아닌 타고난 본성에 입각한 순박한 마음을 뜻한다. 왜냐하면 노자의 사유에서 '자연'은 주로 '본성'을 뜻하기 때문이다. 결과적으로 '자연'은 다름 아닌 '발가숭이 갓난애'나 '젖먹이'의 심성을 회복한다는 의미를 내포하며, 무위자연에는 근본적으로 '발가숭이 갓난애'와 '젖먹이'와 '통나무'에서 비롯한 생태적 원형질 회복이라는 '마음'의 논리가 개입한다.

---

46 『노자』, 3장: "不見可欲, 使民心不亂."

4. 소국과민小國寡民: 생태 통치론에서 생태미학으로

앞에서 우리는 '물', '계곡', '어머니', '영아', '적자', '통나무' 등의 노자의 사유를 대표하는 은유들이 본질적으로 생태적 은유라는 것을 확인했다. 노자는 이런 은유에 내재한 가공되지 않은 생태적 본모습과 순환으로부터 정치적 실천과 통치의 의미를 재발견한다. 은유적 개념들은 노자의 통치논리를 대표하는 '무위자연'의 논리에 모두 수렴된다. 다시 말해 은유적 개념의 이미지로서 '낮은 곳을 지향함[水, 母]', '비어 있음[谷]', '쪼개지지 않음[樸]', '갓 나옴', '약함', '부드러움[嬰兒, 赤子]' 등은 다름 아닌 '무위'와 '자연'이라는 완성된 그림을 위한 소묘와도 같은 것이다. '도'의 가치를 함축한 각종 은유적 개념들을 밑그림으로 해서 비로소 '무위'와 '자연'이라는 논리가 완성되는 것이다.

무위자연의 논리는 최종적으로 '통치 권력의 생태적 정당성'의 논리에 귀결된다. 강압이 아닌 자발성에 기댄 통치는 물이 낮은 곳으로 흘러 마침내 바다에 이르는 것과 같다.[47] 비록 권력 자체에 대한 부정을 목도할 순 없다 할지라도 노자는 기존 권력체계를 '마음'의 문제와 결부시켜서 최종적으로 '권력 없는 권력'이 되게끔 하는 논리를 내세운다. 이런 점은 간접적인 권력부정의 계기와 통한다.

노자의 사유에서 인간은 '백성', 즉 다스림을 받는 타율적 전체성으로서 비록 자발성[自然]에 접목되긴 하지만 고립된 자아로서의 '개인'

---

47 『노자』 66장: "江海所以能爲百谷王者, 以其善下之, 故能爲百谷王, 是以欲上民, 必以言下之, 欲先民, 必以身後之, 是以聖人處上而民不重, 處前而民不害, 是以天下樂推而不厭, 以其不爭, 故天下莫能與之爭."

은 아니다. 그럼에도 불구하고 백성의 '자연'에는 권력의 강압성과 수직성을 초월하는 자율적이고 수평적인 계기가 존재한다. 권력에 의한 지배는 그것이 문화적이라 할지라도 백성을 완전히 타율적 존재로 자리매기게 된다. 노자가 주장하는 '자연' 관념은 권력체계는 존재하되 그러한 체계가 형식적 위계로서만 존재할 뿐 실제적인 삶을 관장하지 않는 이른바 '권력 없는 권력'으로서의 의미를 함축한다.

인간에 의해 가공된 지식과 윤리체계를 부정함으로써 생태적 질서인 '도'에로 복귀해야 함을 역설하는 노자의 사상은 '소국과민小國寡民'을 통해서 보다 구체적으로 형상화된다. '소국과민'은 생태학적 함의를 갖는 노자의 각종 은유와 무위자연의 논리가 최종 귀결된 공간의 모습이다. 노자의 은유적 사유와 은유적 개념들이 실제 국가의 형태로 형상화된 '소국과민'의 외적 의미는 '영토의 축소와 인구의 감소'를 지향하는 데 있다. 내적으로 그것은 노자가 생각하는 세계 질서의 성격을 대변하며, 세계 질서에 있어서 동적 남성적 병합의 논리에 대항하는 성격을 갖는다. 그래서 정적인 성질과 유관한 자화自化, 자박自朴, 자정自定, 자생自生의 '독립[自]적' 논리로 구성되어 있다.[48] 또한 그것은 "언제나 백성들을 지혜도 없고 욕망도 없게 한다.[常使民 無智無欲]"고 하는 '허심虛心'의 문제와도 통한다.

---

48 '소국과민'은 또한 『노자』 57장의 논리를 형상화한 것이기도 하다. 문화적 시스템이 되레 사람들의 심성을 나쁘게 하는 계기가 된다는 것과 '억지로 하지 않음'과 '고요함'과 '일 없음' 및 '욕심 없음'을 통해 '自化', '自正', '自富', '自樸'을 지향한다.("以正治國, 以奇用兵, 以無事取天下. 吾何以知其然哉. 以此. 天下多忌諱, 而民彌貧, 民多利器, 國家滋昏, 人多伎巧, 奇物滋起, 法令滋彰, 盜賊多有. 故聖人云, 我無爲而民自化, 我好靜而民自正, 我無事而民自富, 我無欲而民自樸.")

나라를 작게 백성을 적게 한다. 수많은 도구가 있어도 쓸 일이 없게 하고, 백성들로 하여금 죽음을 중히 여겨 멀리 가지 않게 한다. 배와 수레가 있어도 탈 일이 없고, 비록 군대가 있지만 전개할 일이 없다. 백성들을 다시 결승문자를 쓰게 한다. 그 음식을 맛있어하고, 그 옷을 곱게 여기며, 그 거처를 편안해하고, 그 풍속을 향유한다. 옆 나라가 바라보이고 개 짖는 소리와 닭 우는 소리를 서로 들을 수 있어도 백성들은 늙어죽을 때까지 서로 오고가지 않는다.[49]

'소국과민'이 실제 국가의 형태로 개념화된 것이긴 하지만 사실상 그것은 가치와 관련한 은유적 의미를 갖는 것으로서 이상적인 사회와 세계 질서에 대한 시적 은유적 표현이라고 보는 것이 합당하다. 즉 외적으로 볼 때 노자는 공간이 '작고' 사람들의 숫자가 '적은' 것이 더 '좋은' 사회적 공간이라는 것을 역설하는 것이다. 내적으로 보면 '소국과민'은 사적인 욕망을 줄인다는 '소사과욕少私寡欲'을 국가공간에 대입해서 확장한 것이다. '욕망'과 '지혜'를 제거한 후의 마음 상태가 곧 '소사과욕'의 상태라는 것을 염두에 두고 볼 때, 노자가 꿈꾸는 이상사회는 사적 욕망을 줄이는 것처럼 정치적 공간을 작게 하고자 하는 마음가짐과 더불어 사람들의 생태적 독립성을 보장하고자 할 때 획득 가능하다는 것을 알 수 있다.

'소국과민'은 또한 노자가 강조하는 '도道', 즉 '생태적 질서'가 사회

---

[49] 『노자』 80장: "小國寡民, 使有什佰之器而不用, 使民重死而不遠徙, 雖有舟輿, 無所乘之, 雖有甲兵, 無所陳之, 使人復結繩而用之, 甘其食, 美其服, 安其居, 樂其俗, 隣國相望, 鷄犬之聲相聞, 民至老死不相往來."

적 공간에 구현된 형태이다. 그런데 '큰 것'으로 비유되는 '도' 개념의 의미에 비추어 보면 이른바 '큰 것'을 지향하는 '도'와 '작고' '적은 것'을 지향하는 '소국과민'은 일견 모순적으로 보인다. 하지만 '소국과민'에서 '소'는 물리적 공간성의 측면에서 '작은 것'을 뜻하지만, 가치의 측면에서는 '큰 것'을 의미한다. 즉 '작은 나라와 적은 백성'이 '가장 큰 것(가장 좋은 것)'이란 뜻이므로 전혀 모순이 아니다. 결과적으로 노자가 '소국과민'을 통해 무엇보다 강조하는 것은 생태적 가치의 회복이다. 상대적인 대량생산을 가능하게 하는 기계를 사용하지 않고, 소박한 의식주에 안락해 하며, 외부와의 적극적인 교류보다는 자족적인 안정을 추구하는 '소국과민'의 삶을 현대적으로 해석하면 바로 전형적인 생태주의적 삶의 형태이다.

　이와 같이 생태적 은유와 무위자연의 논리가 보다 실질적 형태로 구현된 '소국과민'은 노자가 생각하는 이상적 사회의 모습으로서 사람들이 모두 생태적 질서에 따라 소박하게 생활하는 아름다운 공간에 대한 비유다. 그런데 이 아름다움은 잘 구축된 윤리와 제도 등 문화에서 비롯하는 이른바 가공된 '사회미社會美'와 달리 본래의 것으로 되돌아가는 '생태미生態美'이다. 노자가 '원목[樸]', '갓난아이[嬰兒, 赤子]' 등을 강조하는 것은 가공되고 도구화되는 사물에 대한 우려를 내포하고 있다. 따라서 그가 말하는 복귀, 즉 '젖먹이로의 복귀[復歸於嬰兒]'나 '통나무에로의 복귀[復歸於樸]' 등은 곧 사물의 본래 상태이자 가공되지 않은 생태적 본연으로 되돌아감을 뜻한다. 소국과민 역시 '젖먹이로 되돌아감'과 '통나무로 되돌아감'과 같은 맥락으로서, 인간의 사회적 공간 역시 본연의 생태적 상태일 때 비로소 자족적 지속이 가능하다는 것을 역설한다. 노자의 '소국과민'은 생태적 순환과 순박함으로 구성된 사회적 공간이 바로 사람의 자연에 가장 부합한다는 것이다. 따라서 그러한 공간의 궁극적 존재가치는 문화적 실용성에 있지 않고 생태적 '미美'에 있는 것이다.

지금까지 '소국과민'을 중심으로 살펴 본 노자의 사유에 대해서 필자는 '원목原木의 미학'이라는 이름을 붙이고자 한다. 인간의 문화는 모두 '가공'의 산물이다. 노자의 사유와 직접 관련은 없지만, 우리는 인간의 본질에 대한 정의로서 '가공하는 인간'을 생각할 수 있다.[50] 인간의 물질문화뿐만 아니라 언어와 문자, 정치제도 등 사회적 정신적 '가공'은 실용적 도구적 가공을 넘어 최종적으로 '미'라고 하는 가치의 규정에 직접적인 영향을 미치게 된다. 노자는 가공된 아름다움을 부정하고 사물 본래의 생태성에서 '미'의 근거를 발견한다. 이것이 바로 '원목의 미학'이다. 원목미학은 곧 사물의 생태적 전일성을 중시하는 것으로서 노자의 생태미학에 대한 다른 이름이다.

---

[50] 필자는 여기서 노자의 생태학적 사유에 기초한 인간의 본질에 대한 정의로서 '가공하는 인간'이라는 용어를 내세우고자 한다. 인간의 본질을 '지혜'의 유무나 '도구'의 사용에서 나아가 신적인 '창조'로써 파악하는 인간관은 그 기저에 모두 '가공'의 작용이 존재한다. 인간의 '지혜'는 '가공'의 도구이고, '도구' 또한 '가공'을 전제로 한다. 따라서 '지혜의 인간(Homo Sapiens)'과 '도구적 인간(Homo Faber)'과 최근의 '신적 인간(Homo Deus)' 등 기존 인간의 본질에 관한 정의를 모두 포괄하는 개념적 토대가 바로 '가공'인 셈이다. 노자가 '쪼개지지 않은' '원목성[樸散則爲器]'과 '젖먹이[嬰兒]' 등을 비롯해서 그러한 비유를 모두 포괄한 개념으로서 '도'라고 하는 전일한 생태적 질서를 강조하는 것은 다름 아닌 가공되어 도구화하는 세계와 사물과 제도에 대한 우려 때문이다. 가령, 소의 가죽을 가공해서 신발을 만들었을 때 사람들은 그 신발에서 곧바로 소를 사유하기는 쉽지 않다. 노자는 가공된 가죽으로부터 그 원형인 소를 되살리는 것, 즉 기존의 문화적 실용성보다 사물 본래의 생태적 사물성으로의 복귀를 강조한다. 그런 면에서 노자가 직접 비유로 들었던 '통나무[樸]'를 차용해 '원목미학'이란 용어를 정립한 것이며, '원목미학'은 그 의미의 본질상 '가공'에 반하는 '생태'적 의미를 내포한다.

5. 맺음말

지금까지의 논의를 통해 필자는 노자의 철학이 사상사적 의미를 초월해 현대사회가 당면한 문제에 통찰을 제공하는 살아있는 의미로의 환생이 가능하다는 사실을 확인했다. 또한 그것이 다만 해석학적 차원이 아닌 노자의 본의에도 더욱 부합한다는 사실을 밝혔다. 이 글의 요지는 노자의 철학적 사유는 생태학으로 재정립할 수 있다는 것과 생태학 가운데서도 특히 생태미학으로 귀결된다는 것이다. 기존의 논의들에서는 노자의 철학적 사유를 특정한 측면에서 독립적으로 다룬 경향이 다분하다. 이 글에서는 일정한 측면에서 노자철학의 의미와 가치를 드러내는 것을 넘어 종합적이고 총체적인 차원에서 노자의 철학적 의도를 간파한 다음 그것을 현대의 시각으로 재구성하는 것에 목적을 두었다. 그러기 위해서 순차적으로 먼저, 노자의 개념과 논리의 성격을 파악했고, 이어서 개념과 논리가 귀결되는 '문제'를 분석했다. 최종적으로 개념과 논리와 문제가 유기적이고 종합적으로 형상화된 개념(공간)의 성격을 규정함으로써 모종의 결론에 이르게 되었다.

노자의 개념과 논리의 성격을 파악하는 데 있어서 무엇보다 중요한 것은 노자가 제시하는 개념이 기본적으로 은유적이라는 점이다. '물[水]', '계곡[谷]', '어머니[母]', '영아嬰兒', '적자赤子', '통나무[樸]' 등 노자의 대표적 은유들은 공통적으로 시간적 근원과 훼손되지 않은 원형질의 이미지로서 본질적으로 생태적 개념이다. '도' 개념 역시 은유적 개념으로서 특히 생태적 가치와 깊은 연관이 있다. 노자는 도를 내세워 사물이 본래 인간의 의지와 무관하게 그 본래의 태생적 완결성을 가지고 있다는 것을 역설한다. 사물이 도의 가치를 이어받아서 존재한다고 할 때 노자의 도의 의미는 곧 '생태적 세계질서'로 정의된다.

'무위자연'의 논리 또한 생태적 차원에서 이해할 때 비로소 노자의 전체사유와 정합적이다. '무'의 논리에서 확장된 '무위'는 인간에 의해 가공된 일체의 행위로서의 '유위'에 비해 생태적이어서 공리적인 우위를 갖는 것이다. '무위자연'의 논리는 '성인이 무위하면 백성이 자연(스럽게 행위)한다'는, '위에서 아래로' 흐르는 방향성이 전제된 논리다. 하지만 성인의 마음가짐으로서 '무위'와 백성의 마음가짐으로서 '자연'은 사실상 동일한 위계를 가진 생태적 가치의 확산 논리를 토대로 한다. 동시에 무위자연의 논리는 노자의 '마음[心]'의 문제와 직접적인 연관이 있다. '무위'는 성인의 '무위하는 마음'을 뜻하고, '자연'은 백성의 '자연적 마음'을 뜻한다. '마음'의 문제는 무위자연의 논리에 앞서 '영아嬰兒', '적자赤子', '통나무[樸]' 등의 은유적 개념을 통해 제시되며 노자가 강조하는 '되돌아감[復歸]'으로 귀결된다. 노자가 말하는 '복귀'란 물리적 회귀가 아닌, 발가숭이 갓난애나 젖먹이의 '마음', 그리고 '통나무' 같이 분절되지 않은 순박한 '마음'으로의 '복귀'를 뜻한다. 노자가 '허심虛心'으로써 마음 안의 마음인 '욕망[欲]'을 부정하는 것도 그것이 생태적 질서인 '도'에 부합하지 않기 때문이다.

노자의 개념과 논리와 문제가 총집결한 하나의 개념이자 형상적 이미지가 바로 '소국과민小國寡民'이다. '소국과민' 또한 은유적 개념으로서 사적인 욕망을 줄인다는 '소사과욕少私寡欲'을 국가공간에 대입해서 확장한 것이다. '소국과민'은 노자가 강조하는 생태적 질서로서의 '도'가 사회적 공간에 구현된 형태로서 기계를 통한 대량생산을 부정하고 소박한 의식주를 기초로 자족적 안정을 지향하는 전형적인 생태주의적 삶의 형태를 개념화한 것이다. 노자의 '소국과민'은 생태적 순환과 순박함으로 구성된 사회적 공간이 바로 사람의 자연에 가장 부합한다는 것이다. 따라서 그러한 공간의 궁극적 존재가치는 문화적 실용성에 있지 않고 생태적 '미美'에 있다.

 최종적으로 필자는 노자의 생태학적 사유에 대해서 '원목原木의 미학'이라고 명명한다. '원목'은 노자의 은유적 개념 가운데 하나인 '박樸'에서 착안한 것으로서 '가공'과 상반되는 생태적 함의를 가진 개념이다. 노자가 부정하는 '가공'의 산물로서 인간의 문화는 언어와 문자와 정치제도 등을 포괄하는 것으로 미적 가치의 규정에도 직접 영향을 미치는 것이다. 노자가 긍정하는 아름다움은 '도'라고 하는 생태적 질서에 근거를 둔 사물 본래의 자족적 생태성에서 비롯한 것이다. 노자의 생태미학에 대한 다른 이름으로서 '원목미학'은 곧 사물의 생태적 전일성에 토대를 둔다.

참고문헌

이석명, 2003, 『백서노자』, 청계.
최재목, 2006, 『노자: 곽점초묘죽간본』, 을유문화사.
최진석, 2001, 『노자의 목소리로 듣는 도덕경』, 소나무.
陳鼓應, 1984, 『老子注譯及評價』, 中華書局.
高明, 1996, 『帛書老子校釋』, 中華書局.
老子, 1993, 『老子道德經河上公章句』, 中華書局.
彭浩, 2000, 『郭店『老子』校釋』, 湖北人民出版社.
孫毅, 2013, 『認知隱喩學多維跨域硏究』, 北京大學出版社.
王中江 解讀, 2017, 『老子』, 國家圖書館出版社.
嚴遵, 1994, 『老子指歸』, 中華書局.
熊鐵基, 1995, 『中國老學史』, 福建人民出版社.
燕國材, 2005, 『中國心理學史』, 浙江敎育出版社.
張立文 主編, 1993, 『心』, 中國人民大學出版社.
匡釗·王中江, 2012, 「道家"心"觀念的初期形態-『老子』中的"心"發微」, 『天津社會科學』
　　　第4期.
http://news.kbs.co.kr/news/view.do?ncd=4171790.

생태 미학: 생태학과 미학의 합리적 연계
: 버린트(Berleant) 교수에 답하다

청양잔程相占
산동대학교 문예미학연구센터

내용요약

생태미학이 연구의 대상을 생태심미로 정한 것은 아놀드 버린트Arnold Berleant의 비판처럼 심미적인 문제를 간과하지 않았음을 보여준다. 생태미학은 생태학과 미학이라는 두 개의 서로 다른 학문이 유기적으로 연계된 미학으로, 그 합법성의 근거는 다음의 여섯 가지로 정리될 수 있다. 첫째, 생태학이 밝혀낸 생태위기와 그에 따른 생태의식은 미학사상 주제의 생태 전환과 생태미학의 출현을 촉진했다. 둘째, 생태학이 제공하는 생태지식은 심미체험에 큰 영향을 미쳤으며 미적 대상과 미적 체험까지 근본적으로 바꿀 수 있다. 셋째, 생태학은 사람들의 윤리 개념을 바꾸고 생태윤리학을 촉진시켰으며, 생태윤리 개념은 새로운 미적 체험을 유도할 정도로 큰 영향을 미쳤다. 넷째, 생태학이 제시하는 생태적 가치는 감상자로 하여금 생태적 건강과 사물의 심미적 가치를 깨닫도록 하고, 가치 서열에서 생태적 가치를 심미적 가치보다 우선시함으로써 생태미학이 심미적 파괴력에 대해 성찰하고 비판하는 계기를 마련했다. 다섯째, 생태학의 핵심 키워드인 생태계라는 개념은 인간이 생태적 존재이고 생명의 본체가 생태계의 생생生生 특성과 능력이라는 사실을 밝혀냄으로써 생태미학 구축을 위한 새로운 본체론의 초석, 즉 생태본체론을 제시했다. 여섯째, 생태학이 확립한 '유기체-환경 관계' 연구 패러다임은 현대철학의 심령일원론 연구 방향에서 탈피하여 생태미학을 '신체-마음-환경' 삼원합일의 모델로 이끌었다. 상기 여섯 근거를 종합하면 생태미학은 생태학에 기초한 미학으로, 생태미학 연구모델에 적합한 환경미학은 생태미학의 일부로 볼 수 있다.

핵심어: 생태미학, 생태심미, 버린트Berleant, 유기체-환경관계 패러다임

21세기의 국제 미학이론에서 생태미학은 단연 주목할 만한 학문분야이다. 생태미학 이론 구축에 참여하는 한 사람으로서, 필자는 글로벌 공통 문제, 국제적 통용 표현이라는 학술적 원칙을 지니고, 중국의 전통적 학술 연구방식이나 이른바 지식 생산방식을 변화시켰으며, 국제적인 학술교류를 통해 생태미학의 구축을 도모하고자 노력하고 있다.

이 과정에서 필자는 해외학자의 따뜻한 격려도 받았다. 예를 들어, 캐나다학자 앨런 칼슨Allen Carlson은 『스탠포드 철학백과사전』의 2015년판 '환경미학' 표제어에서 필자의 생태미학을 논하고, 그 참고문헌에 필자가 세 명의 미국학자와 공동으로 저술한 『생태미학과 생태계획설계』를 열거하고, 특히 필자가 맡은 두 장을 언급하였다.[1] 중국의 생태미

---

[1] 본 문서는 청샹잔 주재 국가사과기금 중점사업인 생태심미의 기본요목과 생태심미교육연구(승인번호 13AZW004)의 단계적 성과물이자, 청샹잔 주최 교육부 인문사회과학 중점연구기지 중대 프로젝트인 환경미학과 미학의 개조(승인번호 11JJD750014)의 단계적 성과이다.
   Allen Carlson, Environmental Aesthetics, The Stanford Encyclopedia of Philosophy (Spring 2015 Edition) 참조. (URL=http://plato.stanford.edu/archives/spr2015/entries/environmental-aesthetics/)

학이 국제적으로 권위 있는 사전에 등재된 것은 이번이 처음이다. 이와 동시에 필자는 해외학자들로부터 날카로운 비판도 받았다. 예를 들어 미국학자 아놀드 버린트Arnold Berleant는 2015년 「생태적 미학의 몇 가지 문제」라는 글에서, 비교적 포괄적으로 필자의 생태미학 이론과 핵심문제에 대하여 의문을 제기했다.[2]

저자와 버린트는 1993년에 처음 만났으며[3] 2006년부터 빈번한 학술적 교류를 유지해 왔다. 2008년에는 저자가 주최한 국가사회과학기금 프로젝트인 "서양 생태미학의 이론 구축 및 실제 운용"에 초대되었고, 2013년 공동으로 이 프로젝트의 최종 결과인 '생태미학과 생태 평가 및 계획'의 중문 및 영문 대조판을 출판하였다.[4] 필자는 이 책의 서문과 제1장, 제3장을 썼고 버린트는 이 책의 제2장을 썼다. 버린트가 이번에 필자를 비판하는 주된 근거는 이 책 중에서도, 특히 제3장 「생태적 심미를 논하는 네 가지 요점」에 관한 것이다.

필자에게는 해외 석학들의 격려도 물론 중요하지만, 합리적이고 근거 있는 비판이 더욱 가치가 있다. 상대의 혹독한 비판에 학문적으로 응함으로써 생태미학을 더욱 발전시키고 보완할 수 있기 때문이다. 필

---

2 阿諾德·伯林特, 李素傑 譯, 「生態美學的幾點問題」, 『東岳論叢』 이 글에서 인용한 버린트의 말은 모두 이 글에서 인용한 것이며, 더 이상 일일이 명기하지 않겠다. 2015년 10월 산동대 문예미학연구센터가 "생태미학과 생태비판의 공간"이라는 국제심포지엄을 주최하였고, 본문은 버린트 교수가 초청받아 제출한 논문이다. 이 글의 영문판도 이미 공식 발표되었고 구체적인 정보는 Arnold Berleant, Some Questions for Ecological Aesthetics, Environmental Philosophy, Spring 2016, 123-135쪽 참조.
3 버린트 교수는 1993년 산동대 초청으로 「디즈니 월드 해석」라는 제목의 학술 강연을 진행했다. 산동대 중문과 박사과정 2년차였던 필자는 버린트 교수와의 학술 좌담에 참석했었다.
4 程相占, 阿諾德·伯林特, 保羅·戈比斯特, 王昕晧, 『生態美學與生態評估及規劃』, 河南人民出版社.

자가 판단하기에 버린트가 생태미학을 비판한 이유는 크게 두 가지이다. 첫째, 생태학은 미학 연구의 모델이 될 수 없고 미학연구와 효과적으로 연계될 수도 없다. 둘째, 그와 칼슨Allen Carlson으로 대표되는 환경미학은 이미 상당한 체계를 갖추고 있기 때문에 환경미학과 병행하는 생태미학을 구축할 필요가 없다. 따라서 생태미학의 성립 여부는 생태미학이 다음과 같은 두 가지 질문에 답할 수 있는지에 달려 있다고 여겨진다. 첫 번째는 생태학과 미학이 어떻게 연계되는가이고, 두 번째는 생태미학은 환경미학과 어떻게 구별되는가이다. 따지고 보면, 두 번째 문제는 첫 번째 문제의 연장선상에 있다. 생태학과 미학의 적절한 연결고리가 충분히 설명된다면, 생태미학은 '환경적 심미'와 '환경적 가치'만을 둘러싼 논의에 국한된 환경미학의 범위를 넘어서는 것이기 때문이다. 따라서 버린트의 비판에 대한 필자의 응답은 주로 첫 번째 문제를 놓고 전개되었고, 이 기회에 우리의 학술적 논의가 심도 있게 이끌어지기를 바란다.

1. 생태미학은 미학에서 벗어났는가?

말 그대로 생태미학은 생태의 미학 또는 생태학적 미학이다. 그래서 생태미학을 논하는 데 있어 필연적으로 직면하는 하나의 질문은 생태학과 미학의 연계가 과연 타당한지에 대한 것이다. 버린트가 먼저 의문을 제기했던 것이 바로 이 문제이다.

버린트에 따르면, 과거 반세기가 넘는 기간 동안, 미학 분야에서 한 가지 중요한 문제는 어떤 과학적 이론으로 심미 현상을 해석해야 하는가였다. 그는 이러한 접근법에 특별히 반대하지는 않지만 동시에 심미를 어떤 과학 모델에 포함시키려고 시도하여 심미적 체험이 우선적 지위를 상실할 때, 이러한 노력은 잘못된 길로 빠져들 수 있다는 것을 지적한다. "이러한 시도는 어떤 형태의 과학적 인지모델이나 패러다임을 통해 심미라는 독특한 현상을 구속하거나 해석하는 위험성을 내포하기" 때문이라는 것이다. 버린트는 그 글의 목적이 "과학의 미학에의 적용의 한계를 역설하고, 과학이 과연 보편타당성을 지닌 해석모델이 될 수 있는가에 의문을 제기하는 것"이라고 밝혔다. 아울러 "진화론이나 생태학 등을 자연미학에 적용하는 것에 반대하는 이유는 미학을 이미 진화론이나 생태학의 한 갈래로 만들었기 때문이다"라고 서술하기도 했다. 실질적으로 버린트가 의문을 품는 것은 "사회과학과 인문과학 분야에서 생태학의 응용성"이었다. 그는 미학연구는 미적 체험을 가장 우선시해야 한다고 주장한다. 심미적 현상을 생태학이라는 과학이론으로 해석하는 것에 동의하지 않는다. 이러한 학술적 입장에서 버린트는 필자의 생태미학 연구가 잘못된 길로 들어섰다고 완곡하게 비판했다.

솔직히 버린트의 이 같은 문제제기는 국내에서 생태미학을 비판하는 학자들의 공통된 질문이기도 하다. 이에 대해 필자가 해명해야 할 문제는 다음과 같다. 첫째, 생태미학이 미학 연구의 최우선 순위에 심미체험을 놓고 있는가? 둘째, 생태미학이 심미의 특별한 지위를 간과하지 않았다면 생태미학은 어떻게 생태학으로 미학 이론 펼 수 있었을까? 셋째, 생태학을 미학 연구의 새로운 패러다임으로 삼는 것이 타당한가?

하나의 용어로서 생태미학의 중심어는 생태학이 아닌 미학, 다시 말해 생태미학은 생태학이 아닌 미학이어야 한다는 것을 나는 잘 알고 있다. 이와 함께 생태미학은 미학으로서 생태문제가 아닌 심미문제의 연구에 우선순위를 두어야 한다. 버린트의 입장뿐 아니라 필자가 구축한 생태미학도 그렇다. 국내외에서 생태미학을 연구하는 학자가 적지 않은데, 생태미학의 연구대상에 대해 학자마다 다른 이해를 가지고 있는데, 필자는 이를 '생태심미'로 한정해야 함을 명확히 하고, 필자의 「생태 심미를 논하는 네 가지 요점」이라는 장은 이에 대해 상세히 설명하고 있다.[5] 버린트는 제목만으로도 필자의 지향점을 쉽게 알 수 있으니, 여기서 재론할 필요는 없을 것이다.

솔직히 생태미학의 연구대상을 '생태심미'로 압축하고 환경미학에서 힌트를 얻었다. 환경미학은 예술철학을 넘어서 예술 이외의 모든 것에 대한 심미적 감상이 학문적 출발점이며, 그 주안점은 예술 이외의 모든 것들에 대한 심미적 감상이다. 그 중에서도 주로 자연 또는 자연환경이라고 하는 심미적 감상에 치중하고 있다. 따라서 환경미학의 핵심주제는 '예술 심미'와는 다른 '환경 심미'이다. 환경을 어떻게 감상하느냐는 질문에 답하기 위해 환경미학자들은 일련의 심미 모델을 제시하였는데, 칼슨의 환경 모델, 버린트의 참여 모델 등은 모두 환경 심미 문제를 해결하기 위해 제시된 것들이다.

환경미학은 환경이 예술품과 구별되는 다양한 특성을 깨닫고, "환경을 어떻게 감상해야 하는가?"를 설명하는 데에 생태학과 같은 자연 과학을 응용하고 있으며, 생태학이 제공하는 과학지식이 환경 심미에

---

5 程相占, 阿諾德·伯林特, 保羅·戈比斯特, 王昕晧, 『生態美學與生態評估及規劃』, 河南人民出版社.

도움이 된다고 여긴다. 맞는 말이다. 필자는 환경미학의 이러한 생태에 대한 흐름을 파악하고 생태 비평에 영감을 받아 아래와 같은 문제를 따져보았다. 생태지식이 환경 심미에 도움이 되는가? 생태학의 지식을 빌려 예술을 감상할 수 있을까?

    1978년 본격적으로 나타난 생태 비평은 이에 대해 긍정적으로 답했다. 생태비평은 처음에 생태학과 문학의 결합으로 규정되었고, 많은 생태 비평 논저들이 생태지식을 응용하였다. 생태지식의 도입은, 문학이나 예술 감상은 물론 예술 창작까지 변화할 수밖에 없다는 의미다. 예술 비평은 문학적 의미의 생태비평 외에도 생태영화 비평 생태회화 비평 등이 이미 출현했고, 예술작품에 대해서도 생태문학, 생태영화, 생태회화 등이 쏟아졌다.

    그렇다면 미학 연구는 이러한 새로운 예술 비평과 예술 양식에 어떻게 대처할 것인가? 미학 또한 이러한 문제를 심미적 관점에서 연구해야 한다면 이러한 미학의 명칭은 무엇이어야 할까? 분명 환경미학은 아니다. 왜냐하면 환경미학은 그 출발점부터 예술품과 예술철학에서 벗어난 것이기 때문이다. 따라서 필자가 구상하는 생태미학은 환경에 대한 심미적 감상뿐만 아니라, 예술에 대한 심미적 감상도 포함하는 것이다.

    전통미학과의 차이점은 생태지식과 생태윤리를 빌리느냐의 여부에 있고, 그 심층적 방향성이 인간중심주의냐 생태전체주의냐에 달려 있다. 현대미학, 예를 들어 칸트 미학은 자연적 심미를 연구하고 예술적 심미를 연구하기도 하지만 생태지식과 생태윤리는 분명히 다루지 않고, 생태계 전체가 아닌 인간의 주체성을 중시한다. 생태학적 영향이 날로 증대되는 가운데, 생태윤리학의 대두에 따라 미학의 새로운 분야는, 생태지식과 생태윤리에 의한 심미적 감상이 그 핵심이다. 미적 감상의 대상이 예술품이든, 다양한 환경이든 상관없이 말이다.

생태미학은 예술품이든 다양한 환경이든 감상의 대상이 된다. 요컨대, 필자는 생태미학을 구축하는 과정에서 처음부터 '생태'가 아닌 '심미' 문제를 미학 연구의 핵심 또는 우선 순위에 두고 있었다. 예를 들면, 필자가 2015년에 발표한「생태미학의 미학관과 연구대상」이라는 글은 '심미'를 핵심으로 하는 미학 모델, 즉 '심미 능력-심미 가능성-심미 체험'이라는 3원 모델을 제시하였고, 이를 기반으로 '생태 심미'를 연구 대상으로 하는 생태미학의 구축을 시도하였다.[6] 이런 사실은 생태미학이 미적 문제를 간과하는 '생태학'이 될 우려가 전혀 없다는 것을 보여준다. 버린트는 중문 자료를 읽을 수 없어서 저자의 생태미학의 새로운 시도를 완전히 파악할 수 없었기에, 그의 오해는 나름 이해할 수는 있다.

2. 생태미학은 어떻게 생태학을 활용해 미학 담론을 펼칠 수 있는가?

생태미학은 결국 '생태' 문제와 밀접한 미학인데, 그렇다면, 생태미학은 어떻게 생태학과 연계될 수 있을까? 다시 말해, 미학과 생태학의 내재적 연관성은 도대체 무엇일까? 이에 대해 필자는 다음의 다섯 가지로 요약할 수 있다고 생각한다

---

[6] 程相占,「論生態美學的美學觀與研究對象-兼論李澤厚美學觀及其美學模式的缺陷」,『天津社會科學』참조.

첫째, 생태학은 각종 인문학 분야에 가장 큰 충격을 주는 것은 전 인류의 생존과 발전을 위협하는 생태의 위기를 과학적으로 조명하였고, 어떻게 생태계를 위기에서 구해야 하는가는 모든 학문에서 피할 수 없는 심각한 문제로 지적되었는데, 미학도 예외는 아니다. 한마디로 생태미학은 글로벌 생태위기의 전반적인 배경에서 펼쳐지는 미학의 새로운 사고, 새로운 탐구이다. 생태학이 밝혀낸 생태위기와 그에 따른 생태의식 없이는 생태미학의 탄생은 불가능하다.

둘째, 생태학은 우리의 심미 대상과 심미체험에 근본적 변화를 이끌 정도의 많은 생태적 지식을 제공한다. 예를 들어 과학지식이 풍부한 생태학자는 풍경의 심미적 감상에 대해 생태지식이 전혀 없는 일반 감상자와는 다른 점이 많다. 생태학자는 특정 생태계의 정체성을 느끼고 생태계의 각 구성원 간의 교감을 느끼며 일반 감상자의 주의를 끌지 못하는 심미적인 현상을 발견할 수 있다.

이 분야의 대표적인 인물은 『사향연감沙鄕年鑑』의 저자 레오폴드 Aldo Leopold, 『고요한 봄』의 저자 칼슨Allen Carlson 등으로, 이들은 모두 생태학자이면서 문학 작품을 남겼던 작가들이다. 그들의 뛰어난 생태학적 조예는 그들의 심미적 관념과 심미적 체험, 심미적 표현에 깊은 영향을 끼쳤다. 환경미학자 칼슨은 자연미의 감상에서 생태학적 지식의 중요성을 특히 강조하였는데, 자신의 환경미학적 입장을 '인지적 입장'으로 요약하여, 버린트의 '융합적 입장'과 차별화하고 환경미학 분야의 두 축을 형성했다. 칼슨과 버린트 사이에는 많은 학문적 논쟁이 있었고 버린트는 필자가 칼슨의 심미적 인지주의를 추종한다고 비판하지만, 사실 이는 두 사람 사이 학문적 논쟁의 연장 선상에 불과하다. 버린트는 칸트를 여러 곳에서 비판했음에도 불구하고 여기서 칸트는 심미와 인식에 대한 명확한 구분을 고수하였고 심지어 심미가 인식(지식)과 관련이 없다고 생각한다. 이는 칸트에 대한 오해일 뿐만 아니라 심미 활동 실제상황에 대한 간과로 여겨진다.

칸트는 심미 판단과 인지 판단(혹은 논리적 판단)의 차이를 비교함으로써 심미 판단의 특징을 설명했을 뿐 심미와 인지의 관계를 부정하지 않았다. 아울러 우리의 실제 심미적 활동에서는 지식을 어떻게 배제할 수 있는지 상상조차 할 수 없다. 즉 아무것도 모르는 대상을 어떻게 미적으로 감상할 수 있을지 상상이 가지 않는다. 칼슨이 여러 차례 논술한 것처럼 지식(생태학 지식 포함)은 우리에게 '적절한' 심미 감상을 위한 토대를 제공할 뿐만 아니라, 우리의 심미체험을 증대하거나 풍부하게 할 수 있다. 생태학 지식의 중요성을 특별히 중시했기 때문에 칼슨은 자신의 환경미학을 부분적으로 '생태미학'이라 부르거나 환경미학의 프레임 내의 생태미학이라고 부르기도 했다.[7]

셋째, 생태학은 사람들의 윤리관념을 바꾸고 생태윤리학(일명 환경윤리학)을 탄생시켰으며, 생태윤리 개념은 새로운 미적 체험을 유도할 정도로 영향을 미쳤다. 따지고 보면 윤리는 타인에 대한 태도와 준칙이며, "내가 응당 무엇을 해야 하는가"에 대한 것이다. 이에 대한 대답은 이렇다. 전통 윤리학의 '타자'는 주로 '타인'을 의미하며, 조화로움은 사람과 사람 사이의 관계에 대한 것이다. 이와는 달리 생태윤리학의 핵심

---

[7] Allen Carlson, "The Relationship between Eastern Ecoaesthetics and Western Environmental Aesthetics", *Philosophy East and West*, Forthcoming 참조. 이 글은 중국 생태미학의 이론적 사고와 기여, 심지어 필자가 논술한 환경미학과 생태미학의 관계라는 다섯 가지 입장에 더하여 양자 관계의 여섯 번째 입장을 제시하고 있다. 즉 생태미학을 응용해 환경미학을 발전시킨다는 것은 중국 생태미학에 대한 칼슨의 높은 관심과 평가를 보여준다.

요점은 윤리 공동체의 범위와 외연을 넓히는 것으로, '타자'의 범위를 인간에서 지구 공동체와 그 모든 구성원으로까지 넓히는 것이다.

또한 모든 구성원들의 평안을 배려하고, 사람 외의 다른 대상들에 대한 인간의 태도와 준칙을 점유와 약탈에서 존중과 배려로 변화시켰다. 이러한 전환은 사람들의 미적 취향과 심미 대상의 선택에 지대한 영향을 미쳐서, 황야, 습지, 거머리, 엘크 시체 등 현대 심미 활동에 극히 미미했던 대상들이 풍부한 미적 체험의 대상으로 대두되기 시작하였다. 이 분야의 대표적 학자들은 저명한 환경윤리학자들인 롤스톤 Holmes Rolston과 캘리콧 J. Baird Callicott이다.

롤스톤은 황야에 대한 심미 체험을 상세히 논의했고, 심지어 '생태미학 ecological aesthetics'까지 제시하였다.[8] 캘리콧은 늪을 방문했을 때 모기에 피부를 물린 경험을 묘사했다. "이 체험은 비록 그다지 즐겁지는 않지만 어쨌든 심미적으로 만족스러웠다"라고 말했다.[9] 이는 전통적인 미의식으로 도저히 설명할 수 없는 심미 현상이다.

이 두 생태윤리학의 석학들이 논하는 심미체험은 생태윤리에 깊게 영향받은 생태 심미체험을 일컫는 것으로 그들의 이론적 성과는 우리가 진지하게 정리할 가치가 있다고 여겨진다.[10] 한마디로 생태의식과 생태지식, 생태윤리는 모두 사람들의 심미 체험에 중요한 영향을 미친다는 것이다. 이러한 사실은 우리로 하여금 지식, 윤리도덕과 심미 체

---

[8] Homes Rolston III, "From Beauty to Duty: Aesthetics of Nature and Environmental Ethics", in Arnold Berleant, ed. *Environment and the Arts: Perspectives on Environmental Aesthetics*, Aldershot: Ashgate, 139쪽.

[9] Baird J. Callicott, J, "The Land Aesthetic", *Environmental Review vol. 7*, 345-358쪽 참조.

[10] 필자가 지도하는 박사논문 「당대 환경윤리학 사상의 심미문제 연구」(曺苗, 2015)가 이에 대한 일정한 논의를 담고 있으니 참조.

험의 관계를 생태적 시야에서 다시 생각하게 하고, 생태미학이 깊이 연구해야 할 핵심문제이기도 하다.

넷째, 생태학이 제시하는 생태적 가치는 감상자가 생태건강의 관점에서 사물의 심미적 가치를 바라보도록 유도하고, 생태적 가치를 심미적 가치보다 우선시함으로써, "심미의 파괴력"에 대한 생태미학의 반성과 비판을 야기했다. 동물이 본능에 따라 행동할 수밖에 없는 것과 달리, 인간은 보통 가치관에 따라 행동한다. 문제의 복잡성은 사람들의 가치관이 종종 여러 가치관의 복합체라는 것에 연유하는데, 다양한 가치관들 항상 완전히 일치하는 것은 아니며 사물의 다른 가치들 간에도 종종 충돌이 발생하기 때문이다.

심미 체험과 가치의 문제는 심미 이론의 핵심이며, 마찬가지로 생태미학의 핵심문제이다. 버린트는 생태 가치와 심미 가치가 어느 쪽이 우선하는지를 물었다. 그는 필자가 생물다양성과 생태계 건강을 비할 수 없는 중시하는 것을 비판했다. 그는 이것들이 확실히 생태계 평가에서 중요한 고려 요소라고 하면서도, "그것들은 지각과는 전혀 상관이 없다"라고 여긴다. 그래서 버린트는 필자가 "수용하는 영향은 생태와 윤리의 가치관이지 심미의 가치관이 아니다"라고 생각했고, 필자가 "생물 다양성과 생태계의 건강을 생태 가치의 원칙으로 강조하는 것은 심미를 완전히 간과하는 것"이라고 본 것이다.

버린트의 이 같은 비판에 대해 사물의 다양한 가치와 그 상관관계를 분명히 할 필요가 있다고 판단된다. 간단히 말해서 사물은 항상 여러 가지 가치를 포함하고 있는데, 예를 들어 저명한 생태윤리학자인 롤스톤은 자연이 생명 가치, 경제적 가치, 레저 가치, 과학적 가치, 미적 가치, 유전적 다양성의 가치, 역사적 가치, 문화 상징적 가치, 성격 형성적 가치, 다양성 통일의 가치, 안정성과 자발적 가치, 변증 가치, 생명 가치, 종교적 가치 등을 제공하고 있다고 주장한다.[11]

필자가 여기서 언급하는 핵심문제는 생태 가치와 심미 가치가 서로 충돌할 때, 둘 중 어떤 것을 우선시해야 하는가이다. 생태 가치에 대한 이해가 부족한 상황에서 전통적인 미학은 심미 가치에 우선권을 부여하는 것을 주저하지 않았으며 심미적 가치는 적합성을 지닌 것처럼 보인다. 그러나 생태미학 연구자들은 심미 가치가 자연스럽지 않다는 것을 발견했는데, 예를 들어 숲의 관광객들은 숲의 마른 가지와 낙엽을 깨끗하게 치우는 것을 선호할 수도 있지만, 숲의 생태계의 건강상 이 마른 가지와 낙엽이 중요하다.

그렇다면 관광객이 직면하게 되는 난제는 자신의 미적 취향을 고수할 것인가, 아니면 숲의 생태계 건강을 존중하고 자신의 미적 습관을 바꿀 것인가 하는 것이다. 이 문제는 현재 유행하는 다이어트 풍조에 비유될 수도 있을 것 같다. 신체 건강과 패션의 아름다움, 어느 것이 더 중요한가? 역사적으로 보면 여러 문화권에서 다소 기형적인 심미적 취향이 출현하기도 했다.

예를 들어 중국 고대 문인들의 소위 '삼촌금련三寸金蓮'으로 일컬어진 여성의 작은 발에 대한 선호는 공자진이 『병매관기病梅館記』에서 신랄하게 비판한 병적인 심미적 취향으로 볼 수 있다. 생태미학의 혁명적 의미는 한편으론 생태심미적 관점에서 생태 건강을 무시한 전통적인 심미적 취향을 신랄하게 비판하면서, 또한 자본의 논리에 편입된 심미

---

11 Barbara MacKinnon, *Ethics: Theory and Contemporary Issues*, 北京大學出版社, 368-376쪽 참조.

가치의 심각한 폐해를 밝히는 데 있다.

자연미의 감상을 빌미로 한 자연환경의 파괴가 그 한 예인데, 이른바 '바다 조망 객실, '호수 조망 객실, '산 경치 조망 객실' 등은 모두 경제적 이익에 매몰된 부동산 개발업자들의 영리적 도구일 뿐이다. 요컨대 심미 가치를 추구함으로써 형성된 '심미적 폐해'는 생태적 위기를 초래한 하나의 주범이므로, 심미 가치는 생태 가치에 의해 재평가되어야 한다고 본다. 이는 결코 심미 가치를 홀대하는 것이 아니라, 깊이 반성하고 새롭게 자리매김해야 함을 뜻한다.

다섯째, 생태학의 핵심 키워드인 '생태계'라는 개념은 다음과 같은 기본적인 사실을 함축하고 있다. 생태계의 모든 개체들은 다른 것에 의존하여 존재하거나 생존해야 하며, 먹이사슬 상위에 있는 종은 반드시 하위에 있는 종에 의존해야 하고, 먹이사슬 하위 종은 상위 종에 의존할 필요가 없다는 것이다. 이 기본적인 사실은 인간이라는 잘난 체하는 종은 소위 '하위'의 종에 의존해야만 살 수 있다는 것을 의미한다.

예를 들어 인간에게 야채를 제공하는 여러 식물들과 인간에게 육식을 제공하는 여러 동물들은 인간을 전혀 필요로 하지 않는다. 오히려 인간의 개입과 약탈이 없다면 더 잘 살 수 있을 것이다. 따라서 생태학이 우리 인간에게 얘기하는 기본적인 사실은 이른바 인간의 존재나 생존은, 필연적으로 '생태적 존재', 즉 생태계에 의존해야만 하는 존재라는 것이다. 쩡판런曾繁仁은 하이데거의 존재론미학을 본떠 생태미학을 "생태존재론미학"이라 일컬었다.[12] 필자는 이에 착안하여 만약 '본원

---

12 曾繁仁, 『生態存在論美學論稿』, 吉林人民出版社 참조.

本源'의 의미에서 파생되는 '본체本體'라는 개념을 이해한다면 '생태 존재'보다 더 진일보한 '생태 본체'라는 개념을 제안해 볼 수 있을 것이다.

'생태 본체'란 생태계가 모든 생명이 존재하는 본원이나 근원이라는 의미한다. 제대로 작동하는(건강한) 생태계가 없다면, 생명은 아예 생겨날 수도 없고 우연히 생겨나더라도 생존할 수 없을 것이다. 요컨대, 필자가 여기서 제안하고자 하는 '생태 본체'라는 개념은 생태미학 본체론의 기반을 구축하여 동서양에 대두된 다양한 본체론과 같은 지위를 지위를 얻기 위해서이다. 대표적인 본체론들로는 자연본체론, 신학본체론, 도덕본체론, 역사본체론, 감정본체론 등이 있다.[13] 생태학과 미학이 깊은 연관성을 지닌다는 것은 틀림없어 보인다.

3. 생태학을 미학 연구의 새로운 패러다임으로 삼을 수 있는가?

위의 다섯 가지 사항 외에도 생태학과 미학을 연계하는 여섯 번째 방법이 있다. 이는 생태학 연구 패러다임을 바탕으로 새로운 미학 연구 패러다임을 구축하는 것이다. 이것은 생태학과 미학 사이의 가장 깊고 중요한 연결고리이지만 현재 학계에서 간과하는 점이기에 특별히 논할 가치가 있다고 여겨진다. 버린트는 저술이 많은 학자이며 사회 및 인문과학 분야에서 생태학의 적용 가능성에 대해 진지하고 깊은 식견을 지니고 있으며, 심지어 '심미생태학'을 논의하기도 했다.

---

13 陳炎,「形而上的誘惑與本體論的危機-兼論康德, 牟宗三, 李澤厚的得失」,『清華大學學報(哲學社會科學版)』참조.

예를 들어 그의 논문 「심미생태학과 도시환경」은 생태학은 원래의 생물학적 의미에서 인간과 문화 사이의 관계를 설명하는 개념으로 확장되었다고 기술하고 있다. 아울러 이런 전환은 코페르니쿠스 혁명에 비교할 수 있을 정도의 또 다른 과학혁명으로 이어졌다고도 하였다.[14] 그러나 납득하기 어려운 것은, 그가 필자를 비판하는 이 글에서 자신의 앞선 관점을 포기하는 듯하며 생태학이라는 과학이론으로 심미적인 현상을 해석하는 것에 동의하지 않는다는 것이다.

필자가 여기서 제시한 관점은 버린트의 견해와 정반대이다. 주지하듯이 생태학이라는 용어의 고대 그리스어는 'Oikologie'로 알려져 있는데, 이는 '집oikos'과 '학문logos'에서 유래한 것이다. 그래서 생태학은 글자 그대로 "집에 관한 학문"인데, 생물의 그 집 안에서의 생활에 주목한다. 자연과학으로서 생태학은 원래 생물학의 한 분과 학과이다.

독일 생물학자 에른스트 헤켈Ernst Haeckel은 1866년 생태학을 처음으로 정의하며 유기체와 그 환경 사이의 관계를 연구하는 과학으로 규정했다. 이 정의에는 유기체, 환경, 관계라는 세 가지 키워드가 포함된다. 산토끼를 예로 들어 생태학적 연구방법을 논해보자. 전통적인 연구방법에 따르면 산토끼 연구를 위해서는 토끼를 잡아 실험실로 놓고 마취시킨 뒤 수술대에 올려놓고 해부하여, 뼈, 내장, 혈액순환 등 산토끼의 다양한 생리구조를 살폈다.

이 같은 연구방법 또한 물론 가치가 있지만 실험실은 산토끼의 본래 생존환경이 아니다. 수술대 위에 해부된 산토끼는 살아있는 생명체

---

14 阿諾德·伯林特, 程相占 譯, 「審美生態學與城市環境」, 『學術月刊』, 中國人民大學書報資料 複印中心『美學』.

가 아니기 때문에 실험실 해부를 통해 얻은 산토끼에 대한 지식은 우리가 산토끼를 이해하는 데 분명한 한계가 있다. 산토끼 본연의 생활 모습을 이해하려면 산토끼가 어떻게 먹이를 구하고, 어떻게 둥지를 지으며, 천적을 피하고, 어떻게 번식하는지 등을 산토끼의 실제 생활환경에서 살펴봐야 한다. 다시 말해 생태학적 연구방법은 산토끼를 살아있는 유기체로 여기고 그 생활 환경과의 관계를 연구하는 것을 의미한다.

전통적인 실험실 연구방법에 비한다면, 생태학은 하나의 혁명적인 연구방법이라 할 수 있다. 연구방법이라는 개념에는 일정한 접근방식과 패러다임 등이 내포되어 있다. 생태인류학, 생태사회학, 생태심리학 등의 학문 분야가 '생태적'이라 일컬어지는 근본적인 이유는 이러한 분야들의 학문적 접근방식과 프레임 등이 바로 유기체와 그 환경의 관계이기 때문이다. 사람을 연구 대상으로 하는 인문학 관련 학과들이 생태학 연구 프레임을 응용할 수 있는 이유는 인간이라는 일종의 '유기체'를 연구 대상으로 하기 때문이다. 다른 여러 유기체들처럼, 인간은 생활환경과 항상 밀접한 상호관계가 발생하고 있는데, 에너지는 정보와 교환 등이 그 예이다. 생태학의 연구방법과 프레임을 본떠 핀란드 심리학자 티모 자비토Timo Järvilehto는 유기체-환경 시스템Organism-Environment System 이론을 제시했다.

이 이론의 기본 가설은 어떤 기능적인 의미에서도 유기체와 환경은 분리될 수 없고 둘 다 하나의 일원적인 시스템만 형성될 수 있다는 것이다. 유기체는 환경 없이는 존재할 수 없으며 환경은 유기체와 연결된 경우에만 나름의 속성을 가질 수 있다는 것이다. 그에 따르면 인간은 나름의 다양한 목적을 위해 유기체와 환경을 분리시켰음에도 불구하고, 이러한 상식적인 출발점은 심리학 이론에서 해결할 수 없는 문제를 야기시켰으며, 유기체와 환경의 분리는 인간의 행동을 과학적으로 탐구하는 토대가 될 수 없다. '유기체-환경 시스템' 이론은 여러 연구 분야의 기본적인 문제들을 재해석하고, 심리 현상을 신경 활동이나 생물 활동으로 환원하는 것을 피하고, 다양한 심리 현상 등을 분리하여 연구하는 것을 지양한다.

이 이론에 따르면, 심리 활동은 전체 유기체-환경 시스템의 활동이며, 전통심리학 개념은 단지 이 시스템 조직의 다른 측면만을 묘사하고 있다. 그러므로, 심리 활동은 신경계와 분리될 수 없으며, 신경계는 유기체-환경 시스템의 일부에 불과하다.[15] 한마디로 유기체-환경 시스템에서 인간의 심리활동을 연구하는 것이 전통심리학과 구별되는 생태심리학이다.

사실 핀란드 학자 이전에 미국의 저명한 심리학자 제임스 깁슨 James Jerome Gibson은 '생태지각 이론'을 깊이 연구하였는데, 주요 저서는 1979년 출판된 『시각 인지에 대한 생태학적 접근 The Ecological Approach to Visual Perception』이다.[16] 그 핵심 요점은 시각은 정적인 망막에서의 빛의 배열에서 시작되는 것이 아니라, 시각정보가 풍부한 환경에서 움직이는 유기체에서 시작된다는 것이다. 깁슨은 지각자의 움직임을 강조하면서도 지각자와 그 환경의 통합을 강조하기 때문에 그의 생태지각 이론은 새롭게 대두되는 '체화인지 Embodied Cognition' 이론 중 하나의 예

---

[15] Timo Järvilehto, "The theory of the organism-environment system: I. Description of the theory", *Integrative Physiological and Behavioral Science*. 321-334쪽 참조.

[16] James Jerome Gibson, *The Ecological Approach to Visual Perception*, Boston: Houghton Mifflin.

로 여겨진다.[17] 체화인지 이론과 이 이론과 미학이론과의 관계에 대해 국제미학계가 잘 알지 못하는 것이 무척 유감스러운 일이다.

필자는 일찍이 신체미학의 관점에서 '신체화된 심미활동'을 논한 적이 있는데, 이는 완전한 신체미학적 차원의 세 번째 측면이라 생각할 수 있다. 전통 미학이론의 키워드, 특히 심미주체, 심미체험 등에는 모두 '신체화된'이라는 수식어를 첨부해야 한다고 여겼다.[18] '신체화된'이란 3년 전 필자가 영어 단어 'embodied'를 번역하면서 썼던 표현인데, 지금 생각하면 '체화된[具身的]'으로 번역하는 것이 더 적절하다고 생각한다.

심미활동과 심미체험을 '체화된 심미활동'과 '체화된 심미체험'으로 이해하는 것은 근대 서구의 심신이원론 철학과 미학에 대한 돌파구라 여겨진다. 또한 미학이론 연구를 생태학적 프레임으로 이끌기 위한 초보적인 시도이기도 하다. 데카르트와 칸트로 대표되는 근대 철학자들이 마음의 기능과 지위를 더욱 부각시키고 신체 기능과 가치를 폄하하고 심지어 욕망과 죄악의 근원으로 여겼음을 알고 있다. 마음은 외연이 없고 어떠한 공간도 차지하지 않으며 외부환경과 직접적인 에너지 교환도 필요 없다. 그래서 근대 철학은 마음의 능동성을 부각시키는 주체 철학, 즉 마음만 바라보는 일원론 철학으로 표현된다.

이러한 철학적 사고와 경향에 대응하여 20세기의 많은 철학자들은 심신관계를 다시 생각하게 되었다. 근대적 마음 일원론 철학의 결함

---

17 Robert A. Wilson and Lucia Foglia, "Embodied Cognition", *The Stanford Encyclopedia of Philosophy*, Edward N. Zalta (ed.) (URL=http://plato.stanford.edu/archives/win2015/entries/embodied-cognition/).
18 程相占, 「論身體美學的三個層面」, 「文藝理論研究」 참조.

을 신랄하게 비판하였으며, 신체의 예민한 감지 기능과 신체와 마음의 불가분의 관계를 깊이 연구하였다. 프랑스 철학자 메를로-퐁티Maurice Merleau-Ponty의 몸지각의 현상학은 이 방면의 대표적 연구라 할 수 있다. 이는 마음 일원론적 근대철학을 심신의 유기적 통일을 강조하는 이원론 철학으로 바꾼 것이다.

이러한 기초 위에 필자는 생태학 연구 프레임을 참고하여 '신身-심心-경境' 삼원합일을 제시하는 새로운 연구 모델을 시도하고 있다. 이는 인간은 몸과 마음이 긴밀히 연계되어 있고 특정한 환경에 처해 있는 유기체로서, 즉 몸과 마음과 환경이라는 세 요소가 하나가 되는 독특한 종이라는 것을 전제로 한다. 이 가설이 성립한다면 인문과학 분야의 어느 연구도 몸-마음-환경의 세 요소 중 어느 하나도 무시할 수 없을 것이다.

현재 미학의 최신 연구 동향을 살펴보더라도, 환경미학, 신체미학, 생태미학을 관통하는 이 연구 모델은 위의 세 분야의 미학이 결국 '인간-환경 시스템'이라는 기본 프레임을 고수하는 생태미학으로 통일되는 것이라는 점을 보여준다. 아울러 환경미학이 생태미학의 한 구성 분야로 여겨질 수 있다는 것을 의미하는 것이다.

생태미학은 환경에 대한 생태 심미적 감상을 연구하는 것 외에도 생태 예술이 표현하는 생태 심미적 개념 등을 연구한다. 이에 비해 환경미학의 출발점은 예술적 감상을 비판하고 배제하는 것이다. 이러듯 연구의 범위 측면에서 생태미학과 환경미학은 뚜렷이 구분된다. 버린트는 자신의 환경미학 입장에서 생태미학의 타당성을 비판하고 있는데, 먼저 이 두 학문 분야의 차이를 분명히 인지하고 있어야 했다.

4. 맺음말

생태미학은 1972년 정식으로 등장한 이래, 국내외 두 학술 집단으로부터 줄곧 의문과 배척을 받아왔다. 그 중 하나의 집단은 환경미학 연구자들인데, 그 핵심 질문은 환경미학에 비하여 생태미학이 어떤 독특한 문제를 제기하고 논증했느냐는 것이다. 만약 없다면, 환경미학 외에 별도로 생태미학을 구축하는 것은 불필요한 행동이자 잘못된 행동이라는 것이다. 또 다른 집단은 미학의 전통적인 연구방법에 따라 연구하는 학자들이다. 이들의 핵심 질문은 미학은 곧 미학인데, '미학' 앞에 '생태적' 또는 '생태학적'이라는 수식어를 붙이는 타당한 근거는 무엇이냐는 것이다. 미학이 왜 '생태적' 혹은 '생태학적'이냐는 질문이다.

객관적으로 말해, 두 가지 방면의 질문 모두 일면 타당하지만 생태미학 연구를 주창하고 진행해 온 중국과 외국 학자들이 위의 두 질문에 대해 아직까지 만족스런 해답을 제시하지 못했다고 여겨진다. 이는 생태미학이 아직 성숙하지 않았다는 것을 의미하고 더욱 성숙해가는 계기이기도 하다. 생태미학이 이 두 가지 질문에 적절하게 답을 할 수 있다면 설득력은 크게 높아질 것이다. 버린트의 필자에 대한 비판은 필자로 하여금 위의 질문들에 더욱 진지하게 임하고 답하도록 하는 계기를 마련했다.

생태학은 하나의 과학으로서 일련의 개념과 관념뿐만 아니라 독특한 연구 방법을 포함한다. 필자는 생태학의 개념, 관념 및 방법의 응용 여부를 기준으로 미학 전체를 생태미학과 비생태미학으로 나눌 수 있다고 본다. 아울러 생태학의 응용 내용의 층차에 따라 생태미학을 표층 생태미학과 심층 생태미학으로 구분할 수 있다. 표층 생태미학은 생태학적 개념과 생태학에 의해 파생된 개념을 미학연구에 응용하고 생태미학 이외의 분야에서 간과하는 일련의 미적 문제들을 제기하고 논증하는 생태미학의 초기 형태이다.

이에 비해 심층 생태미학은 생태학의 연구방법을 "유기체-환경 시스템"이라는 생태학 연구의 프레임 안에서 시도하는 것이다. 아울러 현대 미학의 철학적 방법과 그 이론들의 근본적 결함을 되돌아보고 비판하며 인간의 심미적 활동의 특성을 재검토한다. 아울러 새로운 이론과 키워드를 고안하여 심미 활동을 묘사하고 해석하며 생태 심미 체험에 대한 이론적 해석을 핵심으로 하는 생태미학을 구축하였다. 이는 이전의 비생태미학을 철저하게 성찰하고 전환한 것이다.

생태미학이 더욱 깊이 있고 엄밀한 학문으로 발전하기 위해서는 기존의 표층 연구에서 심층 연구로의 전환이 시급하다. 이는 버린트의 비판에 대한 필자의 답하는 중에 얻은 큰 수확이자 필자가 생태미학을 보완하기 위해 노력하는 방향이기도 하다.

참고문헌

程相占, 阿諾德·伯林特, 保羅·戈比斯特, 王昕晧, 2013, 『生態美學與生態評估及規劃』, 河南人民出版社.
曾繁仁, 2009, 『生態存在論美學論稿』, 吉林人民出版社.
James Jerome Gibson, 1986, The Ecological Approach to Visual Perception, Boston: Houghton Mifflin.

阿諾德·伯林特, 程相占 역, 2008, 「審美生態學與城市環境」, 『學術月刊』, 中國人民大學 書報資料複印中心『美學』
阿諾德·伯林特, 李素傑 譯, 2015, 「生態美學的幾點問題」, 『東岳論叢』.
陳炎, 2015, 「形而上的誘惑與本體論的危機-兼論康德, 牟宗三, 李澤厚的得失」 『清華大學學報(哲學社會科學版)』第5期.
程相占, 2011, 「論身體美學的三個層面」, 『文藝理論研究』第6期.
程相占, 2015, 「論生態美學的美學觀與研究對象-兼論李澤厚美學觀及其美學模式的缺陷」, 『天津社會科學』.
Baird J. Callicott, J, 1983, "The Land Aesthetic", *Environmental Review* vol. 7.
Homes Rolston III, 2002, "From Beauty to Duty: Aesthetics of Nature and Environmental Ethics" in Arnold Berleant, ed. *Environment and the Arts: Perspectives on Environmental Aesthetics*, Aldershot: Ashgate.
Robert A. Wilson and Lucia Foglia, Winter 2015, "Embodied Cognition", *The Stanford Encyclopedia of Philosophy*, Edward N. Zalta (ed.) (URL=http://plato.stanford.edu/archives/win2015/entries/embodied-cognition/)
Timo Järvilehto, 1998, Oct-Dec, "The theory of the organism-environment system: I. Description of the theory", *Integrative Physiological and Behavioral Science*.

『악학궤범』의 천인합일 2580

김미영金美英

성균관대학교 유학대학

내용요약

생태철학生態哲學은 인간이 자연환경을 보호하지 않으면 지금의 삶의 터전을 잃어버릴 것이라는 반성에서 싹텄다. 기존의 인간 중심적이고 주객 이분법적인 사고를 비판하며, 자연과 인간이 하나라는 '천인합일 天人合一'의 관념에 주목하기 시작한 것이다. 생태철학에서 강조하는 '천인합일' 관념은 오랜 옛날부터 이어진 유교·도교·불교 철학의 근본적인 사유이며, 동아시아 예술의 기본 사상이자 핵심 관념이었다.

이러한 측면에서 『악학궤범樂學軌範』 악론樂論의 기본 사상이자 제작 원리인 천인합일의 요소를 제시하며, 오늘날 생태철학에서 강조하는 '천인합일'의 일면을 확인하고자 한다. 『예기』 「악기樂記」의 '악유천작樂由天作'이라는 말은 악樂은 음양陰陽·사상四象·오행五行·팔풍八風·천간天干·지지地支·12차次·24절기節氣 등과 같은 자연[天]의 이치와 운행 규칙을 바탕으로 성인이 만든 것이라고 풀이할 수 있다.

「악기」의 요체를 이어받은 『악학궤범』에는 율려律呂의 제작 및 운용, 춤 대형 및 춤동작을 통해 음양의 조화를 이루고자 했고(2), 오음의 구성 및 운용, 그리고 춤자리와 무용수들의 동선을 통해 오행상생을 추구하고자 했으며(5), 여덟 가지 자연물로 제작한 악기 연주와 괘卦로 상징되는 춤자리 및 무용수들의 동선을 통해 팔괘八卦의 상징과 의미를 담아내고자 한 전통시대 사람들의 천인합일 관념이 고스란히 담겨있다(8). 이 모든 것은 태극太極의 형상으로 귀결된다(0). 근래 철학계와 예술계는 생태철학(생태미학)의 관점에서 천인합일에 대해 논의해 왔다. 그러나 천인합일을 기본 사상과 제작 원리로 삼은 음악과 춤에 대한 논의는 찾아보기 어렵다. 이 글은 추상의 유추가 아닌 구체의 확인을 통해 『악학궤범』 악론의 천인합일적 관념을 강조했다는 점에서 의의가 있다.

핵심어: 생태철학, 악학궤범, 천인합일, 중화지성, 천지인화, 태극

1. 머리말

생태철학은 인간이 자연환경을 보호하지 않으면 지금의 삶의 터전을 잃어버릴 것이라는 반성에서 싹텄다. 무분별한 자연훼손과 환경파괴가 계속된다면 결국 인간의 삶까지 파괴될 것이라는 점을 깨달은 것이다. 현대인들은 기존의 인간 중심적이고 주객 이분법적인 사고를 비판하며, 자연과 인간이 하나라는 '천인합일'의 관념에 주목하기 시작했다.

사실 생태철학에서 강조하는 '천인합일' 관념이 새삼스럽지 않은 것은 아니다. 그것은 이미 고대 사회부터 동아시아 한자 문화권에서 강조되었던 것으로, 유교·도교·불교의 철학적 사유는 물론 예술(회화·건축·서예·음악·춤 등)의 기본 사상이자 핵심 관념이었기 때문이다. 물론 고대 사회에 강조되었던 천인합일의 관념과 오늘날 생태철학에서 강조하는 천인합일의 관념이 꼭 같은 것은 아니다. 그러나 자연과 인간이 각각 분리되어 존재하는 것이 아니라, 자연 안에서 서로 관계를 맺고 있다는 것을 깊이 인식하고 있는 측면에서는 서로 다르지 않다.

고대 유가의 경전인 『예기』 「악기」에 '악유천작樂由天作'이라는 기록이 전한다. 이 네 글자만으로도 생태철학에서 강조하는 '천인합일'의 관념이 악론¹의 바탕이자 핵심이라는 것을 알 수 있다. "악유천작"은, 악은 우주의 생성 원리로서의 이치이자 운행·생성하는 자연의 법칙들을 본받아 성인이 제작했다는 뜻이다.

「악기」의 요체를 이어받은 『악학궤범』은 "樂也者, 出於天而寓於人, 發於虛而成於自然."이라는 문장으로 시작한다. 악[樂舞]은 하늘에서 나왔고, 그것이 사람의 마음을 움직여 저절로 이루어진다는 것이다. 좀 더 자세하게 말하면, 악은 음양·사상·오행·팔풍·천간·지지·12차·24절기 등과 같은 자연[天]의 이치와 법칙들을 바탕으로 제작한 것이라고 할 수 있다. 실제 『악학궤범』의 내용을 보면 음양(2)·오행(5)·팔괘(8) 등이 율려·오음·팔음, 그리고 춤대형 및 춤동작과 유기적인 관계 속에 있으며, 그것들은 모두 태극(0)으로 포섭되는 것을 확인할 수 있다. 악무 제작의 바탕이자 원리는 바로 자연[天]의 법칙이었기 때문이다. 악무 제작과 운용에서 자연의 법칙을 따르고자 한 것은 그 바탕에 천인합일의 관념이 배태되어 있었기에 가능했을 것이다.

이 글의 목적은 "樂也者, 出於天而寓於人, 發於虛而成於自然"이라는 『악학궤범』 악론의 요체가 『악학궤범』에 전하는 음악과 춤에 실제 어떻게 적용되고, 형상화되었는지를 밝히는 것이다. 즉 음양(2), 오행(5), 팔괘(8)의 의미가 음악과 춤의 제작과 운용에서 무엇으로 어떻게 형상화되었는지 그 구체적인 요소를 제시하는 것이다. 이를 통해 오늘날 생태

---

1 '樂'은 음악과 춤, 詩歌가 모두 포함된 개념이다. 이 글에서 樂論은 음악과 춤을 아울러서 설명할 때 쓰고, 음악과 춤을 따로 설명할 때에는 音樂論과 舞論으로 구분했다. 이하 동일하다.

철학에서 강조하는 '천인합일'의 일면을 확인하고자 한다.

그동안 철학계와 예술계는 생태철학의 관점에서 천인합일의 사고가 그 바탕에 있다는 점에 대해 논의해 왔다. 그러나 천인합일을 기본 사상과 제작 원리로 삼은 음악과 춤에 대한 논의는 드물다. 특히 구체적인 실체를 들어 논의한 경우는 찾아보기 어렵다. 이 글은 추상의 유추가 아닌 구체의 확인을 통해 천인합일이 『악학궤범』 악론의 기본 사상과 핵심이라는 점을 강조하고자 한다.

먼저 『악학궤범』의 사료적 가치를 간략하게 언급한 후, 음악론에서 율려가 음양(2)·오행(5)·팔괘(8)와 어떤 방식으로 관계를 맺으며, '중화지성中和之聲'을 이루고자 했는지를 살펴보고, 이어서 춤대형과 무용수들의 동선 및 춤동작에서 어떤 방식으로 음양(2)·오행(5)·팔괘(8)의 의미를 담아 '천지인화天地人和'를 이루고자 했는지를 분석해 볼 것이다. 끝으로 음악과 춤의 전체적인 운용은 태극을 형상화한 것임을 강조하고자 한다.[2]

2. 『악학궤범』의 사료적 가치

『악학궤범』은 조선 시대의 악무를 연구하는 데에 없어서는 안 될 귀중한 서적으로 1493년(성종 24)에 찬정되었다. 『악학궤범』의 편찬은 조선 초기부터 시작된 국책사업 중 하나로, 성종成宗 시기에 완성된 것이다.

---

2 이 글의 내용은 필자의 「『악학궤범』 악론의 천인합일 2580」(『고전번역연구』 제10집, 한국고전번역연구회, 2019, 185-203쪽)을 일부 수정한 것임을 밝힌다.

편찬 이유는 조선이 건립된 후 여러 의식儀式과 연향宴饗에 악무를 쓰려고 보니, 중화中和를 벗어난 음란한 소리가 있었기에, 악樂을 새롭게 재정비하기 위해서였다.

『악학궤범』은 주희朱熹(1130-1200)의 성리학을 기초로 한 조선 초기의 국가이념이 반영된 악무 이론서이다. 1419년(세종 1)에 『성리대전性理大全』이 조선에 유입되면서 채원정蔡元定(1135-1198)의 『율려신서律呂新書』도 함께 들어왔고, 그때부터 조선에서 본격적으로 성리학에 입각한 악론 연구가 시작되었다. 이러한 사실 때문인지 조선에서는 『율려신서』를 음악의 본원이라며 높이 평가했다. 그러나 무조건 높이 평가하기만 했던 것은 아니다. 내용의 비실용성을 비판하기도 했다.[3]

『율려신서』가 비실용적이라는 비판은 『악학궤범』의 편찬 목적이 실용성에 있음을 보여준다. 『악학궤범』은 『율려신서』를 본원으로 여기면서도 『율려신서』만 답습하지 않았다. 이 외에도 여러 악서들을 참조했고,[4] 또 전하는 기록에서 잘못된 점이 있으면 내용을 바로잡았다. 예를 들어 주희는 60조調에서 응종應鐘이 궁宮일 때, 유빈蕤賓이 상商이라고 했는데, 성현成俔이 유빈이 아니라 대려大呂라며 오류를 바로잡았으며, 『송사宋史』의 천신天神 강신악降神樂 악조의 오류도 바로잡으며 수용했다. 이처럼 『악학궤범』은 중국 문헌에 대한 무조건적 답습이 아닌 비교와 검토를 통해 잘못된 것을 바르게 고쳐서 수용하며 편찬했다는 점

---

3 『樂學軌範』「序」: "惟蔡元定之書, 深得律呂之源, 然未能布爪指, 而諸聲律, 是猶抱鋤耒, 未諳耕耘之術也."

4 『樂書』·『律呂新書』·『文獻通考』·『周禮圖』·『周禮』·『宋史』·『大成樂譜』·『隋書』·『釋名』·『禮書』·『風俗通儀』·『玉海』·『樂記』·『大晟樂書』·『三國史記』·『高麗史』·『唐六典』·『周禮經道』·『國朝五禮儀』

에서 사료의 가치가 크다.

'궤범軌範'이 규범·법칙·모범의 의미가 있듯이 당시의 악무와 관련된 제반 사항들을 꼼꼼하게 정리한 것이 바로 『악학궤범』이다. 따라서 기록된 내용을 시기에 맞춰 그대로 시행하기만 하면 되는 실용적인 '악무법전樂舞法典'이라고 할 수 있다. 물론 내용에 오류가 없는 것은 아니다. 예를 들면 성현成俔이 『율려신서』에 전하는 채원정의 율관 계산법을 잘 이해하지 못하여, 81분分의 9촌寸을 기준으로 한 율관 내용에 대해 덧붙이는 말에서 90분의 9촌 율관을 말하기도 하고, 5음 28조 그림에서 28조명을 본문과 다르게 배열하는 등의 오류를 범하기도 한다. 그렇지만 그 외의 내용은 여러 악서를 참조하고 오류를 수정하며 악론의 요체를 담아내려고 했다는 점에서 악학의 궤범적 가치가 있다.

『악학궤범』은 총9권 3책으로 구성되었다. 권1에는 유가에서 말하는 악樂의 총체적 의미가 음양·오행·팔괘·역 등의 사상과 연계해서 설명되어 있다. 예를 들면 오음과 오행, 12음과 열두 달 및 10천간·12지지, 팔음과 팔괘가 서로 유기적인 관계로 설명되어 있으며, 궁극적으로는 모두 음양의 조화로 귀결된다. 권2에는 제향祭享과 조회朝會 및 연향 때 악기를 진열하는 법, 권3에는 『고려사高麗史』「악지樂志」의 당악정재唐樂呈才와 속악정재俗樂呈才의 구성 및 절차, 권4에는 당악정재 14종목의 구성 및 절차, 권5에는 향악정재鄕樂呈才 10종목의 구성 및 절차, 권6과 권7에는 악기의 제작법·연주법·조현법이 설명되어 있다. 권8에는 의물儀物 및 향악정재에 쓰이는 악기, 권9에는 관복官服이 소개되어 있다. 특히 권8과 권9에는 의물과 무구舞具, 악사樂士와 악공들의 관복이 그림과 함께 치수까지 자세하게 기록되어 있어서 오늘날에도 매우 유용한 자료로 쓰인다.

『악학궤범』에는 당시 악기의 모양과 치수 및 악기의 배치, 춤대형과 춤절차, 그리고 악공과 무용수의 의상의 모양과 색깔 및 치수에 이르기까지 모두 상세하게 기록되어 있다. 따라서 이를 바탕으로 오늘날 당시의 조회와 연향을 재현해낼 수 있다. 이처럼 당시의 실제 악무 현황과 관련된 내용이 매우 상세하게 기록되어 있다는 측면에서 『악학궤범』의 사료적 가치는 매우 높다.

3. 율려: 중화지미中和之美

이 장에서는 자연[天]의 법칙이라고 여겼던 음양(2)·오행(5)·팔괘(8)가 음악론과 어떻게 관계를 맺고 있는지 살펴볼 것이다. 이를 통해 음악론의 바탕이자 원리는 모두 자연의 법칙에 따른 것이며, 궁극적으로는 '중화지성中和之聲'을 이루기 위해 생성, 운용되었다는 것과 그것의 바탕은 '천인합일'이라는 것을 확인할 수 있다. 이제 그 면모를 하나하나 살펴보자.

[2] 음악론은 12율에서 시작한다(실은 황종). 12율은 황종黃鐘·대려大呂·태주太簇·협종夾鐘·고선姑洗·중려仲呂·유빈蕤賓·임종林鐘·이칙夷則·남려南呂·무역無射·응종應鐘을 말한다. 12율 중에서 양의 소리 여섯은 '율律'이라고 하고, 음의 소리 여섯은 '려呂'라고 말한다. 율려가 바로 음양이다. 12율의 발원지는 대하大夏의 서쪽 곤륜산崑崙山이다. 황제黃帝가 신하 윤에게 12율을 만들라고 명했고, 그는 그 명령을 받고 곤륜산의 북쪽 해곡에 있는 대나무로 12율을 만든다. 신하 윤은 인위적으로

깎은 것이 아닌 자연적으로 둥글고 속이 비고 구멍 두께가 균등한 대나무를 골라, 두 개의 마디 사이를 잘라서 황종 율관을 만든다. 그런 다음 황종 율관을 기준으로 12율관을 차례차례 만든다. 봉황의 수컷의 울음소리를 본받은 것이 양율 6개이고, 암컷의 울음소리를 본받은 것이 음율 6개이다.[5] 즉 황종·태주·고선·유빈·이칙·무역은 양율이고, 대려·응종·남려·임종·중려·협종은 음율이다.

『악서』에 따르면 율려를 대나무로 만든 이유는 대나무가 하늘이 낳은 자연의 그릇이기 때문이고, 또 율관에 기장 1,200알을 넣어 황종의 율을 맞춘 이유도 기장이 하늘이 낳은 자연물이기 때문이라고 했다.[6] 이와 같은 관념은 조선에도 이어졌다.

『세종실록』에는 남양에서 경석이 발견되어 그것으로 편경을 제작하고, 밀로 기장 알갱이 모양을 만들어서 1,200알을 율관 속에 넣어 그 소리를 조화롭게 했다는 기록이 전한다.[7] 이렇게 율관을 제작 한 이유는, 하늘이 낳은 자연물로써 하늘이 낳은 자연의 그릇을 채우면, 율관 길이의 장단과 용량의 많고 적음, 성음의 청탁과 무게의 경중이 모두 그 근본이 인위적인 것이 아닌 자연에 있게 되기 때문이다. 그렇게 해야 비로소 율관에서 '중화지성'이 나온다고 믿었다. 이러한 관념은 『악

---

5 『前漢書』「律曆志」.
6 『樂書』: "蓋律以竹爲管者, 天生自然之器也. 以黍爲實者, 天生自然之物也."
7 『世宗實錄』 59 世宗 15(1433): "乙巳秋, 秬黍, 生於海州, 丙午春, 磬石, 産於南陽, 上, 慨然有革舊更新之志, 乃命朴堧, 造編磬. …… 因海州秬黍之形, 用蠟燃成次大之粒, 積分成管, 其形, 與我國丹黍之小者正同. 卽以一粒爲一分, 累十粒爲寸法, 以九寸爲黃鐘之長, 乃九十分也. 添一寸爲黃鐘尺也. 圓經, 取三分四釐六毫之法, 乃擇海竹之堅厚躰大者, 攢透孔穴, 正得圓經之分, 較量管長, 正得寸法. 却將蠟造黍粒千二百箇, 入於管中, 固無盈縮, 吹之, 與中國鐘磬黃鐘聲及唐樂觱篥合字聲相協. 因以, 此管三分損益, 以成十二律管, 吹之, 聲, 乃諧協."

학궤범』에도 고스란히 전한다.[8]

　자연물로 율관을 만든 후에는 율의 사용에 있어서 반드시 음양의 조화를 이루고자 하였다. 6율과 6려는 음양 조화의 기본이다. 이뿐만 아니라 1년 동안 12율이 각각 한 달씩 주재하게 하여, 1년 동안 음양의 소리가 조화롭게 연주되도록 하며 거듭 음양의 조화를 강조했다. 예를 들면 11월에는 양인 황종음이 주음이 되고, 12월에는 음인 대려음이 주음이 되며, 1월에는 양인 태주음이, 2월에는 음인 협종음이 주음이 되는 방식으로 양율과 음율이 번갈아 가며 각각 그 달의 중심음이 되게 하였다. 이렇게 12율이 돌아가며 각각 궁조宮調를 이룬 60조를 갖추면 음양이 조화를 이룬 선율이 1년 365일 연주되는 것이다. 양과 음이 번갈아 가며 주음이 되도록 한 것은 상생상하相生相下의 원리와 음양의 조화를 실천적으로 행한 결과이다. 이 외에도 지지, 절기, 괘 등도 모두 12율과 감응 관계에 있는 것으로 보았다. 자세한 설명은 생략한다.(〈그림 1〉과 〈표 1〉 참조)

　여기서 짚고 넘어갈 것은 음양 이론 전체가 생태철학에서 비판하는 주객 이분법적인 사고의 틀을 완전히 벗어났다고 할 수는 없다. 남자와 여자, 군자와 소인, 임금과 신하 등을 양과 음으로 구분해서 논의할 때 거기에는 분명 차별이 존재하기 때문이다. 그러나 음악론에서는 그러한 차별을 발견하기 어렵다. 물론 양인 황종율에서 음악론이 시작되었다는 점에서 음보다는 양을 우선했다는 지적이 있을 수 있다. 그러나 그것은 음율에서 시작해도 마찬가지이므로 양율과 음율에 차별이 있다고 말할 수는 없을 것 같다.

---

8 『樂學軌範』「十二律管圍長圖說」 참조.

〈그림 1〉「樂學軌範」律呂隔八相生應氣圖

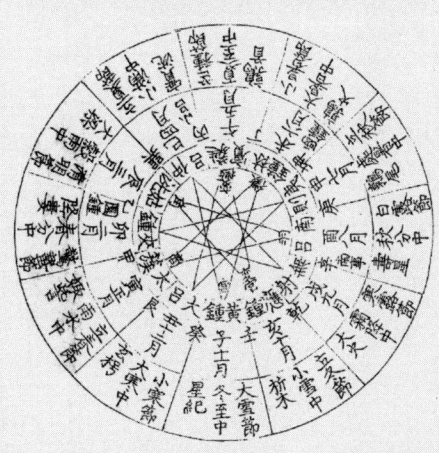

〈표 1〉律呂隔八相生應氣說

12율	황종	대려	태주	협종	고선	중려	유빈	임종	이칙	남려	무역	응종
음양	陽(+)	陰(−)	陽(+)	陰(−)	陽(+)	陰(−)	陽(+)	陰(−)	陽(+)	陰(−)	陽(+)	陰(−)
12달	11	12	1	2	3	4	5	6	7	8	9	10
절기	동지	대한	우수	춘분	곡우	소만	하지	대서	처서	추분	상강	소설
지지	자	축	인	묘	진	사	오	미	신	유	술	해
12차	성기	현효	추자	강루	대량	실침	순수	순화	순미	수성	대화	석목
괘상	䷁	䷗	䷒	䷊	䷲	䷡	䷀	䷫	䷠	䷓	䷢	䷖

이상 자연물로써 율려의 율관을 제작하고, 그렇게 제작한 12율을 자연의 시간과 하나가 되도록 매달 주음을 바꿔서 연주하며 음양의 조화를 이루고, 이로써 중화지성을 완성하고자 했다는 것을 확인했다. 이는 기본적으로 자연과 인간이 하나라는 '천인합일' 관념이 바탕에 있었기 때문에 가능했을 것이다.

[5] 성현은 "우리나라에서 율을 쓰는 것으로 말하면, 아음雅樂은 7음을 쓰지만, 속악俗樂은 2변을 쓰지 않고 오음만 쓴다."[9]라며 속악의 오음 사용을 강조했다. 중국에서는 7음의 사용을 비판했음에도 불구하고 아악에서 7음을 사용했다. 따라서 당시 제후국이었던 조선은 이를 그대로 받아들일 수밖에 없었다. 그러나 한반도 땅에서 유래되어 전승되었거나 새롭게 제작한 속악에는 오행의 관념을 적용하여 반드시 오음만 사용해야 하는 것으로 규정했다. 다만 아악에서는 어쩔 수 없이 7음을 사용해야 했기 때문에 오음이 주가 되어 변음을 제어하여 '중화지성'을 이루고자 했다.[10]

『악학궤범』「오성도설五聲圖說」은 오음이 오행·방위·숫자·신체[體]·색깔[色]·일[事]·감정[情]·기능[用]·본성[性]·맛·냄새 등과 각각 감응 관계에 있음을 보여준다(〈그림 2〉와 〈표 2〉 참조). 〈그림 2〉에서 좌측의 '동방 목'의 '목' 좌우의 8과 3, 우측의 '서방 금'의 '금' 좌우의 9와 4, 아래쪽의 '북방 수'의 '수' 좌우의 6과 1, 위쪽의 '남방 화'의 '화' 좌우의 7과 2가 바로 5방의 하늘의 수와 땅의 수이다. 하늘의 수는 양으

---

9 『樂學軌範』「序」: "我國, 用律雅樂則用七聲, 俗樂則不用二變, 只使五聲."
10 『樂學軌範』「序」: "使正聲常爲之主而能得以制變, 不悖中和之氣則可也."

〈그림 2〉『樂學軌範』五聲圖

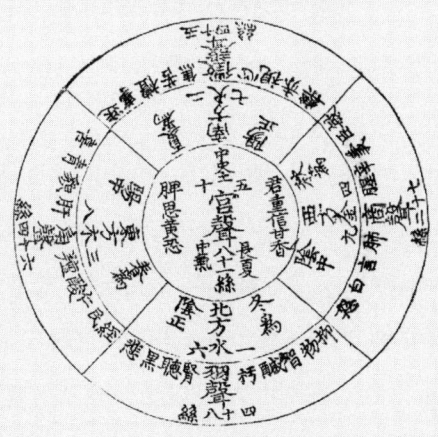

〈표 2〉五聲圖說

오음(五音)	궁(宮)	상(商)	각(角)	치(徵)	우(羽)
오행(五行)	토(土)	금(金)	목(木)	화(火)	수(水)
방위[方]	중앙	서	동	남	북
숫자[數]	5·10	4·9	3·8	2·7	1·6
신체[體]	비장[脾]	폐[肺]	간[肝]	심장[心]	콩팥[腎]
색깔[色]	황(黃)	백(白)	청(靑)	적(赤)	흑(黑)
일[事]	생각[思]	말[言]	얼굴[貌]	보다[視]	듣다[聽]
감정[情]	두려움[恐]	성냄[怒]	기쁨[喜]	즐거움[樂]	슬픔[悲]
오자(五者)	임금[君]	신하[臣]	백성[民]	일[事]	사물[物]
기능[用]	무거움[重]	민첩함[敏]	바름[經]	빠름[迭]	억누름[抑]
본성[性]	신(信)	의(義)	인(仁)	예(禮)	지(智)
맛[味]	단맛[甘]	매운맛[辛]	신맛[酸]	쓴맛[苦]	짠맛[鹹]
냄새[嗅]	향내[香]	비린내[腥]	노린내[羶]	불내[焦]	썩은내[朽]

로 1·3·5·7·9이고, 땅의 수는 음으로 2·4·6·8·10이다. 천5·지4·천3·지2·천1은 생수生數이고, 지10·천9·지8·천7·지6은 성수成數이다. 5방을 중심에 두고 오른쪽의 숫자(1·2·3·4·5)는 생수이고, 왼쪽의 숫자(6·7·8·9·10)는 성수다. 예를 들어 북방의 경우 1은 생수이고 6은 성수이다.

방향에 배치된 숫자로써 볼 때 『악학궤범』〈오성도〉는 하도河圖의 이치를 따른 것이라는 점을 짐작할 수 있다. 성수인 6(북)·7(남)·8(동)·9(서)·10(중앙)은 수·화·목·금·토의 생수인 1(북)·2(남)·3(동)·4(서)·5(중앙)에 각각 5를 더한 것이다. 그래서 1과 6이 짝이 되고, 3과 8이 짝이 되고, 2와 7이 짝이 되고, 4와 9가 짝이 된다. 숫자에 담긴 의미는 이뿐만이 아니다. 수성水星은 11월과 6월의 황혼 북쪽에, 화성火星은 2월과 7월의 황혼 남쪽에, 목성은 3월과 8월의 황혼 동쪽에, 금성은 4월과 9월의 황혼 서쪽에, 토성은 5월과 10월의 황혼 천중에 보인다.[11] 이렇듯 오음은 천체의 상과 지상의 수많은 것들과 감응하며 천지 사이에서 울려 퍼진다. 음악으로써 천天과 인人이 합일하는 것이다.

다만 오음의 등급을 나눈 것은 오늘날 생태철학에서 강조하는 관념과 배치된다는 점에 유의해야 한다. 궁은 임금, 상은 신하, 각은 백성, 치는 일, 우는 사물을 상징하며, 음의 존비尊卑를 구분했다. 더 나아가 신분이 낮은음이 신분이 높은음의 자리를 차지할 수 없도록 했다. 예를 들어 황종보다 낮은 신분의 음이 주음이 되는 달에 황종 율관을 써야 할 때는 황종의 율관을 반으로 자른 청황종을 써서 그 지위

---

11 周春材 글·그림, 김남일·강태의 역, 『의역동원 역경』, 32–33쪽 부분 인용.

<그림 3> 『樂學軌範』 八聲圖

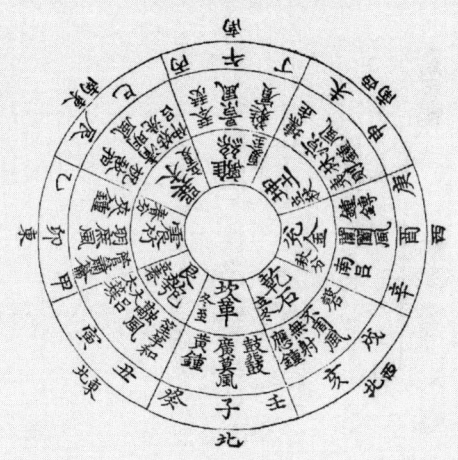

<표 3> 八音圖說과 춤자리

팔음	팔괘	방위	팔풍	12율려	천간	지간	절기	육화대	성택
가죽	감(☵)	북	광막풍	황종	임·계 (壬·癸)	자	동지	감(☵): 북	감(☵): 북
박	간(☶)	북동	융풍	대려·태주		축·인	입춘	간(☶): 북동	간(☶): 북동
대	진(☳)	동	명서풍	협종	갑·을 (甲·乙)	묘	춘분		진(☳): 동
나무	손(☴)	남동	청명풍	고선·중려		진·사	입하	손(☴): 남동	손(☴): 남동
실	이(☲)	남	경풍	유빈	병·정 (丙·丁)	오	하지	이(☲): 남	이(☲): 남
흙	곤(☷)	남서	양풍	임종·이칙		미·신	입추	곤(☷): 남서	곤(☷): 남서
쇠	태(☱)	서	창합풍	남려	경·신 (庚·申)	유	추분		태(☱): 서
돌	건(☰)	북서	부주풍	무역·응종		술·해	입동	건(☰): 북서	건(☰): 북서

를 낮춰 임금의 자리를 넘보는 것을 막았고, 대려보다 낮은 신분의 음이 주음이 되는 달에 대려 율관을 써야 할 때는 대려의 율관을 반으로 잘라 그 지위를 낮춘 청대려를 써서 임금의 자리를 넘보는 것을 막았다. 이와 같은 법칙은 철저하게 지켜졌다.

그러나 여기서 다시 생각해봐야 할 것은 오음에 해당하는 율이 고정적이지 않다는 점이다. 즉 황종율이 늘 임금을 상징하는 궁음이 되는 것은 아니다. 12율 모두 궁음이 될 수 있다. 이로써 보면 개념적으로는 오음에 신분 차별을 두었지만, 실제 율의 운용에는 차별이 없는 것이다. 궁음을 포함하여 12율은 모두 오음이 될 수 있다. 따라서 임금·신하·백성·사물·일이라는 계급적 상징성만 제외하면, 오음은 오행 및 기타 여러 생태적 조건들과 관계를 맺으며, 평등하게 운용되었다고 말할 수 있다.

이상 아악에서 7음의 사용을 피할 수 없었기 때문에 오음이 주가 되어 변음을 제어하며 '중화지성'을 이루고자 했고, 계급적 상징만 제외한다면 오음은 천상天象과 지상地象의 수많은 것들의 의미를 담아 인간과 합일하고자 했다는 것을 확인하였다. 마찬가지로 자연과 인간이 하나라는 '천인합일' 관념이 바탕에 있었기 때문에 가능했을 것이다.

[8] 앞에서 율려 제작에 대해 언급하며, 자연의 그릇인 대나무와 자연이 낳은 기장을 이용하여 율려를 만들었다고 했다. 이처럼 자연이 낳은 것으로 만든 악기는 비단 율관에만 그치지 않는다. 악기는 모두 자연이 낳은 것으로 제작했다.

악기는 모두 금·석·사·죽·포·토·혁·목의 여덟 가지 재료로 만들었다. 쇠[金]로 특종特鐘과 편종編鐘을 만들고, 돌[石]로 특경特磬과 편경編磬을 만들고, 실[絲]로 금琴과 슬瑟을 만들고, 대나무[竹]로 관管과소簫를 만들고, 박[匏]으로 생笙과 우竽를 만들고, 흙[土]으로 훈壎과 부缶를 만들고, 가죽[革]으로 도鼗와 고鼓를 만들고, 나무[木]로 축柷과 어敔를 만들었다. 특히 팔음의 악기는 모두 팔괘 및 팔풍, 그리고 절기와 감응 관계에 있는 것으로 이해했다. 마찬가지로 천인합일의 관념이 바탕에 있었기에 가능하다.

다만 천자·제후·대부·사의 신분에 따라 궁현宮懸·헌현軒懸·판현判懸·특현特懸으로 구분한 것과 무용수의 숫자로써 팔일무八佾舞·육일무·사일무·이일무로 구분한 것은 매우 계급적이다. 이러한 한계는 당시의 시대적 상황에 따른 것으로, 악론의 기본 원리와는 구분해서 논의되어야 할 것이다.

정리하면, 『악학궤범』 음악론은, 1. 자연물로 악기를 만들고, 율려의 제작 및 운용에 있어서 음양의 조화를 바탕에 두고, 2. 7음과 같이 오행의 자연법칙에 어긋나면 오음이 주가 되어 변음을 제어하는 방식으로 오행 관념을 지키며, 3. 시대적·사회적 한계로 오음에 계급적 관념이 있지만 율의 사용에는 평등했고, 4. 천체의 상과 지상의 수많은 것들의 의미를 12율과 오음, 팔음에 담아 인간과 합일하고자 했으며, 5. 금·석·사·죽·포·토·혁·목의 여덟 가지 자연물로 악기를 만들어 팔괘와 팔풍의 의미를 담아 연주하며 절기의 순행을 이끌고자 했다는 특징이 있다. 결국, 하늘과 땅의 수많은 것들이 인간의 삶과 분리된 것이 아니라, 이어져 있다는 '천인합일' 관념을 바탕으로 '중화지미'를 완성하고자 한 것이 『악학궤범』 음악론의 기본 사상이며 핵심이라고 볼 수 있다.

4. 무도舞蹈: 천지인화天地人和

이 장에서는 무용수들의 대형과 동선 및 춤동작에 음양(2)·오행(5)·팔괘(8)의 의미가 어떤 방식으로 표현되었는지를 살펴볼 것이다. 무론舞論의 바탕이자 원리도 음악론과 마찬가지로 자연의 법칙에 따라 생성·운용되었다는 것을 확인하며, 그것의 구체적인 내용을 살펴볼 것이다. 끝으로 음악과 춤의 운용은 태극을 형상화한 것이라는 것을 강조하고자 한다.

　　[2] 춤제작과 운용에도 음양의 조화는 강조되었다. 그것의 상세한 내용은 다음과 같다. 『예기』「악기」에 "굴신·부앙·철조·서질은 악의 무늬이다[屈伸·俯仰·綴兆·舒疾, 樂之文也]."라는 내용이 전한다. 『악학궤범』에는 "철조綴兆와 진퇴進退의 절차"를 기록했다고 전한다. 철조는 "굴신屈伸·부앙俯仰·철조綴兆·서질舒疾"이 포함된 의미로 쓰였다고 볼 수 있다. 이로써 보면 굴신(구부리고 펴고), 부앙(고개를 아래로 숙이거나 드는 것), 철조(춤추는 공간의 위치), 서질(느리고 빠름)은 바로 춤동작의 기본으로서 모두 음양을 상징하는 것이라고 말할 수 있다. 굴·부·철·서는 음을 신·앙·조·질은 양을 상징하며 음양의 조화를 이룬다.

　　또 무용수들은 대체로 양과 음을 상징하며 좌대와 우대로 나뉘어 등·퇴장을 한다. 『악학궤범』의 춤종목들은 대체로 좌우로 나뉘어 음양을 상징하며 배열했다. 『악학궤범』의 춤종목은 대체로 초입배열도에서 동쪽의 좌대는 양을 상징하고, 서쪽의 우대는 음을 상징한다. 그리고 춤을 출 때도 음의 자리에 있는 무용수는 양의 방향으로 회전하면서 춤을 추고, 양의 자리에 있는 무용수는 음의 방향으로 회전하면서 거듭 음양의 합을 이루고자 하였다. 『악학궤범』에는 당악정재 14종목과 향악정재 10종목의 춤절차와 대형이 기록되어 있는데, 대부분 좌대와 우대의 배열도 및 무용수의 동선을 통해 언급했던 방식으로 거듭 음양의 조화를 형상화했다.

오방작대도에는 오행과 오색이 표시되어 있고, 〈성택〉의 춤자리에는 괘명이 쓰여 있다.(〈그림 4〉 참조)

특히 좌대와 우대가 교차할 때의 법칙과 방향은 양율과 음율이 교차할 때의 방식과 똑같다. 양인 동쪽의 좌대는 음인 안쪽, 즉 음인 시계 반대 방향(동-남-서)으로 돌며 자리를 옮기고, 음인 서쪽의 우대는 양인 바깥쪽, 즉 양인 시계 방향(서-남-동)으로 돌며 자리를 옮기며 거듭 음양의 조화를 이룬다.

〈그림 4〉『악학궤범』〈학연화대처용합설〉의 오방작대도(좌), 〈성택〉(우)

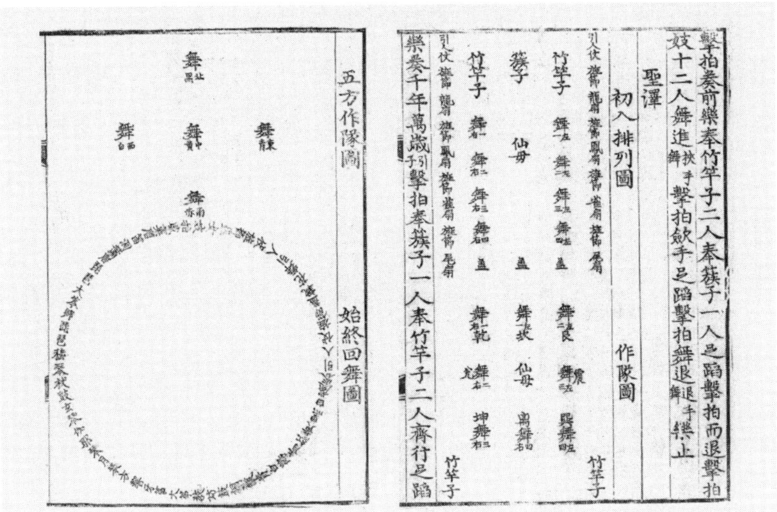

이렇게 오른쪽과 왼쪽으로 나누어 도는 것은 해와 달이 오른쪽으로 운행하여[右轉] 천상의 12차에서 만나고,[12] 북두칠성의 자루가 왼쪽으로 선회[左轉]하여 지상의 12신辰[13]의 방향으로 운행하는 자연의 법칙을 따른 것이다. 따라서 동쪽에 위치한 무용수들은 해와 달이 오른쪽으로 선회하는 방향을 본받아 서쪽을 향해 도는 것이고, 서쪽에 위치한 오른쪽의 무용수들은 북두칠성의 운행을 본받아 동쪽을 향해 도는 것이다.

이상 살펴본 것처럼, 춤동작의 경우는 굴신, 부앙, 철조, 서질을 기본으로 하여 음양의 조화를 이루고자 했으며, 자연의 이치를 본받아 춤대형과 동선 및 회무回舞로써 음양의 조화를 형상화했다는 것을 확인하였다. 특히 회무의 경우는 천지의 움직임을 관찰하여 그 움직임과 동일하게 회전 방향을 정하고, 그렇게 움직임으로써 천지인화天地人和의 염원을 담아내고자 했다고 볼 수 있다.

[5] 궁중정재 중 오행의 관념 체계 안에서 가장 활발하게 연구된 것은 향악정재인 〈학연화대처용합설〉 중 〈처용무〉이다. 그 내용은 다음과 같다. 오방처용이 객석을 향해 허리 굽혀 절하는 것은 천지간에 운행하는 목·화·토·금·수 오행의 기氣를 형상한 것이며, 상배相拜·상배相背하는 것은 인·의·예·지·신의 오덕五德을 서로 칭송하는 것이다. 또 황처용은 중심자리를 지키고 청·홍·흑·백만 오른쪽으로 돌면서

---

[12] 12次: 해와 달이 만나는 것은 1년에 12번이다. 해는 1년에 하늘을 한 번 돌고, 달은 29일여에 하늘을 한 번 돌아 해와 달이 1년에 12번 서로 만나는데, 그날은 음력 그믐이다. 이혜구 역, 『악학궤범』, 45-50쪽 참조.

[13] 十二辰: 子·丑·寅·卯·辰·巳·午·未·申·酉·戌·亥.

춤을 추는 것은 음극의 상을 형상화한 것이다.[14] 필자가 생각하기에 그동안 오행과 〈처용무〉의 관계가 활발하게 연구된 것은 〈처용무〉의 복식이 오방색이기 때문에 그 상징성을 선명하게 드러낼 수 있었기 때문이라고 생각한다.[15]

그러나 『악학궤범』 악론의 대부분이 아악과 속악에 대한 이론의 근거임을 인정한다면, 다른 춤종목에도 이와 같은 사상이 구현되었음을 인정하지 않을 수 없다. 특히 〈육화대〉와 〈성택〉의 춤자리에 괘명이 기록되어 있는 점을 간과하면 안 된다. 『악학궤범』에 전하는 다수의 춤종목들은 모두 『악학궤범』 권1에 전하는 악론의 이론을 바탕에 두고 제작된 것으로 이해해야 한다. 따라서 오행 관념도 〈처용무〉 뿐만 아니라 다른 춤종목에도 구현되었다고 보아야 한다. 즉 오방색의 의상을 입지 않았더라도 거기에는 음악의 운용과 동선 및 춤동작을 통해 음양의 조화는 물론 오행상생의 의미도 담아내고자 했을 것이다.

다만 무무武舞인 〈정대업지무定大業之舞〉 만큼은 다르다. 〈정대업지무〉는 오행상극을 형상화하고 있기 때문이다. 오방진으로 구성된 춤대형의 진행이 금극목, 목극토, 토극수, 수극화, 화극금으로 오행이 서로 극한다. 이것은 매우 특수한 경우이다. 〈정대업지무〉 외에는 그 어디에서도 오행상극의 형상을 찾아볼 수 없다.[16] 또 다른 춤종목들은 모두

---

14 김용,「현행 오방처용무의 역학적 해석」,『한국무용사학회』 제9호, 69-95쪽 참조.
15 이종숙,「오행으로 본 처용무의 해석」,『선사와 고대』 제10집, 한국고대학회, 참조. 이 외에 〈처용무〉와 오행의 관계는 김용·이종숙,「현행 처용무의 무작 고찰」,『한국무용사학』 제4호; 이종숙,「조선 방위형 舞蹈의 오행적 특징: 5인 정재무도의 상변을 중심으로」,『한국사상과 문화』 제35호; 정은혜,「처용무의 동양사상적 분석을 통한 舞意 연구」, 경희대 박사학위논문 등을 참조.
16 김미영,「〈定大業〉과 〈破陣樂〉의 연출 양식 비교: 춤대형을 중심으로」,『대한무용학회논문

북쪽에 앉은 임금을 중심으로 하여 좌측이 동쪽이고 우측이 서쪽이며, 위가 북쪽이고 아래가 남쪽이다. 그런데 〈정대업지무〉는 위가 남쪽이고 아래가 북쪽이며, 좌측이 서쪽이고 우측이 동쪽이다. 이처럼 〈정대업지무〉는 다른 춤종목과 차별된다는 점에 유의해야 한다.

이상의 내용으로 볼 때, 『악학궤범』의 모든 춤종목은 오행상생을 형상했다고 이해할 수 있다. 〈처용무〉 뿐만 아니라 다른 춤종목들도 음악의 운용과 동선 및 춤동작을 통해 오행상생의 의미를 담아내고자 했다고 볼 수 있다. 〈처용무〉처럼 오방색의 의상을 입고 뚜렷하게 오행의 관념을 표현하지 않았더라도, 다른 춤종목 역시 '중화지성'의 선율에 맞춰 천지와 동일한 방법으로 회무를 하며, 음양의 조화와 더불어 오행상생의 의미를 담아내고자 했다. 단 무무인 〈정대업지무〉만은 오행상극을 형상했지만, 이 또한 철저하게 자연의 규칙을 바탕으로 하여 그 반대의 형상을 구현하며 상극의 이치를 강조한 것으로, 마찬가지로 자연의 이치에 따라 천인합일을 이루고자 했던 염원의 또 다른 표현이라고 할 수 있다.

[8] 『악학궤범』 서문에 "[이 책은] 먼저 율律 만드는 원리를 말하고 다음에는 율 쓰는 법을 말하였으며, 악기·의물의 형체 및 제작하는 것과 춤의 철조綴兆와 진퇴進退의 절차에 이르기까지 모두 기재하였다.", "춤은 팔풍을 행하여 그 절주를 이루는 것이다. 이것은 모두 자연의 법칙이지 인위적으로 만든 것이 아니다."라는 말이 명시되어 있다. 또한

집」 제65호; 「唐代〈破陣樂〉 연구: 太宗·高宗·玄宗 시기를 중심으로」, 『동양예술』 제16호 등 참조.

『악학궤범』에는 『악서』를 인용하여 "팔방의 바람이 12율이 도는 것과 같으면 순한 기가 응하고 화한 악이 일어나서 정성正聲에 이른다."[17]라고 했는데, 이는 춤이 팔풍을 행하는데 이는 12율이 음양의 조화를 이루고 있듯이 이를 따라야 기氣가 순행하여 조화로운 춤이 완성되는 것이라고 강조한 것이다.

춤과 팔풍을 연관시킨 것은 아주 오래된 일이다. 『춘추좌씨전』에도 "무舞는 8가지 악기의 소리를 조절하여 팔방의 풍류를 행하는 것이다."[18]라고 전하고, 『예기』 「악기」에도 "팔방의 바람이 12율에 따라 어지럽지 않다."[19]라며, 춤과 팔풍이 관계가 있고 팔풍은 12율에 따랐음을 전한다. 즉 율려의 상생법에 따라 팔방의 바람이 움직이고, 그 바람은 절기에 따라 천지의 조화를 이루며, 춤은 팔풍을 행하며 천지인화를 형상하고 있는 것이 춤의 절차라고 해석할 수 있다.

『백호통의』에도 팔풍과 팔괘, 사시, 음양의 조화 등이 서로 관계하고 있다고 전하는데,[20] 이를 통해 팔풍과 팔괘가 감응 관계에 있으며, 팔풍은 음양이 만남으로써 생겨나는 것임을 알 수 있다. 천지자연의 기로서 음과 양이 만나면 팔풍이 생기고, 이 팔풍은 절기의 변화를 일

---

17 『樂書』 권104 「樂圖論」: "八方之風, 周於十二律如此, 則順氣應之, 和樂興, 而正聲格矣."
18 孔穎達 疏, 『春秋左傳』 隱公5年: "舞, 所以節八音, 而行八風."
19 『禮記』 「樂記」 「樂象」: "八風, 從律而不姦."
20 『白虎通義』 「八風」: "風者, 何謂也? 風之爲言萌也. 養物成功. 所以象八卦. 陽立于五, 極于九. 五九四十五, 日變, 變以爲風. 陰合陽以生風也. 距冬至四十五條風至. 條者. 生也.. 四十五日, 明庶風至. 明庶者, 迎衆也. 四十五日清明風至. 清明者, 清芒也. 四十五日景風至. 景者, 大也. 言陽氣長養也. 四十五日涼風至. 涼, 寒也. 行陰氣也. 四十五日昌盍風至. 昌盍者, 戒收藏也. 四十五日不周風至. 不周者, 不交也. 言陰陽未合化也. 四十五日廣莫風至. 廣莫者, 大莫也. 開陽氣." 원문은 陳立 撰, 『白虎通疏證』上, 341-343쪽 인용. 반고 저, 신정근 역, 『백호통희』, 소명출판, 2005, 273-274쪽 인용.

으킨다. 팔풍은 절기의 순행을 이끄는데, 팔풍은 무용수의 춤자리에 도해되어 있는 괘로써 상징되기 때문에, 무용수는 그 괘의 의미를 담은 괘로서 대무와 배무, 회무를 하는 것이라고 볼 수 있다.

또한 무용수 전체가 하나의 원으로 돌 때는 좌선左旋한다고 했다. 이들의 회전 방향은 곧 팔풍의 방향이다. 즉 바람은 45일마다 바람이 부는데 그 방향은 북쪽을 시작으로 하여 동 → 남 → 서쪽을 향하며 좌선한다.(〈그림 3〉과 〈표 3〉 참조) 따라서 무용수 전체가 크게 원을 그리며 좌선하는 것은 팔풍의 움직임을 형상화한 것이라고 볼 수 있다.

결국, 무용수들의 회무 방향은 음양의 합을 형상화한 것으로, 절기의 순행을 이끈 팔풍의 방향에 따라 움직이며, '천지인화'를 이루고자 한 것이라고 해석할 수 있다. 이것이 바로 춤제작의 기본 바탕이자 원리이다. 다시 말하면 왼쪽은 동쪽으로 양陽의 방향이며 청색을 상징하고 절기로는 춘분에 해당되며 묘卯의 지기地氣와 갑·을의 천기天氣를 품고 있는 자리로 인식되었으며, 오른쪽은 서쪽으로 음의 방향이고 백색을 상징하고 절기로는 추분에 해당되며 유酉와 경·신의 기운을 품고 있는 자리로 인식되었다. 따라서 무용수들의 동선은 팔풍의 방향과 절기의 순행, 음양의 조화로 그 의미를 해석해야 한다.

정리하면, 1. 『악학궤범』의 모든 춤종목들은 자연의 이치를 본받아 무용수들의 대형과 동선 및 춤동작으로써 음양의 조화를 이루고자 했으며, 2. 해와 달, 그리고 북두칠성의 움직임과 무용수들의 회전방향을 같이하며 천지인화를 이루고자 했고, 3. 오행의 경우는 무무인 〈정대업지무〉만 오행상극을 형상하고 나머지는 모두 오행상생을 추구했지만 모두 천인합일의 관념 안에 있는 것으로 이해할 수 있었고, 4. 괘가 그려져 있는 춤 자리에 위치한 무용수는 팔풍의 방향에 따라 움직이며,

지기와 천기의 기운을 품은 괘로서, 대무와 배무, 회무를 하며 '천지인화'를 상징했던 것으로 이해하였다.

『악학궤범』에 제시된 춤동작은 매우 제한적이지만, 보법과 대형의 변화 및 무용수들의 대형과 무용수들의 방향 변화 등은 강조되어 있다. 또한 종목이 많음에도 불구하고 춤절차 및 대형의 변화에 규칙적인 요소들이 많다. 그 규칙은 바로 춤제작의 원리이자 자연의 법칙이었기 때문이다.

5. 태극太極: 천인합일

[0] 앞에서 율려의 생성 및 쓰임에서 그 어느 것 하나도 인위적으로 만들어진 것이 없이 모두 자연의 법칙을 따랐다는 것을 확인하였다. 또 춤의 절차 및 춤동작과 춤자리의 운용에서 자연의 법칙을 따르지 않은 것은 단 하나도 없었다는 것도 확인하였다. 이는 왕양명이 말한 '생생지리生生之理'이고, 왕부지王夫之가 말한 '음양이 섞여 있는 이치인 태극'의 형상화라고 할 수 있다. 왕부지는 '태극은 절대적인 것이 아니라, 음양의 양면성을 함께 갖추고 동정動靜을 통해 모습을 드러내는 상대성을 지니고 있다'고 했는데, 이러한 특징은 음악과 춤의 제작과 운용에서 확인할 수 있었다. 앞에서 살펴본 음양(2), 오행(5), 팔괘(8)의 의미를 담은 음악과 춤의 운용과 형상이 모두 태극(0)의 모습이라고 할 수 있다.

특히 음중양陰中陽, 양중음陽中陰의 태극의 특징은 음악과 춤의 양상에서 어렵지 않게 찾아볼 수 있다. 성인은 해와 달 그리고 북두칠성의 운행 방향에 따라 음율과 양율을 제작하고 운용하며, 음과 양이 합일하도록 만들었다. 즉 양의 음은 해와 달이 선회하는 방향에 따라 왼쪽으로 돌고, 음의 음은 북두칠성 자루가 돌아가는 방향인 오른쪽으로 돌며, 음양이 합해져서 "천지사방에 음양의 소리가 갖추어진다[天地四方, 陰陽之聲具焉]." 그뿐만 아니라 악현樂縣의 설치에서도 양에 해당되는 당상堂上에서는 음의 음을 주음으로 하는 악조를 쓰고, 음에 해당되는 당하堂下에서는 양의 음을 주음으로 하는 악조를 써서 양중음, 음중양의 태극의 원리를 담아내고자 했다.[21](춤의 음중양, 양중음의 예는 생략한다.)

양을 상징하는 당상에서는 음의 음으로 연주를 하며 거듭 음양의 조화를 이룬다. 음을 상징하는 당하에서는 양의 음으로 연주를 하며 거듭 음양의 조화를 이룬다. 또한 등가와 궁가 모두 궁상각치우를 연주하며 오음에 오행, 오상, 오색, 오방 등의 상징을 담았고, 팔음의 악기로 연주하며 팔괘와 팔풍의 의미가 천지에 울려 퍼지게 하였다.

중앙의 무용수들의 자리는, 동쪽의 대열은 양을 상징하고, 서쪽의 대열은 음을 상징한다. 왼쪽이 동쪽이고 오른쪽이 서쪽인 이유는 임금은 북쪽에 앉아서 남면하기 때문에 임금의 위치에서 왼쪽이 동쪽이고 오른쪽이 서쪽이기 때문이다. 무용수들은 음양이 조화로운 율려와 오행의 의미를 담고 있는 오음에 맞춰, 팔괘가 그려져 있는 춤자리에 서서 춤을 춘다. 무용수 각각은 괘의 상징으로써 팔음과 하나가 되고, 팔풍에 따라 움직인다. 다시 말하면 춤자리와 대형 및 동선과 춤동작을 통해 음양의 조화 오행의 상생(정대업지무만 오행상극), 팔괘의 의미를

---

21 世宗 12年(1430) 2. 19(5): "其樂下奏黃鐘, 上歌大呂, 以復 周 室六合之制. 蓋黃鐘大呂, 卽子與丑陰陽之合, 而先王祀天神之樂也."

형상화한 것이다.

『악학궤범』의 악현과 춤자리는 바로 태극의 형상화이다. 그 안에 음양, 오행, 팔괘의 의미가 녹아있다. 음은 양을 품고 있고 양은 음을 품고 있으며, 양이 극에 달하면 음이 생겨나고, 음이 극에 달하면 양이 생겨나는 태극의 원리를 음악과 춤으로 형상화했다. 『악학궤범』의 악현과 춤자리는 바로 '중화지미中和之美', '천지인화天地人和'를 이루며 '천인합일'한 모습이라고 말할 수 있다.

6. 맺음말

공자가 순임금의 악곡인 〈소韶〉를 높이 평가한 것은 그것이 '중화지도中和之道'를 이룬 것이기 때문이다. 순자도 "음악이란 천하를 크게 가지런하게 하는 것으로 중용中庸과 화합의 벼리이며 인정상 없을 수 없는 것이다."[22]라며 '중화지도'를 강조하였다. 즉 악樂이란 하늘의 뜻에 따라 지어진 것으로서, '천지지도'를 이루고 '중화지도'를 이룬 것이어야 했다. 그러므로 하늘로부터 말미암아 만들어진 악은 자연의 법칙을 본받아 '중화지미'와 '천지인화'를 이루어, '천인합일'이 되어야 비로소 이상적인 악이 되는 것이다.

이로써 보면, 인간 중심적이고 주객 이분법적인 사고를 비판하며, '천인합일'의 사고를 강조하는 생태철학의 기본 관념은 이미 악론의 기본 이념이자 제작 원리였다는 것을 알 수 있다. 그것은 악무 예술뿐 아

---

22 『荀子』「樂論」: "故樂者, 天下之大齊也. 中和之紀也, 人情之所必不免也."

니라, 회화·건축·서예 등 모든 예술의 기본 관념이자 핵심 관념이라고 해도 과언이 아니다. 다만 필자는 음악과 춤에 대해 구체적으로 논의를 해보고자 『악학궤범』 악론을 살펴본 것이다.

『악학궤범』에는 가장 이상적인 악이 되기 위해서는 '천지지중화天地之中和'를 얻어야 한다고 강조되어 있다. '천지지중화'를 얻기 위해 악이 따라야 했던 자연의 법칙은 음양·오행·팔풍·천간·지간·별자리·절기 등 우주운행의 법칙이다. 즉 자연물을 원료로 한 팔음의 악기를 만들고, 오행과 오음, 12율과 12달, 팔풍과 춤절차 등이 유기적인 관계 속에서 천지자연의 이치를 따르는 것이 악의 기본 사상이며 핵심이었다.

하늘과 땅의 수많은 것들이 인간의 삶과 분리된 것이 아니라 이어져 있다는 '천인합일' 관념을 바탕으로 '중화지미'을 완성하고자 했고, 자연의 법칙에 따라 규칙적인 절차로 움직이며 '천지인화'를 형상화하고자 한 것이 『악학궤범』 악론의 기본 사상이며 핵심이라고 볼 수 있다. '천인합일'를 이루고자 한 관념이 바탕에 있었기에, 율려의 제작 및 운용과 춤절차가 규칙적일 수밖에 없었을 것이다. 만약 그와 같은 사고체계가 배태되어 있지 않았다면, 율려의 운용과 춤절차가 그토록 규칙적이지 않았을 것이다. 또 그것을 기록에 남길 필요도 없었을 것이다. 『악학궤범』의 음악과 춤은 자연의 법칙에 따라 제작되었기 때문에 그 운용에 있어서 규칙적일 수밖에 없었다.

『악학궤범』에 전하는 음악과 춤의 운용 및 형상은, 결국 율려의 제작 및 운용, 춤대형 및 춤동작을 통해 음양(2)의 조화를 이루고, 오음의 구성 및 운용을 통해 오행(5)의 상생을 추구했으며, 여덟 가지 자연물로 제작한 악기 연주와 괘로 상징되는 춤자리 및 그 자리의 무용수를 통해 팔괘(8)의 상징과 의미를 담아내고자 했다. 그리고 이 모든 것은 태극(0)의 형상화로 귀결된다. 필자는 이것을 『악학궤범』의 천인합일天人合一 2580이라고 이름 붙인 것이다.[23]

---

23 악론에는 음양(2)·오행(5)·팔괘(8)·태극(0) 외에도, 三分損益(3)·四象(4)·六律(6)·七音(7)·九變(9) 등의 중요한 개념들을 숫자로 기호화할 수 있다. 이 글에서는 음양·오행·팔괘와 그 바탕인 태극으로 제한하여 설명하였다.

참고문헌

『禮記』
『春秋左氏傳』
『荀子』
『白虎通義』
『前漢書』
『律呂新書』
『樂學軌範』
『朝鮮王朝實錄』

반고 저, 신정근 역, 2005, 『백호통의』, 소명출판.
周春材 글·그림, 김남일·강태의 역, 2003, 『의역동원 역경』, 청홍.
김용, 2008, 「현행 오방처용무의 역학적 해석」, 『한국무용사학회』 제9호, 한국무용사학회.
김미영, 2019, 「『악학궤범』 악론의 천인합일 2580」, 『고전번역연구』 제10집, 한국고전번역연구회.
김미영, 2010, 「〈定大業〉과 〈破陣樂〉의 연출 양식 비교: 춤대형을 중심으로」, 『대한무용학회논문집』 제65호, 대한무용학회.
김미영, 2011, 「唐代 〈破陣樂〉 연구: 太宗·高宗·玄宗 시기를 중심으로」, 『동양예술』 제16호, 한국동양예술학회.

자연미 이론에 대한
생태미학의 비판과 초월

후요우펑胡友峰
산동대학교 문예미학연구센터

내용요약

자연미 이론은 '픽처레스크Picturesque' 경관景觀의 자연미로부터 '인간화'의 자연미로 전환하는 양상을 나타냈지만 그 핵심은 모두 '인간중심적'이다. 생태미학은 자연미 이론의 '예술화' 및 그 '인간화'의 경향을 비판하고 아울러 그것을 토대로 생태 시스템 중의 자연미를 확립하여 전통적인 자연미 이론을 초월하였다. 그러나 중국철학과 서양철학의 문화적 배경이 다르기 때문에 생태 시스템 중의 자연미는 또한 몇 가지의 다른 양상을 나타내고 있다.

핵심어: 생태미학, 자연미, 비판, 초월

1. 자연미 이론
: '픽처레스크'의 자연으로부터 '인간화'의 자연으로

자연미 이론은 최초로 18세기의 '픽처레스크'로 거슬러 올라갈 수 있다. 하지만 이것은 결코 사람들의 '감상적 시선'이 18세기에 처음으로 자연으로 향하였음을 의미하지 않는다. 고대 그리스시대에 사람들은 이미 예술을 자연을 비추는 거울이라고 여겼으며, 고대 로마시대에는 심지어 베르길리우스의 「목가」·「농경시」와 같은 자연을 극진히 묘사한 작품들이 나타났다. 물론 이 시기에 자연을 묘사한 것은 대부분 도시 국가를 다스리기 위한 목적을 가지고 있다.[1] 중세기에 신학사상의 영향을 받아 자연에 대한 사람들의 이해는 대체로 두 가지 양상으로 드러났다. 한 가지는 외지고 먼 산맥과 가파른 절벽 등인데, 하나님이 넓게 비추는 지역에서 멀리 떨어져 있고 사람들이 생활하고 있는 낙원이 아니기

---

[1] 베르길리우스의 「농경시」는 마에케나스의 약속에 응하여 쓴 것인데, 농민들을 농촌으로 끌어들이는 아우구스투스의 정책을 위해 복무한다.

때문에 야만적이고 심지어 사악한 상징이 되었다. 다른 한 가지는 자연의 여러 현상은 모두 하나님의 뜻에 대한 은유隱喩라는 것이다. 사람들이 살고 있는 자연세계는 오직 인류가 에덴동산에서 쫓겨난 뒤의 대체품에 불과하였고 이것의 존재는 사람들의 원죄를 상기시켜 주고 있었다. 그러므로 중세기 신학사상의 영향 속에서 자연은 결코 심미대상이 되어 존재할 수는 없었다.

자연에 대한 사람들의 심미는 그 공로를 르네상스 이후 자연과학의 발전과 일련의 예술가들의 추동으로 돌려야 한다. 과학의 발전은 자연과 예술을 신성神性의 족쇄에서 벗어나게 하였고 자연의 수많은 광경은 더 이상 죄악의 대명사가 아니었다. 자연은 예술 속에서도 더 이상 배경 또는 종교적 의도의 소재가 아니라, 17세기 말엽 프랑스의 클로드 로랭Claude Lorraine과 네덜란드 풍경화가들의 추동 하에 하나의 독립된 주제로 나타나기 시작하였다. 이것은 18세기 '픽처레스크 뷰티Picturesque Beauty'의 대두를 위해 풍부한 '심미경험'을 마련해 주었다.

과학의 발전에 따라 사람들의 '미'에 대한 인식은 점점 교화敎化와 인지認知의 작용에서 벗어났고, '미적 무관심성aesthetic disinterestedness'이라는 명제의 대두는 자연미 이론의 흥기에 상당히 중요한 작용을 일으켰다. 이 미학 명제는 맨 처음 샤프츠베리Shaftesbury로부터 하나님의 사랑에 대한 유비類比를 거쳐 제기되었다. 샤프츠베리는 사람들이 진정으로 사물의 아름다움을 느낀다는 것은, 마치 하나님에 대한 아무런 목적도 없는 사랑처럼 욕망이나 이해관계에 대한 대상의 만족이 가져다 주는 '미적 감각'이 아니라 '내적 감관'이 가져다주는 무관심성의 미라고 생각하였다.

이어서 허치슨Hutcheson · 버크Burke · 앨리슨Allison은 이 명제 속에서 미와 지식, 욕망과 이성을 구분해 놓고 인간이 '공허하고 한가로운' 상태에 있을 때의 '상상' 요소를 첨가하였다. 결국 '무관심성'은 하나의 윤리학 관념으로부터 이러한 경험과 미학자들의 단계별 추진을 거쳐 하나의 미학 명제로 확립되었고, 심미감상에 대한 칸트의 분석 과정에서 최고봉에 도달하였다. 그 어떤 이해관계에도 관련되지 않는 이러한 심미감정은 인지·욕망·윤리 등과 같은 일체의 외재적 목적을 벗겨내고, 오로지 대상 자체의 형식에 대한 관심으로 돌렸다. 전통적인 예술작품의 '목적성'과 비교할 경우, 이때 인류의 창조물이 아닌 자연으로서 미적 무관심성의 특징과 부합되므로 일련의 경험주의자들이 찬양하는 진정으로 이상적인 심미대상이 되었다. 게다가 사상계의 루소 등의 자연에 대한 열정적인 찬미와 일상 교통의 발전은 사람들의 원족이 가능하게끔 만들어 일부 사람들이 이런 자연미를 찾기 시작하였고 자연을 감상하는 분위기도 농후해졌다.

자연에 대한 감상은 결국 18세기에 윌리엄 길핀William Gilpin 등에 의해 '픽처레스크'라는 이론 형식으로 최초로 심미 중에서 확립되었다. 주의할 만한 것은, 미적 무관심성의 개념이 자연심미가 독립되는 첫 번째 동인動因이기는 하지만 바로 이 관념이 자연미를 하나의 순수한 '형식' 차원에 한정시켜 놓았다는 것이다. 즉 형식을 입각점으로 삼아 자연은 정식으로 심미영역으로 들어서기 시작하였다.

'픽처레스크'는 맨 처음 영국 미술영역의 실천지도 이론으로 출현했지만 점차 사람들이 자연풍경을 감상하는 미학개념이 되었다. 이것은 최초로 영국의 아마추어 화가 윌리엄 길핀이 개인의 그림 창작 경험과 결부시켜 제기한 것인데, 가장 직접적인 방법으로 글자의 뜻에 따라 '풍경이 그림과 같다'로 이해할 수 있다. 다시 말하면 한 곳의 풍경이 화가의 회화 작품과 같음을 형용한다. 길핀은 '일반적인 미'와 '픽처레스크'를 구별하였는데, 전자는 단지 자연 상태에서 사람의 눈에 '감관적 즐거움'을 줄 수 있지만, 후자는 '그림에 의해 설명될 수 있는 특성'에 의지하여 사람들에게 즐거움을 가져다줄 수 있다고 생각하였다.[2] 그는 또한 이와 같이 그림으로 설명될 수 있는 특성은 일종의 거칠음과 바탕의 구겨짐 또는 신기함으로 표현된다고 지적하였다. '픽처레스크' 이론은 뒤이어 유베딜 프라이스Uvedale Price와 리처드 페인 나이트Richard Payne Knight에게서 더 발전되고 성숙되었다. 최종적으로 확립한 '픽처레스크 뷰티'는 '우미優美'와 '숭고崇高' 사이에 설정되었다. 프라이스는 '우미'에 대해 말하면, 우미는 '매끄러움', '점차적 변화'와 '젊고 신선한 관념'에 있지만 '픽처레스크'가 강조하는 것은 '거칠음', '갑작스러운 변화'와 '늙고 심지어 죽어가는 관념'이라고 지적하였다.[3]

'숭고'에 대해 말하면, 숭고감은 광대함·무한함과 연관이 있고 장엄함·경악함·무서움의 감정과 연관이 있지만 '픽처레스크'는 이것들에 대한 엄격한 요구가 없다. '픽처레스크'는 넓은 풍경 속에서 찾아질 수도 있고 가장 작은 사이즈에서 발견될 수도 있으며(하지만 '픽처레스크'의 특징은 '무한함'을 토대로 확립될 수 없다. 왜냐하면 이것은 경계의 분명함을 토대로 확립되어야 하기 때문임), 장엄하고 엄숙한 풍경에 적용될 수도 있고 긴장을 풀고 즐겁게 놀 때에도 느낄 수 있다.[4] 픽처레스크 범주에

---

2   William Gilpin, *Three Essays: on Picturesque Beauty; on Picturesque Travel; and on Sketching Landscape: to Which is Added a Poem, on Landscape Painting[M]*, 3쪽.

3   Uvedale Price, "An Essay on the Picturesque as Compared with the Sublime and Beautiful[A]", 438쪽.

4   William Gilpin, *Three Essays: on Picturesque Beauty; on Picturesque Travel; and on Sketching Landscape: to Which is Added a Poem, on Landscape Painting[M]*, 439–440쪽.

대한 이러한 정의는 픽처레스크를 '우미'·'숭고'와 구분해 놓았을 뿐만 아니라 또한 그것의 중간성 때문에 양자와 결합할 수 있게 되었다. 프라이스는 이것을 '픽처레스크적 우미'와 '픽처레스크적 숭고'라고 일컬었다. 자연경관의 각종 특징에 대한 포용성 및 회화예술과 긴밀히 결합되어 있는 이러한 특성이 어쩌면 왜 '우미' 또는 '숭고'가 아닌 '픽처레스크'가 자연심미 중에서 가장 환영을 받는 특징이 되었는지를 설명해줄 것이다.

나이트는 '픽처레스크' 감상에 상상력의 작용을 추가하여, 픽처레스크적 감수의 획득은 완전히 대상의 픽처레스크 특징에만 의지하여 주체적 감수를 획득하는 것이 아니라 또한 상상에 의지해야 하며, 상상의 연상聯想 작용은 경물의 주변에서 '예술적 분위기'를 조성하여 사람이 본 경치가 풍경화와 연관성이 생기게 된다고 지적하였다. 즉 자연경관은 결코 진짜가 아니고 예술작품과 별다르지 않으며(여기서 풍경은 여전히 풍경이다.) 단지 회화와 비슷하다는 일종의 연상이다. 그러므로 나이트에게 있어서 픽처레스크는 인간의 주관적 '연상 원리'에 더욱 치우친다. 나이트는 또한 이런 상상력의 연관성이 생기려면 감상자는 반드시 어느 정도의 예술적 소양을 갖추고 있어야 하고 "그것은 오직 일부의 특별한 사람만이 느낄 수 있으며…… 이런 부류의 사람은 그런 예술에 대해 어느 정도 잘 알고 있다."[5]고 강조하였다. 길핀과 프라이스는 예술회화의 시각에서 픽처레스크의 심미형식을 규범화하였다면, '픽처레스크'의 개념이 나이트로 발전되어서 자연미의 감상은 더욱 많은 인위적인 색깔을 부여받았다.

---

5 Richard Payne Knight, *An Analytical Inquiry into the Principles of Taste*[M], 154쪽.

'픽처레스크 뷰티' 이론은 자연의 심미감상 방식에 대해 매우 심원한 영향을 미쳤다. 그것이 주장하던 하나의 적절한 시각을 찾아 자연의 어떤 '픽처레스크' 특징에 대해 심미활동을 진행하는 방식은, 18세기의 유럽에서 사람들이 너도나도 '클로드 미러'로 이런 풍경을 바라볼 정도로 성행하였을 뿐만 아니라 지금도 카메라의 뷰파인더와 자연풍경지에 있는 전망대의 설치는 여전히 픽처레스크 심미의 부분적인 특징을 보류하고 있다.

'픽처레스크 뷰티'의 자연감상은 현실생활 속에서 일정한 이론지도 의미를 가지고 있을 뿐만 아니라 그 자연감상의 관념은 미학의 발전 과정에서도 어느 정도 계승되었다. 픽처레스크 심미의 자연형식에 대한 강조, 자연의 특이한 경관에 대한 감상(칸트에서도 '우미적 자연'에 대한 감상이 보인다), 심미의 주관적 기능의 가동은 칸트에게서 전면적으로 발전되었다. 현실생활 속에서 '픽처레스크' 심미 이론은 19-20세기에 사람들의 자연감상에 영향을 미치고 있었지만, 헤겔이 예술미의 정신적 차원을 높이 치켜든 후에 자연미는 서양미학의 역사적 시야에서 사라졌다. 1966년 로널드 헵번Ronald Hepburn의 「당대미학과 자연미에 대한 등한시」가 발표된 후에야 자연미는 다시금 미학이론의 서사적敍事的 시야로 되돌아왔다. 하지만 이때의 자연미는 이미 환경미학의 대명사가 되어 있었다.

칸트 이후 자연미 이론은 서양미학의 변두리로 실추되고 예술미가 인간의 정신적 지지를 얻어 미학이론의 중심지대를 차지하였지만, 이곳에서는 자연심미 이론의 중국에서의 '먼 친척'인 실천미학 관념 중의 '인간화된 자연관'이 잉태되었다.

헤겔의 미학 중에는 이미 유사한 '인간화된 자연'의 사상이 있었다. 그는 "한 남자아이가 강물에 돌을 던지고는 놀라운 눈빛으로 물속에 나타난 동그라미를 바라보면서 이것이 하나의 작품이라고 여겼으며 이 작품 속에서 그는 자신의 활동의 결과를 보았다."[6]라고 언급하였다. 헤겔은 남자아이가 강물 속에 일으킨 잔잔한 파문을 보고 환호하면서 뛰놀았던 이유는 사실상 자신의 실천 활동이 자연 속에서 일으킨 작용을 느꼈기 때문이며 그가 감상한 것은 단지 "자기 자신의 외재적 현실"이라고 생각하였다. 그러나 '인간화된 자연'을 최초로 명확히 제기한 것은 마르크스의 『1844년 경제학 철학 수고』(이하 『수고』라고 약칭)이다. 마르크스는 자연계가 사람들에게 생활과 노동의 재료를 제공해줄 뿐만 아니라 더욱이 인간의 감성적인 외부세계로서 존재하고 인간의 감각기관의 확장이며, "인간의 감각과 감각의 인성人性은 모두 그것의 대상이 존재하기 때문에, 인간화된 자연계 때문에 생겨났을 뿐이며",[7] 또한 "추상적으로 이해되고 고립되며 인간과 떨어져 있다고 여기는 자연계는 사람에게 있어서도 무無이다."[8]라고 하였다.

마르크스는 두 번째 단계의 관계 중에서 인간 감각의 존재와 자연의 존재를 긴밀히 연결시켜 놓고 양자가 서로 의존한다(즉 인간 감각의 경계가 바로 자연의 경계이고 자연의 경계가 바로 인간 감각의 경계임)고 지적하였다. 마르크스가 『수고』에서 인간과 자연의 관계를 밝혀준 것은 '인간화'를 통하여 인류의 실천 활동으로부터 미학으로 연결되는 다리를 걸쳐 놓았다. 그러나 마르크스가 원문 속에서 제기한 것은 '인간화

---

[6] Georg Wilhelm Friedrich Hegel, 朱光潛 譯, 『美學』, 48쪽.
[7] Karl Heinrich Marx, 『1844年經濟學哲學手稿』, 83쪽.
[8] Karl Heinrich Marx, 『1844年經濟學哲學手稿』, 135쪽.

된 자연계'이고 이것은 나중에 미학 명제로서 확립된 '자연의 인간화'와는 아직 일정한 차이가 존재한다. 이러한 전환 속에는 이해하고 전파하며 재창조하는 과정을 포함하고 있다.

최초로 마르크스의 '인간화된 자연계'를 개조한 사람은 마땅히 구소련 사회실천파 미학의 대표자 반슬로프일 것이며[9] 중국에서 '자연의 인간화'라는 명제를 사용한 것도 바로 구소련의 영향을 받은 것이다.[10] 반슬로프는 자신의 글에서 '인간화된 자연계'라는 개념을 창조적으로 전환한다. 그는 "마르크스가 말했듯이 노동 중에서 자연계의 '인간화'와 인간의 '대상화'가 진행되고 있다. 이 과정의 결과가 인간의 실물세계를 직접적으로 둘러싸고 있기 때문에 그의 가장 가까운 생활환경은 '두 가지 요소인 자연물질과 노동의 결합'이 되었다. 다시 말하면 '인간화'된 현실과 사회의 실물세계가 되었다는 것이다."[11]라고 지적하였다. '인간화된 현실과 사회의 실물세계'가 바로 마르크스가 말한 '인간화된 자연계'이다. 사실상 반슬로프가 말한 내용 중에서 우리는 '자연계의 인간화'와 '인간화된 자연계'는 원인과 결과의 관계임을 알 수 있다. 어떤 의미에서 볼 때 이것은 반슬로프가 마르크스의 원문을 차용하고 전환하였다고 해석될 수도 있다.

중국의 '자연의 인간화'라는 개념은 최초로 차오징위안曹景元의 글에서 보인다. 1956년, 차오징위안은 『대예보文藝報』에 「미감과 미: 주광

---

9 劉成紀, 「"自然的人化"與新中國自然美理論的邏輯進展」 참조.
10 1951년 중앙선전부에서 잡지 『學習譯叢』을 창간하고 주로 마르크스주의에 대한 소련 학계의 연구 문장을 번역하여 등재하였다. 曹景元이 최초로 '자연의 인간화'를 사용한 「미감과 미: 朱光潛의 미학사상에 대한 비판」이라는 글에서는 『학습역총』을 여러 번 인용하였다.
11 劉成紀, 「"自然的人化"與新中國自然美理論的邏輯進展」 참조; 반슬로프, 「客觀上存在着美嗎?」, 『學習譯叢』 第7期, 國家圖書館 MF文獻藏本의 원문 참조.

첸朱光潛의 미학사상에 대한 비판」이라는 글을 발표하였다. 그는 "사람들이 현실세계에 대해 적극적인 태도를 취하였고 사람들이 노동실천 과정에서 자연계에 적극적인 작용을 일으켰기 때문에 자연의 '인간화'와 인간의 '대상화'라는 결과가 야기되었으며 비로소 사람들이 사물 중의 미를 점점 인식하도록 만들고 이에 인간의 심미능력이 발전되었다."[12]라고 지적하였다. 그러나 제일 먼저 이 명제를 '미의 본질'과 연결시켜 탐구한 사람은 리쩌허우李澤厚이다. 그는 '자연의 인간화'를 미의 근원과 자연미의 본질적 개념으로 간주하였다. "미의 근원은 도대체 어디에 있는가? 이 근원(또는 유래)은 바로 내가 주장하는 자연의 인간화이다."[13] 리쩌허우는 마르크스주의 실천관을 추켜들고 미를 '객관성'과 '사회성'의 통일로 간주하면서 실천미학의 서막을 열었다. '자연미'의 판단은 더 이상 예술작품을 감상하는 것과 같지 않으며 오히려 실천을 거쳐 '인간화'라는 요소에 의해 결정되었다.

'자연의 인간화'라는 미학관이 중국의 미학계에서 뿌리를 내려 싹이 트게 된 것은 일정한 사회적 배경을 가지고 있다. 신중국의 건립 등 일련의 무산계습 인민운동은 사람들에게 인류 실천 활동의 중요성을 인식하게 하고 마르크스주의의 지도적 역량을 인식하게 하였으므로 사람들은 당연히 마르크스 이론 중에서 모든 이론의 근원을 찾으려고 하였으며 미학도 예외가 아니었다. 리쩌허우의 미학관은 바로 이러한 큰 배경 하에서 형성된 것이다. 1950년대의 미학대토론에서 그는 차이이蔡儀가 미의 객관존재만 강조하고 오히려 미의 사회성을 도외시한 것

---

12 曹景元,「美感與美-批判朱光潛的美學思想」,「中國當代美學論文選(第一集)」, 203쪽.
13 李澤厚,「美學四講」, 77쪽.

을 반대하였으며, 가우얼타이高爾太와 주광첸朱光潛이 미적 판단을 인간의 주관과 완전히 연결시켜 미의 객관존재 특성을 부정했다고 비판하였다. 그는 양자를 종합하여 마르크스주의 실천관을 토대로 "미의 본질은 사회실천에서 나온다"라는 명제를 제기하였는데, 미의 객관성도 강조하고 미의 사회성도 강조하였다. 리쩌허우는 "미는 객관존재이지만 일종의 자연속성 혹은 자연현상·자연법칙이 아니라 인류 사회생활의 속성·현상·법칙이다. 이것은 인류 사회생활 속에 객관적으로 존재하며 이것은 인류 사회생활의 산물이다."[14]라고 밝혔다. 예를 들면, 우주는 인류 이전에 이미 존재하고 있었지만 인류사회 이전의 우주에는 추醜·미美라고 할 것이 없고, 미는 인류사회의 산물로서 오직 인류사회 속에 두어야만 비로소 의미를 가지게 된다. 그리하여 자연지미自然之美를 인간의 사회실천과 긴밀히 결부시켜 놓았다. 즉 미는 대상에 있지 않고 인간의 사회실천에 있었다. 그러므로 실천미학 중에서 자연감상은 인류의 태그가 확고히 붙여졌다. 이것은 바로 리쩌허우가 말한 것과 같다. "근래에 자연미를 논하거나 산수시·산수화를 논하는 글마다 거의 모든 곳에서 '자연의 인간화'라는 개념과 맞닥뜨릴 수 있었다."[15]

리쩌허우를 대표로 하는 자연 인간화의 심미는 주로 자연미의 물질실천 인간화와 정신실천 인간화의 두 가지 차원을 포함하고 있다. 이것은 또한 『수고』에서 말한 인간에 있어서의 자연계의 두 가지 의미인 물질실천 의미와 정신실천 의미와 완전히 일치한다.

물질실천 방면에서 말하면, 우선 리쩌허우는 자연미 법칙의 특징

---

14 李澤厚, 『美學論集』, 21쪽.

15 李澤厚, 「美學二題議」, 『中國當代美學論文選(第二集)』, 296쪽.

은 인류사회 물질실천의 산물이라고 지적하였다. "형식미 및 그것의 일반 법칙 또는 특징인 대칭·균형·비율·조화·리듬·음률 등등은 비록 그 자체가 자연의 법칙 및 현상이지만 또한 인류가 생산 즉 생활실천을 통해 자연 속에서 추출해낸 것이다."[16] 다음으로, 이것은 또한 사회실천 중에서의 심미의 '봉사'에 구현된다. 리쩌허우가 심미의 '공리성功利性'을 부정하지는 않지만, 이런 공리성은 '객관 공리성'으로서 결코 개인의 '주관'을 마음대로 만족시키기 위한 것은 아니다. 그는 '미적 감각'은 주관 직각성과 객관 공리성의 모순된 이중성을 가지고 있고, 양자는 서로 의존하여 갈라놓을 수 없으며, 이 객관 공리성은 자연 인간화의 물질실천과 결부되어 있다고 지적하였다. "미적 감각은 객관 필연의 사회 동력성을 가지고 있다. 이 방면에 있어서 미적 감각은 과학과 논리적 사고와 일치한다. 이것들은 모두 사물 간의 필연적 연관성을 밝히며 사물의 본질을 밝혀 인류를 위해 봉사한다."[17] 자연의 인간화는 물질실천 방면에서의 실용 가치를 제외하고도 하나의 관상 가치가 더 있는데, 후자는 실천미학 중의 자연미와 인간의 물질실천의 결부를 더욱 구현할 수 있다. 인간의 실천이 자연에 개입되어 인류 사회생활 공리성의 실용적 내용이 비공리성의 주관 직각과 하나로 융합되었는데, 사람들이 자연을 개조하는 실천과정은 사실상 인류의 사회생활이 축적한 심미취미를 자연에게 부여하는 과정이고, 자연은 사람들의 미의 본질과 미의 법칙에 부합되는 자연이 되었다.

　　정신실천의 차원에 있어서 자연의 인간화는 주로 인간의 감각과

16　李澤厚, 『美學三書』, 489쪽.
17　李澤厚, 『美學論集』, 17쪽.

자연존재의 상호 '검증'으로 나타난다. 리쩌허우는 마르크스가 『수고』에서 말한 "자연은 사람의 신체적 감각기관의 확장이다"라는 관념을 계승하였고, 나중에 자연이 노동실천에 개입된 후 '사회미社會美'가 되는 문제를 해결하기 위하여 '자연의 인간화'를 넓은 의미와 좁은 의미로 구분하였다. 그는 자연의 인간화는 단지 좁은 의미에서 사람들이 실천노동과 과학기술을 통해 자연을 개조하는 것에 머물러 있지 않고, 더욱이 넓은 의미상의 인간화라고 지적하였다.

리쩌허우는 "내가 말한 자연의 인간화는 하나의 철학개념이다. 하늘·바다·사막과 황량한 산이나 숲은 인간의 개조를 거치지 않아도 여전히 '자연의 인간화'이다. 왜냐하면 '자연의 인간화'란 인류가 자연을 정복하는 역사적 척도를 가리키며, 사회 전체가 일정한 단계까지 발달되어 인간과 자연의 관계에 근본적인 변화가 생겼다는 것을 가리키기 때문이다."[18]라고 지적하였다. 이처럼 넓은 의미에서 말하는 자연의 인간화가 바로 인간의 정신영역이 자연에서 '황무지를 개척한 것'이며 사실상 강렬한 인간중심주의적 경향을 드러내고 있다.

리쩌허우의 미학관이 '자연 인간화' 관념의 가장 전형적인 대표이지만, 인간화를 논급한 자연심미 중에서 주광첸의 '이정설移情說'도 간과할 수 없는 부분이다. 그는 리쩌허우가 고수하는 '자연 인간화'와 다른 각도에서 출발한다. 리쩌허우가 고수한 것은 노동실천을 토대로 하는 인간화이지만, 주광첸은 '인간화'를 극치極致로 발휘하였는데, 이것은 감정 등 정신적 역량의 완전한 인간화이다. 주광첸의 이정설은 인간의 주관 감정을 강조한다. 개인의 주관 감정과 상상의 구동驅動 하에

---

[18] 李澤厚, 『美學四講』, 107쪽.

심미대상은 자기감정의 외재적 구현이 되었다. 인간이 본 것이 바로 생각한 것이고 인간과 자연은 공통된 감정으로 묶여있기 때문에 정신세계에서 하나로 융합되어 "시절에 느껴 꽃을 보아도 눈물이 흐르고, 이별이 한스러워 새소리에도 마음이 놀라라.[感時花濺淚, 恨別鳥驚心]"는 물아합일物我合一의 상태에 도달한다. 이것은 학계에서 그의 관점이 분명한 유심주의 경향을 띠고 있다고 말하는 중요한 원인이기도 하며, 이러한 인간화의 자연심미는 감정의 환영幻影일 수밖에 없다.

실천미학은 새로운 시기 미학의 발전 속에서 주도적 지위를 얻었지만, 리쩌허우 본인도 실천미학의 배경 하에 "미의 본질에 대해 말하면 자연미가 미의 난제이다."[19]라는 것을 인정한다. 그 원인을 따져보면, 심미관에 있어서 이런 인간화의 자연심미는 픽처레스크의 자연심미와 무척 다르지만 실질적으로 가는 길은 달라도 향하는 목적지는 같았으며 (즉 양자는 사실상 모두 자연형식의 인간화 감상임) 결코 자연 자체의 감상(즉 어떻게 자연의 방식에 따라 자연을 감상할 것인지)을 다루지 못하였다. 실천미학 중에서 사람들이 다룰 수 있고 개조할 수 있는 것은 영원히 자연의 형식부분일 수밖에 없다.

주광첸이 자연미를 감정화한 것도 여전히 자연대상의 형상에 의탁하는 것을 토대로 확립되며, 사람들이 감각기관에 의지하여 느낄 수 있는 것은 오직 구체적인 사회 또는 자연의 형상일 뿐이다. "미는 인류의 사회생활이며, 미는 현실사회 가운데 사회발전의 본질·법칙·이상을 포함하고 있으면서 감각기관으로 직접 감지할 수 있는 그러한 구체

---

19 李澤厚, 『哲學美學文存(下編)』, 688쪽.

적인 사회형상과 자연형상이다."[20] 형상과 자연 자체의 분리는, '자연'이라는 독특한 차원을 벗겨낸 형상이 '대중들 앞에서 사라지도록[泯然於衆]' 만들었으며, 게다가 인간의 이성이 각성되어 사람들은 너무나 쉽게 '인간 자체'의 관점에 서서 다른 영역으로부터 일종의 방식을 '차용'하여 이것들을 평판하게 된다. '픽처레스크'로부터 '인간화'로의 전환은 바로 인류의 예술감상 방식에서 출발하고 인류의 노동실천에서 출발한다. 그러나 양자는 자연을 감상하고 있다고 말하기보다는 자연의 경치 속에서 인간의 선택, 인간의 정신과 역량을 감상하고 있다고 말하는 것이 낫겠다.

2. 자연미 이론에 대한 생태미학의 비판과 개조

21세기 초엽, 자본주의가 생활재료를 약탈하고 인류가 지구의 자원을 침략적으로 이용함에 따라 전 세계의 환경문제는 대규모로 폭발하였다. 토양이 사막화되고 전 세계의 기후가 따뜻해지며 해양자원이 오염되고 점점 더 많은 생물이 멸종 위기에 처하는 등등, 사람들은 계속해서 환경파괴를 대가로 경제를 발전시키다가는 언젠가 자신들이 저지른 죄악의 결과를 스스로 받을 것이라고 인식하였고 인간과 자연의 관계를 다시금 생각하게 되었다.

즉, 인류는 결코 자연의 '정복자'가 아니라 지구 생태계 중의 일환이며 사람들은 결코 자연을 차지하는 것이 아니라 자연을 의존하는 것

---

20 李澤厚, 『美學論集』, 59쪽.

이다. 환경윤리에 대한 깊은 사색은 지속적으로 성장하였다. 이와 동시에 사람들의 자연심미 관념도 이에 상응한 변화가 생겼다. 자연미에 대한 토론은 '인류의 겉옷'을 벗어내고 힘써 자연의 원래 모습으로 다가가려는 시도를 하기 시작한다. 자연미 이론은 초기의 '픽처레스크 뷰티'와 '인간화의 아름다움'의 '인간중심주의' 이론의 장벽을 초월하였고, '자연'·'환경'·'생태' 연구를 착안점으로 삼아 자연미 이론에 대한 탐구는 '체계성·전체성'을 특징으로 하는 생태미학의 새로운 단계로 진입하였다.

여기에서 밝힐 필요가 있는 것은, '생태미학'에는 넓은 의미와 좁은 의미의 두 가지 차원을 포함하고 있다. 좁은 의미의 생태미학은 서양의 생태학 시각에서 발전된 경관생태학을 가리키는데, 이것은 생태지식을 응용방식으로 삼아 환경 또는 건축 설계에 구체적으로 응용한다. 넓은 의미의 생태미학은 생태문명의 시대적 배경 아래에 서서 사람들의 생태의식이 각성된 이후에 발전된 생태 차원을 가지고 있는 심미관이다. 이것은 인간과 자연이 조화롭게 공생하는 유기체적인 존재론 차원(曾繁仁의 생태존재론 미학)이며, 또는 생태지식이 자연감상 중에 구체적으로 응용되면서 나타나는 환경미학(Allen Carlson의 환경미학)이며, 또는 프랑스의 생태철학자 펠릭스 가타리Félix Guattari의 생태지혜를 이론 핵심으로 삼고 자연·사회·정신 생태 차원의 '이율배반'을 통해 생태미학을 삼중 분할하는 것이다.[21] 여기에서 논술한 생태미학은 넓은 의미의 생태미학이다.

생태미학의 이론 시야에서, 전통적인 자연심미 이론은 일종의 '생

---

21 張惠靑, 「論生態美學的三個維度 – 兼論加塔利的"三重生態學"思想」, 『文藝理論硏究』 참조.

태 부조화'를 드러냈다. '픽처레스크 뷰티'와 '실천미'는 모두 형식적인 인간화 심미이다. 즉 심미대상에 있어서, 이들은 모두 '형식화'된 간단한 감상이고 감상한 것은 오직 자연의 형상이며 사람들 의지 속의 자연형상이지 자연 자체는 아니다. 심미태도에 있어서, 이들은 모두 '인간중심주의'의 입장에 서서 인간의 기호 또는 정신을 자연에게 강요하고 자연을 정복하며 자연미를 가려 놓은 상태에서 진행하는 '인간화' 감상이다. 심미형식에 있어서, 인간중심주의의 입장이 필연적으로 가져다주는 이원대립의 심미형식도 인간이 본래부터 생태환경의 일환이라는 '융합' 상태와 일치하지 않는다. 자연심미에 대한 이러한 일탈에 직면하여 새로운 생태 시각으로 바라보는 자연미 이론의 대두는 필연적인 추세이다.

　미학계에 있어서 자연미학을 철학미학 시야로 되돌아오게 만든 상징적인 사건은 1966년 헵번이 「당대미학과 자연미에 대한 등한시」라는 글을 발표했던 일이다. 헵번은 이 글에서 20세기 이후 자연환경이 미학 영역에서 결여된 상태를 지적하였고, 아울러 비교 과정에서 자연환경 감상은 결코 예술에 대한 감상과 동일시될 수 없음을 지적하였다. 하지만 그는 자연미가 심미영역으로 돌아갈 수 있는 분명한 방안을 제시하지는 못하였다. 칼슨에 이르러서야 비로소 자연에 대한 감상에서 무엇을 감상해야 하는지, 어떻게 감상해야 하는지를 명확히 지적하여 자연미의 연구를 위해 '환경-생태'의 문을 열어주었다. 여기에서 필자는 주로 칼슨 등 환경미학자의 이론에서 출발하여, '심미대상'·'심미방식'·'심미결과'의 세 가지 방면에서 '픽처레스크' 심미에 대한 서양 환경미학의 비판과 개조를 논술하고자 한다.

　칼슨은 1979년에 발표한 『감상과 자연환경』에서 처음으로 자연에 대한 심미에서 감상하는 것은 자연환경 자체라는 것을 제기하고, 아울러 자연환경의 두 가지 특징을 제시하였다. 첫째는 '자연환경은 환경이다'라는 것이고 둘째는 '그것은 자연적이다'라는 것이다. 칼슨이 제시한 자연환경의 이 두 가지 특징에 근거하면, 전통적인 픽처레스크 미학은 자연 심미대상을 선택할 때에 최소한 두 가지 오류를 범하였다. 우선, 픽처레스크 미학이 감상하는 것은 '환경'이 아니라 '경관'이다. 칼슨은 『자연환경의 형식특징』이라는 글에서 형식주의의 심미각도에서 이러한 '픽처레스크'적 감상을 살펴보았는데, '경관숭배'는 곧 형식주의에 대한 숭배라고 지적하고 색깔·선·바탕 및 이에 상응하는 형태와 설계 등 대상의 형식특징은 대상의 유일한 심미특성이라고 생각하며 다른 것은 고려하지 않았다.[22]

이러한 종류의 경관 형식은 복잡하고 입체적인 자연을 직접 2차원의 '예술품'으로 개괄하는데, 이것이 감상하는 것은 단지 사람들이 자신의 예술경험에 근거하여 선택한 자연형식 및 그 형식과 연결되고 사람의 주관적 낭만의지와 관련된 예술 분위기일 뿐이다. 바로 로널드 리스Ronald Rees가 말한 것과 같다. "픽처레스크 심미 이론은 … 자연의 존재는 단지 우리를 즐겁게 하고 우리에게 봉사하기 위한 것이며 우리의 인간중심론을 확보하기 위한 것임을 분명히 밝혔다."[23] 이것은 자연대상의 '환경'과 '자연'의 특성을 덮어버렸다.

다음으로, 픽처레스크 미학이 감상하는 것은 전부의 자연이 아니라 부분의 자연이다. 픽처레스크 심미가 단지 인류 예술형식의 강화이

---

22 Allen Carlson, "Formal Qualities and the Natural Environment[J]" 참조.
23 Ronald Rees, *The Taste for Mountain Scenery[J]* 참조.

기 때문에 감상대상을 선택함에 있어서 왕왕 '픽처레스크' 특징에 부합되는 자연경관만을 감상하고 본인들의 취미에 따라 심미대상을 선정한다. 그렇다면 '픽처레스크' 특징에 부합되지 않는 황야와 습지는 자연미의 밖으로 배척하게 된다. 하지만 현대 환경미학자, 특히 생태미학자들이 볼 때에는 이러한 황야와 습지는 여전히 상당한 자연심미 가치를 지니고 있다. 요컨대, 픽처레스크의 자연미 이론이 감상하는 것은 자연 자체도 아니며 전부의 자연환경을 망라하지도 않았다.

'픽처레스크 뷰티'가 자연미의 감상을 하나의 '형식'·'예술화'의 범위 안에 한정시켰기 때문에, 자연의 '픽처레스크' 심미방식도 예술감상 중에서 가져온 시각적이고 이차원적이며 분명한 경계가 있는 감상이다. 생태미학자들은, 자연은 예술작품과 달리 입체적이고 변화가 많으며 경계가 모호하면서 감상자의 주변에서 감도는 '환경'이기 때문에 사람들은 반드시 모든 감각기관을 동원하여 자연이 사람들에게 전달하는 색채·형태·소리·냄새 심지어 맛과 같은 정보를 접수해야 한다고 지적하였다. 이러한 관념을 토대로 생태미학자들은 '자연의 본연 그대로' 자연을 감상해야 한다고 제기하였다. 어떻게 '자연의 본연 그대로' 자연에 대해 심미 감상할 것인지에 관하여 서양 환경미학에서는 주로 두 파로 갈라진다. 한 파는 칼슨을 대표로 하는 인지주의이고, 다른 한 파는 아놀드 버린트Arnold Berleant를 대표로 하는 비인지주의이다. 두 파의 관점에는 일부 관념상의 차이가 존재하고 있지만 모두 서로 다른 주안점에서 출발하여 자연의 픽처레스크 심미방식에 대해 비판하고 돌파하였다.

칼슨의 '인지방식'은 색채·조형 등 형식화의 외관을 제외한 자연 자체를 깊이 있게 감상해야 하고, 시각·청각·후각·미각·촉각 등 감각기관을 동원하는 외에도 자연과학지식 특히 생물학·생태학 및 자연지리학과 같은 지식을 참여시켜야 하는데, 이것들은 자연 '자신의' 지식이지 '픽처레스크'에서 사람들에게 강요되는 예술지식이 아니라고 인식하였다. 이런 자연지식에 대한 요구도 예술 감상에서 흡수해온 것이지만(예술작품을 감상할 때에 작품의 정확한 예술범주 및 발전역사에 관한 지식을 갖추고 있어야만 원작에 부합되는 감상을 할 수 있음), 그것은 예술 감상이 자연에게 딱 들어맞는 감상방식을 제공해 줄 수 있다는 것을 받아들이지 않는다. 심지어 칼슨이 자연심미 중에서 자연지식을 요구하는 이유는, 바로 '픽처레스크'에서 예술방식이 가져다주는 형식화의 심미감상을 타파하기 위한 것이고, '자연 자체'를 더욱 잘 감상하기 위한 것이다. "이러한 지식은 사실상 자연에 관한 지식(과학지식)들이다. 나의 입장에서 보면, 이러한 지식은 자연감상 중에서 작용을 하는 신뢰할 만한 유일한 요소인 듯하다."[24]

뒤이어 유리코 사이토Yuriko Saito는 『자연의 본연 그대로 자연을 감상한다』, 토마스 헤이드Thomas Heyd는 『자연감상과 자연의 많은 이야기들』에서 자연의 민간전설과 현지의 민족풍속 및 신화이야기 등을 모두 자연을 더욱 잘 감상하는 데 필요한 '지식'으로 확충해 넣었다. 요컨대, 인지방식 중의 자연의 본연 그대로 자연을 감상하는 것은 바로 자연이 우리에게 가져다준 감각기관의 감수를 결합시켜 자연 자신의 지식과 자신의 문화를 감상하는 것이다.

비인지주의의 대표자 버린트는 일종의 '참여방식'을 제기하였다. 그는 자연이 우리를 '둘러싸고' 있다는 특징을 기반으로 자연심미 중의

---

[24] Allen Carlson, 薛富興 譯, 『從自然到人文』, 51쪽.

이원대립 방식을 반대하며, 심미자는 마땅히 자연에 대한 심미 속에 융합되어야 한다고 주장한다. 그는 자연은 혼연일체渾然一體이며 인간 자체가 바로 그가 감상하는 자연환경의 일부분이라고 생각한다. "근본적으로 말하면, '외부세계'라고 하는 것은 없으며 '외부'라는 설도 없다. …… 감지자(마음)는 피감지자의 일부분이며 피감지자도 감지자의 일부분이다. 인간과 환경은 관통되는 것이다."[25] 그러므로 버린트가 볼 때, 자연심미에는 근본적으로 주-객의 대립적 구분이 존재하지 않으며, 심미의 전체 과정은 인간이 자연을 감상하는 과정일 뿐만 아니라 자연이 인간에게 보여주고 인간과 상호작용하는 과정으로서, 인간의 온 생명은 모두 이 과정에 참여하고 있다. 버린트의 이러한 '참여방식'은 전통적인 자연심미 중의 '미적 무관심성'의 관점을 직접 가리킨다.

그는 이러한 무관심성의 심미는 대상이든 감상자이든 모두 그들이 처해 있는 자연 맥락에서 박리해냈다고 생각한다. '참여방식' 중에서, 자연이라는 대상에 직면하여 심미는 '무관심성'일 수 없을 뿐만 아니라 반드시 일종의 '심취' 상태여야 하며, 인간과 자연이 서로 융합되는 상호작용적 참여가 없으면 자연환경에 대한 감상은 없는 것과 마찬가지다. 바로 홈즈 롤스톤 3세Holmes Rolston Ⅲ가 말한 것과 같다. "숲은 들어가는 것이지 관람하는 것이 아니다. …… 만약 당신이 그 속에 심취하지 못하면 숲을 진정으로 누릴 수 없다. …… 숲 속에는 풍경이 없다."[26] 비인지주의 중에서 스탠 고드로비치Stan Godlovitch는 비교적 극단적인 '신비방식'을 제기하였다. 고드로비치는 모든 과학지식은 진정으

---

[25] Arnold Berleant, 張敏·周雨 譯, 『環境美學』, 6쪽.
[26] Holmes Rolston Ⅲ, "Aesthetic Experience in Forests[J]" 참조.

로 자연을 감상하는 데 사용될 수 없다고 생각한다.

왜냐하면 자연은 인류와 다르고 소원한 것으로서 자연은 인류가 생겨나기 전에 이미 존재하고 있었다. 인류에 대해 말하면, 인류에게는 일종의 자율自律이 존재하고 있는데 자연은 결코 알 수 없다. 그러므로 자연에 대한 감상은 마땅히 모든 인류의 가치 판단을 제거한 신비방식이어야 한다. 그는 "만약 우리가 가치 판단의 속박을 벗어나 자연 자체에 직면하기를 바란다면, 우리는 경제화를 없앤 자연이 있어야 할 뿐만 아니라 도덕화·과학화·심미화를 없앤 자연을 필요로 한다. 한마디로 말하면 인간화를 없앤 자연이다."[27]라고 말하였다. 이에 따르는 정확한 자연 심미체험도 일종의 신비감이고 일종의 자연과의 소외감이다. 물론 고드로비치의 신비방식이 어떤 측면에서는 지나치게 절대적이고, 현실 측면에서 볼 때 '인간화를 완전히 없앤 자연'에 여전히 많은 문제점들이 존재하는지는 계속 탐구할 가치가 있다. 하지만, 분명한 것은 이런 '신비방식'이 전통적인 자연심미관 중의 '인간중심주의'를 향해 전쟁을 벌이고 있다는 것이다.

인지주의와 비인지주의 사이에는 하나의 중간방식이 더 있다. 이 중간방식의 가장 큰 공헌이라면 자연감상에게 하나의 '시간' 차원을 부여해 주었다는 것이다. 시간 차원이 추가되면서 사람들은 똑같은 자연이 다른 시간에 사람에게 완전히 다른 심미체험을 가져다줄 수도 있음을 인식하게 되었다. 이것들이 동일한 정경情景에 속하고 이러한 각기 다른 심미감수는 일종의 연속성과 경악감을 형성할 수도 있으며, 이것은 자연을 한 폭 한 폭의 틀에 박힌 단편적인 풍경화로 간주하고

---

[27] Stan Godlovitch, "Valuing Nature and The Autonomy of Natural Aesthetics[J]" 참조.

감상할 때에 갖추지 못하는 체험이기 때문에, 자연을 '본연 그대로 감상함'은 '예술적으로 감상함'에 갖추지 못하는 어느 정도의 심미자유를 갖추게 되었다.

심미결과 방면에 있어서, 형식주의의 비판 외에 미학자들은 주로 생태윤리의 차원에서 '픽처레스크'에 대해 반박하였다. 분명 미적 무관심성 이론은 모든 인지·윤리 목적의 '픽처레스크'가 주목하는 오직 자연적인 형식특징을 배제한다(즉 색채·바탕·구조 형식의 조화 여부에 근거하여 대상의 '미美'와 '추醜'를 판단함). 이것은 도덕의 중립과 공허를 초래하였고 오늘날의 생태적 시야에서는 천박해 보이고 마음대로 하는 것 같다. 이러한 자연심미는 생태환경 보호의 실천과 연결시킬 수 없을 뿐만 아니라 심지어 생태환경 보호의 혼란을 일으킬 수도 있다.

알도 레오폴드Aldo Leopold는 그의 '대지미학大地美學'에서 본토적인 동식물에 대해서는 그들이 형식적으로 매우 보잘것없어도 조금의 인색함도 없이 찬양하였지만, 생태의 '침입자'들에 대해서는 그들의 형태가 아름다울지라도 멸시하였다. 칼슨도 자연심미감상과 자연생태윤리 사이의 중요한 연관성을 인식하였다. 그는 "만약 우리의 자연감상이 우리가 자연에 관한 윤리관념을 확립하는 데 도움이 된다면, 우리의 자연에 대한 심미감상은 응당 자연의 모양과 비슷한 것이 아닌 자연의 본연을 감상해야 한다. 자연에 대한 본연 그대로의 심미감상을 통하여 우리는 자연에 대한 자신의 윤리관을 형성하게 되고, 환경과 생태에 관한 강력한 윤리판단을 형성할 수 있는 가장 좋은 기회가 있을 것이다."[28]라고 지적하였다. 그러므로 그는 자신의 '인지방식'에서 생태지식

---

28 Allen Carlson, 薛富興 譯, 『從自然到人文』, 80쪽.

의 중요성을 강조한다.

왜냐하면 생태지식이 감상하는 현장에 있으면 우리가 자연을 본연 그대로 감상하고 정확한 윤리판단을 내리는 데 도움이 되고, 우리가 초원에 있는 모양이 귀여운 토끼가 사실상 이 생태환경 속의 침입자라는 것을 분별할 수 있도록 하기 때문에, 토끼를 '자연미'의 범주로 간주하지 않을 것이며 더욱이 토끼의 모양이 귀여워서 그들을 '보호'하지 않을 것이다. 설령 픽처레스크 감상의 형식미가 마침 생태의 조화로움을 충족시켜 일부 사람들이 이것을 보호해야 한다고 주장할지라도, 이런 보호는 생태적 의미에서 말하는 보호가 아니라 사람들의 칭찬을 받는 예술작품을 박물관에 넣어두고 소장하는 방식과 비슷한 보호이기 때문에, 아직 자연윤리의 진정한 의미에 근접하지 못하여 환경보호를 지도할 수가 없다. 바로 환경철학자 잔나 톰프슨Janna Thompson이 말한 것과 같다. "만약 자연 또는 예술 중의 미가 단지 관찰자의 눈에만 존재한다면, 미학판단으로부터 대중들의 자연을 보호해야 한다는 도덕적 의무감을 유발할 수 없다. 설사 있더라도 그것은 오직 일부의 개체가 자신들이 중요시하는 사물을 보호하려고 함으로써 생겨나는 극히 미약한 의무감이다."[29]

심미결과에 있어서, '픽처레스크'의 형식의 선별에서 얻어낸 부분적인 자연의 '풍경이 그림과 같다'는 것을 겨냥하여, 환경미학은 자연의 각도에서 '자연은 모두 아름답다[自然全美]'라는 결론을 얻어냈다. '자연은 모두 아름답다'와 유사한 관점은 일찍이 18-19세기에 오귀스트 로댕Auguste Rodin, 존 컨스터블John Constable, 루소Rousseau 등 예술가·

---

[29] Janna Thompson, "Aesthetics and the Value of Nature[J]" 참조.

문학가들에 의해 논술되었는데 이들은 인류의 영향을 받지 않은 자연은 모두 아름답다고 주장한다. 이 사상은 후에 많은 환경미학자들에게 흡수되고 채택되었으며, 환경미학의 입장·주장과 서로 결합하여 점차 '자연은 모두 아름답다'는 자연미학관을 형성하였다. 칼슨은 바로 '심미의 정확한 범주'로부터 '자연은 모두 아름답다'에 이론근거를 제공해 주었다.

그는 자연이 예술처럼 창조된 것이 아니라 인류보다 먼저 나타났기 때문에, 자연심미 범주에 대한 확정은 자연과학지식의 조력 하에 본연의 존재에 '부합'되는 자연이라고 지적하였다. "이렇게 되면 우리의 과학은 부분적으로 심미의 선善함에 따라 자연 범주를 창조한다. 이것은 또한 우리에게 있어서 자연계는 마치 심미의 선함을 지니고 있는 것처럼 되었다."[30] 고드로비치도 자연의 각 구성부분이 모두 전체적인 환경 속에서 자신의 작용을 발휘하고 있고, 또한 자연·생명을 존중하는 의미에서 볼 때 등급을 구분해서는 안 된다는 점으로부터 '자연은 모두 아름답다'고 주장한다.[31] '자연은 모두 아름답다'는 우리에게 자연 자체에 대한 존중을 표현하고 있다. '자연은 모두 아름답다'의 관점은 '픽처레스크'의 형식 심미가 대상을 선택할 때에 누락시킨 부분을 보완하여, 황야·습지와 같은 소홀히 되는 '자연미'를 대상 속에 모두 포함시키고 생태의 전체적 시각에서 '미'와 '추'의 간단한 형식 구분을 타파하였다. 하지만 자연환경 심미 중에서 지나치게 인류를 회피하였기 때문에, 픽처레스크의 대립면이 되어 또 다른 일종의 반인문적 '생태중심주의'로

---

30 Allen Carlson, 薛富興 譯, 『從自然到人文』, 108쪽.
31 Stan Godlovitch, "Valuing Nature and The Autonomy of Natural Aesthetics[J]" 참조.

발전되어 환경보호 실천에 새로운 문제점을 가져다주었다.

　　서양의 환경미학자들은 '픽처레스크'의 전통에 대해 비판과 개조를 진행하였다. 중국의 신세기 초에 형성된 '생태미학'도 '인간화'의 자연관을 비판하고 개조하였는데, 이것은 주로 쩡판런의 '생태존재론 미학관' 중에 나타나고 있다.

　　중국 생태미학과 서양 생태미학은 본질적인 차이점을 가지고 있다. 서양 생태미학은 가작동성을 지닌 경관생태학이거나 생태지식을 자연환경감상 중으로 주입시킨 환경미학이다. 이 두 가지 방식의 생태미학은 모두 버전이 낮은 생태미학이다. 즉 단지 생태지식을 미학체계 속으로 포함시켰고, 생태지식은 미학체계 속에서 단지 도구의 역할을 가졌을 뿐이다. 그러나 중국의 생태미학은 생태를 직접 '본체론'으로 삼아 그 이론 구축 속으로 포함시켰기 때문에 처음부터 서양과 다른 점을 나타냈다. 2002년, 쩡판런은 당대의 언어환경에서 생태 시야를 갖춘 심미관을 구축하기 시작하였고, 아울러 자신의 '생태존재론 미학관'을 제기하였다. 이 '생태존재론 미학관'은 우선 자연심미 중의 '인간중심주의' 입장을 비판하였다.

　　쩡판런은 '인간중심주의' 관점이 인류역사발전의 특정한 단계에 있어서는 사상적·정치적·경제적으로 확실히 크나큰 역사적 작용을 일으켰지만, 인류경제의 끊임없는 발전에 따라 자본의 확장이 가져다준 일련의 경제·문명·생태 문제는 인류가 포스트모던 언어환경으로 진입하였음을 예시하고 있으므로 사람들은 반드시 인간과 자연의 관계를 새로 정의해야 한다고 지적하였다. 중국 전통문화 중의 역사가 유구한 '천인합일天人合一' 등의 생태사상 및 하이데거 후기 미학사상의 일부 관념을 결합시켜, 쩡판런의 생태존재론 미학관은 "'현존재와 세계'가 세상에 존재한다는 존재론적 시각에서 인간과 자연만물의 관계를 정의한다면, 인간과 자연만물은 긴밀히 연결되어 하나의 전체를 구성하고 '세계'를 형성하며, 인간의 존재는 바로 이런 '세계'의 관계 속에서, 시간의 흐름 속에서 점차적으로 전개되고 맑고 깨끗한 경지로 향한다."[32]고 주장한다. 자연미도 바로 인간과 만물의 조화로움 속에서 점차적으로 드러나는 현상이지 인간의 사상관념 또는 노동실천을 통해 드러나는 '인간화'의 자연미가 아니다.

생태존재론 미학관의 자연심미는 생태의 시각에서 출발하여 '생태전체주의'를 고수하는데, 이런 생태전체주의는 '인간화의 자연'이 자연 자체의 가치를 등한시하고 인간과 만물이 함께 평등하게 세계를 구성하고 있음을 몰살한 사실을 비판하였다. 생태존재론 미학관이 대두된 시기가 서양의 환경미학보다 약간 늦어 서양 환경미학 이론을 거울로 삼는 동시에 이중의 일부 문제에 대해 적극적으로 응답하였기 때문에, 중국 생태미학이 자연미 이론을 발전시킨 것은 전통형식의 인간화 심미를 비판할 뿐만 아니라 또한 서양 환경미학을 일부 돌파한 것으로 나타난다.

이런 '생태전체' 관념 하의 '생태존재론 미학관'은 칼슨을 대표로 하는 자연심미 중에 존재하는 주객 양분을 반대하는데, 칼슨이 환경심미 중에서의 생태의 중요성을 인식하였지만 생태의 전체적 시야가 부족하여 주객 양분의 입장 속에는 여전히 '인간중심'적 경향을 내포하고 있다고 생각한다. 또 '자연은 모두 아름답다'의 관점에는 뚜렷한 반인문주의적 경향을 가지고 있어 '생태중심주의'라는 또 다른 하나의

---

32 曾繁仁, 『生態美學導論』, 289쪽.

극단을 초래한다고 생각한다. 그러므로 '생태전체주의'가 고수하는 것은 시종일관 하나의 '생태평등'의 핵심관념이다. 그러나 이런 평등은 결코 절대적 의미에서 말하는 평등이 아니라, 만물이 전체 생태라는 큰 환경 속에서 마땅히 있어야 할 위치에 처해 있다는 '각사기직各司其職'의 상대적 평등이다. 이것은 '인류'에 경도하지도 않고 '생태'에 경도하지 않는 '생태인문주의'이다.

'생태존재론 미학'은 그 생태전체 관념을 바탕으로 인간과 생태환경은 분열 대립의 관계가 아니고 인간은 자연을 떠나서 존재할 수 없으며 인간은 자연과 일치하는 '생태 본성'을 가지고 있음을 제기하였다. "인간을 포함한 생물학적 사슬에 있는 모든 존재물이라면, 자신이 처해 있는 사슬의 위치에서 생존·발전할 권리를 향유하는 동시에 이와 같은 권리를 초월해서는 안 된다."[33] 이것은 인간은 생태 사슬이 부여해 준 권리 범위 내에서 자연에게 영향을 미쳐 그 속에서 물질생활과 정신생활의 재료를 획득할 수 있음을 의미한다. 그리고 "일단 생물학적 사슬에 있는 인간과 자연의 동일성을 깨닫고 이것의 기본원리에 근거하여 인간의 본성을 정의한다면, 인간과 자연의 관계는 더욱 인간의 본성에 부합할 뿐만 아니라 인류의 사상과 활동도 더욱 높은 과학성을 지니게 될 것이다."[34] 그러므로 생태존재론 미학이 고수하는 것은 일종의 '생태인문주의'로서, 자연미에 대한 고려 중에서 인간화를 완전히 제거하지 않으며 자연미와 인류활동을 함께 고려한다.

끝으로, 생태존재론 미학은 마르크스의 유물실천존재론을 고수하

---

33 曾繁仁, 『生態美學導論』, 309쪽.
34 曾繁仁, 『生態美學導論』, 308쪽.

였지만 실천미학처럼 지나치게 실천역량을 강조하여 인간화로 향하는 것이 아니라 이것을 이론지도로 삼아 사회실천과 물질제일의 원칙을 고수한다. 이것은 실천미학을 지양한 것이기도 하고 서양 환경미학 중에서 고드로비치를 대표로 하는 자연감상의 '신비방식'과 신비 분위기를 제거한 것이기도 한다.

결론적으로 말하면, 생태미학이 새로운 생태 시각에서 자연미 이론을 비판한 것은 다음과 같은 원칙을 따르고 있다. 첫째, 비판의 시각은 '인간화'로부터 자연·환경·생태로 회귀한다. 둘째, 자연에 대한 감상은 복잡하고 변화가 많은 자연 자체이지 자연의 인간화 형식이 아니며 감상은 마땅히 엄숙하고 심도 있어야 하고 자질구레하고 천박해서는 안 된다. 셋째, 인간은 생태 시스템 중의 존재로서 인간은 생태 시스템을 벗어나 독립적으로 존재할 수 없으며 더욱이 인간중심적 존재가 아니다. 넷째, 감상은 생태윤리를 아울러야 하며 도덕적 중립이 아니다.

3. 생태 시스템 중의 자연지미自然之美
   : 자연미 이론에 대한 생태미학의 초월

위의 글에서는 자연미 이론에 대한 생태미학의 비판적 시각 및 그 원칙을 분석하였다. 그렇다면 생태미학의 시야에서는 또한 자연미 이론을 어떻게 발전시켰을까? 이것은 반드시 자연미를 전체적인 생태 시스템 속에 놓고 살펴봐야 한다. 생태 시스템 중의 자연지미는 우리가 고찰할 주요 대상이다. 생태 시스템 중의 자연지미는 하나의 통일된 자연미 관념이 아니라 생태문명의 시대적 배경 하에 각기 다른 철학문화전통 중에서 생성된 생태적 의미를 지닌 다원화의 자연미 이론이다.

전통적인 자연미 이론과 비교하면, 생태 시스템 중의 자연지미 이론의 전향轉向은 생태윤리 발전의 도움을 받았다. '생태윤리의 아버지'로 불리는 알도 레오폴드는 환경보호 실천을 통해 자신의 생태윤리 관념 중에서 '대지미학'을 제기하였다. 레오폴드는 '인류공동체'에 근거하여 '토지공동체' 개념을 개척해냈다. 아울러 토양·물 및 이 땅에서 생존하고 있는 각종 동식물(물론 인간도 포함됨)은 모두 '토지공동체'의 일부분으로서 이것들은 하나의 완전한 생태 시스템이라고 지적하였다. 시스템의 각 구성부분은 서로 연관되고 서로 영향을 주면서 일종의 '토지 피라미드' 방식으로 존재한다(경쟁하면서도 협력함). 대지가 피라미드의 최하층으로서, 위에는 차례대로 식물 층과 각종 동물 및 인간으로 구성되어 있고, 아래에 있는 층이 바로 위에 있는 층을 위해 직접적으로 음식과 다른 용도를 제공해준다.

결국 사망과 쇠퇴는 또 만물을 대지로 돌아오게 하기 때문에 이것은 하나의 동태적 '순환체계'이다. 즉 토지가 '근원'이고 또한 '귀로'이다. 레오폴드의 토지윤리는 "공동체 중에서 정복자의 면목으로 나타나는 인류의 배역을 이 공동체 중의 평등한 일원과 공민으로 바꿔 놓았다. 이것은 모든 구성원에 대한 존경을 내포하고 있으며 또한 이 공동체 자체에 대한 존경도 포함하고 있다."[35] 레오폴드의 자연미에 대한 감상은 바로 이런 토지윤리를 토대로 확립된 것으로서, 자연지미는 결코 경제적·형식적 또는 인간의 정신 의지화意志化 전제 하의 '미'가 아니라 생물 공동체의 조화롭고 안정적인 미이다. 레오폴드의 토지윤리와 미학

---

35 Aldo Leopold, 侯文蕙 譯, 『沙鄉年鑑』, 231쪽.

관은 이후 생태·환경 미학자들의 자연에 대한 심미를 위해 많은 이론 자원과 돌파구를 제공해주었다. 예를 들면, 인간과 만물은 모두 '토지 공동체' 중의 일환이다, 자연 자체에 대한 존경과 사랑, 천박한 형식이 아닌 생태의 조화로움으로 자연지미를 판단한다, 토지 생태지식에 대한 이해 등등이다.

물론 서양의 환경미학도 자연심미 중에서 '생태'를 매우 강조하고 또한 심미감상 과정 중에서 생태를 환경미학의 가장 기본적인 차원으로 간주한다. 칼슨을 대표로 하는 '인지방식'은 본연의 자연을 감상하는 과정 중의 '생태지식'의 중요성을 명확히 제기하였고, 버린트를 대표로 하는 '참여방식'은 더욱이 생태의 큰 환경 속에서 각 부분 사이의 상호 관련과 상호 영향의 관계를 구현하였으며, 그리고 그 외의 각종 자연미 감상에 대한 방식과 입장도 모두 생태적 맥락에서 자연의 각종 특징을 발굴하고 있었다. 물론 이런 환경미학은 모두 생태 시야에서 출발하는 자연에 대한 존경과 사랑을 토대로 확립되는 것이다. 하지만 전체적으로 말하면, '환경미학'의 더욱 중요한 점은 '자연'이라는 심미대상에 대하여 우리는 '과정상'에서 '어떻게' 감상할 것인가 하는 문제를 강조한다.

그러므로 자연미 이론에 대한 환경미학의 탐구는 여러 가지 양상을 드러냈다. 어떤 사람(칼슨 등)은 자연미에 대한 감상은 여전히 주-객의 입장에서 '과학인지'가 첨가된 감상이라고 생각하고, 어떤 사람(버린트 등)은 주-객의 구분을 제거하고 '일원-元' 융합의 각도에서 감상할 것을 고수하고, 어떤 사람(유리코 사이토, 토마스 헤이드 등)은 과학지식에는 생태학·생물학·지리학 등을 포함할 뿐만 아니라 민간민속·전설 내지 신화 이야기도 포함한다고 생각하고, 어떤 사람(노엘 캐롤의

'각성방식')은 오히려 자연은 이런 '지식'의 힘을 빌려 감상할 수 없고 자연의 분명한 특징에 대한 감정반응을 바탕으로 한다고 생각한다. 심지어 어떤 사람(고드로비치)은 자연이 일종의 막연하고 인간화를 없앤 존재이며 자연감상은 오직 자연의 이런 신비감과 소외감만을 감상할 수 있다고 생각한다. …… 요컨대 자연감상을 위해 하나의 합리한 방식을 찾아주는 데 중점을 두고 있다.

　서양 '환경미학'은 자연환경에 대한 감상에만 관심을 기울였기 때문에 체계화되고 전체론적인 생태미학 사유의 패러다임을 형성하지 못하였다. 이것은 주로 서양의 철학문화전통 및 사상패턴과 밀접히 관련되어 있다. 우선, 서양사상은 줄곧 '진眞'을 추구하는 전통을 가지고 있었다. 사람들이 세계를 사색할 때에 세계 현상의 배후에 있는 본질적인 것을 탐색하기 때문에 서양철학이 줄곧 찾아왔던 것은 '본원本原'·'진리眞理'·'이념理念'·'로고스'였다. …… 이러한 '구진求眞'의 사유가 서양의 예술과 미학에 미친 영향은 심원하였으며, 이것은 또한 헤겔이 "미는 이념의 감성적 표현이다."라고 말한 원인이기도 하다. 비록 생태위기의 영향 속에서 사람들이 자연환경을 재조명하였지만, '구진'의 전통은 그들이 자연감상을 구축할 때에 "대상은 무엇인지" "어떤 방식을 취해야만 정확하게 감상할 수 있을지"라는 문제를 발굴하도록 만들었다. 다음으로, 서양철학 전통 중의 이원대립의 주-객 방식은 그것이 환경에 대한 감상 속에서 구체적이면서도 선명한 '대상'을 찾게 만들었지만 레오폴드가 가져다준 '토지공동체'의 '생태'는 대상이 아닌 일종의 관계로만 간주되었다. 이러한 철학배경의 영향 속에서 환경미학 중의 생태는 단지 일종의 '생태지식'으로서 구체적인 자연환경의 심미감상 과정에 참여하게 되었다.

하지만, 이것은 레오폴드가 자연미에 대해 탐색한 생태방식이 서양에서 종결하였음을 의미하지 않는다. '생태미학'은 서양에서 '경관생태학'의 실천적 패러다임으로 연속되었다. '생태미학'의 실천자들은 주로 조경사·건축사·산림관리자 등이다. 그들은 설계·관리 등의 실천적 탐색 과정에서 '생태심미 사상'을 형성하였는데, 대표적 인물로서는 건축디자이너 고주석Jusuck Koh과 산림관리자 폴 고브스터Paul Gobster이다.

고주석의 건축이념은 건축·조경·미학과 생태의 이론을 교차하고 융합하는 데 진력하였는데, 버린트의 '미적 장aesthetic field'의 개념을 현상학 미학의 참조로 삼았으며 동양미학의 일부 관점을 흡수하였다. 그의 '생태미학'은 일종의 '생태설계' 속에 구현되며 '생태적 건축설계의 미학'이다. 이러한 생태설계는 건축과 자연의 특징을 조화시키는 데 노력함으로써 건축이 자연경관 속에 더욱 잘 융화하여 양자가 독자적 존재가 아닌 혼연일체가 되도록 한다. 고주석의 생태미학은 서양 초기의 일부 조경사와 지리학자들이 자연경관에 대한 정량적인 측정과 평가 관점을 비판하였는데, 후자가 단지 시각적 감수를 근거로 하는 인간과 경관의 이원대립에만 멈춰 있고 '픽처레스크' 감상과 유사한 '경관방식'이며, 아직 환경미의 진정한 의미를 다루지 못하여 설계의 활용 과정에 건축과 경관의 융합을 실현할 수 없다고 생각하였다.

따라서 그는 '전체 환경'을 주목하는 '생태지미'를 제기하였다. 고주석의 생태미학 사상은 그의 설계 이념 속에 집중적으로 드러나 있다. 그는 이원대립을 돌파하고 대상과 주변 환경의 혼연일체를 강조하는 '포용성 통일inclusive unity', 전통적인 형식 균형을 돌파하고 전반과정의 질서 균형을 주목하는 '동적 균형dynamic balance', 경관과 자연요소로 인류의 건축물을 보충하여 '조화롭게 공생하는' 효과를 달성하는

'보충성complementarity'이라는 건축설계 중의 세 가지 미학생태 패러다임을 제기하였다. 요컨대, 고주석의 생태미학관은 인류를 위해 더욱 건강하고 쾌적한 주거환경을 마련해주고, 건축설계가 단순히 '건축대상'과 '형식'에서 출발하는 것을 반대하며, 인간과 건축을 환경이라는 큰 배경 속에 융화시켜 동적이고 통합적이며 미학적 함의를 지닌 좋은 시스템을 이루는 데 뿌리를 두고 있다.[36]

폴 고브스터는 레오폴드의 '대지미학'과 고주석의 '생태설계미학'을 흡수한 동시에 산림관리에 응용하여 자신의 업무적 관찰 중에서 발견한 산림의 심미가치와 생태가치 간의 충돌문제를 해결하려고 하였다. 이것은 일종의 '산림 경관관리 생태미학'이다. 그는 주로 사람들의 산림에 대한 '심미방식'을 비판하는 것으로부터 출발하여, 전통 방식을 전제로 하는 산림의 심미가치와 생태가치가 서로 충돌하는 이유는 전통적인 산림 심미가 사실상 주객이 분리된 경관방식으로서 화가의 관점에서 산림의 배치·색깔·형태를 감상하고 평가하는 것이며 산림에게 인류의 이상적인 시각화 감상이라는 타이틀을 붙여주기 때문이라고 생각한다.

이런 감상은 산림 자체의 생태성을 도외시하기 때문에 필연코 산림의 심미가치와 생태가치의 충돌을 초래할 것이지만, 만약 생태적 시선으로 심미 감상한다면 양자는 화해할 수 있다. 고브스터는 생태적 관점에서 '경관 감지 과정landscape perception process'이라는 생태심미 구

---

36 고주석의 생태미학 사상에 관한 자세한 분석은 필자의 논문을 참고하기 바란다. 胡友峰, 「경관설계는 왜 생태미학적인 것인가?: 고주석을 중심으로 한 고찰」, 『서남민족대학학보』 제4기.

조를 제기하였다. 그는 이 과정은 네 가지 요소를 포함하고 있다고 지적하였다. 즉 모든 감각기관을 환기시키고 생태학 지식을 가지고 있으며 토지에 깊은 사랑과 존중을 가지고 있는 '인간', 예술화되지 않고 생동감 있으며 전체적이고 동적인 모든 감각기관으로 감수하는 '경관', 주객대립을 돌파한 적극적이고 참여방식의 '인간과 경관의 상호작용', 간단한 시각적 인상을 돌파하여 심미감수를 가져다줄 뿐만 아니라 윤리가치도 융합될 수 있는 '결과'이다. 고브스터는 생태적 차원에서 산림관리 실천 과정에서 '픽처레스크'식의 심미에 대해 돌파하였다.[37]

서양의 '환경미학' 및 '경관생태학'을 바탕으로 발전된 '생태미학'과 비교할 경우, 중국의 자연지미에 대한 사유는 직접 '생태미학' 이론의 자태로 성장되어왔다. 왜냐하면 관계 및 전체성에 대한 생태의 관심은 중국의 고전철학과 매우 일치하기 때문이다. 중국철학의 사유방식은 '구진求眞'의 서양철학과 다르다. 중국 철학자들은 '본원本原'에 대한 탐구를 철학 활동의 근본적인 입각점으로 삼는 경우가 드물며, 그들은 '관계' 즉 인간과 세계의 관계, 인간과 인간의 관계 등을 탐구한다. 그러므로 중국철학 전통이 강조하는 것은 비물질적인 실체성이 아닌 연관성이어서 생태미학이라는 '생태관계'는 매우 쉽게 받아들여졌다. 게다가 중국문화에는 예로부터 '자연'·'환경'에 대한 사유가 적지 않다.

비록 지금의 환경보호 의식에서 비롯된 것은 아니지만 중국의 사상가와 문학가들의 자연에 대한 사유는 본래부터 생태적 의미를 가지고 있다. 유가의 '생생위역生生爲易'에서 '천인합일'까지, 도가의 '도법자

---

[37] 고브스터의 생태미학 관점에 관하여, 필자의 논문 「생태미학 이론 구축의 몇 가지 기초문제」, 「남경사회과학」, 제4기에 자세한 분석이 있다.

연道法自然'에서 '만물제일萬物齊一'까지, 불가의 '중생평등衆生平等'에서 '불성연기佛性緣起'까지, 산수시山水詩에서 산수화山水畵까지 …… 심지어 어떤 사람은 중국 고대의 자연관이 바로 일종의 '생태미학관'이라고 말한다. 그러므로 중국의 전통문화 속에 내포하고 있는 풍부한 생태사상도 '생태미학'이 중국에서 발전함에 있어서 사상적 근원을 마련해주었다. 따라서 중국 '생태미학'의 자연미에 대한 관심은 거시적 사유방식·철학기초와 가치관 등 관계방식의 탐구에 착안하였다. 쩡판런의 '생태존재론 미학관'은 바로 전체성에서 출발하여 인간과 자연의 관계를 사색함으로써 '생태'도 고려하고 '인문'도 고려하는 심미 패러다임을 제기하였다. 쩡융청曾永成의 '인본생태미학'은 마르크스의 생성 본체론을 바탕으로 "'자연은 인간을 향하여 생성한다'는 기본규칙으로 심미가치의 생태적 척도를 확립하고, 생태 진화와 인성 생성의 고도高度에서 정신지미의 정체성을 정립하며, 또한 인성 생성에 대한 자연지미의 생태적 함의를 밝혔는데" 그 핵심 범주가 비실체성의 '율동적 감응'이다. 위안딩성袁鼎生도 방법론의 관점에서 생태미학을 탐색하고 생태미학의 '정생整生' 방법을 제기하였다. 리우헝찌안劉恒建은 생태미학의 본원성에 대해 탐구하고 "생태미학의 본원성은 바로 그것의 대도성大道性이다."라고 지적하였다. 이펑처儀平策도 현대인류학의 사유 패러다임을 생태미학의 사고 속으로 융합시킬 것을 제기하였다.

  이상의 논술을 통해, 똑같이 생태 시스템 속의 자연지미를 탐구하고 똑같이 생태의식의 큰 배경에서 출발하지만, 중국과 서양에서는 서로 다른 연구 시점視點과 사유방식이 생성되었고, 생태 시스템 속의 자연지미에 대해서도 서로 다른 주안점을 가지고 있음을 발견할 수 있다. 총체적으로 말하면, 서양의 환경미학과 중국의 생태미학은 모두 이론적인 탐색에 속하며 '사思'에서 '사思'로 간다는 점에서 양자는 일치한다. 그러나 중국의 '생태미학'은 처음부터 자연미를 본체론적으로 승낙하였고, 그 속의 관계측면과 철학기초·윤리관·가치관으로부터 새로운 생태심미 패러다임을 창조하는 데에 중점을 두었으며, 거시적인 발전과 탐색에 착안하고 더욱 넓은 시야를 가지고 있는 일종의 생태철학의 전개인 듯하다.

　서양의 '환경미학'은 거의 아직도 인식론의 범위 안에서 전개되고 있는데, 그것이 주목하는 것은 구체적으로 어떻게 자연환경이라는 대상을 감상할 것인지, 과학지식을 위주로 하는 '인지방식'인지 아니면 몸과 마음을 투입하는 '참여방식'인지, 자연감상 중에서 '과학'이 작용을 일으키는지 아니면 '감정'이 환기하고 있는 것인지 등이다. 이와 같이 심미감상 중에서 구체적인 세부사항을 강조하는 환경미학은, 분명히 자연미 이론 감상의 운용 측면에 많은 새로운 사고 맥락을 마련해 주었지만 '생태'적 의미는 없어졌다. 서양의 '생태미학'은 중국의 생태미학과 마찬가지로 '생태미학'으로 불리지만 중국의 생태미학과 서양의 환경미학과는 모두 다르다. 그것은 생태실천의 문제를 해결하기 위해 대두된 것으로서, '실천'에서 '사유'로 가고 다시 '실천'으로 간다. 물론 중국의 생태미학과 서양의 환경미학도 이론이 형성된 이후에 자연미의 감상에 대해 실천 지도적 작용이 있지만 그것의 실천적 의미는 서양의 생태미학보다 훨씬 못하다.

　생태 시스템 중의 자연지미라는 시각에서 출발하여 생태미학은 전통적인 자연미 이론을 초월하였다. 생태 시스템 중의 자연지미는 전체의 미와 관계의 미이며, 더 이상 '고립된 대상의 실체적 형식미'가 아니고 '픽처레스크' 대상의 경관미도 아니며, 더욱이 인간중심주의의 '인간화'의 자연지미가 아니다. 이러한 초월은 서양에서 두 가지 측면에 구현되고 있다. 자연심미 감상에 대한 서양 환경미학의 구체적인 이론적 운용 측면과 자연지미에 대한 서양 생태미학의 실천적 운용 측면이다. 자연미 이론에 대한 중국 생태미학의 초월은, 생태 시야의 전체적·관계적인 구조가 구체적인 심미의 운용과 실천을 위해 더욱 투철한 거시적 지침을 제공해줄 수는 있다는 점에 구현되고 있다. 이것은 또한 쩡판런이 자신의 논저에서 "대체로 그것들은 모두 생태미학의 동맹군이 되었다. 그러므로 넓은 의미에서 말하면 우리의 생태미학도 마땅히 환경미학을 받아들여야 한다."[38]는 주장을 왜 제기했는지에 대한 이유이기도 하다. 요컨대 생태 시스템 중의 자연지미는 마땅히 삼자의 장점을 흡수하여 자연스럽고 조화로우며, 아름답고 건강하며, 장기적인 발전에 더욱 이로운 자연미 이론을 구축해야 한다.

---

38 曾繁仁, 『生態美學導論』, 290쪽.

참고문헌

李澤厚, 1982,『美學論集』, 上海文藝出版杜.
李澤厚, 1984,「美學二題議」,『中國當代美學論文選(第二集)』, 重慶出版社.
李澤厚, 1999,『美學三書』, 安徽文藝出版社.
李澤厚, 1999,『哲學美學文存(下編)』, 安徽文藝出版社.
李澤厚, 2001,『美學四講』, 天津社會科學出版社.
曾繁仁, 2010,『生態美學導論』, 商務印書馆.
Arnold Berleant, 張敏·周雨 역, 2006,『環境美學』, 湖南科學技術出版社.
Aldo Leopold, 侯文蕙 역, 2016,『沙鄉年鑑』, 商務印書館.
Allen Carlson, 薛富興 역, 2012,『從自然到人文』, 廣西師範大學出版社.
Georg Wilhelm Friedrich Hegel, 朱光潛 역, 2017,『美學』, 北京大学出版社.
Karl Heinrich Marx, 1984,『1844年經濟學哲學手稿』, 人民出版社.
Richard Payne Knight, 1806, An Analytical Inquiry into the Principles of Taste[M], London: T. Payne etc.
Ronald Rees, 1975, The Taste for Mountain Scenery[J], History Today.
曹景元, 1984,「美感與美-批判朱光潛的美學思想」,『中國當代美學論文選(第一集)』, 重庆出版社.
劉成紀, 2009,「"自然的人化"與新中国自然美理論的邏輯進展」,『學術月刊』第9期.
張惠青, 2019,「論生態美學的三個維度-兼論加塔利的"三重生態學"思想」,『文藝理論研究』第1期.
Allen Carlson, 1979, "Formal Qualities and the Natural Environment[J]", *Journal of Aesthetic Education*.
Holmes Rolston Ⅲ, 1998, "Aesthetic Experience in Forests[J]", *Journal of Aesthetics and Art Criticism*.
Janna Thompson, 1995, "Aesthetics and the Value of Nature[J]", *Environmental Ethics*.
Stan Godlovitch. 1998, "Valuing Nature and The Autonomy of Natural Aesthetics[J]", *British Journal of Aesthetics*.
Uvedale Price, 1999, "An Essay on the Picturesque as Compared with the Sublime and Beautiful[A]", Dabney Townsend, *Eighteenth Century British Aesthetics. Amityville[C]*, New York: Baywood Publishing.
William Gilpin. 1794, *Three Essays: on Picturesque Beauty; on Picturesque Travel; and on Sketching Landscape: to Which is Added a Poem, on Landscape Painting[M]*, London: Second Edition.

팔조목(八條目)의 생태미학적 이해

이용윤 李容潤
성균관대학교 유학대학

내용요약

생태미학이 독립적 학문영역으로 인정받기 위해서는 더 많은 연구와 학계의 동의가 필요한 단계이지만, 생태미학이 제시하는 방향성과 방법론은 분명해 보인다. 생태미학의 지향점이 생태학과 미학의 연계를 통한 생태계 모든 존재들의 지속가능한 상호공존의 장을 마련하자는 것이라는 것에는 대부분의 생태미학자들이 동의하고 있기 때문이다. 자연과 인간의 유기적 상호연관성과 불가분성을 중시하는 생태미학의 이러한 접근은, 유가에서 추구하는 단계적 관심영역의 확대와 분명한 공통분모를 지니고 있다.

즉 팔조목八條目에서 제시하는 "격물格物 – 치지致知 – 성의誠意 – 정심正心 – 수신修身 – 제가齊家 – 치국治國 – 평천하平天下"라는 모식은, 팔조목과 생태미학이 궁극적으로 인식과 관심 영역의 확대라는 측면에서 동일하게 이해될 수 있다는 것을 언명하고 있다고 여겨진다. 아울러 이는 인문학적 교육이 지향하는 바이기도 하다. 즉 특정 공동체 내의 개체들 간의 차이보다는 공통점에 주목하고자 하는 공통된 지향점을 지니고 있는 것이다. 아울러, 콜버그Lawrence Kohlberg의 도덕성 발달 이론이나 내쉬Roderick Nash의 관심영역 확대 모식은 유학이나 생태미학이 지향하는 이상적 인간관과 세계관을 향한 의미있는 견해들을 제시하고 있다.

핵심어: 팔조목, 생태미학, 성선설, 맹자, 콜버그(Lawrence Kohlberg), 내쉬(Roderick Nash)

1. 유가儒家의 단계적 관심 영역의 확대

팔조목八條目은 유가에서 추구하는 도덕적 수양의 지향점을 명시하는 개념으로 잘 알려져 있다. 격물格物 – 치지致知 – 성의誠意 – 정심正心 – 수신修身 – 제가齊家 – 치국治國 – 평천하平天下라는 단계들이 유가적 인식론과 도덕실천론의 상호연관성과 불가분성을 언명하는 것이라는 데에는 이견이 없을 것이다. 생태미학은 흔히 인간과 생태계의 모든 존재간의 상호연관성과 공존을 위한 모색으로 이해되고 있다. 그렇다면, 팔조목에 드러난 유가적 지향점이 생태미학적 세계관과 접목될 수 있을까? 팔조목과 생태미학은 궁극적으로 인식과 관심 영역의 확대라는 측면에서 동일하게 이해될 수 있으며, 이는 유가적 도덕철학과 생태미학적 가치관의 공통된 지향점이기도 하다. 아울러 이는 인문학적 교육이 지향하는 바이기도 하다. 즉 각 존재나 개체들 간의 차이보다는 공통점에 주목하고자 하는 공통된 지향점을 지니고 있는 것이다. 그럼 팔조목이 상징하는 유가의 단계적 관심 영역의 확대가 생태미학이 지향하는 생태계 모든 존재간의 지속적 공존이 어떻게 서로 융화될 수 있는지에 대해 고찰하도록 하자.

유학儒學의 기틀을 마련했던 선진시대 유학자들의 도덕실천 가르침은 도덕적 실천의 단계적 확대로 이해할 수 있다. 특히 유가적 윤리철학의 토대와 프레임이 잘 드러나 있는 사서四書의 내용을 살펴보면, 유가적 도덕실천의 방향성과 방법론을 파악하는 어렵지 않게 파악할 수 있을 것이다. 유가적 도덕 실천의 방향성과 방법론을 언급하고 있는 대표적인 내용인 팔조목 구절은 다음과 같다.

> 옛날 명덕을 천하에 밝히고자 하는 자는 먼저 그 나라를 다스리고, 그 나라를 다스리고자 하는 자는 먼저 그 집안을 가지런히 하고, 그 집안을 가지런히 하고자 하는 자는 먼저 그 일신을 수련하고, 그 일신을 수련코자 하는 자는 먼저 그 마음을 바르게 하고, 그 마음을 바르게 하려는 자는 먼저 그 뜻을 성실히 하고, 그 뜻을 성실히 하고자 하는 자는 먼저 그 앎을 지극히 하였으니, 앎을 지극히 함은 사물의 이치를 궁구함에 있다.[1]

아울러, 『대학』의 팔조목 이외에도 팔조목의 논지와 상응하는 사서의 구절들은 아래와 같다.

> 맹자가 이르길, "군자가 물건에 대해서는 사랑하기만 하고 인애하지 않으며, 백성에 대해서는 인애하기만 하고 친애하지 않으니, 친척을 친애하고

---

[1] 『大學』: "古之欲明明德於天下者先治其國, 欲治其國者先齊其家, 欲齊其家者先修其身, 欲修其身者先正其心, 欲正其心者先誠其意, 欲誠其意者先致其知, 致知在格物."

서 백성을 인애하게 하고, 백성을 인애하고서 물건을 사랑하는 것이다.[2]

한 집안이 인을 실천하면 온 나라가 인을 행하고, 한 집안이 겸양을 실천하면 온 나라가 겸양을 행한다.[3]

위의 구절들을 통해 유가적 윤리철학의 지향점은 명백해 보인다. 자신의 내적 외적 수양에서 시작해, 관심과 수양의 외연을 천하, 즉 자신이 속한 아울러 상상할 수 있는 최대의 공동체까지 확대하라는 것이다. 이런 점에서 『논어論語』 「선진先進」의 "군군君君, 신신臣臣, 부부父父, 자자子子"(군왕은 군왕답게 행동하고, 신하는 신하답게 행동하고, 아버지는 아버지답게 행동하고, 자식은 자식답게 행동한다)의 구절에서와 같은 상하 위계질서에 바탕한 도덕적 실천 역시, 유가의 최종적 가르침으로 이해되어서는 곤란할 것이다. 자신의 윤리적 대상을 인류공동체, 나아가 우주만물에까지 지향한다는 것이 초기 유가적 가르침의 설계자 모두가 지닌 큰 그림이라는 것이, 사서四書의 전체 맥락에서 너무나 명백하기 때문이다.

생태계 전체를 아우를 수 있는 유가적 가르침의 최초 설계자인 공자는 자신의 윤리적 큰 그림의 기초공사를 위해, 천天의 권위를 빌려왔다는 것은 『논어』의 여러 구절에서 파악할 수 있다. 이런 측면에서 공자 당시 만물의 근원이자 권위의 상징으로 받아들여졌던 천이, 공자

---

[2] 『孟子』 「盡心」 上: "孟子曰: 君子之於物也, 愛之而弗仁, 於民也, 仁之而弗親, 親親而仁民, 仁民而愛物."
[3] 『大學』: "一家仁一國興仁, 一家讓一國興讓."

에게 어떻게 묘사되고 재구성되었는지를 살펴보는 것이, 선진시대 유가의 윤리철학을 이해하는 시발점이라 여겨진다.

2. 공자의 도덕철학에서 천天이 지니는 의미

많은 학자들이 『논어』에 나타난 천天의 함의에 대해 다양한 분석을 내놓았는데, 이는 천의 개념이 고대 중국의 지적 토양을 분석하는데 필수적일 뿐만 아니라, 간단하게 요약 정리될 수 있는 것이 아니라는 어려움 때문이다. 예를 들어, 펑요우란馮友蘭(1895-1990)은 『논어』에 나타난 천의 의미를 다음의 다섯 항목, 즉 1) 물리적 하늘, 2) 주재자, 3) 운명, 4) 자연, 5) 윤리적 법칙으로 정리했다.[4] 많은 학자들은 이러한 천의 다중적 측면들이, 시대의 변화에 따른 천의 진화적인 변천을 반영하고 있는 것으로 이해하고 있다.

공자와 그의 제자들이 천을 모든 만물의 존재 근원이자 시초로 이해하고 있다는 것은 여러 문헌을 통해 확인할 수 있는데, 그 단적인 예는 그들의 중시했던 『시경』에서 찾을 수 있다. 『시경詩經』「대아大雅·증민烝民」에 "천생증민天生烝民, 유물유칙有物有則."(하늘이 뭇 백성을 내시니, 사물이 있으매 법칙이 있다)라는 구절은 공자가 지니고 있는 천의 우주론적 의미를 잘 반영하고 있다 할 수 있다.[5] 아주 간결하면서도 함축적

4　馮友蘭, 『中國哲學史』, 商務印書館, 55쪽.
5　『孟子』「告子」上에는 위의 시경을 똑같이 인용되어 있다. "詩曰, '天生烝民, 有物有則. 民之秉夷, 好是懿德.' 孔子曰, '爲此詩者, 其知道乎! 故有物必有則, 民之秉夷也, 故好是懿德'."(『시경』에 이르기를 "하늘이 뭇 백성을 내시니, 사물이 있으매 법칙이 있다. 사람들이 마음에 떳떳

인 이 구절은, 천이 모든 존재의 최초 원인으로 만물을 소생시키고, 존재하는 모든 것들 간에 상호법칙을 부여하는 절대 존재로 이해될 수 있음을 명시하고 있다.[6]

천이 비록 인간과 직접 소통하거나 음성을 들을 수 있는 인격신은 아니더라도, 절대 존재로서 인간 사회의 모든 영역에서 법칙과 당위를 부여하는 초월적 영향력을 지니고 있는 절대권위로 설정되어 있음에 주목할 필요가 있다. 공자가 천은天意을 자연현상에 반영되는 것으로 이해하고 있는 것에서 유추할 수 있듯이, 공자는 자신의 윤리적 가르침을 일종의 자연법으로 설명하고 있음을 알 수 있다. 즉 천의는 자연법과 마찬가지로 인간에 의해 거역할 수 없는 보편타당한 진리로 이해되어야 한다는 것을 의도하고 있는 것이다.[7]

위에서 살펴보았듯이 공자의 도덕적 가르침은 천에 근거한 우주

한 本性을 가지고 있으니, 이 아름다운 德을 좋아한다" 하였는데, 공자께서 이르시기를 "이 詩를 지은 자는 그 道를 알 것이다. 그러므로 사물이 있으면 반드시 법칙이 있으니, 사람들이 떳떳한 본성을 지니고 있어 이 아름다운 덕을 좋아한다" 하셨다.) 맹자의 이러한 시경과 공자의 언급은 공자와 맹자 당시, 『詩經』과 天이 지니는 권위와 위상을 방증하는 것으로 이해할 수 있겠다.

[6] 아울러 『논어』의 많은 구절들은 天이 단지 상징적 존재에 머물러 있었던 것이 아니라, 공자의 도덕적 정치적 판단의 실질적 근거로 작용하고 있음을 알 수 있다. 『論語』「八佾」: "獲罪於天, 無所禱也." (하늘에 죄를 얻으면, [용서를 빌기 위한] 기도 대상이 없다)라는 공자의 언급을 수록하고 있는데, 이는 천이 공자에게 지닌 절대적 권위를 단적으로 증거하는 것으로 볼 수 있다. 즉 공자에게 천은 도전할 수 없는 궁극적 절대권위를 지닌 존재로 인정되고 있는 것이다.

[7] 동서양의 역사를 통해 '자연'이라는 용어가, 특정 개인과 단체들에 의해 '자연스럽지 않게' 활용되어왔음을 알 수 있다. '자연법(natural law)'이라는 술어가 암시하듯, '자연'이 내포하는 '거역할 수 없는 영원불변의 원칙'이라는 권위는, 특정 이념과 주장을 논변하는 주체들에 의해 끊임없이 재해석되어왔다. 즉, '자연'이라는 표현은 그 실제적 내용 보다는, 권위를 부여하기 위한 수사적 기능에 그 일차적 의미가 있다고 볼 수 있다. 서구 전통에서 자연(nature)이라는 개념이 어떻게 다양하게 정의되었으며, 그 수사학적 기능이 무엇이었는지에 대한 자세한 예증과 논증은, 생태역사학자 Donald Worster의 *Nature's Economy: A History of Ecological Ideas*과 Wayne Proudfoot의 *Religious Experience*를 참조하기 바란다.

론과 마찬가지로 상하질서를 강조하는 구조적 유사성을 지녔다고 이해할 수 있다. 『논어』에 나타난 공자의 몇몇 기록은 공자가 상하 위계질서보다는 평등적 관계를 강조하는 듯한데, 그 대표적인 구절은 『논어』「안연顏淵」에 수록된 "기소불욕己所不欲, 물시어인勿施於人."(자신이 원하는 않는 바를 타인에게 행하지 말라)라 여겨진다. 즉 이 구절은 윤리적 상호주의로 해석될 수 있다는 측면에서 황금률Golden Rule로 이해될 수 있는 측면이 있다. "네가 대접받고 싶은 대로 남을 대접해라"라는 도덕규범으로서의 황금률에는, 사회적 지위나 개인적 친분관계에 상관 없이 모든 사람을 평등하게 대해야 한다는 전제가 깔려있다.[8] 또한, 칸트Kant(1724-1804)에 의해 더욱 체계화된 의무론deontological theory에서 이런 황금률의 기본 전체는 핵심적인 역할을 한다.[9]

앞서 언급했듯이, 윤리학의 주요 관심사 중에 하나가 인간 행동의 판단 기준을 정하는 것인데, 『논어』에 수록된 여러 문구를 통해 공자가 天에 기반한 우주론을 모든 법칙과 가치의 근원으로 상정하고 있음을 알 수 있다. 이는 곧 공자의 윤리적 가치의 판단기준이 곧 절대 존재, 즉 天이며, 천에 기반한 그의 우주론을 이해하는 것이 그의 윤리사상을 이해하는 필수적인 기본 프레임을 제공한다고 볼 수 있다.

---

[8] 『論語』「雍也」편에 수록된 다음 구절도 수평적 상호관계가 중시되는 황금률로 이해될 수 있을 것 같다. "夫仁者, 己欲立而立人, 己欲達而達人."(무릇 인한 사람은 자신이 서고자 함에 남도 서게 하고, 자신이 도달하고자 함에 남도 도달하게 한다.)

[9] 칸트는 인간의 행위의 판단은 순전히, 자신의 의무와 상대의 권익을 위한 선의지(good will)에 의한 것이며, 보편타당성을 지닌 정언명령(categorical imperative)에 따른 것이어야 한다. 자신의 이익이나 불평등 관계에 바탕한 행동은 그 결과가 아무리 좋더라도, 정당화될 수 없는 것이다. 즉, 칸트에 의해 언표된 정언명령은, 각 개인이 보편법칙, 즉 모든 문화권의 사람들이 받아들일 수 있는 이법에 의해 행동해야 함을 요구하고 있다. Immanuel Kant, *Grounding for the Metaphysics of Morals*, 3rd e., translated by James W. Ellington, Hackett.

위에서 살펴보듯, 공자의 윤리체계는 천의 권위에 기반한 인간사회의 상하질서를 자연법적인 불변의 사실로 설명하려는 시도로 이해할 수 있다. 하지만 이러한 공자의 도덕체계가 객관적 서술이 아닌, 의도적 기획 측면이 강하다는 것을 간과해서는 안 된다. 여기서 우리는 윤리규범들은 본질적으로 사실판단이 아니라 가치판단의 범주에 속한다는 것에 주목할 필요가 있다. 즉 공자가 강조하는 상하질서에 의한 사회적 가치질서와 체계에의 준수 여부는, 도덕적 판단에 속하는 것으로, 도덕 판단은 주관의 개입이 불가피한 가치판단의 범주에 속한다. 즉, 인간의 본성에 대한 판단은, 기록에 의한 사실관계 확인이나 물리현상처럼 가설 검증이 가능한 객관적 사실과는 구별되는 것으로, 관찰자의 주관이 판단의 주된 변수인 것이다. 모어 G. E. Moore(1878-1958)는 도덕적 선과 악을 자연적이고 내재적인 속성으로 이해하는 것을 자연주의적 오류 naturalistic fallacy 로 규정했다.[10]

여기서 주목할 부분은 공자가 왜 천의 수직적 위계질서에 바탕한 윤리체계를 주장했는가이다. 공자가 요순堯舜시대나 주나라 문왕文王, 주공周公 시대로 상징되는 과거의 이상사회를 회복하려는 사명감을 지녔고, 이상사회 회복을 위한 윤리 덕목으로 인仁, 인의, 예禮 등을 주장한 것은 여러 문헌에서 확인할 수 있다. 공자 스스로 천명했던 "술이부작述而不作, 신이호고信而好古."(나는 과거 성인聖人의 가르침을 전술할 뿐 창

---

[10] 즉 도덕적으로 '옳다', '그르다', '선하다', '악하다'는 판단을 '유쾌하다', '진보했다' 등의 자연주의적 표현으로 이해하는 것은, 사실(fact)을 존재로 이해하는 것과 같은 오류라고 논증하고 있다. 이는 비형식 논리의 오류인 자연에의 호소(appeal to nature)의 한 예에 속하는 것으로 이해되고 있다 (G. E. Moore, *Principia Ethica*, edited and introduced by Thomas Baldwin, Cambridge University Press.

작하지 않았고, 과거의 것을 믿고 좋아할 뿐이다)라는 표현에서 유추할 수 있듯이, 공자에게 있어 덕치德治가 구현된 이상사회를 향한 노력은, 공자 당시 고사 상태에 빠져 있던 옛 성현의 예법禮法 등 과거 회생시키려는 헌신으로 이해할 수 있다. 즉 공자는 주 왕실의 권위 약화와 제후들 간의 패권경쟁으로 혼란한 시대의 처방으로, "과거의 조화로운 이상사회"의 회복을 위해, 전통적 질서와 가르침의 회복을 주장하고 것이다.[11] 공자의 이러한 과거 질서 회복 노력은, 각 개인이 지닌 내적 근원이 아니라, 인간의 외적 권위와 가르침을 통한 교화에 호소하는 것으로 볼 수 있다. 즉 공자는 이상사회와 개인의 덕성 함양을 실현하기 위한 방편으로 "외부의 음성에 귀를 기울이라"고 외치고 있는 것이다.[12]

하지만 공자가 살았던 중국의 춘추 전국시대와는 여러 면에서 대비되는 현대를 사는 우리가, 공자의 윤리체계를 그대로 답습하는 것은, 공자의 사상적 체계가 함축하고 있는 공자의 시대 고민을 간과하는 것임을 주지할 필요가 있다. 즉 공자의 천의 우주론적 접근에 기반한 윤리체계는 공자 당시의 시대적 문제를 해결하기 위한 번뇌의 산물이지, 박물관의 화석으로 이해되어서는 안 된다는 것이다.

---

[11] 공자가 주장하는 '과거의 조화로운 이상사회'가 실재했는가는 논외로 하자. 많은 학자들은 고고학적 발견을 토대로 요순시대와 같은 중국의 유토피아 세계의 실재 가능성에 대해 다소 회의적 견해를 견지하고 있다. 유가의 초기 전통 수립자들에 의해 그려진 이상사회는, 사실적 기록이라기보다, 그들의 사상적 기획에 따른 설정, 혹은 사상적 방향성으로 이해하는 것이 더욱 타당할 것이다.

[12] 荀子 또한 이상적 先王과 패락한 後王의 대비를 통해, 미화된 '역사적 사실'을, 자신의 주장에 권위를 부여하기 위한 주요 논거로 제시하고 있다. Antonio S. Cua에 따르면 순자는 1) 교수법적인(pedagogical), 2) 수사학적인(rhetorical), 3) 명시적인(elucidative), 그리고 4) 평가적인(evaluative) 측면에서 과거 역사에 호소했다고 한다. Antonio S. Cua, "Ethical Uses of the Past in Early Confucianism: The case of Xunzi," in T.C. Kline III and Philip J. Ivanhoe, ed., *Virtue, Nature, and Moral Agency in the Xunzi*, 39-68쪽 참조.

공자는 자신의 윤리체계를 통해 우리에게 근본적인 철학적 질문을 던지고 있다. 즉, 시대와의 불화, 사회와의 불협화음 없이, 시대를 변화시킬 수 있는 능력과 지혜를 공자의 윤리체계는 요구하고 있다. 이런 면에서 공자의 윤리체계는 우리가 철학을 왜 그리고 어떻게 해야 하는가에 대한 기본적 질문과 함께 나름의 답변을 제시하고 있다. 가시적 현상과 당면한 삶의 변수들의 틀에서 벗어나, 더 많은 사람들이 인간다운 삶을 영위할 수 있는 시의적절한 사상적 시스템 구축의 한 가지 모범을 보여주고 있다. 즉 시대적 상황과 공자의 기획적 접근을 고려하지 않고, 공자의 도덕규범이 상하수직적 위계질서에 바탕한 편향적 가르침으로 이해하는 것은 재고되어야 할 것이다. 공자의 윤리체계는 존재에 대한 애정과 관심의 확대를 지향하는 발걸음으로, 공자 당시의 역사적 맥락에서 도출할 수 있는 최선의 답안이며, 혁신적 기획으로 이해될 수 있다.

3. 맹자 성선설性善說의 지향점

잘 알려진 맹자의 성선설性善說은 모든 인간이 성인의 도덕성을 갖출 수 있다는 보편성을 강조하고 있음에 주목할 필요가 있다. 성선설의 핵심 내용 중의 하나인 사단四端의 인간 보편성에 대한 언급을 살펴보자. 즉, 맹자는 도덕적 맹아인 사단을 모든 사람이 지닌 사지四肢에 비유하여, 사단이 모든 사람이 담지하고 있는 인류 보편적인 것으로, 흔히 이해하듯 특정 부류의 사람들의 전유물이 아니라는 것을 거듭 강조하고 있다.[13] 사단을 사지에 비유한 것은, 정상적인 사람이라면 누구나 손발을 지니고 태어나듯이, 일반인이라면 누구나 좋은 품성을 지니고 태어난다는 것으로, 사단 담지자들의 일반성을 강조하기 위한 장치로 해석될 수 있다. 아울러, "성인여아동류자聖人與我同類者"(성인과 나는 동일 부류)라는 사고를 인류 보편으로 확대하는 기획 또한 맹자에서 찾아볼 수 있다.[14]

아울러 『맹자』「고자」 상편에 언급되는 '천작天爵' 개념은 맹자 성선설이 지향하는 도덕적 보편가능성을 대변하는 개념으로 여겨진다.[15] 천작은 내재적이고 선천적이며 불변하는 도덕적 지향성으로 이해될 수 있고, 인작人爵은 외재적이고 후천적이고 가변적인 사회제도 및 규범으로 이해될 수 있을 것 같다. 즉 절대적 존재로 이해되는 하늘이 부여한 작위, 즉 천작은 인간 내면의 도덕성을 이르는 것으로, 인간이라면 누구나 이를 수 있는 보편적 지위인 것이다. 반면에, 인간에 의해 부여된 작위, 즉 인작은 일시적 사회 제도적 지위로서 그 가치가 천작에 비할 바가 아니라는 것이 천명되고 있다. 즉 맹자의 성선설은 도덕행위의 주체를 인류 보편으로 확대했듯이, 맹자가 성선설이나 천작 개념을 통해 주장하고 싶은 궁극적 지향점은, 각 개인의 도덕적 관심과 행위 대상

---

[13] 『孟子』「公孫丑」上: "人之有是四端也, 猶其有四體也. 有是四端而自謂不能者, 自賊者也; 謂其君不能者, 賊其君者也."("사람이 이 四端을 내재하고 있음은 몸에 四體가 붙어 있음과 같으니, 이 사단을 지니고 있으면서도 스스로 이를 행할 수 없다고 말하는 자는 자신을 해치는 자요, 자기 군주가 이를 행할 수 없다고 말하는 자는 군주를 해치는 자이다.")

[14] 『孟子』「告子」上.

[15] 『孟子』「告子」上: "孟子曰, '有天爵者, 有人爵者. 仁義忠信, 樂善不倦, 此天爵也. 公卿大夫, 此人爵也.'"("맹자께서 이르길, '天爵이 있으며 人爵이 있으니, 인의충신을 행하고 선을 즐겨 게을리하지 않음 등은 천작이요, 공경과 대부 등은 인작이다.'")

의 인류 보편으로의 확대로 이해할 수 있을 것이다. 삼강오륜으로 대표되는 유가적 인간관계는 '차별적', 혹은 '차등적'이라는 수식언으로 설명되곤 한다.[16] 즉 친소관계에 의한 차별적 대우를 유가적 인간관계의 궁극적 지향점으로 이해하는 경우가 일반적이다. 하지만, 맹자의 다음 구절을 통해 이러한 차별적, 차등적 인간관계는 방법론상의 문제이니, 그 궁극적 지향점은 아니라는 것을 엿볼 수 있다.

> 나의 집안 윗어른을 공대하고, 이를 타인의 웃어른에까지 적용한다. …… 이렇듯 자신의 애정 대상을 확대해 간다면, 세상의 모든 사람들까지 능히 보호할 수 있는 것이다. 확대하지 않는다면 나 자신의 처자식도 능히 보호할 수 없다.[17]

맹자의 성선설을 이해하기 위해서는, '추推', 즉 "확대해 간다"는 표현에 주목할 필요가 있다. 비록 유가적 가르침이 주변의 가까운 대상에 더 주목할 것을 강조하는 부분이 있지만, 이를 궁극적 가르침으로 이해하는 것은 그 핵심을 빗겨간 이해로 볼 수 있다. 『대학』의 수신修身, 제가齊家, 치국治國, 평천하平天下의 단계적 수양론에서도 명증하고 있듯이, 유가적 수양론은 관심 영역에 대한 끊임없는 외연 확대를 요구하고 있는 것이다. 즉 맹자의 성선설의 의미를 단순히 인성론적인 측면이

---

16 Van Norden은 이러한 차등적 대우를 "graded love"로 표현하고 있다. Bryan van Norden, "Kongzi and Ruism," in *Virtue Ethics and Consequentialism in Early Chinese Philosophy*, Cambridge University Press, 99-126쪽 참조.

17 『孟子』「梁惠王」上: "老吾老, 以及人之老; 幼吾幼, 以及人之幼 ……. 故推恩足以保四海, 不推恩無以保妻子." 四海는 당시 중국의 세계관을 반영하는 표현으로, 바다로 둘러싸여 있는 모든 공간, 즉 인류 보편을 뜻하는 의미로 사용되는 용어로 이해해야 한다.

아니라, 실천론, 더 나아가 인식론, 형이상학적 측면에까지 확대 응용하는 사상적 기획이 성선설에 배어있음을 유추할 수 있다.

맹자의 성선설의 끊임없는 외연 확대는, 소통과 관심 대상의 무한대 확장으로 이해하는 현대적 해석도 가능할 것이다. 이는 내쉬Roderick Nash가 그의 저서 『The Rights of Nature』에서 명시하고 있는 "The Evolution of Ethics" 즉 '윤리의 진화'와 같은 맥락에서 이해될 수 있는 측면이 있다. 내쉬에 따르면 인류는 초기 윤리적 개념 부재의 시대로부터, 생명체를 넘어서 무생물에 이르기까지 관심과 보살핌의 영역을 확장해 왔다. 즉 인류역사는 "자신self → 가족family → 부족tribe → 지역region → 국가nation → 인종race → 인류humans → 동물animals → 식물plants → 생명체life → 암석rocks → 생태계ecosystems → 지구planet → 우주universe"의 관심 영역 확장의 역사로 이해할 수 있다는 주장이다.[18] 내쉬의 도식을, 유가에서 얘기하는 수신, 제가, 치국, 평천하의 도식과 비슷한 맥락에서 이해하는 것도 논리적 무리수는 아닌 것 같다. 즉 맹자의 성선설 또한 끊임없는 관심 영역의 확대로 이해할 수 있는데, 이는 맹자가 당시 많은 사람들이 지니고 있던 가족공동체(혹은 마을공동체, 부족공동체)라는 의식구조를 인류공동체라는 의식구조로 확대, 전환할 것을 요구하고 있다고 이해할 수 있다.

---

[18] Roderick Nash, *The Rights of Nature: A History of Environmental Ethics,* Madison, University of Wisconsin Press, 5쪽.

4. 관심영역의 확대와 자율적 사고라는 시대적 요구

이상 공자와 맹자 철학의 핵심 키워드를 중심으로 팔조목으로 상징되는 유가적 윤리철학의 확장적 보편적 사고에 대해 살펴보았다. 아울러 나날이 다원화되고 있는 현대사회에서, 확장적 보편적 사고의 진전을 위해서는 개인의 자율성이라는 덕목이 필수적으로 요구되기도 한다. 다양한 가치관과 규범들이 공존하는 다문화사회에서, 주어진 규범에 대한 수동적이고 타율적인 자세는 자칫 수많은 문화충돌과 가치관의 충돌로 이어질 수 있기 때문이다. 다시 말해, 외적 규율이기에 억지로 행하는 타율적 자세와 스스로 내켜서 행하는 자율적 자세는 생태미학과 유가적 윤리철학이 추구하는 방향성의 승패를 가르는 중요한 변수로 이해될 수 있는 것이다. 이에 대한 구체적 이해를 위해 미국의 심리학자 로렌스 콜버그Lawrence Kohlberg(1927-1987)가 제시한 도덕성 발달단계Stages of Moral Development를 잠시 살펴보자. 콜버그에 의하면 인간의 도덕적 행위 동기는 다음의 여섯 단계로 분류될 수 있다. 1단계: 복종과 벌 회피, 2단계: 보상이나 욕구충족, 3단계: 착한 아이 평판 추구, 4단계: 법 질서 준수, 5단계: 사회계약 준수, 6단계: 보편적 원칙 추구 등이 그것이다.

콜버그의 견해를 교통법규 준수 이유로 예시하자면 다음과 같다. "왜 교통법규를 지키는가?"라는 질문에 "과태료나 처벌이 두려워 지킨다"라고 응답한다면, 가장 낮은 수준의 도덕의식을 지닌 것으로 분류된다. '모범시민상' 등의 보상을 기대하고 교통법규를 준수했다면 2단계의 도덕성, "교통 법규를 지키면 좋은 사람이라는 평판을 얻을 수 있음으로"라고 반응한다면, 콜버그의 이론에서 3단계의 도덕성을 지닌 것으로 분류된다. 그리고 "규정에 있는 것이니 지킨다"라고 대응한다면, 4단계의 다소 성숙한 도덕성을 지니고 있는 것으로 이해된다. 콜버그의 이론에서 요구하는 가장 이상적인 응답은 "교통법규를 지키는 것이 보편적 가치의 존중이고, 모두가 더불어 살아가는 데 기본적 요건이기 때문이다"가 아닐까 한다. 공동체의 규모가 커지고, 공동체 유지를 위한 제도가 복잡해질수록, 관심 영역의 확대를 통한 공동체 구성원과 규범에 대한 폭넓은 이해와, 이에 대한 자율적 실천이 요구되는 것은 당연해 보인다. 이런 점에서 유가적 도덕실천의 핵심 덕목인 신독愼獨, 즉 홀로 있는 동안에도 법도에 어긋남이 없도록 삼가는 태도는, 현대사회에서 더욱더 그 중요성이 부각되고 있다고 여겨진다.

아울러 관심 영역의 확대라는 키워드의 보다 실질적 이해를 위해 무척이나 예민하고 신중한 주제, 즉 가족의 의미에 대해 살펴보도록 하자. 굳이 현대 해석학이나 해체주의 이론을 거론하지 않더라도, 가족의 개념은 각 문화권마다 천차만별이기 때문에 한국인의 가족 중심적 사고에서 빼놓을 수 없는 '혈통'이라는 개념에 대해 논하는 것으로 가족의 의미를 살펴보는 것도 의미 있을 것 같다. 한국인들에게 혈통의 실체는 무엇일까? 즉 우리 한국인들이 동일 혈통, 혹은 동일 가계라고 할 때 그 범위는 어디까지를 이르는 것일까? 다소 돌발적으로 들릴 수 있으나 이 질문의 답은 의외로 간단하다. 많은 한국인들에게 동일 가계는 족보의 기록, 즉 일정한 관습에 따라 통시적으로 기록된 역사편집물에 근거하고 있기 때문이다. 다시 말해, 한국인에게 동일 혈통이나 가계는 가부장적 계승 관계를 도식화한 '부계혈통'에 근거한 문헌적 기록에 바탕하고 있다는 것이다.

그렇다면 이렇게 부계혈통에 근거한 혈통이나 가계 구분법이 타당한 것일까? 이는 족보라는 역사기록물이 과연 보편타당한 것인가에 대한 물음으로 이해하면 좋을 것 같다. 결론부터 논하자면, 족보는 편의를 위해 사회구성원들을 일정한 프레임으로 재구성한 의도적 기획물, 즉 편의적 창작물일 뿐이지 사실 그대로의 역사적 진실을 말하지 않는다는 것이다. '족보'라 불리는 부계혈통 역사기록물이 과거에 대한 충실한 재현이 아니라, 과거를 일정한 프레임으로 여과한, 혹은 취사선택한 기록이라는 것은, '족보'에서 쉽게 파악될 수 있다.[19]

그렇다면 족보에 기록되기 이전의 조상들은 우리의 조상이 아닌가? 과거를 거슬러 간다면 우리 모든 인류는 결국 같은 뿌리에서 기원했을 것이란 상식에 도달할 수 있는데, 이는 진화론적인 관점에서든 창조론적인 관점에서든 마찬가지일 것이다. 가족의 범위를 족보라는 역사적 기획물에 한정하지 않고 인류의 출발점까지 확장한다면, 모든 인류가 한 가족구성원이라는 것은 추론 가능한 논리적 귀결이라는 말이다. 이렇듯 넓은 의미에서 온 인류는 한 가족이라 할 수 있는데 이런 넓은 의미의 가족 개념에 동의할 수 없더라도, 최소한 우리 각자가 규정하고 있는 가족의 범위는 결코 객관적 보편적 불변의 무엇은 아니라는 것은 수긍할 수 있을 것이다.[20] 팔조목에서 명시하고 있듯이, 자신의 관심 범위를 혈연에 의한 가족의 범위에 한정할 필요는 없을 것

---

19 첫째, 족보는 모계 혈통의 과거를 담지 않고 있다. 즉 족보는 반쪽짜리 혈연만을 기록하고 있는 것이다. 둘째, 족보는 기록 이전의 과거에 대해서는 침묵하고 있다. 즉 가계의 시조로 불리는 조상들 이전의 역사는 누락되어 있다. 우리나라 대부분의 성씨들이 삼국시대나 고려시대를 출발점으로 하고 있으니, 족보는 삼국시대 이전의 우리 조상들을 한국인의 혈통에서 제외하는 문헌이라 할 수 있다.

20 이런 점에서 가족을 중시하는 것이 무슨 의미인지에 대한 근본적 물음도 필요하다고 여겨진다. 사실 복지제도가 잘 갖춰지지 않은 문화권, 즉 사회적 안전망이 허술한 지역에서 혈연 중심의 가족공동체를 중시하는 것은 잘 알려진 사회현상이다. 각 개인의 생존권이 공공영역에서 보장받지 못할 경우, 가장 가까이에 있는 혈육에 의지하고 나름의 상호의지체계를 형성하는 것으로 이해할 수 있겠다.

같다. 팔조목에서 드러나듯이, 유가에서 궁극적으로 추구하는 것은 가족의 범위를 자신이 상상할 수 있는 최대의 공동체까지 확장하는 것이며, 그 확장된 공동체 내에서 지속가능한 상호공존 시스템의 구축이 아닐까 한다.

5. 맺음말

어쩌면 공자도 참 억울할 일이다. 많은 사람들이 동양사회에서 존재해 왔던 상하 위계질서에 의한 각종 사회적 폐단을 공자의 가르침에 기초한 유교적 사회질서 탓으로 돌리고 있기 때문이다. 물론 『논어』에 기록된 많은 구절들이 인간상호 간의 수평적 관계보다는 수직적 관계를 강조하고 이를 통한 사회적 조화나 안정을 추구했던 면이 있다. 그렇지만 이러한 가르침은 공자 당시 시대적 혼란상을 해결하고 질서를 이루기 위한 방편이었을 뿐이지 공자 가르침의 궁극적 목표는 아니었음을 다시 상기할 필요가 있다.

공자가 이 시대에 태어나서도 각 개인의 자유나 인권 문제를 간과한 채 사회구성원들 간의 상하구분을 강조하는 예절을 중시하고 충효사상을 설파했을까? 사실 이런 질문 자체가 공자를 모독하는 질문이라 여겨진다. 이 질문을 달리 표현하면, 공자가 이 시대에 태어나서도 민주주의 이념을 경시하고 왕조시대의 사회 신분질서를 주창했을까와 동일한 의미로 해석될 수 있기 때문이다. 공자가 음악을 중시하고 각종 악기를 능숙하게 연주했다는 것은 많은 기록을 통해 알 수 있다. 그럼 위의 질문을 다시 해보자. 공자가 이 시대에 태어났어도, 피아노나 기타 등은 거들떠보지도 않고 춘추시대 악기인 경쇠나 현금玄琴만을 고집했을까?

굳이 해석학 이론을 거론하지 않더라도 특정 문화권 내에 존재하는 모든 관습과 개념들도, 생명체처럼 끊임없이 생성 변화하고 역사적 맥락 안에서 이해되어야 한다는 것은 재론의 여지가 없는 상식이다. 1776년의 미국독립선언문에 새겨진 "All men are created equal, that they are endowed by their Creator with certain unalienable rights"(모든 사람은 평등하게 태어났으며, 창조주로부터 양도할 수 없는 권리를 부여받았다)라는 구절의 의미도 시간의 추이에 따라 재해석되어왔다. 특히 'all men(모든 사람)'에 대한 해석에 상당한 차이가 있는데, 선언문이 작성된 당시 '모든 사람'의 범주에 흑인과 인디언 등 유색인은 포함되지 않았던 것으로 여겨진다. 당시 독립선언문 작성에 참여했던 많은 인사들도 흑인 노예무역과 인디언 살상 등을 공공연하게 묵인 혹은 지지했었기 때문이다. 선언문 작성 2백여 년이 지난 지금에 이르러서도 '모든 사람'의 범주에 유색인은 포함되지 않는다고 주창하는 미국인은 거의 없을 것이다.

과거 사회 질서유지를 위해 불평등 관계가 불가피했던 시기가 있었다. 불가항력적인 자연에 대한 두려움, 부족 간의 끊이지 않는 침탈전, 그리고 각 개인이 지닌 소양의 한계 등으로 인해 자유나 평등보다는 강압과 복종이 강조되고 미화되던 시기가 있었다. 즉 인간과 자연에 대한 이해와 인식능력이 미숙하던 시기, 공동체의 평안을 위해 상명하복의 위계질서와 강압이라는 보행기가 필요했다고 이해할 수 있겠다. 즉 법적 미성년자들에게 적용되는 각종 규제와 감찰이, 미성년자들의 보호를 위해 필요하듯이, 각종 사회제도와 인간에 대한 이해가 미비하던 시기, 자유의 구속과 불평등은 사회구성원들의 안전과 평안을 위해 불가피하게 묵인되었던 것이다. 문명 초기의 씨족사회나 공자 시대를 비롯한 과거 신분사회를 이러한 미숙한 문명의 시기로 이해해도 크게 무리는 없을 것 같다.

하지만 오랜 시간 축적한 기술적, 경제적, 사상적 자산들로 인해 인간사회도 많이 성숙했다. 이제 미국의 독립운동 시기 패트릭 헨리 Patrick Henry(1736-1799)가 외쳤다고 전해지는 "자유가 아니면 죽음을 달라"는 구호는 일부 문화권의 특수성이 아닌, 인류의 보편적 나침판으로 받아들여지는 시기가 되었다. 이제 노예로 안락하게 사는 삶보다는 힘들더라도 자유인으로 살기를 원하는 사람들이 절대다수인 시대가 된 것이다. 이제 우리 모두가 자신 스스로를 비롯한 이웃들의 자율적이고 합리적인 판단능력에 믿음을 보여주어도 될 만큼, 내외적으로 성숙한 시기에 살고 있다고 판단된다. 이제 아랫사람의 윗사람에 대한 불평등 관계가 합리화되었던 예절이니 충효가 아니라, 모든 사람이 동등한 인격체로 만나는 수평적 상호존중이 공동체 유지의 기본 정신이 된 것이다. 이러한 시대에 아직도 위계질서에 바탕한 상명하복식 사회질서와 제도를 선호하는 사람들이 있다면, 글로벌시대의 하드웨어를 지니고 있지만, 씨족사회의 소프트웨어를 지닌 사람으로 빗댈 수 있을 것 같다.

위에서 살펴보았듯이, 생태미학에서 지향하는 생태계 모든 존재의 지속 가능한 상호공존은 팔조목으로 대표되는 유가의 확장적 사고와 보편성을 향한 방향성과 상당한 유사성을 지니고 있다고 여겨진다. 유가 윤리철학의 초기 설계자였던 공자나 맹자의 가르침도 이러한 큰 프레임에서 이해되어야 함은 다시 강조할 필요가 없을 것이다. 다만 현대

사회를 살아가는 우리들에게 숙제가 있다면, 생태미학이나 팔조목의 방향성이 현실 세계에서 실현될 수 있는 구체적 방법들을 도출해나가는 것이 아닐까 한다.

참고문헌

성백효 역주, 1990, 『懸吐完譯 論語集註』, 전통문화연구회.
성백효 역주, 1991, 『懸吐完譯 孟子集註』, 전통문화연구회.
성백효 역주, 1991, 『懸吐完譯 大學·中庸集註』, 전통문화연구회.
程樹德, 1990, 『論語集釋』, 中華書局.
楊伯峻, 1960, 『孟子譯注』, 中華書局.
朱熹, 1983, 『四書章句集注』, 中華書局.
Kant, Immanuel, 1993, *Grounding for the Metaphysics of Morals*, 3rd ed. Translated by James W. Ellington. Indianapolis: Hackett.
Moor, G. E., 1993, *Principia Ethica*, edited and introduced by Thomas Baldwin, Cambridge: Cambridge University Press.
Nash, Roderick, 1989, *The Rights of Nature: A History of Environmental Ethics*, Madison, WI: University of Wisconsin Press.
Proudfoot, Wayne, 1987, *Religious Experience*, Berkeley and Los angeles: University of California.
Van Norden, Bryan, 2007, *Virtue Ethics and Consequentialism in Early Chinese Philosophy*, New York: Cambridge University Press.
Worster, Donald, 1994, *Nature's Economy*, 2nd ed. New York: Cambridge University Press.

자연 문학의 철학적 토대에 대한 반성과 재구성

한칭위韓淸玉
산동대학교 문예미학연구센터

내용요약

이 연구는 대자연 문학 텍스트의 제재 내용의 특수성에서 출발하여, 동서양 생태 미학의 이론적 자원을 충분히 발굴한 다음, 이 문학 양식을 철학적 함의와 심미적 특징이라는 이중적 시각에서 파악했다. 이 과정에서 대자연 문학의 생태 윤리적 차원에 대한 획일적 사유를 뛰어넘어 인간과 자연의 관계를 문학세계의 정체성에 융화시키는 가운데, 특히 심미적 이미지를 분석하고, 대자연 문학이 나타내는 '상호주관성'과 '현전'의식을 세밀하게 파악하는 데 역점을 두었다. 나아가 당대 생태 미학 연구의 편협성을 반성하고, 철학적 처지에서의 관심이 생태적 평형의 거대서사와 개체적 생존의 생동성을 동시에 고려하게 했다.

핵심어: 유기적 총체, 감성, 심미적 초월, 생태 문명

대자연의 글쓰기는 국내외 문학사에서 늘 볼 수 있는 소재로서, 특히 산업 문명이 갈수록 부정적 효과를 돌출시킨 다음부터 사람들이 루소(1712-1778)의 사상을 좇아 '자연으로의 복귀'라는 예술적 탐구를 시작하면서, 풍경 또한 일반적인 예술 공간의 요소와 다른 미학적 함의를 갖게 되었다. 당대 문학의 지형도에서 대자연 서사는 이미 숱한 새로운 비평이론의 실험장이 되었다고 말할 수 있다. 이 가운데 철학적 형이상학의 관점에서 그런 문장의 이론적 기초를 탐구하는 것이 적지 않은데, 예를 들어 생태 미학과 환경 미학의 사상적 자원 가운데서 자연 문학의 당대적 가치를 모색하는 것은, 비록 철학적 깊이와 인문정신에 바탕을 둔 관심이 적지 않지만, 생태적 이론 비평의 늪에 빠진 까닭에 그것이 가진 예술적 존재로서의 특수성을 등한시했다. 따라서 국내외 철학사상을 결합해서 자연 문학의 학문적 토대를 구축하는 것은 이 같은 문학 양식을 탐구하는 데 꼭 필요한 것이다. 바꿔 말하자면, 현존하는 자연 문학 비평의 모형에 관해서는 이미 이와 같은 소재 자체의 독특성을 충분히 주목하고 있지만, 되레 그것의 일반적인 문학적 특징을 소홀히 하고 있다는 것이며, 자연 소재의 심미적 표현의 독특성에 대한 세심한 관찰은 더욱 찾아볼 수가 없다는 것이다.

이런 맥락에서 이 글에서는 자연 문학의 연구 가운데 나타난 주체의 부재와 실제의 상실 및 불명확한 지향성 등에서 시작해서 자연 문학의 철학적 토대를 재구성하고, 그런 유의 문장 특유의 심미적 특징과 미학적 구성 및 생태 문명 언어 영역의 의미를 더욱 부각하고자 한다.

1. 환경 미학과 자연 문학: '인간의 현전성'을 호소함

'자연은 온전히 아름답다'와 '황야로 가자'를 부르짖는 시대에 문학 속의 인간을 이야기한다는 것은 어쩌면 시의적이지 않을 것이다. 그러나 우리가 먼저 분명하게 해야 하는 것은 문학이 인간학이라는 점이다. 대자연 문학이 비록 자연경관의 묘사와 찬송으로 가득하지만, 자연은 결코 그것의 유일한 내용이 아니다. 반대로, 이 문학 양식은 인간과 자연의 관계, 양자의 의미 관계를 더욱 많이 표현하고 있다. 이 역시 이 글에서 대자연 문학 사상의 기초를 탐구하는 착안점이다.

즉 자연 본위의 편향을 바로 잡고, 인간을 자연 서사에 집어넣어 전통적 자연 윤리 관념을 폭로한다. 따라서 대자연 문학의 연구는 새로운 역사의 기점으로부터 '인간과 자연의 관계'라는 이 오래된 철학적 명제를 다시 살필 수 있다. 대자연 문학의 텍스트는 참신하고 깊이 있는 철학적 과제를 제출했다. '대자연이 인간에 속하는가?' 아니면 '인간이 대자연에 속하는가?'라는 이 시대적 주제는 여러 차원의 철학적 메시지를 포함하고 있어서 국내외 학계에서 많은 논의가 있다.

이 가운데 인간을 주체로 하는 것은 여전히 필요한 것이다. "생태의 위기에 직면할 때는 인간을 회피할 필요가 없고 인간에 대한 직면을 강조해야 하고, 인간의 책임과 인간의 가치에 대한 관심과 배려를 직시해야 한다."[1] 문학 텍스트의 창작 그 자체로 말하자면, "자연 문학 작품은 실제로 인간의 마음과 자연의 영혼이 소통하고 대화하는 것이다."[2] 위대한 작품들을 보자면, 인간과 자연 간의 대화와 상호 지속을 텍스트의 서술 가운데 응결하지 않은 것이 없는데, 이 이념은 가령 소로우(1817-1862)가 말한 "자연을 자신에 융합하게 하고, 동시에 자신을 자연에 융합하는 것이 소로우의 남다른 인생 추구이다."[3]와 같이 자연 문학 작가의 내면에 깊숙이 뿌리박고 있다.

환경과 생태 미학이 제시한 중요한 언어적 영역은 인간 중심주의적 언어 지배인데, 이 가운데 필연적으로 계몽 운동에서 이성을 고양하는 요소가 존재한다. 당연하게도, 우리가 인간 중심주의라는 화제를 대면할 때는 '누가 주체인가?'와 같이 이것이 아니면 저것이라는 식의 추궁에 다시 얽매여서는 안 되고, 총체화된 사유를 견지해야 한다. 인간은 사유의 주체이며, 결코 인간이 문제의 주체라는 것을 대표하지 않는다. 어떤 이론 사조의 '주역을 맡든' 우리는 인간으로서 환경과 자연의 문제를 토론한다는 것과 인간은 빠질 수가 없다는 사실은 모두 바꿀 수가 없다. 바꿔 말하자면, 우리가 자연 문제에 대해서 논의하는 것은 모두 '인간과 자연의 관계'라는 이 문제의 영역으로 전환된다.

---

[1] 潘知常, 「生態問題的美學困局-關於生命美學的思考」, 『鄭州大學學報』 第6期.
[2] 程虹, 『寧靜無價: 英美自然文學散論』, 5쪽.
[3] 程虹, 『寧靜無價: 英美自然文學散論』, 56쪽.

인간과 자연 사이의 관계는 사람들 사이의 관계에 말미암아 조정되며, 심지어 황야의 보호 또한 이와 같다. 진정한 인간을 창조하는 사회를 통해야만 하고, 그 가운데 구체적인 개인의 우선적 지위의 점유가 요구될 때, 인간은 비로소 자연계로 통하는 진정한 길을 발견할 수 있다. 이러한 자연계는 원시적 자연계가 아니며, 동시에 편협하고 자부심 강한 인간의 목적을 만족시키기 위해 박탈당하는 자연계도 아니다. 아울러, 인간은 자연계와 자연계가 자신을 인식하는 방식 가운데 가장 고도의 결과로서 반드시 지구에 대해서 책임을 져야만 한다는 이 점이 갈수록 분명해진다. 이러한 책임의 실제적 실천은 성숙한 인간 사회의 출현과 새로운 생활방식을 향한 전환을 전제로 하며, 자연주의와 인도주의의 통일을 주장하는 마르크스(1818-1883)의 말에 의하면, 이러한 새로운 생활방식 가운데 인간의 생산 활동은 미적 규율에 따라 지배되는 것이다.[4]

이것은 사실상 '인간'의 '현전'을 부르짖는 것이다! 산산조각이 난 자연환경에 직면해서 우리는 인간이 자연을 개조한 거대한 위력을 다시 노래 부르지 않고, '자연의 인간화' 과정에서 인간이 드러낸 본질적 역량을 다시 찬양하지도 않는다. 그리고 자연의 면전에서 인간의 행위의 한계를 더욱 다분히 반성한다. 환경 윤리의 관점에서 볼 때, 인간은 주체로서 자연 가운데서 숨거나 사라져야만 비로소 인간의 거주지로 복귀할 수 있다. 하지만, "'실체화'가 사라진 '주체' 이후에 '비실체화'로

---

4 詹姆斯·勞勒爾, 贊德·奧魯傑夫, 杜麗燕 等譯, 「馬克思主義, 人道主義與生態學」, 「人道主義問題」, 220쪽.

서의 '가치의 주체'는 여전히 사라질 수 없는 존재의 합법성이 있다."[5]

　당대의 비평 언어 가운데 실체화의 중심은 생태 환경이다. 생태 비평학자인 뷰얼Lawrence Ingalls Buell이 보기에 로페즈Barry Holstun Lopez의 어구 가운데에는 다음과 같이 이러한 갈망이 넘쳐흐른다. "글쓰기와 사유 가운데 생태 중심의 처지에 더 많이 입각하는 것은 현대의 인류가 늘 보는 정신의 결핍을 대표하는 것이 아니다."[6] 생태 중심주의는 인간 중심주의의 언어 영역 가운데에서 생성된다. 바로 여성주의가 남성 권리 중심의 배경에서 생겨난 것과 같이, 자연은 독창적이고 배타적인 자세로 자신의 언어 체계를 구성하는데, 그것은 바로 다음과 같은 뷰얼의 인식과 같다. "생태를 중심으로 하는 사상은 연합전선이 아닌 산점도scatterplot와 더 닮았다. 그것의 모든 표현 가운데 인간의 신분은 전혀 독립 자주적으로 정의되지 않고, 그것과 물질 환경 및 인간이 아닌 생명 형식과의 관계에 달려 있다. 공통성은 여기에 한정되어 있고, 그 밖의 여러 갈래의 길은 완전히 다르다."[7]

　결과적으로 말해, 생태 중심주의든 황야의 철학이든 모두 인간이 자연환경을 심각하게 짓밟고 난 후에 이성을 소환해서 반성하는 것이다. 우리가 '심층 생태학'이라 부르는 이론적 주장은 사실 생태 중심주의의 모순체라고 볼 수 없고, 적어도 그 가운데 표현된 것은 자연에 대한 인간의 경외이며, 자연에 대한 인간의 태도 자체는 또한 인간론의 문제 가운데 하나이다. 이러한 철학적 사유의 다른 표현이 바로 자연

5　賀來,「"主體性"批判的意義及其限度」,「江海學刊」第3期 참조.
6　勞倫斯·布伊爾, 劉蓓 譯,『環境批評的未來: 環境危機與文學想象』, 109쪽.
7　勞倫斯·布伊爾, 劉蓓 譯,『環境批評的未來: 環境危機與文學想象』, 112쪽.

문학이다.

　이와 동시에 우리는 또한 앞에서 서술했던 생태 철학의 주장 가운데 극단적인 생태 중심주의자가 적지 않다는 사실과 인간을 생태 공간 밖으로 제외하는 것은 최소한 인간을 중심으로 하는 이론적 언변이 아니라는 것을 살펴보아야 한다. 하나의 이론적 논리에서만 보자면 이런 주장은 단편적 합리성이 있지만, 자연 문학의 철학적 토대를 구성할 수는 없다. 생태 중심론 사상 가운데 나타나는 주체 소멸의 경향은 실제로는 문학의 규율에 대한 경시이다. 따라서, 작업의 측면에서, 상호주관성의 사상이 자연 문학의 창작 기제를 더욱 적절하게 해석할 수 있다. 문학예술은 먼저 주체성의 집중적인 현현이고 상호주관성은 곧 생태적 연계의 표현이다. 자연 문학은 많은 자연 경물, 풀과 나무들을 영적 존재로 간주하고, 본디 잠잠한 풍경을 말을 할 수 있게 하고, 심지어 서술자가 되기도 한다. 우리는 심지어 자연 문학에 대해 자연을 논하는 것을 통해 사실은 인간을 논하는 것이라고 말할 수 있다.

　인간과 자연의 심미성(혹은 시성詩性)의 존재는 실존주의 철학이 우리에게 남겨 준 귀한 유산이다. 하이데거(1889-1976)는 '하늘, 땅, 신, 인간'이라는 네 가지 유희적 구조를 제시했다. 그 가운데서 '신'은 "자연 규율을 가리키는 것이며, 자연의 대도大道이고, 세계의 전체 내에서 운행하는 자연 정신이다."[8] 물론 이것은 실존주의적 의미에서의 '대도'이며, 인식론적 의미의 이성이 아니다. 이런 신성을 척도로 삼은 것은 자연 질서를 사랑하고 존중해야 한다는 것이며, 자연 규율로써 인간 자신을 속박하는 것이다. 어떤 때는 자연의 규율이 인간에게 가져

8　王諾, 『歐美生態批評』, 89쪽.

온 고통을 여전히 참아야 하지만, 끝내 그 고통은 인간에게 더 큰 쾌락을 가져온다."[9] 여기에서 우리는 인간 중심주의의 대립 면에 서 있는 실존주의 철학이 또한 인간의 오래된 쾌락을 여전히 중요한 가치 척도로 삼는다는 것을 볼 수 있다. 하이데거가 사유한 '현존재Dasein'는 바로 세계 내에 있는 존재자이다. 다만 세계 내에 있는 '존재'만이 비로소 '시적 거주'로 불릴 수 있는데, 이 존재관은 기술의 전제를 극복한 토대 위에서 인간과 자연의 관계를 다시 새롭게 사유하고, 자연 가운데서 인간의 '시적 존재'를 주장한다.

따라서, 우리는 황야 철학의 입장에 크게 찬성하지 않는데, 인간을 자연의 밖으로 제외하는 것은 사실상 구부러진 것을 바로잡으려다 도리어 정도를 지나치는 방법이다. 인간 자체는 마땅히 자연의 총체성 가운데 내재하는 자연의 일부분으로 바라보아야만 한다. 인간과 자연의 일체성은 인간이 자연의 일부분이라는 것을 표현하는 것뿐만 아니라, 인간의 탄생과 행위 모두 자연의 운행과 동일한 규율이어야 한다는 것을 나타낸다. 『주역周易』「계사繫辭」에는 "천지의 기운이 서로 감응 합일하여 만물이 생겨나고 번영하며, 남녀의 정기가 결합되어 만물이 화생한다."라고 말하고 있다. 여기에서 만물의 근원은 음양의 기이다. 인간은 만물 가운데 한 알의 좁쌀이고, 자연 또한 우주 기화의 결과로서, 『황제내경黃帝內經』에서 말한 "인간은 천지의 기로써 생겨나고, 사시의 법으로 이루어진다."와 마찬가지다. 중국 예술 정신 가운데의 핵심적인 사상인 '기운생동'은 중국 회화의 중요한 준칙이 되고, 거기에는 자연 만물의 생명적 상태를 내포한다. 다시 말해서, 자연 세계 자체

---

9 王諾, 『歐美生態批評』, 91쪽.

는 본래 기운생동하는 것인데, 우수한 회화 작품은 바로 자연의 운율에 부합해야만 비로소 아름답다고 말할 수 있는 것이다.

현존하는 생태적 이론 자원은 많은 경우에 있어서 자연 문학에 태도로서의 가치의 경향을 제공하는 것이며, 구체적인 이론의 토대는 아니다. 생태미학이 해결하지 못한 문제는 자연이건 혹은 황야라고 말하건 마찬가지로 모든 경관이 다 아름다운 것은 결코 아니지만, 문학사에서 영향이 있는 자연 문학 작품은 무엇보다 먼저 아름다워야 한다는 것이다. 그래서 자연미와 예술미의 장력을 드러내는 것으로부터 자연 문학의 심미적 기제를 밝히는 것은 이러한 문학 양태의 미학적 토대를 구성하는 데 있어서 더욱 긴요한 작업이다.

2. 자연미와 예술미의 장력: 자연 문학의 심미적 기제

자연 문학은 자연 풍경화와 마찬가지로 자연미와 예술미 사이의 복잡한 관계를 포함하고 있다. 우선, 다 알고 있듯이 자연미와 예술미는 완전히 이질적인 두 가지 심미적 형태이며, 양자의 심미적 기제는 다르지만, 자연을 소재로 한 예술 텍스트 가운데서 아주 잘 융합한다. 우리는 먼저 칸트(1724-1804)의 미학 가운데서 예술미와 자연미의 연관을 찾는데, 칸트는 도덕을 가치로 삼아 주장을 제기하고 자연미와 예술미의 특징을 탐구한다. 그의 텍스트에서 보면, "예술미와 자연미는 모두 심미의 대상에 대한 흥미 가운데에서 미와 도덕의 관련성을 발견한다. 전자에서 우리는 대상에게 인위적으로 설정한 지성화한 개념을, 후자에서는 대상이 우리를 향해 일종의 선천적 지성의 목적을 보여준다."[10]고 표현하고 있다. 이 가운데는 예술미와 자연미의 상식적 차이를 포함한다. 즉 예술은 우선 인공적인 제품이며, 설령 대자연의 풍경을 문학으로 '옮겨 온다'고 할지라도, 여전히 문학적 상상의 묘사는 '인위적 설정'인 것이다.

우리는 여기서 또한 앞의 문장에서 언급한 '문학에서의 '자연' 글쓰기에서는 먼저 아름다워야 한다.'는 이 핵심 관점을 거듭 진술하고자 한다. 뷰얼은 『환경 비평의 미래』라는 책에서 『샌드 카운티 연감 A Sand County Almanac』에 대한 심미적 독해를 진행했다. '산과 같은 사유'의 입장을 제외하고, 말미 부분은 진정한 우언과 같아서, 손으로 잡은 쟁반에 이치가 아주 분명한 이야기를 올리는 것이 아니라 서사의 수수께끼이며, 일련의 다른 이해와 미묘한 대강을 수반해서 듣는 사람의 분석과 응용을 기다린다고 했다.

비록 이것이 단지 『샌드 카운티 연감』에 대한 일종의 분석이고, 거기다 비주류적인 분석 스타일이긴 하지만, 이와 같이 전형적인 생태 텍스트에 대해서 우리는 여전히 심미적 차원에서의 수용을 진행할 수 있으며, 이것이 장차 그것을 (법적 명령이 아닌 강연으로서) 문학예술로 간주하는 믿음직한 모델일 것이다. 다시 말해서, 자연 문학에 직면해서 우리는 그것을 먼저 문학으로 보아야만 하고, 그런 다음 자연 소재의 독특성을 자세히 살펴야 한다. 애석하게도 이렇게 '형식을 통해 의미를 밝히는' 비평의 방식은 많은 사람들에게 버림을 받았다. 뷰얼 역시 이 문제의 중요성을 인식하고서 "상상의 세계를 소환하는 것이 모든 예술 작품의 관건인데, 이 상상의 세계는 현실 혹은 역사적 환경과 고도

---

[10] 周黃正蜜, 「康德論美與道德的關聯」, 『世界哲學』 第5期 참조.

로 유사하고, 그러면서 또한 그것과 현저한 차이가 있을 수 있다."[11]라고 말한다. 예술과 현실 혹은 역사적 환경과의 관계를 밝히는 것은 예술 비평의 문제 가운데 하나이며, 이 관계에 대한 예술은 단지 상상적인 것을 나타낼 수밖에 없고, 이런 전제에 입각해야만 비로소 자연 문학의 일반적 특징(즉 예술로서의 심미성)과 특수성(즉 자연을 표현하는 복잡성)을 파악할 수 있다.

심미적 평가의 시각에서 보면, 자연미는 자주 예술미를 참조했고, 그래서 '풍경이 그림 같다'라고 하는 습관적인 말이 상당히 중요한 미학적 명제가 되었으며, 동시에 우리가 자연 문학의 심미적 기제의 문제를 사색하는 기점이 되었다. 먼저, 모든 풍경은 모두 스스로 존재하는 것이 아니며, 그것은 주체의 내재적 구조로서 일종의 문화적 구성이다. 더 구체적으로 말하자면, "규율이 있는 자연이 아름다운 것이고, 이성적 자연이 숭고한 것이다. 그림 같은 풍경은 두 종류의 풍경 범주에 모두 존재하며, 상상력은 눈을 통한 감각적 습관을 형성하게 할 수 있다."[12]

우리가 거기에 대해서 일반적으로 이해하는 것은, 아울러 예술미 감상의 모델을 복사한 의미가 많다는 것이다. 혹은, 자연미의 감상은 여전히 예술미의 감상 기제라는 말이다. "심미적 본질의 각도에서 볼 때, '그림 같은' 풍경 양식은 예술미 가운데서 자연미를 소재로 한 작품에 의해 전형화하면서, 현실에서 자연미의 감상을 이끌어내는 전범

---

11 勞倫斯·布伊爾, 劉蓓 譯, 『環境批評的未來: 環境危機與文學想象』, 34쪽.
12 溫迪·J. 達比, 張箭飛, 趙紅英 譯, 『風景與認同: 英國民族與階級地理』, 53쪽.

이 되었다는 것을 뜻한다."¹³ '그림 같은' 풍경은 우리가 자연미를 감상하는 하나의 시각이며, '풍경의 양식'이 아니다. 하지만 예술미 가운데의 자연 소재는 여전히 예술미이지 자연미가 아니다.

문제의 복잡성은 예술미의 감상이 예술적 매체의 차이성 가운데에서 이미지를 구현하는 독특한 함의라는 것에 있다. 예컨대, 중국 전통 예술에는 수많은 '대나무'의 이미지가 있지만, '시에 들어가는'가와 '그림에 들어가는'가에 따라서 각기 다른 예술적 심미의 효과를 생성할 수 있다. 이것 또한 심미적 이미지의 인지 기제로부터 분석에 착수해야 하는데, 만약에 시와 그림이 시각과 청각이 받아들이는 것을 서로 다르게 보여준다고 하면, 현실에서의 자연 풍경은 더욱더 복잡하다. 버린트Arnold Berleant는 "환경 체험은 모든 것을 포함하는 감각의 체계로서, 공간, 질량, 체적, 시간, 운동, 색채, 광선, 기미, 음성, 촉감, 운동감, 양식, 질서와 의미 같은 이러한 요소를 포괄한다. 환경체험은 완전히 시각적이라고 할 수 없고 종합적이며, 모든 감각의 형식을 포함해서 참여자에게 강렬한 감각적 지각이 생기게 한다."¹⁴ 버린트의 분석은 자연미를 감상하는 데 있어서의 복잡성을 부각시켰으며, 그의 학문적 동지인 칼슨Allen Carlson 또한 "자연을 감상하는 것은 일상적으로 예술 감상에 동화된다. 이러한 동화는 일종의 이론적 착오일 뿐만 아니라 또한 감상의 아쉬움을 만들어낸다"며 탄식을 금치 못했다.¹⁵

우리는 그래도 자연 문학의 토론으로 돌아가야 한다. 자연을 예술

---

13 『美學原理』編寫組, 『美學原理』, 高等教育出版社, 186쪽.
14 阿諾德·伯林特, 張敏等 譯, 『環境美學』, 25쪽.
15 卡爾松, 楊平 譯, 『環境美學: 自然, 藝術與建築的鑒賞』, 172쪽.

의 형식으로써 나타내려고 하면 자연 문학은 곧 예술미이며 자연미의 감상 기제가 아니다. 따라서 자연미를 숭상하는 생태미학과 환경미학 등의 이론자원은 모두 자연 미학에 직접적인 규범의 유형을 제공할 수가 없다. 우리가 논의하는 자연 문학의 철학적 토대는 사실상 자연미와 예술미의 복잡한 관계에 연관되어 있고, 더욱이 심미적 경험의 문제가 가진 복잡성을 벗어날 수 없다. 비록 예술의 허구성이 심미 과정 중에서 현실적 공리의 위험성을 벗어날 수 있지만, 자연 문학은 또한 그 특수성이 있다. 다른 서사 텍스트에 비교하면 자연 글쓰기의 장면은 더욱더 현실성에 기울게 되며, 사물 묘사의 세밀한 정도는 독자를 쉽게 현실의 생활로 끌어당길 수 있게 되고, 아울러 자연환경에 대한 탄식이나 감탄을 불러일으킨다. 비록 우리가 여기에서 자연 문학의 가장 중요한 특징이 비허구성이라고 단언할 수는 없지만, 우리는 확실히 그것 스스로가 수반하고 있는 현실감과 비평자가 덧붙인 환경 윤리의 요구를 묵살할 힘이 없다.

실용주의 미학자 듀이(1859-1952)는 바로 칸트의 '심미는 이익도 해악도 없다'는 원칙에 대해서 심미와 실용을 구별하는 비판 가운데 심미적 경험의 풍부성을 논증하였는데, 이러한 경험은 실용적인 예술과 심미적인 예술 가운데서 고루 획득할 수 있다. 이 문제에서 버린트는 한층 더 환경 심미의 참여적 특징을 제시했다. 그는 "정관 이론은 예술이 모든 역량을 발휘하는 것을 가로막고, 아울러 우리가 예술과 심미에 대해서 실제로 어떻게 작용을 발휘하는지에 대한 이해를 오도한다. 이와 반대로, 개입 이론은 예술 활동이 가장 뚜렷하게 부각되고 강렬하게 발생할 때 직접적으로 거기에 대한 반응을 일으킨다."[16]

물론 버린트가 주장한 참여, 개입, 체험의 심미 모델은 상당히 훌륭하게 전통 미학 가운데 존재하는 주객 분리의 폐단을 벗어났지만, 문제 역시 뚜렷이 부각된다. 가령, 버린트는 심미가 이익도 해악도 없다는 것의 가장 중요한 특징이 심미적 주체와 심미적 객체의 거리를 만드는 데 있다고 생각한다. 그러나 사실상 심미주체는 결코 실용이 아닌 현실의 주체로서, 심미 활동 가운데서 심미주체와 객체는 잠시도 분리되지 않는다. 우리가 앞서 서술한 생태 미학 등 사상의 주장과 상대적으로 버린트는 미학으로 방식으로써 미학적 문제를 사유하고 있다. 예를 들어, 칸트는 주체의 안전을 숭고감이 나타나는 전제로 본다. 버린트는 "현실의 위험이 발생할 때 생존과 안전에 대한 고려는 의심할 바 없이 심미를 넘어서지만, 우리가 직접 몸으로 경험한 것은 이런 정감적 형상에 대한 감각의 강도를 증가시킨다. 교회 첨탑이나 마천루의 전망대, 파도가 해안을 때리고 있는 해변의 산책로와 폭풍우가 몰아치는 산꼭대기는 모두 공포 가운데서 심미적 감각의 정도를 상향시킨다."[17] 버린트의 어조는 1917년에 슈클로브스키Viktor Borisovich Shklovsky(1893-1984)가 그의 유명한 선언에서 말한 "예술적 프로그램은 사물을 비일상적인 것으로 바꾼 것이자 복잡하게 한 형식적 프로그램으로서 감각의 난도와 지연을 증가시킨다."[18]와 매우 닮아 있다. 그런 의미에서 볼 때, 미감의 공통적 토대에 기초한 자연과 예술의 감상은

---

16 阿諾德·伯林特, 李媛媛 譯, 『藝術與介入』, 64쪽.
17 阿諾德·伯林特, 張敏等 譯, 『環境美學』, 154쪽.
18 什克洛夫斯基, 「作爲手法的藝術」, 『俄國形式主義文論選』, 6쪽.

심미의 기제 상에서 공통성이 있다.

칼슨은 버린트의 참여모델에 대해 질문을 던졌다. 그는 자연미의 독특성을 더욱 부각시켰는데, 그가 보기에 버린트의 주장은 심미적 경험이 이루어 낸 본질적인 요소를 잃어버릴 수 있으므로 이어서 '자연을 원본 그대로의 모습으로 감상해야 한다'는 것을 주장했다. 이러한 그의 자연 환경 모델은 과학적 인지의 기초를 필요로 하는 것으로, 인식론적 심미 구조로 후퇴한 것이 분명하다. 이렇게 되면, 우리는 자연미에 대한 감상과 생물학자 혹은 지리학자의 작업을 구별하기 어려워진다. 이뿐만 아니라 예술미의 감상 기제와도 거리가 멀어진다.[19]

자연 문학은 대자연을 예술로 나타낸 것으로서 근본적으로 말해 여전히 예술과 세계의 관계와 관련된 문제이다. 우리는 다만 현실에 반응하는 케케묵은 발걸음에 머물지 않고, 영국 낭만주의 시학 중의 유기적 형식론으로의 회귀를 시도한다. 콜리지Samuel Taylor Coleridge(1772-1834)는 특히 문학의 언어를 식물의 생명체에 비유한다. 식물뿐만이 아니라 전체 세계는 하나의 방대한 유기체이다.[20] 유기성은 자연

---

[19] 칼슨의 동료 연구자 가운데서도 칼슨의 자연 환경 이론에 대해서 다른 의견을 나타내고 있다. 칼슨과 같이 자연을 자연으로서 감상한다는 데 동의하는 부드(Malcolm Budd)는 비록 과학지식이 자연미의 감상을 촉진한다는 것을 인정할 수 있다고 해도, 칼손이 말하는 자연미의 감상에 대해 근본적으로 결정적 요인을 가진 자연과학의 지식을 두고서 '얼마만큼의 지식—모든 지식이 그렇다는 것은 불가능하다.—혹은 어떤 지식이 심미에 대해서 영향을 일으키는가?'라는 물음을 던진다. Malcolm Budd, *The Aesthetic Appreciation of Nature*, 138쪽; 章輝, 「馬爾科姆·布迪的自然審美理論」, 『南京社會科學』 제2期와 같이 참조.

[20] 유기체 개념에 대한 칸트의 구성은 그의 자연론과 함께 관련되어 있다. 이 또한 자연과 예술의 관계의 문제에 다다른다. 『판단력 비판』의 '목적론적 판단력 비판' 부분에서 그는 '자연 목적으로서의 사물은 바로 유기물이다'로부터 논의를 시작해 자연 목적으로서 사물의 두 가지 요구를 제시한다. 첫째, 각 부분은 단지 전체의 관계를 통해서만 비로소 가능한 것이다. 둘째, 각 부분은 상호 교차적으로 자기 형식의 원인과 결과로 삼고서 나아가 하나의 전체가 된다. 따라서 "이러한 산물은 조직적인 것과 자체 조직의 존재자로서 비로소 자연목적이라 지칭

의 가장 중요한 특징이고, 문학은 유기의 형식으로서, 문학의 세계는 생태적 유기성을 중요하게 조영하는 것이라 말할 수 있다. 이 점은 우리가 위에서 분석한 '기운생동'이라는 중국 전통미학의 명제와 호응을 이룬다. 따라서 워즈워드(1770-1850) 신상의 '우연의 일치'는 결코 우연적인 것이 아니다. 그는 유기적 형식론의 주창자이자 자연 문학의 주요 창시자이다. 자연 문학의 철학적 토대에서 생태총체주의는 매우 중요한 이론적 자원인데, 화이트헤드(1861-1947)는 자기의 철학을 심지어 '유기론 철학'이라 부르기도 했다.

생태총체주의와 연관해서, 브루크너는 일찍이 1786년에 '생명망生命網'이라는 개념을 제시했는데, 그것은 동시에 뷰얼의 대표작인 『환경의 상상』에서 가장 힘 있는 핵심적 이미지가 되었다. 그가 보기에 "'망網'이 구체적으로 드러낸 이념은 당대의 생태비평으로 하여금 인간 중심주의의 전통을 맹렬히 공격하게 만들었다."[21] 뷰얼의 '생태 시스템'은 부르디외(1930-2002)의 '장' 이론과 닮은 부분이 있는데, 그것은 사물이 존재하는 시스템으로서 여러 사물이 공존하는 내재적 논리를 나타낸다. 이러한 것은 문학의 내부와 문학 그 자체에로 깊이 있게 다가가는 것이며, 단순하게 외부세계와의 관계를 묘사하는 것이 아니다. 문학

된다."(康德, 邓晓芒 译, 『判斷力批判』, 223쪽); 유기물은 스스로 형성하는 힘을 갖고 있기 때문에 그것은 스스로 융합한다. 우리는 칸트의 사유에서 자연은 예술보다 고귀하다는 것을 알 수 있는데, 그 가운데 중요한 원인 한 가지는 다름 아닌 자연이 가진 내재적 선의 완전성에 있다. 그러나 유기 형식상에서 양자는 동시에 서로 통하는 지점을 찾을 수 있다. "자연의 아름다움은 그것이 단지 대상 외의 직관적 반성에 관한 관계에서 말미암아, 그래서 다만 표면적 형식 때문에 대상에 부여되는 것이기 때문에, 그것은 정당하게 예술의 유사물이라고 불릴 수 있다."(康德, 鄧曉芒 譯, 『判斷力批判』, 225쪽) 혹은, 자연은 예술로 간주될 때에서만 아름다움이라고 말할 수 있다.

21 Lawrence Buell, *The Environmental Imagination: Thoreau, Nature Writing, and the Formation of American Culture*, 285쪽.

자체의 유기성은 문학 작품의 중요한 특징을 구성하며, 더욱이 문학 자체와 외부 세계를 잇는 연결고리이기 때문에, 따라서 "장르와 텍스트 자체는 토론할 가치가 있는 생태 시스템인데, 좁은 의미에서 텍스트를 말하기의 '환경'으로 간주할 때 그렇게 말할 수 있다. 더욱 광범위한 의미에서 스타일화 한 형식으로써 사회의 역사적 환경을 재창조하는 것을 도울 때 역시 그렇게 말할 수 있다."[22]

문학이 받아들이는 양식은 자연히 단일한 것이 아니다. 그리고 심미적으로 자연 문학을 받아들이는 것은 텍스트가 자연히 묘사하는 커다란 희열을 즐기는 가운데 더 많은 가능성을 얻을 수 있다. 뷰얼이 생각하기에 문학은 여러 가지 형식의 어휘의 경관과 세계의 경관 사이의 관계를 찾는 것이고, 이것은 우리가 어떤 시작점으로써 읽느냐에 달려 있는 것이다. 그 가 생각한 것과 같이 "어떤 상황이든 환경적 수사와 표현은 서로 연계되며, 모두 언어와 세계의 관계를 강화한다. 비록 이전의 연계가 이런 영역의 비동일성을 인식한다고 할지라도, 집중적으로 주목되는 것은 새롭게 세계를 구축하는 수단으로서 수사이기 때문이다."[23] 환경 하나만을 놓고 보자면 자연 문학의 의미는 자신을 생성하는 것뿐만 아니라, 나아가 세계에 본래 존재하지 않은 자연을 창조한다.

여기서 우리가 명확하게 해야 할 것은, 자연 문학 작품을 읽는 것은 결코 기이한 것을 찾기 위해서가 아니며, 아마도 텍스트에서 묘사하는 자연 풍경은 결코 우리 주변에서 손쉽게 획득할 수 있는 것은 아니지만, 우리는 문학에서 인간이 자연 가운데의 존재라는 것을 더 많

---

22 勞倫斯·布伊爾, 劉蓓 譯, 『環境批評的未來: 環境危機與文學想象』, 51쪽.
23 勞倫斯·布伊爾, 劉蓓 譯, 『環境批評的未來: 環境危機與文學想象』, 53쪽.

이 체험한다는 것이다. 이는 바로 우리가 비록 늘 석양의 아름다운 풍경을 보지만, 그래도 일몰을 그린 그림을 감상하려는 것과 같다.

뷰얼은 『환경 비평의 미래』에서 '나무'의 이미지를 예로 들어 자연 사물의 예술적 등장을 설명한다. 그는 『코란』을 비롯해서 「틴턴 수도원 Tintern Abbey」 등 여섯 가지 작품에서의 나무를 묘사하는데, 먼저 이러한 묘사의 중요성을 이해하는 데에 있어서 과학의 중요성을 제기한다. 가령, 올리브유가 중동인에게 중요한 것을 알면, 『코란』에서 찬송하는 '나무의 왕'에 대해서 더 잘 이해할 수가 있다. 미국의 느릅나무는 뉴잉글랜드 지역의 대표 수종이기 때문에 소로우가 쓴 것과 같은 비극적 숭고를 더 잘 받아들여 향유할 수가 있다. (그 밖에 여러 가지 경우에서) 비록 이와 같아도 우리는 아직도 칼슨이 제시한 자연미 감상에서의 과학적 인지 모델을 인정할 수가 없다. 필경 이런 인식론적 요소가 모든 예술의 감상 가운데 모두 존재할 수 있지만, 그것은 단지 정도의 다름에 불과하다. 하지만 그것이 근본적으로 심미 체험의 본질을 부인하는 것은 결코 아니다.

소로우의 시는 상징적 의미를 가진 기호이며, 윌리엄스William Carlos Williams(1883-1963)의 묘사 방식은 머나먼 워즈워드에 호응해서 "이렇게 나무의 가시적 구조에 대해 진행한 형식주의적 배치는 가장 아랫부분에서 꼭대기에 이르는 역 방향적 묘사를 활용했다."[24] 확실히 위의 문장에서 버린트가 말한 것과 같다면, 자연 심미는 시각, 청각, 후각, 촉각 등 다양한 감관의 복합적 체험을 포함하고, 자연 문학 가운데의 풍경 역시 음성, 색채, 광선 등의 시간과 공간의 차원을 두루 갖추

---

24 勞倫斯·布伊爾, 劉蓓 譯, 『環境批評的未來: 環境危機與文學想象』, 43쪽.

게 된다. 따라서 "사람들은 자연 문학 작가의 작품이 도대체 시인지 그림인지 노래인지 혹은 그 세 가지를 모두 겸한 것인지 분명히 말하기가 매우 어렵다."[25] 그 밖에 자연 문학의 예술은 어떤 점에서 자연미의 새로운 형태를 창조했으며, 예술 이미지는 상당 부분 먼저 예술 작품의 창조에 말미암고, 이어서 특정한 심미적 취향으로 확대되었다. 가령 어떤 학자는 "주즈칭朱自清(1898-1948) 이전에는 왜 '연못의 달빛'만 있고, '연못 달빛의 미'가 없는가라고 질문을 던졌다.[26]

문학의 방식으로써 자연 문학을 대한다는 것은 그것을 장차 생태윤리의 선언서로 전락시키는 것이 아니라는 것이 이 글에서 반복해서 강조하는 주제인데, 이 착상은 문학 자체의 창조성에서 기인한다. "서사 중에서 지고무상한 환경 시학은 아마도 '그것이 드러낸 것은 전체 세계에 대한 창조에 털끝만큼도 뒤지지 않는 것이다'에서와 같은 창작이라 할 수 있을 것이다."[27] 따라서 뷰얼은 자연 문학을 일종의 환경에 대한 상상으로 간주한다. 어떤 의미에서 보면 자연 문학은 문학예술의 자족성을 함께 나누는 것이 특징인 것이다.

그러나 자연 문학 작가와 비평가는 모두 문학 텍스트에서 무엇을 주거나 읽을 것인지를 도모하는데, 환경보호 이념, 마음의 섬 등이다. 사실 자연 문학 자체로 말하면, 우리가 무엇을 말해야만 하는지, 혹은 자연문학은 어떻게 문학적 방식으로써 윤리적 요구와 만물의 존재를 표현하는지를 말하는 것이다. 우리가 이야기하는 것이 자연 심미이지

---

25 程虹, 『寧靜無價: 英美自然文學散論』, 8쪽.
26 潘知常, 「生態問題的美學困局-關於生命美學的思考」, 『鄭州大學學報』 第6期 참조.
27 勞倫斯·布伊爾, 劉蓓 譯, 『環境批評的未來: 環境危機與文學想象』, 63쪽.

자연 그 자체가 아니라면 마땅히 미학의 틀 속에 있어야 하는 것이지 그것이 윤리적 태도나 정치적 언어로 바뀌는 것을 늘 준비하는 것이 아니다. 아울러 "자연의 감성적 형식의 특징에 대한 존중은 자연 심미의 활동 가운데서 공리적 요소가 방해하는 것의 배제를 요구하며, 자연 자체에 대한 존중과 윤리적 관심은 절대로 서로 모순되는 것이 아니다."[28] 자연미조차 이러한데, 하물며 자연 문학이 예술미로서 존재하겠는가?

3. 자연 문학과 당대미학의 재구성

현대 미학에서는 두 가지 대별적인 연구 경향이 나타난다. 하나는 미학 연구가 예술적인 이론화하는 경향이다. 다른 하나는 환경미학과 생활미학에 대한 열광이다. 사실 이 두 가지 연구 경향의 출현은 모두 예술과 관련되어 있는데, 전자는 예술 관념의 속성은 자명하지만, 또한 미학과 배리될 위험이 존재한다. 후자는 헤겔(1770-1831) 이래의 미학이 예술철학으로 변모하는 전통에 대한 반발이다. 포스트모던 미학은 이론의 시선을 생활의 실천에 집중시키고 있는데, '생활의 완벽함'이라는 관념의 이면에는 자신의 위기를 해소한다는 것이 숨겨져 있다. 특히 환경미학, 생활미학이 크게 유행하고 있는 오늘날에 심미와 생활의 실천 간 결합을 선도하는 것은 미학적 돌파의 계기로 간주되지만, 지나친 것은 되레 역효과를 가져오는 것처럼, 이 가운데 예술에 대한 차폐 또한 심미와 예

---

28 毛宣國, 「伯林特對康德"審美無利害"理論批判辨析」, 『鄭州大學學報』 第6期 참조.

술 사이의 괴리를 초래한다.

    환경미학만을 놓고 말하자면, 그 관련된 문제의 영역은 이미 부분적으로 미 자체를 벗어난다. "환경과 생태미학이 대답하려고 하는 것은 생태 자체에 대한 주목이 아니고, 우리에게 생태 보호 활동에 참가하라고 호소하는 것이 아니며, 구체적인 생태문제의 길을 연구하는 것도 아니다. 그러한 모든 작업이 모두 중요하지만, 그러한 것이 미학의 독특성을 구성할 수는 없다. 환경과 생태문제에 대한 주목은 결코 미학과 관련된 연구를 수반할 수가 없다."[29] 미학의 독특성은 감성과 상상력의 토대 위에 세워진다. 그리고 실천이성을 전제로 하는 환경윤리는 자연히 미학적 의미상의 이론 변혁을 수반할 수가 없다.

    다시 말해, 환경윤리의 가치를 호소하여 요구하는 것은 예술적 상상을 통한 실현을 필요로 하는 것이다. 따라서 어떤 의미에서 말하자면, 자연 문학의 이론에 대한 탐구는 당대 미학 연구가 난관을 뚫고 나가는 데 있어서 부분적으로 도움을 줄 수가 있다. 왜냐하면 그것은 예술적 상상력의 방식을 통해 환경 윤리의 가치를 호소하고 요구하는 것을 표현하기 때문이다. 그밖에, 당대 미학의 토론 가운데는 심미를 감성으로 귀속하는 사유가 적지 않으며, 신체미학 내의 여러 신사조 미학 유파 역시 감성의 문제를 심미 활동의 중요한 기점으로 삼았다. 생태와 예술의 결합은 미학을 감성학으로서 복귀시키는 중요한 경로이고, 이 가운데 앞에서 서술한 자연과 예술 심미 기제의 논리적 연루를 포함하는 것 또한 미학 재구성의 계기를 뚜렷하게 보여준다.

    현대미학의 구성은 미학사의 심미 문제 영역의 전환논리를 간단하

---

29 高建平, 「美學的超越與回歸」, 『上海大學學報』 第1期 참조.

게 이어 갈 수는 없다. '미 자체'의 본체론적 추궁을 중복할 수 없을 뿐만 아니라 헤겔의 예술철학의 전통을 확대 발전시킬 생각도 없다. 마땅히 바로 인간의 심미적 실천에 입각해서, 아울러 이 학문 영역의 인문적 관심을 구체적으로 드러내야 한다. 바꾸어 말해 미학연구에서 시대에 걸맞는 새로운 창조는 생태 문명적 사유의 언어 영역에서 구현되어야만 한다. 생태문명은 산업 문명의 병폐를 반성하고 검토하는 토대 위에서 형성된 인류의 존재 형태인데, 이 문명은 자연 우선, 심지어 자연숭배의 특징이 부각되지만, 그것은 '경천수명敬天壽命'이라는 신비적 자연론의 기초에 바탕을 둔 것이 아니라 충분히 자연의 역량을 인지한 후의 회귀이다.

그러나 이는 결코 수렵 어로 문명이나 농경문명으로 간단히 회귀하는 것이 아니며, 인간 중심주의를 버리고 인간과 자연의 조화로운 공생으로의 복귀를 모색하는 상태이다.[30] 따라서 산업 문명의 산물로서 생태 문명은 자연히 전자를 부정함으로써 '다른 문호를 세우는 것'이 불가능하며, 그것 자체는 역시 산업 문명의 기술적 수단에의 의탁이 필요하고, '지속적 발전'이라는 사회발전의 이념을 강조한다. 이로써 말하자면, 문학적 의미에서 '자연으로의 회귀'나 '황야로의 복귀'는 단지 예술적 상상의 태도를 표현한 것이며, 그 가운데 필연적으로 인간의 심미적 이념과 사상의 종적을 수반한다. 이 의미에서 말하자면, 중국 당대의 환경 미학에서 언급한 '생태문명의 심미관'은 실제로는 거짓 명제이다.[31] 왜 이렇게 말하는가? 먼저 우리가 반드시 인정해야 할 것은 생

---

30 陳望衡,「再論環境美學的當代使命」,『學術月刊』第11期 참조.
31 陳望衡은 수렵 어로 문명과 농업문명, 산업 문명 시대의 인간이 문명을 대하는 태도를 참조해서 생태 문명의 심미관이 가진 네 가지 특징을 제시한다. 그것은 '생태와 문명의 공생', '생

태문명은 미학이나 예술의 개념이 아니며, 그것은 사회문화, 심지어 정치적 이념이라고 해야 한다는 것이다. 그리고 심미적 화제가 비록 일정한 시대의 언어 영역에서 말을 덧붙이고 있지만, 심미형태의 의미상에서 구체화된 자연은 생태문명의 틀에서의 특정성을 가졌다고 말하기는 오히려 매우 어렵다.

예컨대 고대 중국 산수의 '창신暢神'의 심미관은 생태 문명적 언어 영역의 생성이라 말할 수 없다. 이것은 바로 우리가 앞의 문장에서 말한 것과 호응하는 것으로, 자연을 주제로 한 예술 생산의 기제는 먼저 예술 심미의 일반적 성질에 부합하고, 그러한 토대 위에서 우리는 비로소 작품의 생태적 호소와 시대적 의미를 캐낼 수 있다. 따라서 한편으로 우리는 당대 자연 문학 창작의 시대적 언어 영역을 주목해야만 하고, 다른 한편으로는 너무 지나치지 않게 이 예술 양태의 환경 윤리적 차원을 강조해서 그것을 문학적 심미 자체의 틀에 넣어 독특한 미학적 함의를 파악해야만 한다. 문학 자체에 대한 본체론적 탐구를 통해 인간의 자기 생존 환경에 대한 정감적 관심과 가치의 호소를 드러낸다. 이것이 '형식을 통해 의미를 밝히는' 분석 모델이자 더욱이 자연 문학에 대한 미학적 사유이다.

결론적으로 문학예술의 토론은 끝내 '인人'이라는 이 문자를 벗어날 수가 없다. 그러나 자연 문학으로 말하자면, 그것은 인간과 자연 간의 관계를 심미적으로 표현하는 데에서 더욱 복잡하다. 자연 문학의 텍스트는 '인간과 자연 심미적 존재'의 도상적 상상으로 볼 수 있는데,

---

태적 공정', '생태적 평형', '황야의 중시'이다. 陳望衡, 「再論環境美學的當代使命」, 『學術月刊』 第11期 참고.

이 가운데 관련된 철학적 화제는 우리가 문학을 분석하는 데 있어서 학문적 토대와 비평의 본보기를 제공한다. 바로 그 소재의 독특성이며, 자연 문학 자체는 또한 미학과 문학 이론을 위해 새로운 이론적 시각과 이론적 명제를 창조해낸다. 그러나 도덕이 아닌 심미적 시각으로 자연 문학을 관조해서 '인간과 자연 심미적 존재'의 시적 의미를 밝히는 것이 아마도 자연 문학 비평의 정도일 것이다. 그것은 또한 이 글의 착상이기도 하다.

참고문헌

阿諾德·伯林特, 張敏 等 譯, 2006, 『環境美學』, 湖南科學技術出版社.
阿諾德·伯林特, 李媛媛 譯, 2013, 『藝術與介入』, 商務印書館.
編寫組, 2015, 『美學原理』, 高等教育出版社.
程虹, 2014, 『寧靜無價: 英美自然文學散論』, 上海人民出版社.
卡爾松, 楊平 譯, 2006, 『環境美學: 自然, 藝術與建築的鑒賞』, 四川人民出版社.
康德, 鄧曉芒 譯, 2002, 『判斷力批判』, 人民出版社.
勞倫斯·布伊爾, 劉蓓 譯, 2010, 『環境批評的未來: 環境危機與文學想象』, 北京大學出版社.
王諾, 2008, 『歐美生態批評』, 學林出版社.
溫迪·J. 達比, 張箭飛·趙紅英 譯, 2011, 『風景與認同: 英國民族與階級地理』, 譯林出版社.
陳望衡, 2015, 「再論環境美學的當代使命」, 『學術月刊』第11期.
高建平, 2014, 「美學的超越與回歸」, 『上海大學學報』第1期.
賀來, 2011, 「"主體性"批判的意義及其限度」, 『江海學刊』第3期.
毛宣國, 2015, 「伯林特對康德"審美無利害"理論批判辨析」, 『鄭州大學學報』第6期.
潘知常, 2015, 「生態問題的美學困局－關於生命美學的思考」, 『鄭州大學學報』第6期.
什克洛夫斯基, 1989, 「作爲手法的藝術」, 『俄國形式主義文論選』, 三聯書店.
詹姆斯·勞勒爾, 贊德·奧魯傑夫, 杜麗燕 等譯, 1997, 「馬克思主義, 人道主義與生態學」, 『人道主義問題』, 東方出版社.
章輝, 2016, 「馬爾科姆·布迪的自然審美理論」, 『南京社會科學』第2期.
周黃正蜜, 2015, 「康德論美與道德的關聯」, 『世界哲學』第5期.
Lawrence Buell, 1995, *The Environmental Imagination: Thoreau, Nature Writing, and the Formation of American Culture,* Cambridge: Harvard University Press.
Malcolm Budd, 2002, *The Aesthetic Appreciation of Nature,* Oxford: Oxford University Press.

이어의 『한정우기』에 나타난 근대성과 생태미학적 태도

금종현 琴鍾鉉
───────────
성균관대학교 유학대학

내용요약

　이 글은 중국의 명말·청초明末淸初라는 변혁기에 '근대적 인간'의 모습을 보여주는 이어李漁(1611-1680)라는 인물의 『한정우기閑情偶寄』를 중심으로 진행하였다. 내가 이 책에 주목한 이유는 글을 통해서 보이는 이어의 삶의 궤적軌跡이나 생활 방식 속에서 17세기 중반 중국사회의 근대적Modernity인 특징을 발견할 수 있다는 점이다. 동시에 그의 글 속에서 근대적 특징을 넘어서는 생태미학적 가치들이 공존한다는 점을 발견했다.

　　이어라는 인물의 근대적인 특징은 크게 세 가지로 정리할 수 있다. 첫째는 삶과 사유의 배경이 되는 공간이 '도시'라는 점이다. 도시라는 공간은 1차적인 관계가 중심이 되는 농촌의 공동체 사회가 아니다. 계약적契約的 관계가 중심이 되어, 특히 예술가로서 개체화個體化되고 분자화分子化된 개인을 경험한 인간유형임을 보여준다. 두 번째로 자본주의적인 경향성이 강하게 드러난다는 점이다. 그는 인간의 욕구와 욕망을 부정하거나 축소시키지 않고 긍정하고 있다. 그리고 다양한 사물에 대한 관심은 상품의 생산과 유통, 소비를 중심으로 움직이는 자본주의적인 생활패턴에 상당히 익숙해져 있다는 점을 반영하고 있다. 세 번째는 생활에서의 편리함과 실제적 이익을 가져다주는 효용성과 실용성의 측면을 중시하며, 특히 취향趣向이나 기호嗜好에 대하여 중요한 가치를 두고 있다. 사물에 대한 수없이 많은 그의 언급들은 대부분 취미趣味와 관련되어 있다. 이러한 점은 인간의 개성을 중심이 되는 근대성의 주요한 특징이라 할 수 있다. 이러한 세 가지 측면은 개별적인 것이 아니라 사실상 모두 관련되어 있다.

　　그리고 이어의 삶에서 볼 수 있는 생태미학적인 태도를 크게 두 가지로 정리하였다. 첫 번째는 자연과 생명에 대한 그의 관심과 애정을 중심으로 살펴보았고, 두 번째는 인간의 욕망을 긍정하면서도 욕망 그 자체의 노예가 되어 스스로 생채기를 내고 삶을 질곡으로 몰아넣는 모습이 아니라 오히려 욕망을 통해 행복을 찾고 삶에 활기를 불어넣는 모습을 볼 수 있었다. 그리고 이를 통해 인간의 욕망을 자연과 생태에 대한 감수성의 확보라는 전환적인 사고방식이 가능하고, 스스로 삶을 긍정하고 행복을 추구하는 삶의 모습은 생태미학적인 가치와 부합함을 알 수 있었다.

핵심어: 이어, 한정우기, 근대성, 생태미학, 자연, 행복

1. 문제제기

그레타 툰베리는 스웨덴 출신의 환경운동가이다. 그는 2019년 8월 기후위기에 대한 대응을 촉구하며 스웨덴 국회의사당 앞에서 등교 거부시위를 벌인 것을 시작으로 미국 백악관 앞에서도 시위를 진행하였고, 세계 수백만 젊은이와 함께 행진을 벌이는 등 환경운동을 이끌어왔다. 또 툰베리는 3월 노벨평화상 후보에 오른 데 이어 4월에는 미국 시사주간지 타임TIME이 선정한 '2019년 세계에서 가장 영향력 있는 인물 100인'에 이름을 올렸다.

그는 2019년 9월 23일, 미국 뉴욕 유엔본부에서 개최된 「유엔 기후행동 정상회의」에서 전 세계의 지도자를 대상으로 "이건 아니라고 생각합니다. 제가 이 위에 올라와 있으면 안 돼요. 저는 대서양 건너편 나라에 있는 학교로 돌아가 있어야 합니다. 그런데 여러분은 희망을 바라며 우리 청년들에게 오셨다고요? 어떻게 감히 그럴 수 있나요? 여러분은 헛된 말로 저의 꿈과 어린 시절을 빼앗았습니다. 사람들이 고통받고 있습니다. 죽어가고 있어요. 생태계 전체가 무너져 내리고 있습니다. 우리는 대멸종이 시작되는 지점에 있습니다. 그런데 여러분이 할 수 있는 이야기는 전부 돈과 끝없는 경제 성장의 신화에 대한 것뿐입니다. 도대체 어떻게 그럴 수 있습니까?"[1]라고 시작하는 연설을 했다.

　16세 소녀의 이 연설은 뜨거운 반향反響을 불러일으켰다. 세계 각지의 또래 학생들이 등교 거부시위에 동참하기도 하고, 여러 환경단체의 찬사가 이어졌다. 반면에 그의 이러한 행동에 대한 비판적인 반응도 그에 못지않게 등장하였다. 미국의 대통령인 로널드 트럼프는 '분노조절장애'라고 비아냥거리기도 했는데, 나중에 이러한 언급 자체가 수많은 논란을 가져오기도 했다. 그레타 툰베리에 대한 비판의 요지는 탄소 배출의 주범인 화석연료, 즉 석탄이나 석유의 대폭적인 감산과 사용을 줄이자는 주장을 했는데, 매우 급진적인 것으로 받아들여졌다. 비판하는 쪽 사람들은 이러한 주장이 실현되면 경제적 비효율과 수많은 실업자의 양산을 초래할 것이라 생각했으며, 세상을 큰 틀에서 보지 못하는 철없는 아이의 이야기로 치부하였다. 정작 툰베리 본인이 잘 사는 나라의 부잣집 딸로 태어나 많은 것을 누리는 이유는 이전부터 자국에서 자행되었던 환경파괴의 대가였다는 점을 거론하며 핀잔을 주기도 한다. 또 가난한 제3세계 또래의 아이들이 대면하는 생존과 생활의 문제는 환경을 생각할 겨를이 없다는 점을 전혀 이해 못 하고 있다는 등의 평등 문제를 제기하기도 한다.

　환경과 생태에 관한 문제는 현재 우리가 살아가는 사회에서도 심각한 문제로 심심치 않게 등장한다. 그리고 뭔가 이야기가 되는가 싶다

---

[1] 환경운동연합 번역 작성, 「기후위기, 그레타 툰베리의 '유엔 기후행동 정상회의'(2019. 9. 23) 연설문」(https://www.youtube.com/watchTV=BvF8yG7G3mU&t=2s).

가는 어떠한 다른 이슈들이 문제가 되면 별다른 해결방안도 제시하지 못하고 슬그머니 사라진다. 그러다가 시간이 지나면 다시 나오기도 하고 또 사라지는 방식을 되풀이한다. 이렇게 핵심을 파고들지 못하고 문제의 주변만 빙빙 돌고 있는 이유는 무엇일까? 나는 이 점에 대해 이것이 문제라는 점은 모두가 인식하고 있지만, 현실적인 대안을 찾고, 어떠한 하나의 담론으로 모두를 설득시키고 동의를 구하기에는 매우 어려운 문제이기 때문이라고 생각한다.

누군가 나에게 이 문제에 대해서 어떻게 생각하냐고 질문한다면 나는 이렇게 대답할 것이다. "나는 그레타 툰베리의 주장에 상당 부분 동의한다. 현대사회에서 환경과 생태의 문제는 이미 인류의 생존을 위협하고 있는 매우 시급하고도 광범위한 전 지구적 문제가 되었다. 자연과 생태계가 파괴되는 상황을 계속해서 방치한다면 모든 인류에게 재앙이 될 것이다. 따라서 이제 인류에게는 자연을 바라보고 대하는 새로운 시각이 필요하다. 더 이상 인간이 세계의 주인이 아니고, 인간을 위해서 세계가 존재한다는 생각 자체를 버려야 한다. 인간 외에 다른 생물을 포함하여 자연물까지도 본래의 모습을 되찾고 공존할 수 있을 때, 인간도 풍요롭고 건강한 미래를 약속할 수 있다. 이것이 인간과 자연의 올바른 관계를 지향하는 자세이다. 이러한 가치를 자각하고 조금씩 실천해 나갈 때, 우리가 바라던 세상도 조금씩 앞당겨질 수 있다."

그런데 이 정도의 대답은 이 문제에 대해 조금이라도 생각해 본 적이 있는 현대인으로 보통 이상 학력의 소유자라면 누구든 할 수 있다. 문제는 굳이 이 문제를 따지고 들자면 당위적으로는 받아들일 수 있지만, 일상에서 이러한 문제의식들이 거의 발현될 기회를 갖지 못하고 있다는 점이다. 현대인들이 직면한 현실적인 삶의 조건은 노동과 도시,

기계문명과 계약적인 인간관계 등으로 압축할 수도 있을 것이다. 이러한 조건들 속에서 '지구를 지켜라'라는 이성의 명령이 과연 어느 정도 힘을 발휘할 수 있을까? 그것보다는 오히려 아파트 화단에 피어 있는 한 송이 꽃을 바라보면서 아름다움을 느끼고, 꽃 위로 날아드는 나비와 벌을 보면서 잠시나마 행복해질 수 있는 것, 이러한 정서의 확대가 더 강한 힘을 갖는 것은 아닐까 생각해 본다.

나는 현대인의 삶의 조건에서도 생태적 미감을 체험한다는 것이 복잡하고 어려운 일은 아니라고 생각한다. 그것은 관심과 사랑에서부터 시작하는 것이고 일상적이고 하찮아 보이고 작은 일들도 생태미학적으로 중요한 의미가 될 수 있다고 본다.

이 글은 중국의 명말·청초明末淸初라는 변혁기에 '근대적 인간'의 모습을 보여주는 이어李漁(1611-1680)라는 인물의 『한정우기閑情偶寄』를 중심으로 진행할 것이다. 이어의 『한정우기閑情偶寄』는 어떤 형식에 맞추어 작성한 글이라기보다는 생활 속에서 만나게 되는 다양한 사물들에 대하여 자신의 생각을 하나하나 자유롭게 나열한 글이다. 사상이나 철학을 논하는 학술적인 글이 아니다. 자신이 살아오면서 체험하고 습득한 일상적인 지식과 정보를 동시대의 일반인들과 함께 공유하려는 목적으로 썼던 전반적인 생활 미학 서적이라고 평가할 수 있다. 따라서 이 책 속에는 명말·청초라는 시대에 일반인들이 향유했던 문화를 포함해서 관심을 가졌고 유행했던 여러 가지 기호들이 다양한 방식으로 서술되어 있다. 그리고 이러한 글들을 통해서 당대인들이 살았던 삶의 패턴과 사유 방식에 대해서도 상당한 정보를 얻을 수 있다.

내가 이 책에 주목한 이유는 글을 통해서 보이는 이어의 삶의 궤적軌跡이나 생활 방식 속에서 17세기 중반 중국사회의 근대적Modernity

인 특징을 발견할 수 있다는 점이다. 일반적으로 서구에서 바라보는 관점은 중국은 오랫동안 봉건적 왕조국가 체제를 유지했었고 근대라는 개념은 서구와의 만남을 통해서 가능했다고 이해하고 있다. 그렇지만 이 책을 보면 이어가 살았던 시대에, 어쩌면 그보다도 이미 훨씬 이전부터 중국은 자발적인 근대화의 길을 걸어왔던 것이 아닌가 하는 생각이 들었다. 첫 번째 단락에서는 이 점을 중심으로 논의하고자 한다. 그 이유는 현대인들이 생활에서 느끼는 생태적 미감에 대한 내용을 이어에게서 끌어내려 하는데, 이어는 근대적 요소를 갖춘 인물이라야 논리적 구조가 성립되기 때문이다. 그렇지만 명말청초에 살았던 인물에게서 중국의 자생적 근대화의 특징을 논증한다는 측면도 매우 의미 있는 작업이고, 또 주요한 의의를 갖는다고 판단하여 이에 자세히 논증하고자 한다.

쩡판런曾繁仁 교수는 "생태미학은 이러한 근대성Modernity에 대한 비판과 반성으로부터 시작된 Post-Modern의 경제와 문화적 배경에서부터 시작하고 있다"[2]고 한다. 따라서 생태미학에 대한 이해를 위해서는 근대성과 Post-Modern의 경계를 읽는 방식에서 시작되어야 한다고 생각한다. 내가 『한정우기』를 텍스트로 삼은 또 다른 이유는 이어라는 사람이 근대적인 특징을 갖춘 인간이기 때문이기도 하지만, 그의 글 속에는 근대적 특징을 넘어서는 생태미학적 가치들이 공존한다는 점을 발견했기 때문이기도 하다.

필자가 이렇게 느낀 이유는 두 가지이다. 첫 번째는 그가 자연과 관계 맺는 방식과 자연에 대한 태도에서 찾았다. 이어는 도시에 살았

2　신정근 · 쩡판런 외, 『생태미학과 동양철학』, 50쪽.

고 부유한 사람도 아니었지만, 자신이 처해 있는 환경에서 어떻게 해서든지 자연과의 교감과 조화로운 관계를 원했다. 그리고 이 부분에 대하여 인생의 매우 큰 가치를 두었다. 이러한 점은 상호주관성相互主體性과 자연의 내재적內在的 가치價値를 인정하는 생태존재론적 미학生態存在論的 美學과 실천적이고 실용적인 측면에서 연결될 수 있다고 보았다. 두 번째는 글의 행간에서 지속적으로 드러나는 행복한 삶으로의 지향을 들 수 있다. 그는 인간의 욕망에 대하여 긍정적으로 평가한다. 그것은 육체를 가지고 태어난 인간으로서 어쩔 수 없는 문제라는 점이라는 인식을 가지고 있다. 그렇지만 욕망의 문제를 해결하는 방식에는 독특한 관점을 가지고 있다. 욕망에 대한 무한한 긍정과 추구를 지지하는 것이 아니라 오히려 절제節制와 무욕無慾 등의 경지에 대해서도 이야기한다. 그는 현실적으로 자신에게 주어진 조건에 대해 불평을 늘어놓는 대신 그 속에서 자신의 취향을 개발하고 작지만 확실한 행복을 추구하는 방법을 제시하고 있다. 이러한 점은 고독이나 불안·우울 등으로 대변되는 근대인近代人들의 심리상태와는 확연히 다르다. 나는 이러한 부분을 도가적 삶의 태도, 특히 노자의 논리와 연결하여 이해해 보고자 한다.

이어의 사유방식에서 볼 수 있는 이러한 자연과의 교감과 행복을 지향의 모습은 근대성과 Post-Modern의 공존이라고 말 할 수도 있고, 서구적 전통에서 볼 수 없었던 중국(동양)적인 특징이라고도 볼 수 있다. 그렇지만 생태미학生態美學에서 핵심적인 문제인 자연과의 관계 설정, 그리고 인간의 마음과 관련된 문제에서 시사점을 제공할 수 있으리라 생각한다.

결론 부분에서는 '현재 생태와 환경 문제에 대한 실천의 측면에서 우리가 찾을 수 있는 방안은 무엇일까'라는 질문에 대한 대답으로 그레타 툰베리의 「유엔 기후행동 정상회의」에서의 연설문과 이에 대응하여 이어 방식의 생활적인 생태미감이 갖는 의미에 대해서 논하고자 한다. 그리고 현대인들의 삶의 조건이나 자본주의적 현실과 생태학이 나눌 수 있는 타협의 장은 과연 존재하는지에 대하여 소박하게나마 마무리 짓고자 한다.

2. 이어를 통해 볼 수 있는 근대적인 특징

이어는 명나라 말기에 태어나서 성장하였고 청나라 초기에 활동했던 저명한 희곡 작가이자 이론가이며, 소설도 다수 창작하였다. 또한 연출가로서 극단을 운영하기도 했고, 서적의 편집과 출판, 판매까지 총괄했던 전문적인 출판이기도 했다. 그는 절강성浙江省 난계현蘭溪縣 출신으로 명나라 말기 젊은 시절에 과거 시험의 실패와 망국亡國을 경험한다. 왕조가 바뀌자 결국 출사의 길을 포기하고 1651년 항주杭州로 이주하여 글을 팔아 먹고사는 전업 작가로서의 삶을 시작한다. 항주에서 새로운 삶을 시작한 지 얼마 되지 않아 그는 매우 인기 있는 작가가 되었다. 그러나 당시 강남 대부분의 도시에서 유행했던 서적의 불법복제와 판권 문제로 갈등을 겪었다. 이 문제를 해결하기 위하여 남경南京으로 이주하여 주로 출판과 공연에 관련되는 문화사업文化事業을 시작했다. 사업을 하면서 경영자가 된 그는 많은 사람을 관리하기 위해 막대한 자금이 필요했다. 잘 팔리지 않는 글은 쓰지 않겠다고 공언公言을 하는 등 문화적 상품을 파는 장사꾼을 자임했다. 이 때문에 그의 작품은 매우 통속적通俗的인 방향으로 진행되었으며 당시 보수적保守的인 문인文人들에게 따가운 눈총을 받았다. 이후 공연단公演團을 꾸려 전국각지를 다니며 공연하는 사업을 벌였다. 그러나 그가 발탁한 배우들이 갑자기 세상을 떠나면서 심리적으로도 힘들었고 경제적 타격도 입었다. 사업도 기울면서 만년에는 매우 곤궁한 생활을 했다고 알려졌다.[3]

이러한 그의 생애를 살펴보면서 삶의 조건으로 두 가지를 주목했다. 첫 번째는 그가 살았고 생활했던 환경이 '도시'라는 공간이며, 두 번째는 그의 직업이 소설 및 희곡 등의 글을 쓰고 그것을 팔아야 생활할 수 있는 '전업 작가'로서의 삶이다. 이는 그에게서 볼 수 있는 근대적인 사유방식이 결국 그의 삶을 둘러싼 현실에 기반하고 있음을 방증한다고 볼 수 있다. 이러한 점은 그가 도시라는 생활공간을 배경으로 접할 수 있는 주변 환경은 물론이고 사람들을 만나서 관계 맺는 방식이 이미 근대적으로 변화했으며, 생활을 영위하기 위하여 재화를 획득하는 방법 역시 자본주의적으로 변화했다는 것을 말해준다. 즉 전근대에서 볼 수 있는 인간적인 유대감이 결여된 계약적인 인간관계와 상품이 중심이 되는 교환경제가 변화된 현실의 핵심이라 할 수 있다.

대규모의 소비능력을 갖춘 도시의 발전은 사람들로 하여금 유행을 창출하였으며, 상인들은 이에 편승하여 경쟁적으로 소비를 유도할 수 있는 상품을 만들어내었다.[4] 그리고 도시라는 공간에서의 소비상품은

---

[3] 李漁, 김의정 역, 『쾌락의 정원: 동양의 에피쿠로스 이어의 한정우기』, 4-8쪽.

[4] 명대 중후반 농촌 경제작물과 수공업 생산의 발전에 따라 국내시장이 현저히 확대되었다. 특히 양자강과 대운하 연변에 많은 상업도시가 형성되었는데 이는 바로 국내시장의 확대를 반영한 것이다. 江南의 경제력은 南京·杭州·蘇州 등의 크고 작은 도시들을 만들었고, 도시를 중심으로 각종 상품의 생산과 유통·소비가 이루어졌다. 전체적인 경제 흐름에서 도시는 소비를 담당하였는데, 경제적 발전에 따른 부의 축적과 장거리 상업유통의 발달은 다양한 종류의

단순히 물질적인 재화만은 아니었다. 문학과 음악, 춤과 연극공연, 서예와 그림 등 이전까지는 예술의 영역에 있었던 것들이 사고파는 상품의 영역으로 들어오게 되었다.

서구에서 예술가의 지위와 창작방식의 변화는 근대성을 평가하는 중요한 지표가 된다. 봉건적 생산관계가 사회적 토대를 형성하고 있었던 중세시대에 그들의 활동은 주로 교회를 위해 봉사하는 역할을 담당했고 그들의 생활은 교회에서 전적으로 책임졌다.[5]

이러한 그들의 사회적 지위와 창작방식은 르네상스와 절대왕정 시대를 거치며 조금씩 변화하기 시작한다. 그들을 책임지고 보호하는 주체가 교회를 포함해서 왕실과 귀족, 혹은 대부호의 가문 등으로 다양해진다. 그렇지만 이러한 변화는 복무하는 대상과 그에 따른 창작의 내용이 다양해진 것에 불과했다. 생활을 책임지는 대신에 창작의 결과물도 그들이 소유하는 방식은 크게 변하지 않았다. 물론 시대의 변화와 함께 장인匠人들의 봉건적 창작방식에 대한 반성과 예술가로서의 자신의 존재를 자각이 진행되었지만 이러한 측면은 예술가 각각의 개인적 측면에 의존하는 경우가 많았다.

사회가 점차 자본주의적 생산방식으로 전환하면서 교회와 왕실은 예술가에 대한 보호자로 능력을 상실한다. 부르주아지bourgeoisie, 즉

상품을 유통시키고 소비할 수 있게 하는 배경이 되었다.
[5] 교회에서 가족에 대한 부양 등 모든 생활을 보장받고 그들이 해야 했던 일은 전통적으로 이어져 오는 기술을 활용하여 그림을 그리고, 조각을 하고, 교회를 짓고, 작곡을 하고, 각종 기물을 제작하는 것이었다. 그들의 작업은 이미 정해진 방식을 반복하는 노동에 가까웠고, 무엇인가를 새롭게 만들어내는 '창조'라기보다는 습득한 기술을 발휘하는 기술자에 가까웠다. 지난한 노력을 통해 가장 완벽한 기술을 익히고 주변으로 인정받은 사람들은 Maestro, 즉 匠人 중에서도 巨匠이란 칭호를 받을 수 있었다.

자본가가 사회를 움직이는 중심적인 계급으로 성장하였다. 봉건지주의 영지를 탈출한 인민들은 도시로 몰려들었으며 자신의 노동을 팔아 생계를 유지하는 노동자 계급을 형성했다. 이러한 현상의 심화는 봉건적 세계관 현저한 약화를 가져왔다. 신神 대신 인간人間을 중심에 놓는 사고, 합리적 이성으로 세계를 진보시킬 수 있다는 계몽주의적 사유가 주류를 형성하였다. 봉건지주의 몰락과 함께 시장경제를 중심으로 하는 자본주의적 관계에 기초한 대중문화, 도시문화가 점차 성장하기 시작했다. 이러한 점은 시간이 지나면서 도시에 모여든 사람들 사이에 매우 다양한 방식으로 분화가 생겨나면서 다양한 존재 형태로서 생활하기 시작했다. 공통적인 점은 모두가 지식이든, 기술이든, 신체적 힘을 쓰는 것이든 노동을 시장에서 팔아야 자신의 삶을 유지할 수 있다는 것이다. 즉 자신이 가지고 있는 무엇인가를 재화로 교환하는 방식으로 삶을 살아야 하는 조건이 형성되었다.

　이러한 상황에서 예술가들의 삶도 상당한 변화를 가져왔다. 과거로부터 습득된 기술을 이제는 시장에 팔아야 먹고 살 수 있는 삶의 조건이 펼쳐진 것이다. 그래서 그들의 삶은 늘 선택을 강요받게 된다. 소비능력을 갖춘 대중들의 수요와 욕구를 충족시키는 상품을 만들어 팔 것인지, 아니면 자신의 예술가로서의 존재의미를 찾기 위해서 구도자의 삶을 살 것인지를 늘 고민하게 된다. 이 두 가지가 모두 충족되는 경우는 흔치 않다. 결국 예술가로서의 정체성을 포기한 사람은 대중적이고 오락적인 세속적인 길을 걷게 되고, 상업적으로 성공하는 사례도 많았다. 그렇지만 대부분의 예술가들은 자신의 예술혼藝術魂이 투사된 작품을 시장에 헐값에 내놓으면서 계속 곤궁한 삶을 살게 되었다. 그들은 늘 예술적 가치와 시장 가치의 불일치라는 자괴감 속에서 평론가

評論家와 시장[藝術商人]의 평가를 기다려야 하는 존재로 전락한다. 현실에 뿌리박지 못하고 주변을 떠도는 방랑자放浪者로서의 삶을 사는 경우가 많았다.[6] 나는 바로 이러한 모습이 '근대적近代的 예술가藝術家의 초상肖像'이라 생각한다. 그리고 이어에게서 이러한 근대적 예술가의 모습을 발견한다. 이러한 점은 중국에서도 명청대明淸代 시기에 도시를 중심으로 삶을 살았던 사람들에게 이미 근대적인 삶의 조건이 형성되었다고 평가할 수 있다.

이어는 『한정우기』에서 사치와 낭비보다는 절제를 주장하고 있지만, 기본적으로 생활과 관련된 사물이 왕성하게 발전했던 시기에 지어진 작품이기 때문에 이러한 당시의 사조가 반영되어 있는 부분이 많다. 『한정우기』는 사물에 대한 품평 모음집이라 할 수 있다. 생활하는 공간 주변에서 만날 수 있는 수많은 사물들에 대하여 다양한 종류들을 나열하고, 각각의 특징과 자신이 선호하는 것을 소개하고, 그것이 어느 지방에서 생산되는 것이고, 어떻게 좋고, 어떻게 사용해야 하며, 사람들에게 어떠한 이로움이 있는지를 자질구레하게 서술하고 있다. 예를 들면 차를 보관하거나 우려내는 데에 사용하는 다구茶具에 대해서도 그의 기술은 이런 식이다. "차를 우려내는데 자사호紫沙壺보다 좋은 것이 없고, 자사호 가운데 정교한 것은 또 양선陽羨에서 만든 것을 능가하는 것이 없다. 이것은 사람들이 다 알고 있다. 그러나 상식을 초월할 정도로 자사호를 보배롭게 간주하여 금은金銀과 가치를 비교하고 있는데 …… 차를 담는 병은 다만 주석朱錫을 사용해야 적당하다. 도자기와 구리 등의 기물이 찻잎의 특성과 서로 어울리지 않는 것은 물론

---

6 Arnold Hauser, 백낙청 역, 『문학과 예술의 사회사』, 169쪽.

이고, 가령 금은金銀으로 만들어 차를 저장하더라도 보물처럼 취급하지만 찻잎에 해를 끼칠 뿐이다. 다만 주석으로 병을 만드는 것은 차의 향기와 맛이 새어나가지 않도록 하는 것이다.[7]

차는 중국인들이 아주 오래전부터 즐기는 기호식품이었고, 다양한 방식으로 차 문화를 즐겼을 것이라는 점은 충분히 짐작할 수 있다. 그렇지만 『한정우기』의 시대적 배경이 되는 청대 초기에는 도시의 문화가 형성되면서부터는 일반인들도 함께 참여할 수 있었고, 이전보다 훨씬 대중화되었다는 점을 알 수 있다. 먼 지역으로까지 상품을 유통시킬 수 있는 상업의 발전으로 인해 교통의 발달하였다. 이에 따라 사람들은 중국의 전 지역에 대한 지리환경과 특산품에 대한 이해도는 이전 시기에 비해 상당히 높아져 있었다. 같은 용도의 상품이라도 사치품부터 값싸고 쉽게 구매할 수 있는 것까지 그 선택의 폭은 매우 다양해졌다. 새로운 상품도 경쟁적으로 쏟아졌고 사람들은 유행의 흐름에 따라 자신이 원하는 것을 저렴하게 구입하기 위해서는 또한 상품에 대한 정보와 지식이 필요하게 되었다. 이어의 이 책은 이러한 시대적 요구에 대한 반영이라 볼 수 있다.

이렇게 대도시의 형성, 상품경제의 발달, 소비능력을 갖춘 대중의 등장, 다양한 상업적 지식인이나 예술가의 활동 등은 도시를 배경으로 근대적인 특징을 가능하게 만들었다. 도시적 환경은 사람들의 미적 감각에도 분명히 영향을 주었다.

---

7 『閑情偶寄』「器玩部·茶具」: "茗注莫妙于沙壺, 砂壺之精者又莫過于陽羨, 是入而如之矣. 然賓之過情使興與金銀比値 …… 貯茗之瓶, 止宜用錫, 無論稷銅等器, 性不相能, 即以金銀作供, 寶之適以祟之耳. 但以錫作瓶者, 取共氣味不泄."

배의 내부에 앉으면 양 기슭의 호수 빛, 산 경치, 절, 탑, 안개, 대숲, 오고 가는 나무꾼, 목동, 취한 노인, 유람하는 여인, 말을 탄 행렬이 모두 부채꼴 창문 속으로 들어와 나에게 자연의 그림이 된다. 또 때때로 변화하여 일정한 형상이 아니다. 배가 흘러갈 때뿐만 아니라 노를 한 번 저으면 형상이 한 번 변하고, 삿대를 한 번 저으면 경물이 한 번 바뀐다. 닻줄을 묶어 정박했을 때에 바람이 불어 물결이 일면 또한 시시각각 형상이 달라진다. 하루 동안에 수많은 아름다운 산수山水가 나타나도 모두 이 부채꼴 창으로 거두어들인다. 부채꼴 창의 제작에는 절대로 많은 비용이 들지 않으며, 구부러진 나무 두 쪽에 불과하다. 세상에 금화金貨를 다 써서 신기한 것을 추구하는 사람이 있지만 이처럼 신기할 수 있겠는가? 이 창은 나를 즐겁게 할 뿐만 아니라 다른 사람도 즐겁게 할 수 있다. 배 바깥의 무궁한 경치를 배 안으로 끌어들일 뿐만 아니라, 겸하여 배 안의 모든 사람 및 일체의 탁자와 그릇을 창밖으로 투사하여 왕래하며 노니는 사람들이 감상하도록 제공할 수 있다.[8]

이어는 창窓의 용도에 대하여 단순히 벽壁을 뚫어 놓고 공기를 순환시키는 것으로만 생각하지 않았다. 그는 사람이 집에 거주하면서 창을 통해 바라보는 정경情景을 매우 중요하게 생각하는데, 그것이 사람에게 미적美的 흥감感興과 함께 만족감을 주고 행복을 느끼게 한다고

---

8 「閑情偶寄」「居室部·窓欄」: "坐于其中, 則兩岸之湖光山色寺觀浮屠雲煙竹樹, 以及往來之樵人牧竪醉翁游女連人帶馬, 盡入翩面之中, 作我天然圖畫, 且又時時變幻, 不爲一定之形, 非特舟行之際, 搖一櫓, 撑一篙, 換一景. 卽繁纜時, 風搖水動, 亦刻刻異形, 是一日之內, 現出百千萬幅佳山佳水, 總以便面收之, 而便面之制, 又絶無多費, 不過曲木兩條直木兩條而已, 世有擲盡金錢, 求爲新異者, 其能新異若此乎. 此窓不但娛已, 兼可娛人, 不特以舟外無窮無景色攝入舟中, 兼可以舟中所有之人物, 幷一切豈席杯盤射出窓外, 以備來往遊人之玩賞."

말한다. 그래서 창을 설치할 때 차경借景을 매우 중요하게 생각했다. 차경은 시야가 미치는 범위 내의 아름다운 경치를 시야 속으로 들어오도록 설계하는 중국 정원의 전통적이 기법이다. 위의 글은 「거실부居室部」의 「창문」편에 소개되는 내용이다. 이전에 그가 항주杭州에서 살 때 서호西湖 주변에 살았는데, 작은 배를 구입하여 배 위에 벽壁을 세우고 창문 꾸몄던 내용을 기술하는 부분이다. 배 안에서 배의 바깥을 바라보면서 미감을 충분히 느낄 수 있는 방식을 자신의 체험을 통해서 소개하고 있다.

그런데 여기서 중요한 점은 서호를 배경으로 하는 산수화의 미감이 아름다운 자연만이 아니라는 점이다. 그가 나열한 사물 중에서 양 기슭의 호수 빛, 산 경치, 안개, 대숲은 자연적인 경관이지만 절과 탑은 인간이 만들어 놓은 건축물建築物로 문화적인 배경이라 할 수 있다. 그리고 오고 가는 나무꾼, 목동, 취한 노인, 유람하는 여인, 말을 탄 행렬은 이른바 서호 주변에 모여든 인간들의 군상群像이다. 자연의 모습이 늘 같다고 생각할 수 있지만 이어는 그렇게 보지 않았다. 동일한 공간이라 할지라도 하루 중의 시간에 따라, 계절의 변화에 따라, 그리고 감상자鑑賞者의 위치에 따라 그 모습은 시시때때로 변하는 것이 자연이며, 이에 따라 각각의 흥취興趣를 만들어낼 수 있다고 하였다. 이러한 자연이 또 다양한 인간군상과 어울리면 수만 가지의 풍광을 만들어낸다. 모두들 각자의 일을 하고 시끌벅적 돌아가는 세상의 풍경과 시시때때로 변하는 자연과의 만남은 도시에서 쉽게 볼 수 있는 광경이고, 이어에게 미적 쾌감快感이 되는 대상은 이러한 모든 도시의 풍경이었다. 그는 시시각각 변하는 풍광을 가장 운치韻致 있게 포착할 수 있는 방식을 창문을 통해 찾았던 것이다. 이렇게 도시의 생활 속에서 미감을 느끼는 모습은 그에게서 찾을 수 있는 근대적 특징이라 볼 수 있다.

> 그윽한 거처에 자갈을 쌓아 가산假山을 만든 것은 본래 부득이한 것이다. 자신의 몸을 산의 바위 아래에 두어 나무나 바위와 더불어 살 수 없으므로, 한 무더기의 돌로 산을 대신하고 한 움큼의 물로 강을 대신했는데, 이른바 다른 도리가 없어 온갖 궁리를 다한 것이다. 그러나 도시를 산림으로 변화시키고 비래봉飛來峰을 불러다가 평지에 놓을 수 있는 것은 신선의 신묘한 술법으로서, 사람의 손을 빌려 기이한 재주를 보여준 것이므로 작은 재주로 간주해서는 안 된다. 또 자갈을 쌓아 산을 만드는 것은 별도의 학문이며, 특별한 지혜이고 기교다. 산수의 흥취가 가슴에 가득 차고 안개와 구름이 붓을 휘감고 있는 듯 풍류객에게 물을 그리고 산을 읊도록 명령하면 순식간에 수많은 봉우리와 계곡을 그려낼 것이다.⁹

위의 글은 가산에 대한 이어의 생각을 적은 부분이다. 주로 도시의 대저택大邸宅의 정원에 조성造成된 것으로 산과 강물 등의 자연의 경관을 인공으로 돌과 흙을 쌓고 물을 넣어서 만든 것이다. 이것을 조성하는 목적은 대자연을 생활의 공간 안으로 끌어들여 도시 속에서, 특히 늘 생활하는 공간 안에서, 자연의 정취와 선경仙境을 느끼게 하려는 것이다. 가산의 조성은 오랜 역사를 가지고 있고, 특히 명청대明淸代 강남江南의 도시에서 상당히 유행했던 것이기 때문에 글에서 볼 수 있는

---

9 「閑情偶寄」「居室部·山石」: "幽齋磊石, 原非得已, 不能致身巖下, 與木石居, 故以一卷代山, 以勺代水, 所謂無聊極思也. 然能變城市爲山林, 超飛來峰使居平地, 自是神仙妙術, 假手于人以示奇者也, 不得以小技目之. 且磊石成山, 另是一種學問, 別是一番智巧, 盡有丘壑塡胸煙雲繞筆之韻士, 命之畫水題山, 頃刻千巖萬壁."

생각들이 반드시 이어만의 것이라고는 볼 수 없다. 그렇지만 글 속에 비록 몸은 도시에 있지만 늘 산과 강 등 대자연 속에서 살고 싶은 인간의 희망의 표현이라 읽을 수 있다. 가산은 서구에서는 찾아보기 힘든 중국 특유의 전통이다.

가산의 문화를 통해 중국인들의 자연에 대한 관심과 사랑을 찾아볼 수 있다. 가까운 곳에서 자연을 느끼고 미적인 흥취를 경험하려 했다. 이러한 가산의 문화에 대해 나는 두 가지의 시각으로 읽어낼 수 있다고 본다. 그것을 자연에 대한 미적 감흥이 소유와 욕망의 대상이 되어 더 아름답고 멋지게 장식하려는 경쟁과 과시의 대상이나, 개인의 자산으로서 바라볼 것인가. 아니면 도시 속에서도 자연을 느끼고 싶어 하는 생태미감으로 볼 것인지. 전자 쪽에 무게를 둔다면 근대적 특징으로 이해할 수 있을 것이고, 후자 쪽에 무게를 더 둔다면 서구적 문화와는 다른 미감과 흥취일 것이다.

이러한 점은 서구와 중국 모두 근대성의 보편적인 특징은 공유하지만, 동양적인 사유방식에서 어떠한 새로운 시사점을 제시할 수 있는 계기를 마련할 수 있다. 특히 자연에 대하여 인식하고 사유하는 태도와 방식은 분명 서구적인 전통과 다를 것이란 점은 예측하기 어렵지 않다. 동양적 방식의 자연에 대한 기본적인 태도는 최근에 주요한 화두로 떠오른 환경이나 생태학적인 문제에 대해서도 기본적으로 공감할 수 있는 사상적 자산資産과 문화적 전통이 존재한다.

이어에게서 볼 수 있는 또 다른 근대적인 특징은 중국적 전통, 특히 유가儒家를 표방하는 지식인들과 분명하게 거리를 두고 있다는 점이다. 그들에게 흔히 볼 수 있는 인간의 욕망에 관련된 문제에 대하여 금기禁忌로 여기는 의식을 스스로 부정하고 있다. 식욕이나 성욕性慾은 자연스러운 것으로 생각했고, 자신의 취향을 거리낌 없이 소개하고 있다.

초목草木은 입과 배가 없지만 결코 생장을 못하지 않으며, 바위와 토양 또한 음식이 없어서 자라지 못하는 것은 들어보지 못했다. 어찌하여 오직 인간의 형체를 다르게 하여 입과 배를 부여했는가? 설령 입과 배를 만들었다 하더라도 물고기나 새우가 물을 마시고 매미가 이슬을 마시며 모두 기력을 증진시켜 물에서 출몰하거나 창공에서 울며 날아갈 수 있는 것처럼 했어야 마땅하다. 이렇다면 세상에서 추구할 것이 없으므로 인간의 근심이 사라질 것이다. 그렇지만 이미 입과 배가 있는 상태로 태어나고, 게다가 기호嗜好와 욕망이 많으므로 탐욕이 너무 커 만족할 수 없다. 기호와 욕망이 많으며 게다가 밑바닥에 구멍이 나 있어 강과 바다처럼 채울 수 없게 했다. 이리하여 인간의 일생은 온힘을 다 사용하더라도 입이나 배 하나가 소모할 것을 공급하는 데도 부족한 지경이 되었다. 내가 반복해서 자세히 따져보았더니 조물주를 탓하지 않을 수 없다.[10]

위의 글은 인간이 욕구欲求를 갖는 것은 자연스러운 일이고 어쩔 수 없는 문제라는 점을 직설적直說的으로 밝히고 있다. 중요한 점은 인간의 이러한 육체적 특성으로 인하여 기호嗜好와 욕망이 생길 수밖에 없으며, 그것의 크기는 글의 표현에 따르면 강과 바다의 양만큼이나

---

10 『閑情偶寄』「食饌部・蔬食」: "草木無口腹, 未嘗不生. 山石土壤無飮食, 未聞不長養, 何事獨異其形, 而不以口腹, 卽生口腹, 亦當使如魚鰕之飮水, 蜩螗之吸露, 盡可滋生氣力, 而爲潛躍飛鳴. 若是, 則可與世無求, 而生人之患熄矣. 乃旣生以口腹, 又復多其嗜慾, 使如溪壑之不可厭. 多其嗜欲, 又復洞其底裏, 使如江海之不可塡. 以致人之一生, 竭吾官百骸之力, 供一物之所耗而不足哉, 吾反復推詳, 不能不于造物是咎, 亦知造物于此. 未嘗不自悔其非, 但以制定難移, 只得終遂其過, 甚矣."

물을 부어도 채워질 수 없는 어떤 것, 절대 만족할 수 없는 것이라 표현한다. 육체의 욕망을 대변하는 기관으로 입과 배를 들고 있는데 여기서는 식욕만을 예를 들어 말하는 듯하다. 사람들은 매일매일 더 좋고 맛있는 음식을 찾으며 살아가고 있고, 또 매일매일 그 음식을 소비하는 일은 삶을 지탱하는 커다란 즐거움이 된다. 이는 단순히 배고픔을 면하기 위해서 음식을 먹는 행동과는 구별된다. 식욕이라는 인간의 욕망은 배부름을 구하는 것을 넘어 자신이 원하는 음식을 찾아서 먹고 만족과 행복을 느끼는 과정이 모두 포함된다. 취향趣向이나 기호嗜好는 욕망과 긴밀한 관련성을 갖는다.

이상의 논의를 종합해 보면, 이어라는 인물의 근대적인 특징은 크게 세 가지로 정리할 수 있다. 첫째는 삶과 사유의 배경이 되는 공간이 '도시'라는 점이다. 도시라는 공간은 1차적인 관계가 중심이 되는 농촌의 공동체 사회가 아니다. 계약적契約的 관계가 중심이 되어, 특히 예술가로서 개체화個體化되고 분자화分子化 된 개인을 경험한 인간유형임을 보여준다. 두 번째로 자본주의적인 경향성이 강하게 드러난다는 점이다. 그는 인간의 욕구와 욕망을 부정하거나 축소시키지 않고 긍정하고 있다. 그리고 다양한 사물에 대한 관심은 상품의 생산과 유통, 소비를 중심으로 움직이는 자본주의적인 생활패턴에 상당히 익숙해져 있다는 점을 반영하고 있다. 세 번째는 생활에서의 편리함과 실제적 이익을 가져다주는 효용성과 실용성의 측면을 중시하며, 특히 취향趣向이나 기호嗜好에 대하여 중요한 가치를 두고 있다. 사물에 대한 수없이 많은 그의 언급들은 대부분 취미趣味와 관련되어 있다. 이러한 점은 인간의 개성을 중심이 되는 근대성의 주요한 특징이라 할 수 있다. 이러한 세 가지 측면은 개별적인 것이 아니라 사실상 모두 관련되어 있다.

3. 이어의 삶에서 볼 수 있는 생태미학적 태도

전 장에서 중국인들의 가산假山에 대한 취미와 미감을 말하면서 이를 바라보고 이해하는 방식에는 두 가지의 시각이 있을 수 있음을 서술했다. 즉 당시 중국인들이 자신들 집 안에 가산을 조성하는 문화를 자본주의적인 소유나 욕망의 측면으로, 혹은 취미에 대한 긍정 등으로 읽어내면 이는 근대적인 특성으로 이해하는 시각이 된다. 그렇지만 도시에서 살고 있지만 가까이서 자연을 느끼고 경험하려는 관심과 애정으로 읽어내면 전혀 다른 결론에 다다를 수 있다. 이러한 점은 하나의 사실일지라도 바라보고 이해하는 시각에 따라 다른 방식으로 규정될 수 있음을 말해준다. 여기서 다른 방식의 시각이라는 언급은 이어의 삶의 모습을 통해 현대를 살아가는 사람들의 기본적인 삶의 조건들 속에서 발견할 수 있는 근대적인 의식과 가치를 발견할 수 있지만, 동시에 서구의 논리에서 포착하지 못했거나 혹은 중요하게 생각하지 못했던, 자연과 생명에 대한 관심과 애정, 절제와 무욕을 통한 행복의 추구라는 삶의 자세가 공존하고 있음을 말하는 것이다. 그리고 이러한 이어의 모습을 동일하게 현대인들에게도 적용할 수 있다고 생각한다.

1) 자연과 생명에 대한 관심과 애정

쩡판런 교수는 생태미학生態美學과 전통 존재론적 미학과의 차이를 설명하면서, 크게 네 가지로 나누어 주장한다. 첫째는 생태미학에서 인간의 현존재現存在는 자연과 사회가 주는 현재 인간에 대한 영향을 포함한다. 심지어 이 현존재는 자연과 사회의 현재 생존 상태를 동시에 포함하는 것이다. 둘째는 상호주관성相互主觀性의 개념을 제기한다. 전통 존재론적 미학에서의 말하는 인간은 고립 상태에 처한 인간을 가리키며 타인과 적대적 관계에 있다고 본다. 따라서 고독과 초조함이 현존재의 주요 상태이기 때문에 인간은 자연과 사회에도 적대적인 태도를 지닌다. 상호주관성은 주체主體 중심의 이론과 개인주의 관점을 버리고 타인과 평등한 관계로부터 '자아'의 위치를 확정하고, 타인과 나 사이의 대립을 해소할 것을 촉구하는 논리이다. 인간은 실체적 존재가 아니라 관계적 존재이며, 모든 인간은 관계망 중에 하나의 교차점을 형성한다. 이런 의미에서 인간은 '관계 속의 자아'라 할 수 있다. 따라서 생태미학은 인간과 자연과의 관계에서 '인간중심주의' 관점을 폐기했다. 이는 인간을 자연에 대한 주재자로 간주하지 않고, 인간과 자연을 평등하면서도 조화로운 관계로 이해하는 것이다.

셋째는 전통 존재론적 미학이 포함하는 심미적審美的 가치는 소극적이며 부정적인 반면에 생태미학은 긍정적 가치를 지니고 있다고 본다. 개인과 자연, 사회가 조화롭게 발전하고, 인간과 기타 생명이 함께 향유하는 방식으로 진행된다. 따라서 동물, 식물 등 생명체와 산맥, 하천, 암석 등 무생물을 막론하고 자연계의 만물을 통틀어 모두 자체의 내재적 가치를 지니고 있다는 입장을 갖는다. 넷째는 생태미학은 일련의 생태학 원칙을 자체의 이론체계에 흡수하여 미학 이론의 범위를 풍부하게 만들었다는 점을 들고 있다.[11]

이렇게 전통적인 존재론적 미학과 생태미학을 비교하는 과정에서 생태미학의 특징과 전제가 잘 드러난다. 그리고 이어의 삶에서 이 두

---

11 신정근·쩡판런 외, 『생태미학과 동양철학』, 64-69쪽 참조.

가지 미적 요소들이 공존하고 있음을 발견할 수 있다. 이어는 도시에 살았고 부유한 사람도 아니었지만, 자신이 처해 있는 환경에서 어떻게 해서든지 자연과의 교감, 조화로운 관계를 원했다. 그리고 이 부분에 대하여 인생의 매우 큰 가치를 두었다. 『한정우기』에서 볼 수 있는 자연과 생명에 대한 이어의 관심에서 생태미학적인 관점으로 볼 수 있는 여러 요소를 발견할 수 있다.

> 수선화는 남경南京의 수선화가 최고이다. 내가 남경에 거주하는 것은 남경에 거주하려는 것이 아니라, 수선화의 고향에 거주하려는 것이다. 기억하기에 병오년(1666) 봄, 먼저 설을 쇠느라 돈이 없어 옷을 모두 저당 잡혔는데, 수선화가 필 때가 되자 몰락한 처지가 되어 한 푼도 찾을 수 없었다. 수선화를 사고 싶어도 돈이 없자 가족들이 말했다. "그만두시지요. 올해 이 꽃을 보지 않더라도 이상한 일은 아닙니다." 그러자 내가 말했다. "너희들은 내 목숨을 빼앗으려 하느냐? 나는 차라리 1년의 수명을 줄일지언정 올해의 꽃을 줄일 수는 없다. 내가 이곳 타향까지 고생을 무릅쓰고 돌아온 이유는 수선화 때문인데, 수선화를 보지 못하면 남경이 아니라 다른 곳에서 새해를 보내는 것과 무엇이 다르겠는가?" 가족들은 더 이상 나를 만류하지 못하고 아내의 비녀와 귀걸이를 저당 잡아 꽃을 샀다.[12]

---

[12] 『閑情偶寄』「種植部·草本·水仙」: "水仙以秣陵爲最, 予之家于秣陵. 家于水仙之鄕也. 記丙午之春, 先以度歲無資, 衣囊質盡. 迨水仙開時, 則爲强弩之末, 索一錢不得矣. 欲購無資, 家人曰請已之, 一年不看此花, 亦非怪事. 予曰, 汝欲奪吾命乎. 寧短一歲之壽, 勿減一歲之花. 且予自他鄕冒雪而歸, 就水仙也, 不看水仙, 是何異于不返金陵, 仍在他鄕卒歲乎. 佳人不能止, 聽予質簪珥購之."

위의 글은 꽃에 대한 이어의 애착을 보여주는 대표적인 글이라 할 수 있다. 이어는 꽃을 무척 좋아하여 자신의 목숨과도 같다고 하였고, 잠시라도 자신이 좋아하는 꽃을 보지 못하면 마치 생명에 위협을 받는 것과 같이 생각했다. 그는 1659년 항주를 떠나 현재의 남경인 금릉으로 이주한다. 그리고 1677년 다시 항주로 옮길 때까지 18년 동안 금릉에 거주한다. 이렇게 18년 동안 금릉에 거주하게 된 현실적인 이유도 아마 있었겠지만, 금릉에 정을 붙이고 살 수 있었던 것은 수선화의 본고장이기 때문이라고 스스로 밝히고 있다. 본문을 통해 볼 수 있는 당시 이어의 삶은 매우 곤궁했다. 수선화가 피는 봄이 왔지만 수중에는 수선화를 살 돈이 이 없었다. 꽃 한번 못 보는 것이 무슨 큰일이라며 핀잔을 주는 아내를 향해 차라리 한해의 수명이 짧아진다 하더라도 내가 사랑하는 꽃을 못보고 그냥 지나칠 수는 없다고 하소연하는 모습을 적나라하게 표현하고 있다. 부인은 결국 이기지 못하고 없는 살림에 비녀와 귀걸이까지 저당 잡혀서 그에게 수선화를 사준다. 좀 황당하기도 하지만, 그의 수선화에 대한 애착을 여과 없이 보여준다.

이어가 이 정도까지 수선화를 좋아했던 이유는 분명히 수선화라는 꽃이 다른 꽃에서 느낄 수 없는 감흥이 있었기 때문이라고 생각한다. 그렇지만 이어는 단지 수선화만을 좋아했던 것이 아니다.『한정우기』에는 거의 모든 꽃들에 대한 감흥이 적혀있다. 그중 계절 마다 아름다움을 느끼게 해주는 꽃들을 거명하기도 한다. 봄에는 수선화 또는 난꽃, 여름에는 연꽃, 가을에는 해당화, 겨울에는 납매를 좋아했고, 생명과도 같다[13]고 말한다. 그의 이러한 꽃에 대한 애정은 꽃의 특성을

---

13 『閑情偶寄』「種植部·草本·水仙」: "予有四命, 各司一時, 春以水仙蘭花爲命, 夏以蓮爲命, 秋

잘 관찰하여 어떻게 하면 더 잘 교감하고 흥취를 배가시킬 수 있을지에 대한 탐구로 이어졌고, 이러한 방식을 사람들과 공유하길 희망했다.

> 난초가 있는 방에 들어가서 오래 있어도 그 향기를 맡지 못한다는 것은 들어가는 것만 알고 나오는 것은 모르는 것이다. 나왔다가 다시 들어간 뒤 다가오는 향기는 전보다 배가 될 것이다. 그러므로 난초가 있는 방에는 오래 앉아 있어서는 안 되며, 따로 난초가 없는 방 한 칸을 설치하여 물러나 있는 장소로 만든다. 때때로 물러났다가 때때로 들어오는데, 들어오는 경우가 많고 물러나는 경우가 적으면 시시각각으로 향기를 맡게 된다. 비록 난초가 없는 방에 앉아 있더라도 천녀倩女의 혼령처럼 향기가 따라온다. 이것이 (난초의) 향기를 맡는 방법이며, 정취는 그 속에 있을 것이다.[14]

이어는 생명과도 같은 봄의 꽃으로 수선과 함께 난초를 꼽았다. 그는 역대歷代 많은 문인들이 난초를 찬양했던 이유를 그 아름다움 때문이지, 난초가 갖는 정취情趣에 대해서는 고려하지 않았다고 평가하며, 이 점을 아쉬워한다. 사람이 난초와 함께 하는 데에 중요한 것은 정취이며 정취는 꽃의 향기와 관련이 있다. 위의 글은 난초의 정취를 더 잘 느끼는 방법에 대해서 적어 놓은 글이다. 사람들이 난초와 함께 있어도 그 향기를 맡지 못하고, 이에 따라 난초가 가지고 있는 정취를 알지 못하는 이유는 난초의 향기가 몸에 배어 난초와 떨어져 있을 때, 묻어

以秋海棠爲命, 冬以臘梅爲命. 無此四花, 是無命也."

14 『閑情偶寄』「種植部·草本·蘭」: "如入芝蘭之室, 久而不聞其香者, 以其知入而不知出也. 出而再入, 則後來之香, 倍乎前矣. 故有蘭之室不應久坐, 另設無蘭者一間, 以作退步, 時退時進, 進多退少, 則刻刻有香, 雖坐無蘭之室, 若依倩女之魂, 是法也. 而情在其中矣."

나오는 향기를 모르기 때문이라고 한다. 따라서 난초의 정취를 잘 즐기고 교감하기 위해서는 꽃이 있는 방 근처에 따로 방을 마련해야 한다는 것까지 말한다. 정말 그런지, 이어가 말한 내용을 과학적으로 증명할 방법은 없다. 이어는 단지 자신이 획득한 어떠한 정보를 생활 속에서 체험하고, 또 확신하고 있다. 단순히 꽃을 좋아하고 애착을 가지고 있다는 점을 넘어 꽃과 함께 교감을 느낄 수 있는 다양한 방법을 찾고 있다는 점을 알 수 있다.

나는 이어의 모습을 가지고 있는 사람이 현재 우리 사회의 주변에서도 많이 볼 수 있다고 본다. 난초를 좋아해서 난을 수집하는 사람도 있고, 허브를 좋아하는 사람도 있을 것이다. 집 안의 거실과 베란다에 화분을 가득 채운다. 관심과 애정을 쏟으며 매일같이 함께 교감한다. 그 화분 속에 식물들이 조금씩 성장해 가고 꽃을 피우는 모습에서 행복을 느낀다. 그들이 행복을 느끼는 이유는 기르던 난초의 가격이 두 배로 뛰었거나 열매를 맺어 돈으로 바꿀 수 있기 때문이 아니다. 자신이 관심과 애정을 쏟으며 오랫동안 교감해 왔던 하나의 생명이기 때문이다. 그 생명은 나와 관계를 맺은 이상 '상호주관성'의 관계망이 형성되는 것이다. 꽃은 현실적으로는 내가 소유하고 있는 나의 재산 중의 일부이겠지만, 교감한 이후의 생명은 독립적인 주체로 그 대우(待遇)의 지위가 격상될 수 있다.

사람들이 금수禽獸는 지각이 있고, 초목은 지각이 없다고 한다. 나는 그렇지 않다고 대답했다. 금수와 초목은 모두 지각이 있지만, 금수의 지각은 사람과 조금 다르고, 초목의 지각은 금수와 다르며, 점차로 어리석어지고 점점 둔해졌을 뿐이다. 어떻게 그것을 아는가? 백일홍[紫薇樹]이 가려움을 무서워하는 것에서 알 수 있다. 가려움을 지각하면 통증을 지각하고, 통증과 가려움을 지각하면 이해와 영욕을 지각하므로, 초목은 금수와 차이가 크지 않으며, 금수가 사람과 차이가 크지 않은 것과 같다.[15]

위의 글에서 이어의 "가려움을 지각하면 통증을 지각하는 것이고, 통증을 지각하면 이해와 영욕을 지각한다"는 논리는 매우 단순하다. 어쨌든 이러한 추론의 결과 나오게 되는 결론은 사실상 사람과 식물이 그렇게 많이 차이 나는 존재가 아니라는 점이다. 백일홍이라고 하는 특정한 꽃에 대한 이야기이기도 하지만, 그는 모든 꽃에 대하여 이러한 비슷한 인식을 하고 있다. 미적 체험을 통해서 서로 깊이 교감하기를 원했고, 그만큼 꽃을 포함해서 교감의 대상이 되는 식물은 특별하게 생각하였다.

프랑스 영화 '레옹'에 등장하는 주인공의 직업은 사람을 죽이는 킬러이다. 계약이 성립되면 사람으로서 할 수 없는 일, 다른 사람을 죽이는 일을 대신해주는 냉혈한이지만, 그의 삶에서 그 일을 하는 것은 다른 사람이 직장에 나가는 것과 같은 직업일 뿐이다. 늘 혼자 외롭게 생활하지만, 영화관에서 영화를 즐기고 울기도 하는 순박한 사람이다. 하는 일이 범죄이다 보니 늘 새로운 거주지를 찾아 떠도는 생활을 한다. 그런데 마치 자신의 분신처럼 화분 하나를 꼭 들고 다닌다. 별로 예뻐 보이지도 특별해 보이지도 않는 식물이지만 자신의 분신처럼 대

---

[15] 『閑情偶寄』「種植部·木本·紫薇」: "人謂禽獸有知, 草木無知. 予曰, 不然. 禽獸草木盡是有知之物, 但禽獸之知, 稍異于人, 草木之知, 又稍異于禽獸, 漸蠢則漸偶耳. 何以知之, 知之于紫薇樹之怕痒. 知痒則知痛, 知痛痒則之榮辱利害, 是去禽獸不遠, 猶禽獸之去人不遠也."

한다. 영화는 대지에 뿌리를 내리지 못하는 식물을 레옹의 현실을 형상화하는 소품으로 사용했다. 마지막 장면도 역시 그 화분이 등장한다. 마틸다는 죽은 레옹을 위해 화분의 식물을 땅에 다시 심어주는 것으로 이야기의 끝을 맺는다. 이 영화에서 볼 수 있듯이 내가 관심과 사랑을 준 생명은 사람과 특별한 관계를 형성하는 것을 알 수 있다.

이러한 점은 화분 속의 꽃이나 식물만 해당하는 것은 아니다. 내가 정서적으로 아름다움을 포함해서 나만의 미감을 느낄 수 있는 대자연과의 관계 모두가 포함될 수 있다. 쉽게 오를 수 있는 뒷산의 어느 숲길, 동네 어느 골목에 자라고 있는 나무, 아파트 화단에 피어난 꽃과 풀, 그리고 그 위로 날아드는 나비와 벌 등 주변에서 흔히 볼 수 있다. 어떠한 공간에서도 느낄 수 있고, 도서관 열람실에서 바라보는 노을이나 지하실 창틈 사이로 들어오는 몇 조각의 햇살이 그 대상일 수 있다. 도시라는 공간에서 현대를 살아가는 사람들은 대자연을 온전히 대면할 수 있는 조건을 가질 수 없기 때문에 아주 작은 한 부분이라도 자연이 될 수 있다. 그 작은 부분에 대하여 관심과 사랑을 가지고 아껴줄 수 있는 마음과 자신만의 경험을 갖는 일은 대자연과 전체 생태계를 대상으로 하는 윤리와 철학적 체계를 정립定立하는 데에 기초적인 역할을 제공할 수 있다고 본다.

2) 절제節制를 통한 행복 추구

이어의 삶에서 볼 수 있는 생태미학적 태도의 두 번째는 행복한 삶으로의 지향을 들 수 있다. 그는 인간의 욕망에 대하여 긍정적으로 평가하고 있는데, 나는 이점을 이어의 근대적인 특징으로 이해하였다. 그는 인간이 욕망을 가지고 있다는 점은 육체를 가지고 태어난 인간으로서 어쩔 수 없는 문제라는 점이라는 인식을 가지고 있다. 그리고 그 욕망을 가장 효율적으로 즐길 것을 주문하고 있다. 그 방법론 중의 하나가 사물에 대한 정확한 이해와 정보를 통하여 소비의 효율을 극대화시키는 방식이라 말할 수 있을 것이다. 소비의 효율을 극대화시킨다는 점은 자신의 만족도를 극대화시키는 것을 말한다. 그리고 어떨 때는 절제와 한걸음 물러나는 관조하는 자세를 이야기하기도 한다. 이러한 점은 미적 흥취와 생태미학까지도 연결되기도 한다.

이어는 음식 중에서 담수호湛水湖에서 나는 게 요리를 매우 좋아했고 또 유난히 집착하는 모습도 보인다. 게 요리는 사계절 먹을 수 있는 요리이기는 하지만, 산출량이 많지 않은 탓에 옛날이나 지금이나 보통 정도의 수준의 집안에서는 늘 먹기는 어려운 음식에 속한다. 『한정우기』의 기록에 따르면 게는 가을철에 풍성하게 나오고, 게 맛도 좋아져 미식가들의 구복口腹을 자극한다고 하였다.[16] 이어는 스스로 게에 대하여 "마음으로 좋아하고 달게 먹을 수 있어서 평생에 하루라도 잊지 못한다"고 하거나, "내가 게에게는 천지간의 괴물일 것"이라 하였는데,[17] 이러한 언급은 그의 게에 대한 사랑이 어느 정도였는지 보여준다. 그는 해마다 게가 아직 음식재료로 나오지 않을 때에는 게를 사기 위해 돈을 저축하면서 기다렸으며, 가족들은 내가 게를 목숨처럼 여기는 것을 비웃었기 때문에 게를 사기 위해서 모았던 돈을 '매명전買命錢'이라 불렀다는 이야기도 함께 적고 있다. 그 뒤에도 게를 어떻게 요리해

---

16 『閑情偶寄』「食饌部·蟹」: "秋風起, 蟹脚痒, 菊花開, 聞蟹來."
17 『閑情偶寄』「食饌部·蟹」: "至其可嗜可甘與不可忘之故, …… 在彼則爲天地間之怪物矣."

야 맛있는지, 어떻게 보관해야 하는지, 함께 먹기 위해 친구들을 초대하는 과정, 어떻게 먹어야 맛있는지에 대해서도 자세하게 서술한다.

그가 스스로 식도락食道樂에 가까운 습관을 스스럼없이 공개하고 있는 이유는 무엇일까? 당시에도 먹음에 배부름을 구하지 않는다는 식무구포食無求飽의 모습이 사대부 가문의 전통이었다. 먹거리에 집착하는 식탐食貪은 저속하고 예의에 맞지 않는 행동으로 생각하는 문인文人들은 많이 있었을 것이다. 그러나 이러한 외적 시선은 그에게 전혀 영향을 주지 않는다. 그는 주로 곤궁했고 가난했지만, 오히려 그렇기 때문에 돈에 있어서 자유로운 사람이었다. 하고 싶은 것은 많았지만 주머니는 텅 비어 있었기 때문에 취미 생활을 만끽하기 위해서는 세심한 준비와 선택이 필요했다. 모든 부분을 만족시킬 수 있을 만한 재산을 가지고 있는 사람이었다면 생각도 하지 않았을 일, 즉 게가 시장에 나오기 몇 달 전부터 그 게를 사기 위해 돈을 모았다. 나는 이러한 그의 행동을 욕망에 대한 게걸스러움으로 생각하지 않는다. 자신이 진실로 만족을 얻고 행복할 수 있는 부분은 확실하게 챙기는 모습에서 오히려 정신적인 여유로움과 건전한 모습을 발견한다. 돈을 모아 게를 사서 정성껏 요리하고 그동안 알고 지내던 지인知人을 손님으로 초대하고, 커다란 쟁반에 담아 탁자 위에 진열하여 손님이 마음대로 가져다 먹게 한다. 그리고 남은 음식으로 50여 명의 집안 사람들이 함께 나누어 먹고 나면, 실제로 내 배에 들어오는 것이 얼마나 되겠느냐는 기록도 남기고 있다.[18]

---

18 『閑情偶寄』「食饌部・蟹」: "卽使日購百筐, 除供客外, 與五十口家人分食, 然則, 入予腹者有幾何哉."

이로써 볼 때, 그는 식탐을 부린 것이 아니라 호기豪氣를 부린 것이며, 자신의 즐거워하는 일을 남과 함께 나누기를 원했던 것이라 볼 수 있다. 이어는 이렇게 욕망을 긍정하기는 하지만 욕망에 대한 무한한 긍정과 추구를 지지하는 것이 아니다. 오히려 절제節制와 무욕無欲 등의 경지에 대하여 이야기한다. 그는 현실적으로 자신에게 주어진 조건에 대해 불평을 늘어놓는 대신 그 속에서 자신의 취향을 개발하고 작지만 확실한 행복을 추구하는 방법을 제시하고 있다.

이어는 『한정우기』 「희양부頤養部」에서는 '행복의 추구' 방법에 대해 체험적으로 서술하고 있다. 그는 모든 사람들은 자신이 처한 위치에서 자신의 생生을 즐기고 건강하게 살아갈 권리가 있으며, 자족자락自足自樂이라는 지혜로운 대처를 통해 만족을 느끼며 살아야 한다는 점을 보여준다. 모든 사람들이 욕망이 있고, 욕망의 종류는 헤아릴 수 없을 정도로 다양하지만, 그것을 해결하는 방식은 욕망을 그대로 따라가는 것이 아니다. 오히려 한걸음 물러나 자신의 현실 속에서 스스로 만족할 수 있는 방법을 찾는 길이 진정한 즐거움을 행하는 것이며 마음을 안정시키고 행복을 찾는 길임을 강조한다.

> 즐거움은 밖에 있지 않으며 마음에 있다. 마음이 즐거우면 이러한 경지가 모두 즐거우며, 마음이 괴로우면 괴롭지 않은 상황이 없다. …… 이러한 기술은 다른 것이 아니며, 우리 집안은 노자老子의 퇴일보退一步의 방법을 사용했다. 자기만 못한 사람으로 자신을 바라보면 날마다 즐거울 수 있다. 자기보다 뛰어난 사람으로 자신을 바라보면 시시때때로 근심스러울 수 있다. …… 그러므로 행락을 잘하는 사람은 반드시 먼저 만족할 줄 알아야 한다. 이소二疏는 이렇게 말하였다. "만족할 줄 알면 욕을 당하지 않으며,

그칠 줄 알면 위태롭지 않다" 욕을 당하지 않고 위태롭지 않으면 지극한 즐거움이 그 안에 있을 것이다.[19]

이어는 생활해 나가는 속에서 즐거움을 찾는다는 의미로 '행락行樂'이라 하였다. 그리고 즐거움을 찾는 방법으로 자신의 집안에 내려오는 비법을 소개하는데, 그것을 노자老子의 '퇴일보법退一步法'이라 명명하고 있다. 이러한 말은 『도덕경』에 나오지는 않고, 노자의 사상적 특징에서 속에서 임의적으로 가져온 말이라 할 수 있다. 한걸음 물러난다는 의미는 말 그대로 일을 계속 진행하는 것이 아니라 멈춘다는 뜻이다. 힘들고 어려울 때나 마음을 심란하게 하거나 근심스러운 일을 당했을 때에, 잠시의 마음의 안정을 취하면서 다시 생각할 계기를 마련한다는 의미이다. 그러한 과정을 거친다면 보다 여유롭게 문제를 해결할 수 있는 지혜를 찾을 수 있을 것이다. 이러한 점은 모든 일을 억지로 처리하지 않고 자연自然의 흐름에 맡기는 노자적인 삶의 태도에서 실천적 토대를 제공받고 있는 생태미학의 특징이며,[20] 그 목적은 스스로

---

19 『閑情偶寄』「頤養部·行樂」: "樂不在外而在心, 心以爲樂, 則是境皆樂, 心以爲苦, 則無境不苦, 身爲帝王, 則當以帝王之境爲樂境, 身爲公卿, 則當以公卿之境爲樂境. …… 若于此外, 稍得淸閑, 再享一切應有之福, 則人皇可比玉皇, 俗吏竟成仙吏, 何蓬萊三島之足羨哉, 此術非他, 蓋用吾家老子退一步法, 以不如己者視己, 則日見可樂. 以勝于已者視己, 則視覺可憂. …… 必欲封侯而後已, 是以獨當單于, 卒致失道後期而自到. 故善行樂者, 必先知足, 二疏云, 知足不辱, 知止不殆, 不辱不殆, 至樂在其中矣."
20 "생태미학적 지혜는 장자를 대표로 하는 도가 사상과 『주역』 철학에 다량 담겨있다. 이는 서구의 여러 학자들도 인정하는 분이다. 오스트레일리아의 철학자 Richard Sylvan과 David Bennett은 "도가 사상은 생태학적 지향이며 심오한 생태의식을 내포하고 있는데, 자연에 순응하는 생활 방식에 실천적 토대를 제공하고 있다"고 하였다. 주지하듯이 도가는 '天人合一'에 근거해 인간과 자연의 조화를 주장한다. 그들이 제기한 '道法自然'과 '無爲' 등의 관점은 모두 자연법칙에의 순응을 주장하고, 인위적이고 자연법칙에 위배되는 것을 반대한다." 신정근·쩡판런 외, 『생태미학과 동양철학』, 73쪽.

즐거움을 느끼고 행복을 찾으려는 삶에 대한 긍정적인 태도로 볼 수 있다.

『도덕경』에 '지지知止'라는 말은 32장과 44장에 두 번, '지족知足'은 33장, 44장, 46장에서 세 번 등장한다.[21] 그리고 44장의 "족함을 알면 욕되지 않고, 멈춤을 알면 위태롭지가 않아서 오랫동안 편안할 수 있다."[22]라는 구절에는 두 단어가 함께 나오고 있다. 마지막 부분의 '可以長久'가 '不辱不殆, 至樂在其中矣'로 바뀐 것을 제외하면 큰 차이 없는 점을 보면 『도덕경』 44장의 내용을 전한前漢 선제宣帝 시기의 명신名臣인 소광疏廣(?-B.C.45)과 그의 조카인 소수疏受의 입을 빌어 표현했다.

이 문장의 의미는 모든 우환은 멈춤을 모르고, 만족을 모르는 것에서 시작하고 계속 얻어서 쌓으려고 하는 데서 시작한다는 것이다. 욕망은 또 다른 욕망을 부르는 갈증의 반복상태는 사회에도 해악을 끼치지만 결국 자기 자신을 피곤하게 하고 죽게 만든다. 이 욕망은 대체로 인위적인 조작에 의해서 형성된 어떠한 가치체계의 지배를 받으면서 분출된다. 그리고 이 욕망의 지배를 받으면 한계를 모르고 계속 달려 스스로 위험한 상황을 초래하게 된다. 여기서 멈춘다는 것은 바로 한 발짝 물러난다는 '퇴일보'와 같은 의미이다. 어디에서 멈출지 안다는 것은 자신의 한계와 분수를 정하는 문제인데, 이것은 정명正命에 근거한 공자 방식의 한계와는 다르다. 그것은 내 몫이 결과를 어떻게든 확보하려고 노력하는 것이 아니라 작더라도 내 몫에 만족하고 즐겁게 받아들이는 소박한 정신이다.

---

21 최진석 역, 『노자의 목소리로 듣는 도덕경』, 참조.
22 『道德經』 44장: "知足不辱, 知止不殆, 可以長久."

본 단락에서는 이어의 삶에서 볼 수 있는 생태미학적인 태도를 크게 두 가지로 정리하였다. 첫 번째는 자연과 생명에 대한 그의 관심과 애정을 중심으로 살펴보았고, 두 번째는 인간의 욕망을 긍정하면서도 욕망 그 자체의 노예가 되어 스스로 생채기를 내고 삶을 질곡으로 몰아넣는 것이 아니라 오히려 욕망을 통해 행복을 찾고 삶에 활기를 불어넣는 모습을 볼 수 있었다. 그리고 이를 통해 인간의 욕망을 자연과 생태에 대한 감수성의 확보라는 전환적인 사고방식이 가능하고, 스스로 삶을 긍정하고 행복을 추구하는 삶의 모습은 생태미학적인 가치와 부합함을 알 수 있었다.

4. 맺음말

나는 이 글에서 그레타 툰베리라는 소녀 환경운동가의 이야기로 시작하였다. 이 이야기를 꺼낸 이유는 지구의 생태환경이 매우 절박하거나 시급하다는 인식의 제고를 위한 것은 아니었다. 일반적인 사람들은 이 문제를 가지고 논의를 진행한다면 환경운동의 대의에는 거의 동의할 수 있으리라 생각한다. 그렇지만 이 문제가 본인과 관계된 현실적인 문제와 대립되는 방향으로 제시된다면 그 동의의 강도는 현저히 떨어지게 된다. 특히 자신에게 현실적인 이익이 발생하는 문제와 결부된다면 자신의 이익을 포기하면서까지 환경이나 생태 담론을 옹호하기란 쉽지 않을 것이다. 또 굳이 나와 관계된 사안이 아니라 할지라도 바쁜 일상을 살아가고 있는 현대인들이 절박함을 느끼면서 늘 이 문제에 대해서 생각하는 사람은 아마 드물 것이다.

이 문제는 전 세계인의 동의와 동참이 필요한 거대 담론이기도 하고, 단지 선언적인 실천만으로 해결될 사안이 아니다. 네 가지 부문에서 함께 시너지 효과를 낼 때 한걸음 진전할 수 있다. 첫째, 여론과 재원 등 현실적인 측면이 고려된 정부 차원의 전향적인 정책이 있어야 하고, 둘째, 공장을 지어 상품을 생산해 내거나 터널을 뚫고 도시를 개발하는 기업들의 자구적인 노력이 필요하고, 셋째, 생활하는 일반 시민들이 환경과 생태 문제에 대한 자각이 필요하다. 마지막으로는 국제적인 공조도 매우 중요한 역할을 한다. 아직까지는 이 모든 부문에서 이해가 엇갈리고 동일한 목소리를 내기는 매우 힘든 구조를 가지고 있다.

따라서 이 문제를 사람들의 인식의 부족이나 도덕적 의식의 결여缺如로만 이해하는 것은 매우 성급하고 또 올바르지도 못한 자세라 본다. 그렇지만 이 문제가 다가올 세대에 재앙이 될 것이라는 점인 인식했다면 이론과 실천에 대한 개방적이고도 새로운 논의가 있어야 한다고 생각한다. 환경과 생태의 문제는 늘 이렇게 현대와 자본주의와는 불화하면서 대립할 수밖에 없는가? 우리가 실천할 수 있는 방법은 비타협적 투쟁일 뿐일까?

나는 『한정우기』를 통해서 우선 이어라는 사람과 그 살았던 시대의 근대적인 특징을 찾아내고자 하였다. 그리고 그의 모습에서 볼 수 있는 생태미학의 특징도 함께 살펴보았다. 그리고 그가 현대인이 가지고 있는 삶의 조건을 공존하고 있다는 가정 아래 그에게서 볼 수 있는 생태미학적 가치를 하나의 대안으로 제시해 보았다. 그는 도시라는 공간에 살았고, 자신의 노동과 기술을 팔아 생계를 유지하는 근대인이었다. 이러한 근대적 삶의 조건 속에서도 자연을 자신의 삶 속으로 끌어들이고, 한정된 공간에서 더 잘 교감하려는 여러 가지 정보를 제시한다.

이것은 생활 속의 작은 실천과 관련되는 문제이기도 하고 삶의 태도나 가치관의 문제이기도 하다.

현재 우리가 살아가는 삶의 조건도 이어가 처했던 현실에서 멀지 않다. 복잡한 도시에 모여 살고, 생활하기 위해서는 내가 가진 어떤 것을 팔아야 하고, 각자의 개성과 취향에 맞게 소비하는 나의 삶의 모습은 모든 현대인들이 거의 동일하게 가지고 있다. 일상적 생활에서 우리는 이러한 현실을 초월할 수도 없고 부정할 수도 없다. 이에 비해 환경과 생태의 문제는 상당히 이성적이면서 이념적理念的인 형태로 우리에게 다가온다.

이어에게서 볼 수 있는 생태미학적 가치는 현대적 삶의 조건을 인정하는 속에서, 주변에 있는 자연과 교감하고 자신의 행복을 찾는 것이다. 자기 삶에서 느끼는 생태와 자연에 미적 흥취는 이념적 형태로 요구되는 당위성보다 쉽고 자연스럽게 다가올 수 있을 것이다. 비록 덜 체계적이고 비록 완전하지는 못하더라도 생태미학적 체험에 대한 가치를 현대인의 취미와 연결시켜 폭넓게 논의할 수 있다면, 생태미학의 이론적 측면도 좀 더 풍부해지는 계기를 마련할 수 있을 것이다.

참고문헌

신정근·쩡판런 외, 2019, 『생태미학과 동양철학』, 文史哲.
최진석 역, 2001, 『노자의 목소리로 듣는 도덕경』, 소나무.
李漁, 김의정 역, 2018, 『쾌락의 정원: 동양의 에피쿠로스 이어의 한정우기』,
    글항아리.
Arnold Hauser, 백락청 역, 1995, 『문학과 예술의 사회사』, 창비신서.
https://www.youtube.com/watchTV=BvF8yG7G3mU&t=2s.

무엇 때문에 인간과 자연 사이에 모순이 존재하는가

생태 미학과 아울러 논의함

왕주저 王祖哲
산동대학교 문예미학연구센터

내용요약

이 글에서는 인간과 자연 사이에 존재하는 모순의 근본 원인에 대한 대략적 설명과 함께 '미美'를 핵심으로 하는 전통미학을 비판한다. '미'에 관한 개념은 필연적으로 인간 중심적이기 때문에 생태학과의 모순을 피할 길이 없다. 그러나 우리가 만약 미학을 '상像'에 자리 매긴다면 미학과 생태학의 모순은 존재하지 않을 것이다.

핵심어: 생태학, 미학, 인간, 자연

1

다람쥐는 소나무의 씨앗을 먹고 산다. 겉으로 볼 때 이것은 소나무에 위협이 된다. 그러나 다람쥐는 솔방울을 땅속에 묻어 숨기는 습성이 있고, 늘 자기가 묻은 곳을 잊어버리기 때문에 일부 씨앗이 묘목으로 자라날 수 있다. 이렇게 보면 다람쥐는 실제적인 의무 산림보호사인 셈이다. 이것은 다람쥐와 소나무 사이에 일종의 기묘한 공생 관계가 존재한다는 것을 이야기한다.

다람쥐는 귀엽고 작은 동물이다. 그러나 파리와 같이 혐오스러운 작은 곤충을 놓고 보자. 우리는 우리가 파리를 혐오스럽게 여기는 것이 다만 우리의 시각일 뿐이라는 것을 의식해야 한다. 자연계에서 우리는 언제나 사람을 진작시키는 생명현상을 목도할 기회가 있지만, 실제적으로 죽음과 생명은 대체로 엇비슷해야만 한다. 우리가 죽음을 자주 목도하지 못하는 이유는 파리가 중요한 역할을 하기 때문이다. 파리의 유충, 즉 구더기는 수많은 종류의 박테리아와 함께 아주 짧은 시간에 엘크나 산토끼의 사체를 분해해버릴 수 있다. 우리는 항상 파리를 더럽다고 생각한다. 하지만 만약에 우리가 이 세상에서 여전히 깨끗한 곳을 찾을 수 있다고 한다면 그것은 이 세상에 존재하는 파리 덕분이다.

생태학은 세계의 각양각색의 생물 간, 그리고 생물과 환경 사이의 이러한 기묘하고 조화로운 관계를 발견하는 데 목표를 둔 생물학의 한 분과이다. 하지만 이러한 생태적 관계를 유일하게 추상적인 인식체계에 포함시킬 수 있는 인간은 도리어 끊임없는 혼란과 더러움을 효과적으로 만들어내는 세계에서 유일한 생물이다. 인간의 활동은 토양과 물 및 공기를 오염시키고 수많은 쓰레기를 만들어낸다. 이것은 인간의 건강과 생명을 손상시킬 뿐만 아니라 기타 수많은 생물 종의 절멸을 초래한다. 말하자면 비록 인간 역시 일종의 생명의 형식이라 할지라도 현재 우리의 수많은 행위는 반생명적이다. 인간의 활동으로 인한 생물 다양성의 감소는 생물의 진화와 상반되는 방향, 즉 생명의 지구에서 생명이 발생할 때의 그러한 생명의 단일성을 지시한다. 인간과 암은 상당히 유사하다. 암세포 또한 자가복제가 가능한 생명의 세포다. 뿐만 아니라 매우 빠른 복제 속도는 정상 세포의 복제 속도를 초월하기 때문에 그가 생명을 의존한 그 생명체를 삼킬 수 있을 뿐만 아니라 결국 그와 함께 죽는다. 우리는 인간이야말로 바로 지구상의 암이라는 것을 아무런 과장 없이 말할 이유가 있다.

일체의 다른 생물 그 자체는 바로 그들 안에 있는 자연의 일부분이다. 그것들이 곧 자연이다. 그들은 자연의 일부분 내지는 총체로서 자연의 총체성과의 사이에 진화론에 기초한 자연스럽고 조화로운 관계를 구축하고 있다. 하지만 인간과 자연 사이의 관계는 모순적인 것이다. 왜냐하면 인간의 세계에는 비자연적인 부분이 존재하기 때문이며, 우리는 그것을 '문화'라고 지칭한다. 우리 같은 생물 가운데서 '문화'라는 것이 발생할 수 있는 것은 바로 우리가 지혜라고 말하는 일종의 장치를 갖추고 있기 때문이다. 이와 같은 지혜는 언어와 기타 기호의 도움을 받아 작동한다.

2

문화를 말할 때, 우리는 인간과 많은 수의 학자들을 이렇듯 우쭐거리며 뽐내게 하는 이 현상을 제대로 논의해야만 한다. 그러나 '문화'라는 낱말을 찬양의 뜻을 가진 단어로 이해할 이유는 없다. 마땅히 중성적인 낱말로서 이해해야 한다. '문화'와 종종 호환되는 '문명'이라는 말은 사람들이 가장 쉽게 이러한 이해를 하도록 유혹한다. '문화'는 '자연'과 상대적인 개념이다. 그러나 '야만'과 상대적 개념은 아니다. 우리가 '야만적이다'와 '짐승 같다'라고 하는 등의 형용사를 통해 비난하는 행위는 인간의 행위이며, 그 발생의 원인 가운데 절반은 문화 혹은 문명이다.

만약 다른 동물들 간에 발생한 특히 잔혹한 행위를 발견했을 때, 우리는 정말로 '인간 같은' 행위라고 말할 수 있다. 우리가 문화를 인간 특유의 생활방식으로 이해한다는 것은 결코 인간의 독특한 생활방식이 어떤 우주(학)적으로 긍정되는 도덕적 의의를 갖는다는 것을 의미하지는 않는다. 도덕과 반도덕 그 자체는 모두 문화적 개념이다. 아우슈비츠 수용소는 문화 현상이며 인류의 현상으로서, 그 어떤 동물도 그와 같이 기술적인 수단을 동원해서 대규모로 동종을 살상하는 것과 아울러 이러한 행위에 도덕적 이유를 들이대는 것은 있을 수가 없다.

물질적 생활에서의 굶주림과 추위가 교차하는 상황은 마찬가지로 늘 문화적 현상이며, 당연하게도 그것은 반도덕적 현상이다. 그것은 보통 자원 분배 제도가 만들어 낸 결과로서 자연적 결과가 아니다. 인간과 기타 동물은 모두 당연히 환경의 비정상적 변화에 따른 기아와 죽음을 견뎌내야 한다. 그렇지만 물질적으로 풍족한 현대의 대도시에서도 마찬가지로 굶어 죽는 사람이 있다. "부잣집에서는 술과 고기 썩는 냄새가 나고, 길가에는 얼어 죽은 시체가 뒹군다"고 묘사한 것은 인간의 삶이지 기타 동물의 삶이 아니다.

우리는 반드시 '인간'과 '문화'가 본질적으로 동의어라는 것을 의식해야 한다. '인간의 기원'과 '문화의 기원'은 동일한 문제이다. '인간'은 문화가 있는 동물이고, '문화'는 '인간'의 독특한 생활방식이다. 이러한 진술은 매우 정확하지만, 이 두 개의 진술이 순환적인 상태이기 때문에 우리가 '인간' 혹은 '문화'를 이해하는데 있어서 하등의 도움이 되지 않는다. '인간'이 무엇인지 알고 싶다면 반드시 '문화'가 무엇인지 알아야 한다. 반대로, 우리가 만약 '문화'가 무엇인지를 알고자 한다면 반드시 무엇이 '인간'인지를 알아야 한다. 이것이 바로 '인간'과 '문화'가 동일한 문제이며, 양자가 서로 다른 문제가 아니라는 말이다.

3

우리는 지구상의 각종 생물 가운데서 인간과 자연만이 조화롭지 못한 관계에 처해 있다는 것을 발견한다. 이것은 우리에게 사람과 자연 사이의 모순이 어떻게 생겨났는지 궁금하게 하지 않을 수 없다. 이러한 모순은 현대의 산물로서, 엄격히 말해 그것은 산업 문명과 과학에서 비롯한 일종의 부산물이라는 것이 일반적인 견해다. 따라서 목전의 열악한 생태 현실에 항의하기 위해 인문학자들은 통상적으로 모두 산업 문명과 현대 과학에 대해 마치 올림푸스 신과 같은 혐오감을 견지하고서 '과거의 좋은 시절'을 동경한다. 나는 이러한 태도에 동의하지 않는다. 왜냐하면 이러한 태도는 허세를 부리며 근대성이 인류에게 가져온 물질과 정서상의 긍정적 가치를 인정하지 않기 때문이다. 이러한 일군의 학자들은 심지어 생태학조차도 아주 팔팔한 현대 생물학의 한 갈래라는 사실을 잊어버린 듯하다.

다음으로, 이러한 태도는 인류의 역사를 마치 영화의 필름을 되돌리는 것처럼 되돌릴 수 있는 것이라 믿는다. 그런데 '과거의 좋은 시절'은 언제였을까? 산업 문명과 현대 과학이 발생하기 이전인가? 그렇게 우리는 산업 문명 이전의 농업사회로 거슬러 올라간다. 그러나 농업사회는 지상의 낙원인가? 절대로 아니다. 기원전 800년에서 기원전 200년 사이의 소위 '축의 시대'라 말하는 시기에 찬란하게 빛나는 뭇별 같은 종교의 창시자와 철학자들이 나온 것은, 장자의 풍자적 화법에 근거하자면, 그 시기에 사람들의 욕망이 흘러넘치고 도둑이 제멋대로 날뛰고 전쟁이 빈발했기 때문이다. 이 시기에 사람과 자연의 모순은 생태 시스템에 대한 인간의 파괴를 표현한 것이 아니라—그들은 아직 필요한 능력을 발전시키지 못했다.—고단한 노동과 물질적으로 결핍한 생존상태를 표현한 것이다. 다음과 같이 『성경』에 나온 표현을 볼 수 있다.

> 너는 네 평생에 수고하여야 그 소산을 먹으리라 땅이 네게 가시덤불과 엉겅퀴를 낼 것이라 네가 먹을 것은 밭의 채소인즉 네가 흙으로 돌아갈 때까지 얼굴에 땀을 흘려야 먹을 것을 먹으리니(창세기 3장 17-19절)

말하자면, 공자가 경험한 '핏물이 흘러 강을 이루는' 전국시대의 전쟁 같은 것을 언급할 필요 없이 전통의 농업사회에서 인간의 생존상황 또한 열악한 것이었다. 당시의 인간 또한 자연상태에서의 다른 여타 생물이 '생각도 할 수 없는' 수많은 고난에 직면했다. 그런데 만약 고난이 없다면 어떻게 부처가 존재할 수 있었겠는가? 다시 말해, 중국이라는 이 농업 대국에 존재한 대다수의 지식인들은 그 지식의 계급적 가치와 무관하게 모두 농업 사회의 고초를 직접 체험했던 것이다. 생태학의 시각에서 볼 때 인간이라는 종족의 농업 생활에는 이미 어떤 병적인 증상이 발생했다.

인간과 자연 사이의 이러한 모순은 생물학적 관점에서 보자면 불가사의한 것이다. 즉, 왜 진화의 과정에서 인간이라는 종과 같은, 그들의 진화의 유래를 적대시하는 이러한 생태계통이 발생했을까? 만약에 자연이 어머니라고 한다면, 그녀는 어떻게 있는 힘을 다해 자신의 어머니를 해치는 불효자를 낳아 기를 수 있는가? 이런 관점에서 볼 때, 우리는 인간과 자연 사이의 모순이 가진 상상할 수 없는 심각성을 곧바로 발견해야만 한다. 그래서 우리가 짐작하는 이유는, 이 모순은 일정한 역사적 단계에서 출현한 산업 문명과 현대 과학의 산물일 수는 없는 것이며, 비록 근대성이 그 모순을 분명 악화시켰지만, 우리처럼 본래 예술을 연구대상으로 하는 사람으로 하여금 모두 이 문제를 직시하지 않을 수 없게 한다.

암이 최초로 발생했을 때, 즉 사람의 몸 안에 단 하나의 세포가 암세포로 병리적 변화를 일으켰을 때, 이 사람은 겉으로 보면 여전히 건강한 사람이다. 혹은 이런 상황이 있다. 한 사람의 몸에 이미 암세포가 발생한 적이 있는데 몸에서 암세포를 사멸시킨 것이다. 따라서 사람들은 이 사람의 몸이 일찍이 운 좋게 치명적인 재난을 피했다는 것을 아무도 모르는 것이다. 암을 인성에 비유하는 것은 혹은 독자들의 감정을 너무 불편하게 할 것이다. 그래서 나는 또 다른 하나의 비유를 사용하고자 한다. 한 젊은 부인이 하룻밤 자고 나서 이미 임신을 한 상태인데, 이 사실을 심지어 자기마저도 모른다. 그러나 세속의 지혜가 풍부한 이웃 할머니들은 모두 그녀가 이미 임신했다는 사실을 안다. 그러므로 인간 및 인간과 자연 사이의 모순의 발생 근원을 찾기 위해 우리가 만일 산업 문명과 현대 과학만을 탓한다면 그것은 비현실적인 동시에 번지수를 잘못 찾은 것이다.

4

복고적 정서를 가진 인문학자들은 그들의 상상력을 산업사회 이전에 한정해서 멈추지 말아야 한다. 마땅히 암울했던 과거로 거슬러 올라가야 하며, 그랬을 때 '화석 인류'의 채집-수렵 시대에 도달하게 된다. 고대 이집트 시대부터 역사학자들은 이 시대를 '황금시대'라고 불렀다. 빙하시대에 매머드와 검치호랑이를 사냥했던 초기 수렵인들의 삶이 얼마나 아름답고 즐거웠는지 우리는 상상할 근거가 없다. 하지만, 아프리카와 호주, 자바에 살던 선사 인류의 생활은 확실히 에덴동산으로 상상될 수 있다. 왜냐하면, 그곳의 기후는 그리 춥지 않았고 상대적으로 적은 인구로 인해 자연자원이 상당히 풍부했으며 우리가 익숙하게 상상하곤 하는 농업사회에서 늘 존재하는 굶주림과 추위를 수반한 비참한 현상은 전혀 없었기 때문이다. 인류학적 조사에 따르면, 계속해서 20세기에 이르기까지 채집과 수렵사회에서 생활한 사람들은 영양의 확보가 충분했으며 많은 여가를 즐긴 것을 확인할 수 있다.

인류학자가 또한 과학자라고 해서 선사시대 인류의 생활을 묘사할 때 낭만적인 색채를 배제할 필요는 없다. 그랬을 때 우리는 도리어 인간과 자연 사이 모순이 존재하지 않았던 시대를 절대적으로 긍정할 수 있을 것이다. 그러한 시대는 당연하게도 인류가 아직 자연으로부터 진화하지 않은 시대이다. 이 시대는 쉽게 상상할 수 있다. 어쩌면 우리 가운데에서 진화한 최초의 원시 영장류 동물군들은 침팬지들과 비슷했을 것이다. 만약 침팬지들의 서식지를 파괴하지 않는다면 그들의 생활 역시 사람들이 부러워할 만한 측면이 많을 것이다.

여기서 나는 우리의 가장 오랜 조상을 대표해서 내면에 품은 오래된 정감을 나타내고자 허락을 구한다. 만약 인류가 일찍이 지구 생물권에서 진화하지 않았다면 지구는 얼마나 아름다울까? 대지의 어머니를 파헤친 쟁기가 없었고, 원시 삼림을 훼손한 밀밭과 목장이 없었으며, 대지와 강과 바다와 하늘을 오염시키는 자동차가 없었고, 굴뚝과 오수관이 없었다면, 요컨대, 본래 뒷발이었던 두 발로 직립보행을 하는 괴이한 동물이 없었다면 대지는 늘 처녀같이 천진하고 순수한 면모를 유지했을 것이다. 사자는 푸른 초원에서 영양을 쫓고, 매와 작은 새는 짙푸른 하늘을 비상할 것이며, 물고기와 새우, 게와 거북은 바다이 비치는 맑은 물속에서 번식했을 것이다. 이렇게 아름다운 풍경인데 애석하게도 누릴 사람이 없다!

갑자기 석기를 두드리는 사람이 나타났다. 석기는 이미 자연에 대한 간섭이다. 왜냐하면, 그것이 최초에 등장했을 때 얼마나 거칠었는가와 무관하게 그것은 모두 자연물이 아닌 인공적 가공품이기 때문이다.

석기는 초기 인류가 자연에 행한 간섭의 결과로서 자연에 대해선 해가 없는 것이다. 혹은 자연에 대한 위대한 관용의 정도로 말할 것 같으면, 그것의 해악은 극히 작아서 거의 볼 수 없는 정도라서, 몸 안에 최초로 발생한 암세포의 위해성이 보이지 않을 정도로 작은 것과 흡사하다.

실제로 첫 번째 암세포와 열여덟 차례 분열 후에 발생한 암세포는 같은 것이다. 만약 어떤 공장에서 아무런 거리낌 없이 유독성 폐수를 강과 하천, 호수와 바다에 흘려보내어 우리를 경악하게 한다면, 우리는 첫 번째 석기에 대해서 더더욱 놀라야만 한다. 지금 우리는 『성경』 속의 하나님이 아담과 이브가 금단의 열매를 먹은 사실에 대해 왜 그처럼 진노했는지를 알고 있다. 왜냐하면, 그들이 먹은 그 금단의 열매는 바로 '지식의 나무' 열매이기 때문이다. 다시 말해, 하나님을 분노케 한 것은 지적 능력을 가진 인간적 지혜의 출현이다. 신학적 회의론자로서 나는 이 책을 마땅히 상징적인 우언으로 독해한다. 그 우언의 의미는 인간적인 지혜는 자연과 모순적이라는 것이다.

지혜의 존재라는 것은 이와 같이 지혜를 갖춘 생물이 장차 생물학적 결정 역량을 초월해서 자기의 자유 의지에 따라 행위 할 수 있다는 것을 뜻한다. 바꿔 말하자면, 인간은 이제 신과 같이 이전에 존재하지 않았던 사물을 창조할 수 있을 뿐만 아니라 생물학의 한계를 넘어서 온갖 나쁜 짓을 저지를 수 있다는 것이다. 이러한 가능성에는 거대한 창조력과 재난이 내포되어 있다. 예를 들자면 '베토벤과 셰익스피어', '컴퓨터와 인터넷', '세계 대전과 인종 대학살', '환경 오염과 핵무기' 같은 것들이다. 『성경』에서 인간적 지혜의 발생을 이토록 혹독하고 비장하게 과장하는 것을 이해할 만도 하다. 하나가 아닌 서로 짝을 지어 있다는 것, 예컨대, 창힐이 문자를 만들 때 '귀신이 밤에 울었다'고 하는 것은 서면상의 기호가 지혜의 창조력을 발휘해서 사람들에게 우려스럽고 고무적인 전망을 허락했기 때문이다.

고대 그리스의 신화에서 지혜는 불을 통해 상징되는데, 지금도 여전히 등불이나 불을 통해서 사람의 마음을 밝히는 지식을 상징한다. 불의 강림에 수반해서 여러 신들은 곧바로 인간에게 또 다른 선물을 선사했고, 그것은 모두 판도라의 항아리 속에 들어 있다. 인간의 지혜가 만들어 낸 산물의 총화를 우리는 '문화', '문명' 혹은 '전통'이라고 부르고, 이러한 창조의 과정을 '역사'라고 말한다. 이 창조적 활동을 조직하는 방식을 '사회'라고 지칭한다. 그리고 이러한 모든 것은 사람들을 울고 웃게 하는 것들이며, 노장 사상가들의 풍자의 대상이다.

5

천지개벽에 따라 처음 출현한 이 '지혜'는 어떤 종류의 생물을 '인간'이라고 부르는 유일한 근거다. 따라서 '인간의 기원'을 탐구하는 것과 '지혜의 기원'을 탐구하는 것은 완전히 동일한 문제에 대한 서로 다른 표현 방식일 뿐이다. 노동이라든가 혹은 더 광의의 의미로서 '실천'은 인간 혹은 지혜가 출현한 원인이거나 근거가 아니다. 사실은 바로 반대인데, 이는 '노동' 혹은 '실천'의 논리적 주어가 반드시 '인간'이기 때문이다. 따라서 '노동' 혹은 '실천'의 전제조건은 '인간 혹은 지혜'이고, 노동이 인간 혹은 지혜를 창조했다는 말은 '인간의 노동'이 인간을 창조했다는 것과 같은 말로서 동일한 의미의 반복이다. 석기는 확실히 노동이 출현한 표지이다.

그렇지만 석기의 출현은 반드시 지혜를 전제해야 한다. 만약에 첫 번째 석기를 만든 그 발명가가 자기 마음속에 석기의 형태나 어떻게 그 석기를 사용할 것인지 등에 관한 상상이 없었다면 그는 석기 제작에 착수하지 못했을 것이다. 인류학자들이 석기를 발견했을 당시에 그들이 이러한 사실로부터 얻을 수 있었던 유일하게 가치 있는 결론은 지혜의 출현이었다. 침팬지가 도구를 제작하고 사용하는 것 같은 행위를 보았을 때 그들은 이런 종류의 동물은 아마도 인간적 지혜가 있거나 혹은 그들을 어떤 형태의 인간이라 말할 수 있다고 결론지었다. 우리가 일반적인 동물의 행위를 '노동'이나 '실천'이라고 하지 않는 것은 그러한 행위가 지혜를 전제로 하지 않으며 지혜의 외재적 표현이 아니라고 가정하기 때문이다.

동일한 논리에 따르면, 인간이나 지혜 또한 '문화', '문명', '사회', '사회적 관계', '전통' 혹은 '역사'에서 비롯한 것이 아니다. 전술한 논리에 근거하자면 이 같은 목적어의 주어 역시 '인간' 혹은 '지혜'이기 때문이다. 따라서 비유컨대 '인간'이나 '지혜'가 있어야만 비로소 '사회'와 '역사' 혹은 '전통'이 존재하며, 한 마리 사자에게는 이런 것이 없다.

요컨대, 인간이나 지혜는 자기가 창조한 것이 아니다. 따라서 인간이나 지혜는 진화의 산물이고, 자연의 산물이며, 현대 생물학의 용어를 빌리자면 인간성이나 지혜의 발생은 반드시 유전적 원인이 있다고 말할 수 있다. 이러한 결론은 결코 새로운 것이 아니다. 그것은 다윈 Charles Robert Darwin(1809-1882)이 백여 년 전에 이미 했던 오래된 말이다. 비록 그가 유전학의 용어를 사용할 수는 없었지만, 현대의 지식인들이 지금도 이러한 결론을 인정하는 것을 두려워하는 것일 뿐이다. 이것은 현대의 지식인들이 이미 반생태적인 관점에서 자연은 저속하고

야만적인 것으로 인식하기 때문이다. 따라서 고상한 인간성은 '비열한 야수성'(이런 표현을 '자연 차별'이라고 말할 수 있지 않을까?)과 같은 근원을 가진다는 것은 불가능한 것이다. 그러나 그들은 또한 인간성이 하느님의 창조에서 비롯한다는 것을 인정하지 않는다. 그리하여 그들이 20세기에는 거의 모두 사르트르Jean Paul Sartre(1905-1980)를 따라, 신이나 자연을 창조한 공적을 자기 것으로 둔갑시킨다는 의미의 '인간은 자신이 창조한 것이다'라는 이 송가를 소리 높여 불렀다.

이와 상관된 것은 극단적 문화 결정론과 문화 다원론인데, 그 의미는 문화가 인간을 창조했다는 것이고, 어떤 문화가 있다는 것은 곧 어떤 인간성이 존재한다는 것을 뜻한다. 서양의 일군의 자유 지식인들은 유럽의 어떤 국가와 미국의 패권주의에 대해서 반드시 혐오와 부끄러움을 느껴, 정치인들에게 이 세계에 존재하는 서로 다른 사회의 전통과 현실을 존중해야 할 것을 일깨운다. 이것은 본래 좋은 마음에서 비롯된 것이지만, 동시에 이론상의 근거가 있기도 하다. 하지만 문화 다원론을 문화 다원주의로 과장하는 것은 터무니없이 심한 것이다.

몇몇 중국 지식인들은 에드워드 사이드Edward Wadie Said(1935-2003)의 사상을 극단화하고 거기에 편협한 민족주의 정서를 결합해서 서로 다른 사회와 문화 간의 상호 이해와 비평의 토대를 부인하는 경우가 많은데, 그 이유는 다른 문화는 그야말로 다른 것이고 다른 문화에 속한 사람은 다른 종류의 인간이라는 데 있다. 이렇게 되면 당신은 인도에서 과부를 태워 죽였다는 것을 비판할 수 없을 뿐 아니라, 미국이 다른 나라의 내정을 간섭하는 것도 비판할 수가 없다. 심지어 히틀러가 유대인을 학살한 것도 비판할 수가 없는 것이다. 이렇게 되면 '인류'라고 하는 이 단어는 의미가 없는 것이다. 서양인과 동양인이 근본적으로 다르다면 국제학술회의와 교류 또한 필요 없다. 쇠귀에 경 읽기처럼 당신과 전혀 다른, 운 좋게 '인간'이라고 하는 그런 생물을 이해하기 위해 시도할 필요가 있겠는가! 나는 정말로 이런 식의 '관대함'이 인류가 처한 상황을 개선하는 데 도움이 된다고 생각하지 않으며, 나 또한 (예컨대) 미국인과 내가 절대적으로 다른 사람이라고 생각하지 않는다. 만약에 나와 그가 모두 확실하게 '인간'이라면 우리가 공통의 측면을 가지고 있다는 것을 뜻하고, 그래서 상호 이해와 비평의 길은 활짝 열릴 것이다.

6

우리가 비록 인간 혹은 지혜가 진화의 산물이라고 표명하고 유전적 원인이 있다고 했지만, 그 가운데서 유전학의 전문적 부분은 본인의 지식의 범위를 넘어서는 것이다. 혹은 현재의 생물학의 지식 범주를 초월하는 것이기도 하다. 여기서 인간성 혹은 지혜의 출현은, 혹은 더 정확히 말해서 그것의 최초의 형태에 관해서 나는 이탈리아의 철학자인 잠바티스타 비코Giovanni Battista Vico(1668-1744)의 사상을 활용해서 일반적으로 유행하는 시각과 크게 다른 가설을 제시하고자 한다.

유행하는 시각으로는, 인류 역사의 초기에는 일정 단계의 예술이 존재하지 않았던 시기가 있었고, 예술은 그러한 시기가 지난 후 노동 가운데서 발전하거나 기원했다고 가정한다. 이러한 견해는 다음과 같은 당연하다고 생각하는 것에서 비롯된다. 현대사회에서 예술이 부를 겸비한 유한계급의 사치품으로 전락함에 따라서 예술은 일종의 고급

상부구조로서 반드시 물질적 토대가 있어야 한다. 그러므로 굶주림과 추위와 맞닥뜨리는 원시사회에서 예술은 존재할 수가 없다. 하지만, 이미 우리가 위에서 말한 바와 같이, 우리는 인간 이외의 동물 가운데 자연환경이 정상적인 상황에서 우리 같은 종의 구성원처럼 굶주림과 추위를 겪는 생활을 근본적으로 발견할 수가 없다. 우리들의 최초 선조들의 생활은 침팬지와 비슷하며 우리의 하층사회의 생활과 전혀 다르다. 가난은 부유함만큼이나 문명이 만들어 낸 결과이지 자연현상이 아니다.

유행하는 시각에는 또한 예술은 비공리적 활동이고 노동은 공리적 활동인 까닭에 비공리적인 활동이 공리적 활동 이전에 존재한다는 것은 상상할 수 없다고 생각하는 것이 있다. 그러나 우리의 생각은 되레 이와 완전히 상반된다. 즉 공리적 활동이 비공리적 활동 이전에 출현했다는 것은 상상할 수가 없는 것이다. 이에 대한 근거는 먼저, 공리적 활동이라는 것은 곧 목적이 있는 활동이라는 것, 예컨대 석기를 만든다는 것은 그것을 사용하기 위해서이고, 봄에 종자를 뿌리는 것은 가을에 수확하기 위해서인데, 이러한 활동은 비교적 고차원적이고 추상적인 지혜를 필요로 하는 것이므로 인류의 최초의 활동이 될 수 없다. 다음으로, 공리적 활동이 반드시 비공리적 활동 이전에 출현했다고 여기는 것은 사실상 일종의 목적론적 사유방식이다.

한 가지 질문을 해보자. 한 그루 나무의 존재가 어떤 공리적인 목적을 가지고 있는가? 설령 인간의 삶에서 공리와 목적이 충만하다고 할지라도 사람의 총체적 존재에서 또 어떤 공리와 목적이 있는가? 다시 말해서 우리가 한세상을 우러르며 이 세계에서 한 번 사는 것 자체가 어떤 공리와 목적이 있는가? 우주 자체가 어떤 공리와 목적이 있는가? 다시 말해, 노동이 공리적이라고 생각하기 때문에 그것이 또한 인류 최초의 활동이라고 여기는 것은 실로 터무니없다. 왜냐하면, 그런 생각은 초기의 인류가 굶주림과 추위에 직면하고서(이미 이런 생각이 잘못되었다는 것을 말한 바 있다) 총명한 지혜를 발휘해서 활과 농업을 발명했다고 상상하기 때문이다. 정말로 그렇다면, 여기서 우리는 이해할 수가 없다. 왜 다른 동물 종에서는 일찍이 활과 농업을 발명할 수 없었는가? 설마 까마득한 옛날 그 혼돈의 시기에 우리의 조상으로서 그 영장류 동물만이 그러한 것들을 발명할 수밖에 없을 정도로 빈궁했다는 말인가?

정확해 보이면서도 사실은 터무니없는 일반적인 견해와 반대로 잠바티스타 비코는 인류 최초의 사유를 '시적 사유'라고 한다. 이는 사실상 오늘날 우리가 말하는 '예술적 사유'이다. 이것은 인간이 처음 이 세상에 태어났을 때는 '예술적 존재'였지 다른 존재가 아니라는 것, 가령 공리주의적 존재가 아니라는 것을 의미한다. '유용한 일을 먼저 하고, 쓸데없는 일은 나중에 한다'는 편견이 우리의 생각 속에 뿌리 깊이 박혀있기 때문에 비코의 사상을 이해하는 것이 매우 어려운 것이다. 위에서 언급한 예술의 기원에 관한 노동설에 대한 비판 자체가 이미 비코의 사상이 정확하다는 것을 충분히 암시한다. 그러나 우리는 다음과 같이 그 밖의 다른 두 가지 사실을 제시하고자 한다. (인류 진화의 시간 척도로 말하자면) 지금까지 발견된 의심할 바 없이 '현대 예술'로 간주할 수 있는 선사시대의 회화 작품은 그 대다수가 2만 5천 년에서 3만 년 전에 제작된 것이다. 농업의 출현은 대략 1만 년 전이고, 최초의 석기 혹은 사람이 만든 물건이 출현한 것은 대략 300만 년 전이다. 우리는 최초의 석기가 사실은 예술품이라는 것을 충분히 증명할 수 있지만 여기는 그것을 증명하는 공간은 아니다. 여기서 볼 때 예술품이 반드시 물질을 기초로 해야 한다는 설은 그러므로 의심할 바가 더 뚜렷해진다. 다른 한 가지는 개체 아동이 줄곧 인류의 아동기의 축소판으로 간주 되어 온 사실에 말미암아서 우리는 아동의 심리가 본질적으로 예술적 성질이란 것을 발견한다. 이 사실은 많은 음악 천재가 유년 시기에 사람들이 놀랄만한 재능을 드러낸다든가 혹은 어떤 어린이가 어떻게 아주 짧은 시간에 언어에 숙달하게 되는가를 설명할 수 있는 충분한 근거가 된다.

그러면 '시적 사유'라든가 혹은 '예술적 사유'라는 것은 어떠한 사유인가? 이러한 사유는 '상像'에 기초한 사유로서 영어에서 '상'이라는 것은 바로 '이미지image'를 말한다. 예술은 다름 아닌 '상'이다. 이것은 예술이 어떤 진실하거나 실재하는 사물이 결코 아니라는 것이며, 인류가 스스로 창조한 원시적 형태의 기호라는 것이다. 하지만 이러한 기호와 우리가 인식할 수 없는 칸트Immanuel Kant(1724-1804)가 말하는 '물자체'는 서로 간에 어떤 대칭성이라든가 유사성을 갖고 있다, 그러나 이것은 다만 일종의 추측일 뿐이다. 따라서 예를 들자면 그림 속에 그려진 한 마리 황소는 결코 진정한 황소가 아니며, 다만 황소의 '상'일 뿐인 것이다.

그러나 여기서 우리는 너무 쉽게 한 가지 중요한 문제를 간과할 수 있다. 아무도 그림 상의 황소를 두고 위에서 서술한 바 있는 그런 '상'이라는 것을 의심하지 않는다. 사람들이 극히 쉽게 간과하는 것은 우리가 현실에서 보고 있는 그 황소의 형상이 그 자체로 본래 하나의 '상'이라는 이 사실이다. 이러한 것의 이론적 근거는 매우 간단하다. 한 화가가 석벽이나 캔버스에 황소의 '상'을 그리려고 생각한다면 그림을 그리기 전에 자기의 마음속에 일찍이 하나의 '상'이 있다. 이것은 빙하시대의 초기 인류가 처음으로 암벽에 그림을 그리기 이전에 이미 '시적 사유' 혹은 '예술적 사유'를 가지고 있었다는 것을 의미한다. 그러한 것과 동일하게 또한 시적 사유는 인류가 암벽에 그림을 그린 빙하시대(2만-3만 년 전)에 훨씬 앞서 있었다는 것을 추측할 수 있다. 개인적인 생각으로는 그러한 사유는 250만 년 전에 이미 존재했다고 본다. 왜냐하면, 그 시기에 최초의 석기가 출현했기 때문이다.

석기의 존재는 반드시 마음속에 이미 일찍이 존재하는 '상'을 선결조건으로 한다. 만약에 원시인이 마음속에 먼저 그가 곧 만들 그 석기에 대한 '상'이 없었다면, 그는 분명 어떻게 두드려 깨는 것이 좋은지 알지 못했을 것이다. 하지만, 하나의 석기의 '상'과 한 마리 황소의 '상'은 다른 점이 있는 듯하다. 첫 번째 석기가 세상에 나오기 전의 세상에는 석기라는 이런 물건이 아예 존재하지 않았지만, 황소는 일찍이 이미 그 자리에 생성된 것처럼 존재하고 있었다는 것이다.

이렇게 볼 때 가장 이른 석기의 '상'과 음악의 '상'은 한 가지 종류다. 왜냐하면, 음악의 선율의 형식에는 결코 '현실적으로 대등한 어떤 것'이 없기 때문이다. 이와 마찬가지로 최초의 석기 또한 그러한 '현실적으로 대등한 사물'이 없다. 이것은 선사시기의 어떤 벽화나 피카소의 어떤 그림에서의 황소는 '현실적으로 대등한 사물'이 있었다는 것과 같다. 만약에 우리가 칸트의 가르침을 기억할 수 있다면, 우리가 현실에서 얻은 그런 마음속의 '상' 역시 마음에서 창조한 사물임을 알 것이다. 가장 초기의 석기나 음악의 '상'과 황소 같은 것의 '상'은 모두 인류의 지혜가 창조한 결코 현실적이지 않은 '상'이다.

이러한 사실은 인류 최초의 시적 사유나 예술적 사유가 완전히 인간이 창조한 것이며, 비현실적이고 비자연적인 것을 의미한다. 인간 혹은 지혜, 다른 단어를 통해 표현하자면 그것은 다름 아닌 모종의 비현실적 비자연적 사물이다. 이런 사물이 세계에 존재하는 때는 곧 인류가 자연에서 진화한 때다. 이것은 다름 아닌 인간의 본질이 선천적으로 자연과 다르고, 인간과 자연 사이의 모순은 당연히 인류 자신의 진화의 역사만큼이나 오래되었다는 것을 이야기한다.

7

인간이 다른 어떤 종과도 다른 근본 원인은 '상'을 창조하는 지혜의 역량을 소유하고 있기 때문이며, 생물학적 인지 능력을 초월하는 것이므로 그것은 일종의 창조력이다. 인류의 탄생은 바로 이런 능력의 탄생에 기인한 것으로, 인류 문화의 발전 역시 완전히 이러한 능력에 의지하고 있는 것이다. 그렇지 않을 경우 인간은 다른 종과 다름없이 엄격한 유전 프로그램에 따라 행동하게 될 것이고, 인간의 문화사는 존재하지 않고 다만 생물적 진화사만 있게 될 것이다.

인간은 이렇게 창조력을 가진 생물이다. 따라서 그들은 본질상 자연과 모순적이며, 그렇기 때문에 자연과 인간의 모순은 결코 근대적인 산물이 아니다. 하지만, 이러한 모순이 생태계의 파괴, 즉 생물 다양성의 감소라는 대가를 치르게 된 것은 오히려 지리적인 공간개념에 국한되지 않는 서양의 산업 문명과 현대 과학에서 비롯된 특유의 산물이다.

그러나 인간과 자연의 모순을 해결한다는 것은 인간과 자연의 모순을 소멸시킨다는 것을 뜻할 수는 없다. 따라서 그것은 본질적으로 자연과 모순되는 인간성을 없앤다는 뜻이다. 볼테르Francois-Marie Arouet Voltaire(1694-1778)는 일찍이 그가 잘하는 조롱 섞인 어조로 루소Jean Jacques Rousseau(1712-1778)의 책을 읽은 이후에 네 발로 걷고 싶은 욕망이 이는 것을 멈출 수 없었다고 말한 바 있다. 하지만 그는 애석하게도 한 참 전에 이미 그러한 습관을 잊어버렸다고 말했다. 개인에게서도 그렇고 사회에서도 마찬가지로 우리는 산업 문명과 현대의 과학을 절대로 포기할 수는 없다. 따라서 이 두 가지를 비난하는 것은 환경 위기에 대해서 아무런 도움 되는 것이 없다. 그리고 그런 비난은 사람들에게 위선적인 인상을 남기지 않을 수가 없다.

실제로 인간과 자연의 모순을 해결하기 위해서 우리는 여전히 산업 문명과 현대 과학에 말미암은 방법을 기대해야만 한다. 예를 들어, 현대의학이 발명한 백신과 응급의료 체계는 자연선택을 간섭하는 것으로, 객관적이고 냉정한 언어로 바꿔 말하자면, 이런 현대 의료 수단은 본래 죽어야만 하는 사람을 살게 한다. 백신과 응급의료 자체, 그것에 혜택을 받는 것과 연관된 환자와 잠재적 환자 및 이로 인한 인간의 수명 연장과 인구의 증가, 그 모두가 자연환경에 부담을 가중한다. 그렇다고 우리가 백신과 응급의료 체계를 폐지해야 한다고 제안해야만 하는가?

하지만 다른 한 가지 방법이 있다. 과학이 죽을 수밖에 없는 사람을 살게 했다면, 또한 태어날 사람에게 기회를 주지 않는 현대 피임법 같은 과학을 반드시 이용해야 한다. 거기에다 현대의 기술에 기초한 매체를 활용해서 보는 사람들에게 첫 출산과 양질의 양육에 관한 정보를 전달하고, 여성이 고등교육을 받을 수 있게끔 장려하고, 여성의 개인주의 정서와 자아실현의 꿈을 장려해야만 한다. 이러한 방법이 출생률을 떨어뜨리는 데 효과적이라는 것이 사실로 증명되었다.

그러나, 지금의 인구 조절의 한계는 사회와 가정의 경제적 상황에 따라 결정된다. 이것은 잘못된 것이다. 이런 오류는 사람들이 아직 자신과 환경의 관계를 이해하는 데에서 생태학을 진정으로 활용하지 못한다는 것이다. 인구 조절의 한도는 마땅히 자연자원의 재생능력을 근거로 해야 한다. 만약 전 세계가 앞으로 200년 내에 현재의 80 몇억 정도의 인구를 10억으로 줄일 수 있다면, 인간과 자연의 모순은 크게 완화될 것이다. 그리고 이것은 과학에 의존해야 한다.

이외에 여전히 환원론과 분열적 단면적 등의 형용사로써 현대 과학을 토론하고 평가하는 것은 토론자가 과학에 대한 이해에 있어서 아직도 그들이 지금 비판하고 있는 고전 물리학의 수준에 머물러 있다는 것을 나타낸다. 시스템론, 통제론, 상대론과 생태학의 근본정신은 모두 시스템화되고 총체적인 관념 체계이다. 어떻든 과학은 이 세계와 우리 자신에 대해서 더욱 많은 이해를 수반하게 했고, 이해는 몽매함보다는 훨씬 좋은 것이다. 만약 고전 물리학이 세계에 대한 이해에서 단편적이라고 말한다면, 그것은 아직 과학이라 하기에 충분하지 못한 것이며, 현재 과학은 자신의 기존 결함을 완전히 의식할 뿐만 아니라 그것을 부분적으로 바로잡고 있다. 어떤 사람이 과학으로써 핵무기와 화학 무기를 제조하게 되었다면 그것은 과학의 잘못이 아니라 인간이 아직도 상당히 우매할 뿐인 것이다. 바로 초기의 인류가 서로에게 활을 쏘는 것처럼 어리석은 것이다.

현대 과학을 마땅히 비난하지 말아야 할 또 다른 이유는 그것이 확실히 우리 자신과 우리를 둘러싼 현실에 관해서 믿을만한 지식을 제공하기 때문이다. 그러나 그것을 비난하는 인문학자들, 특히 철학의 영역에 몸담고 있는 일정한 사람들은 늘 공담에 빠지고 심지어 날조한다. 어떤 문제를 해결하려고 하든 문제에 관한 참된 앎은 함부로 추측하는 데 비해 더욱 효과적이다. 이런 상황은 바로 환자가 자기의 생명을 현대의학을 수련한 의사의 손에 맡기는 것이 박수나 무녀에게 도움을 청하는 것보다 여전히 훨씬 안전한 것과 같다.

8

사람들은 아직도 도대체 '인간 중심주의'여야 하는가 아니면 '생태 중심주의'여야 하는가를 토론하고 있다. 이 논쟁 자체는 우리의 사유방식이 여전히 구시대의 진부한 기색을 수반하고 있다는 것을 반영한다. 비유하자면 등유를 담은 병을 비록 여러 번 씻었다고 해도 여전히 불쾌한 냄새가 일정하게 남아 있는 것과 같다. 인간 중심주의는 당연하게 폐기해야 하는 것이지만, '생태 중심주의'는 특히 적절하지 않은 용어이다. 비록 그가 누구인지는 몰라도 나는 이 용어를 처음 만든 사람에 대한 원망을 참을 수가 없다. 아마도 자기를 우주의 중심이라고 생각하는 인간의 괴이한 생각을 제외하고 생태계에서 중심이 어디에 있는가? 우리가 스스로 봉인한 중심 지위라는 이 무지의 교만을 버렸지만, 이 중심을 우리에서 외부로 전이하는 것은 오히려 무지의 겸손이다. 우리는 마땅히 상대론적 사유방식을 가져야 한다. 이것은 우리가 여전히 코페르니쿠스Nicolaus Copernicus(1473-1543)와 갈릴레오Galileo Galilei(1564-1642) 이전의 우주학처럼 지구를 우주의 중심으로 간주할 수도 있지만, 또한 동시에 반드시 아인슈타인Albert Einstein(1879-1955)과 같이 우주에서의 각각의 한 점을 중심으로 간주해야만 한다. 한마디로 말해서 절대적 중심이라는 것은 존재하지 않는다.

우리는 이미 '자연을 정복'한다는 것이 어리석은 사람이 말하는 꿈이라는 것을 의식하지만 그렇다고 거꾸로 '자연에 복종'할 필요는 없다. '주인'이 된다는 야심을 버렸지만, 그렇다고 반대로 바꾸어서 '노예'가 될 필요는 없다. '정복'과 '복종', '주인'과 '노예' 모두 인간들 사이에서의 잘못된 관계에 기초한 용어로서, 인간은 그런 후에 이 잘못된 용어를 사용해서 그들과 자연의 관계 및 자연 내부의 관계를 또다시 잘못되게 이해하고 있다. 그러므로 옛날 방식의 인간 중심주의를 버린다는 것은 지금 이후에는 양이 사람의 가죽으로 옷을 해 입고 소가 우리의 고기를 먹어야 한다고 건의하는 것이 결코 아니다. 생태 윤리학적 측면에서 말하자면 우리는 여전히 마음 편하게 닭과 양을 도살할 수 있다. 도살 자체는 부도덕한 행위라고 볼 수 없다. 사자도 끝내 영양을 죽인다. 우리가 부정적인 면만을 보는 비관주의자가 될지라도, 모든 생물은 전부 킬러이자 또한 모두 희생자라는 것을 정확하게 보아야만 한다. 사자는 영양을 죽여 그것으로 자기의 살아 있는 육체를 유지하고, 이로써 그것의 가죽과 털 사이에 있는 벼룩과 이리저리 날아다니는 모기와 등에게 신선한 피를 제공한다. 생태학의 관점에 볼 때 부도덕한 행위는 생물 다양성을 감소시킬 수 있는 그런 행위이다.

이 밖에도 인간이 자기를 진화의 가장 꼭대기에 놓고서 만물의 영장임을 자처하는 것 또한 인간의 지혜가 만든 하나의 '상'이다. 단지 인간만이 그렇게 자기를 치켜세우는 능력이 있다는 것을 가정할 수 있으므로 인간을 기타 생물보다 높게 보는 것이 이치가 있게 되는데, 왜냐하면 그렇게 우열을 구분하는 표준을 인간 스스로가 만든 것이기 때문이다. 하지만 우리가 다른 생물에 대해 조금이나마 '민주'를 말한다면 인간을 포함해서 수많은 생명의 사물들은 DNA의 존재 형식에 불과하다는 것을 깨달아야만 한다.

생존능력으로 말하자면, 인간은 특별히 뛰어나다고 볼 수 없다. 예를 들어, 개미와 대장균과 서로 비교했을 때, 개미와 대장균이 비록 철학은 연구하지 않지만, 또한 그들은 철학을 연구할 필요가 없다. 우리가 또 생각해야만 하는 것은 바로 우리와 침팬지 간에 같은 유전자가 98%라는 점이다. 우리와 그들이 다른 것은 반드시 그 나머지 2%의 새로이 돌출된 유전자에서 비롯된다는 것인데, 이러한 사실은 비록 그 결과가 분명 특별하다고 해도, 인간(혹은 '상'을 만들 수 있는 지혜의 능력)은 다만 유전자 돌변의 결과일 뿐이라는 것이다.

이런 특징이 우리를 자랑스럽게 하겠지만 그렇다고 해서 그것이 과도하지 말아야 한다. 바로 코끼리가 긴 코를 과하게 뽐내지 않아야 하는 것처럼 우리는 되레 자기 지혜의 능력에 경각심을 갖는 것이 진정으로 필요하다. 왜냐하면, 지혜 역시 정말로 잘못을 저지를 수 있기 때문이다. 예컨대 이 지혜는 일찍이 일식과 월식이 천구성에 사는 흉신이 일으킨 나쁜 일이라 믿었고, 남자가 여자에 비해 우월하다고 믿었으며, 자기 단체 내의 사람이 외부인보다 높다고 생각했다. 이리저리 곱씹어도 수많은 생명의 사물들은 모두 자연이라는 어머니의 자식이다. 우리는 쥐와 다름없이 피와 살로 된 몸이 있다. 이 몸체는 생물계에서 보편적으로 적용되는 생물학적 규율의 제약을 상당히 크게 받고 있다.

인간이 지금 환경에 관심을 갖는 이 동기는 의심할 바 없이 이기적인 동기에서 나온 것이다. 혹은 인간은 모두 이기적이다. 이기성은 확실히 유전자가 결정하는 일종의 품성으로서 그것 자체를 비난할 수는 없다. 하지만, 한 사람이 자기가 원하는 것을 실현하려고 한다면 그 혹은 그녀는 반드시 기여를 해야 한다. 마치 다람쥐가 소나무에 기여하는 그러한 것처럼. 만약 인간이 지금처럼 맹목적이며 함부로 했다간 최후에 지구상에서 살아남은 것은 아마도 인간이 아닐 것이다. 쥐와 파리, 싱싱한 풀, 버섯과 미생물이 인간에 비해 훨씬 오래 생존할 수 있다. 우주는 "도대체 무엇을 '중심'으로 간주하는가"라는 이 문제를 인간과 다투는 데에는 전혀 관심이 없다. 그것은 인간 자신의 문제다. 설령 인류가 보유한 핵무기를 전부 터트려 지구의 생물권 대부분을 절멸시킨다 하더라도, 망망한 우주의 관점에서 말하자면 그것은 주목할 일도 아니다. 그러나 인류에게 있어서는?

9

생태학의 관점에서 볼 때 예술의 본질을 아름다움이라고 하는 전통 미학의 기본 개념은 잘못되었다. '미'라는 것은 인간 스스로의 생물학적 이해에서 비롯한 쾌감을 제외하고 어떤 실제적 의미가 있을 수 없다. 따라서 인간이 보기에 가장 아름다운 것은 이성의 신체이고, 이러한 판단의 원인은 매우 분명하다. 그 몸은 당신의 DNA를 미래 세대에 전달하는 수단으로 이용할 수 있기 때문이다. 아름다운 풍경이 아름다운 까닭은 그것이 사람이 거주하기에 적합한 공간이기 때문이다. 설령 플라톤이 말한 사회 제도의 아름다움이라 할지라도 여전히 생물학적으로 귀결시킬 수 있다. 아름다운 사회 제도는 개인이 그 가운데서 심신이 편안한 사회 제도이고, 한 사람의 수명이 연장될 수 있는 사회 제도이다. 그리고 수명을 연장한다는 것은 완전히 생물학적인 사실이다. 전통 미학에서는 피카소의 그림과 사막이나 절벽 같은 자연 경관을 '아름답다'고 표현하려 했지만, 이것은 낱말을 심각하게 오용하는 것이다. 이론가들은 근본적으로 이와 같이 언어를 손상할 권리가 없다.

대자연은 우리를 위해 한 송이 꽃을 피웠고, 그것은 확실히 우리에게 아름다운 것을 제공했다. 앵그르Jean Auguste Dominique Ingres (1780-1867)는 한 폭의 아름다운 나체 소녀를 그렸다. 이것은 어떤 '진실한' 아름다움을 우리에게 제공하지 못한다. 그녀가 제공한 것은 하나의 아름다운 '상'이고, '상'은 진실한 것이 아니다. 피카소Pablo Ruiz Picasso(1881-1973)는 전혀 아름답다고 말할 수 없는 여인의 그림을 그렸다. 그가 우리에게 제공한 것은 아름답지 않은 여인의 '상'이며, '상'은 진실한 것이 아니다. 아름다움과 추함으로 말하자면 앵그르와 피카소의 그림은 근본적으로 같은 범주에 속하지 않아서 '예술'이라고 하는 동일한 개념 가운데에 포함될 수가 없다. 그러나 그들의 작품은 다 같이 비현실적인 '상' 혹은 '가상'을 제공했다. 이 공통점은 그들의 작품을 '예술'이라고 하는 개념에 귀속하게 하는 정당한 이유로서 유일한 것이다. 그들이 제공한 '상'은 '아름답든', '추하든', 혹은 아름답지도 추하지도 않든 그것은 전혀 중요한 것이 아니다. 비본질적인 것이다.

인간이 말하는 아름다움은 단지 인간 중심이라는 이 관점에서 이해된 자연의 속성일 뿐이므로 매우 협의의 것이다. 전통적 미학자들은 예술의 본질을 아름다움으로 규정할 뿐만 아니라 예술의 존재 목적이 우리에게 미적 향수를 제공하는 것이라고 인식하는데, 이러한 생각은 예술에 대한 심한 모욕이다. 만약 예술이 정말로 이처럼 '미적 향수'를 제공하는 것이라면, (아주 과장해서 말해) '미적 향수'가 이른바 '정신적 향수'에 속한다고 할지라도 예술은 근본적으로 중시할 만한 것이 되지 못한다. '진眞'과 '선善'은 엄숙하게 대할 가치가 있지만, '미'는 있어도 그만 없어도 그만인 사치품이다. 예술의 본질을 '미'로 보는 것은 '성性'을 개체가 즐기는 수단으로 간주하는 것에 비교할 수 있다. 그러나 그것은 '성'이 사실상 생물 진화에서 종족의 번식을 진행하기 위한 수단으로 사용되는 아주 핵심적인 측면을 망각한다. 이러한 미학은 바람둥이가 아가씨에게 달콤한 말로써 사랑을 속삭이면서도 결혼에 대해서는 한 번도 말한 적이 없는 것과 별반 다를 바가 없다.

그렇다면 예술의 본질을 '상' 혹은 '가상'으로 이해하는 것은 어떤 우의가 있을까? 우리는 이미 '상'이 첫 번째 석기 탄생의 전제조건이라는 것과 '상'은 인간 지혜의 가장 원시적 표현이라 말할 수 있다는 것을 알아보았다. 이것은 인간이 자연계에서 출현한 것이 '상'을 만들어 내는 능력으로서 지혜(사유능력)의 출현과 같은 말이며, 생물학적 유전자 시스템을 초월하는 인지 방식의 출현을 의미한다. 그러므로 예술은 인간성의 근본이다. 이 글의 한정된 지면에 의해 여기에서 비록 과학적 발명 또한 반드시 '상'을 기초로 한다는 것을 증명할 수는 없지만, 크로체Benedetto Croce(1866-1952)가 말한 "직관적 지식은 독립적으로 존재할 수 있고, 추상적 지식은 반드시 직관적 지식을 기초로 해야 한다"로써 대신하고자 한다. 그가 말한 '직관적 지식'은 사실상 '상'이다. 이것은 예술이 다만 인류 기원의 계기라는 것뿐만 아니라 인류 문화 발전의 첫 번째 동력과 전제조건이라는 것을 뜻한다. 이 말은 결코 반 고흐Vincent van Gogh(1853-1890)가 아인슈타인에게 직접적인 도움을 주었다는 것을 암시하는 것이 아니라, 아인슈타인은 예술가이며, 비록 그가 바이올린을 연주할 수 없어도, 경전 물리학의 기본 관념을 전부 넘어서기 때문에 '상'을 매개로 한 상상력에 기초해야 하는데, 이것이 바로 예술적 능력이라는 것을 말한다. 이러한 능력과 아무것도 없는 상태에서 첫 번째 석기를 만든 그 원시인이 보유한 능력은 '상'을 창조하는 능력으로서 완전히 동일하다. 예술이 엄숙하고 존경할만한 가치가 있는 인류의 작업인 근거는 바로 여기에 있다. 아동에 대한 예술 교육이나 심미 교육이 필요한 이유도 바로 여기에 있다.

10

생태학의 관점에서 보면 '미'를 핵심 개념으로 하는 전통미학은 환경 파괴에 대해서 상당한 책임을 져야 한다. 미학에서 일체의 자연현상을 아름다운 것과 추한 것으로 구분하는 것은 인간의 생물학적 속성이라는 협소한 관점에서 자연현상을 친구와 적으로 나누고, 곤충을 해충과 유익한 곤충으로 나누는 것을 의미한다. 이러한 미학 관점에 따르면 파리, 모기, 쥐, 박쥐, 참새, 뱀, 도마뱀, 악어, 두꺼비, 개구리, 여우는 추한 것들로서 모두 제거하는 것이 마땅하다. 과거에 얼마나 잔인하게 참새를 다루었는가를 예로 들어보자. 미학적으로 먼저 그들을 추한 것이라고 선을 긋지 않았다면 그렇게 잔인하지 않았을 것이다. 먹이사슬의 상층에 속하는 사자, 호랑이, 표범, 늑대, 코끼리, 고래 등의 종들은 우리의 경쟁상대다. 인류는 먼저 그들을 요괴로 둔갑시켜 아주 대단한 적으로 삼은 동시에 자기를 일부러 과장되게 약자로 분장한 다음 그들을 죽였고, 그것은 도덕적이든 심미적으로든 가령 무송이 호랑이를 때려잡은 이야기처럼 선하고 당당한 일이 되었다. 수많은 생물 종의 절멸은 여타 원인 외에 우리가 미추론美醜論으로써 전통을 자랑하는 이러한 미학적 관념 탓으로 돌려야 한다.

심지어 우리는 하늘과 강과 대지마저도 이렇게 대했다. 시인들은 일찍이 가슴 가득한 열정으로 푸른 하늘에 검은 연기를 내뿜는 굴뚝을 칭송했고, 산하를 개조하는 토지 정비 운동을 찬미했다. 궈모뤄郭沫若(1892-1978)와 저우양周揚(1908-1989)이 공동편집해서 1959년에 발표한 시집 『붉은 깃발의 노래』에 수록된 '내가 왔다'라고 하는 시에서는 다음과 같이 표현하고 있다.

> 하늘에는 옥황이 없고,
> 지상에는 용왕은 없어,
> 내가 바로 옥황이다!
> 내가 바로 용왕이다!
> 첩첩산중에 비켜서라 호령하나니,
> 내가 왔다!

독자들은 이 시가 아이가 밤길을 갈 때 담을 키우기 위해 부는 휘파람과 아주 비슷하다는 것을 깨달을 수 있을 것이다. 옥황상제와 용왕이 없다는 표명은 실제로 대지가 신과 같이 강하다는 것과 강자에 대항하고 강자를 이기는 것은 도덕과 심미의 측면에서 언제나 칭송할 만하다는 것을 암시한다.

우리는 심지어 제강 제철 운동과 경지 정리 운동을 모종의 예술 운동이라 말할 수 있다. 왜냐하면, 이 두 가지 운동이 어떠한 이익을 가져오는 것도 아니라는 것과 되레 상당한 파괴와 낭비를 만드는 명확한 사실 때문이다. 이 두 운동은 그야말로 자연환경을 속죄양으로 삼아서 서양의 제국주의를 향해 중국 인민이 이룬 위대한 역량을 보여주는 것이다.

예술은 사람들을 위해 결코 현실이 아닌 '가상'을 만들어낸다. 하지만 이 가상은 되레 사람들이 자연환경과 다른 사람과 접촉하는 모형이다. 따라서 예술은 잘못을 저지르는 데 일조할 수 있는 동시에 선행에 일조할 수도 있다. 최근 몇 년 동안에, 가장 광범위한 영향력을 가진 텔레비전과 영화라는 이 두 가지 매체에서 생태학적 영감을 받아 사람들을 위해 대량의 동물의 '상'을 제작했다. 그것은 모두 생태학적 과학의 관념에 기초한 '상'이다. 이것은 수많은 동물에 대한 사람들의 잘못된 전통 관념을 크게 바꾸었는데, 환경 보호에 관한 적극적 작용은 어떻든 간에 모두 과분하지 않을 것이다.

미를 핵심 개념으로 하는 전통미학은 개념과 논리에서 완전한 반박을 할 수 있다. 그렇지만, 그것의 기본 가설에서 반생태적 결론을 끌어낼 수 있는 데 근거한 관점에서 말하자면, 전통미학은 확실히 잘못된 것이다. 생태학의 정신은 새로운 미학에서 하나의 내재적 차원이 될 것인데, 이 단계는 다음과 같은 가설에 기초한다. 인간의 정신의 산물로서 예술이나 심미적 현상을 연구대상으로 하는 미학이 만약 생태학과 충돌한다면 그것은 반드시 잘못된 것이다. 왜냐하면, 우리는 인간이 자연의 일부분이라는 것을 믿고, 이 일부분은 가장 깊이 있는 차원에서 자연과 조화로운 관계에 놓여있어야만 하기 때문이다.

산수화 속에 담긴 생태미학
: 탁족도를 중심으로

박지혜 朴智慧
성균관대학교 유학대학

내용요약

　산수화는 사람은 자연에 순응하고 자연의 아름다움을 이해하는 토대 위에서 미를 재창조함으로써 자연과 조화를 이룰 수 있다는 오늘날의 생태학적 관점과 상통하는 면이 많다. 산수화 감상은 '산수공간 속에 놓인 자기상황' 그 자체를 미적으로 인식하는 과정 가운데 하나라고 볼 수 있기 때문이다. 탁족도는 흐르는 물에 발을 씻는 인물의 모습을 그린 것으로, 자연 속에서의 삶을 추구했던 문인들이 오랫동안 애호하던 주제이다.

　정리하자면 탁족이 구현되는 영역은 크게 셋으로 나눌 수 있다. 실제로 탁족이 이루어지는 현실적인 자연, 탁족을 소재로 한 문학작품이나 회화로의 재현, 예술작품을 통해서 이동된 심상의 영역이다. 그리고 이 각각의 영역들은 예술작품(시나 그림)을 매개로 긴밀하게 연결되어 있다. 그리고 구현된 탁족의 장소를 성격적으로 구별해 맑은 물과 깨끗한 산수자연이 있는 청정한 곳으로 더러움을 씻어내어 깨끗하게 하는 '정결의 공간', 속세의 때를 벗고 자연과 밀접한 삶을 추구하는 '은일의 공간', 차가운 물에 발을 담그는 행위를 통해 여름의 더위를 식히는 '납량의 공간'으로 나누어 살펴보았다. 이를 통해 탁족도가 비록 현실은 속세에 있지만 심상의 자연으로의 이동을 가능하게 하는 매개의 역할을 수행할 뿐 아니라 실제 탁족에 대한 경험의 연장에서 실제 자연에 대한 감각적 인식의 확장이 가능해진다.

핵심어: 산수화, 탁족도, 탁영탁족濯纓濯足, 납량納凉, 미적 체험

1. 들어가며

산수화는 산수공간을 그린 그림이다. 서양에서 풍경화가 성장하면서 '풍경의 발견'이 근대적 시각의 핵심으로 논의되는 점과 비교한다면, 오랫동안 회화예술의 중심에 있었던 산수화는 동아시아 문화의 특징을 잘 보여주는 요소라고 할 수 있다. 또한 동아시아에서 공유하고 있는 전통문화 속에서 산수화는 자연미의 표현이자, 그 자체로 덕德과 도道의 구현체를 상징했으며, 문인들에게 세상의 고통과 번뇌를 잊어버리고 심미적인 체험을 가능케 하는 통로였다. 이렇듯 산수화는 사람은 자연에 순응하고 자연의 아름다움을 이해하는 토대 위에서 미를 재창조함으로써 자연과 조화를 이룰 수 있다는 오늘날의 생태학적 관점과 상통하는 면이 많다.

예술창작을 동아시아의 고전 생태적 입장에서 바라본다면, 창작과정에서 철학적 생태관과 생태예술 철학이 구체적인 실천으로 체현되며 그 결과물에도 생태심미관이 담겨있는 것이다.[1] 산수화는 자연(산과 계곡, 강, 바다 등)을 단순히 관조하고 대상화하여 표현한 결과가 아니라, '산수공간 속에 놓인 자기상황' 그 자체를 미적으로 인식하는 과정 가운데 하나로 이해할 수 있다. 따라서 산수시, 전원시, 영물시詠物詩, 산림기행시를 비롯한 문학작품, 시각적으로 표현된 산수화나 화조화, 산수공간을 다시 일상공간으로 끌어와 재현한 정원 등에서 이러한 생태미학정신을 엿볼 수 있다고 말한다. 따라서 산수화는 그 자체만으로 생태미학적인 요소를 충족하고 있다고 볼 수 있는데, 그렇다면 개별적인 회화작품 또는 화제 속에서는 어떠한 특징들을 가지고 있을지 궁금해졌다.

여기에서는 동아시아 산수화의 화제畵題 가운데 하나인 '탁족濯足'을 통해서 산수화의 생태미학적 의의를 모색하고자 한다. 탁족도는 흐르는 물에 발을 씻는 인물의 모습을 그린 것으로, 자연 속에서의 삶을 추구했던 문인들이 오랫동안 애호하던 주제이다. 회화에서 표현된 탁족의 공간은 대개 계곡이나 넓은 강으로, 등장인물이 주로 혼자 있으며 시중드는 동자를 포함하더라도 셋을 넘지 않는다. 이는 아주 깊은 산속 또는 인적이 드문 공간을 의미하며, 바지를 무릎이 보이도록 걷고, 옷깃을 풀어헤친 모습 역시 자유롭고 편안한 공간임을 나타내는

---

[1] 祁海文은 중국 고전 생태미학의 연구 대상을 다섯 가지로 나누어 소개하는데, 天人合一을 핵심관념으로 한 '중국철학의 생태관', 천인합일을 내면화해 인간과 자연의 화합과 공생적 심미관계를 핵심으로 하는 '생태 심미관', 철학적 생태관과 생태 심미의식이 예술실천에 침투되어 예술 이념을 예술 이론으로 승화시킨 '생태예술철학', 자연만물을 소재로 해 인간과 자연 심미관계를 대상으로 한 예술작품에 담긴 '생태심미관', 인간과 자연의 화합과 통일을 추구하는 풍속 활동이나 이를 위해 조성된 환경을 지칭하는 '생태심미 실천'(또는 '생태심미 활동')을 제시한다. 치하이원, 「중국 고전 생태미학 연구에 대한 소고」, 『생태미학과 동양철학』, 251-254쪽.

표지標紙이다. 다음에서는 행위로서의 탁족과 탁족이 이루어지는 공간으로서의 산수가 어떻게 인식되었는지, 혹은 인식될 수 있는지, 그리고 이를 재현해 낸 탁족도는 어떤 생태미학적 특징을 가지고 있을지 탁족을 소재로 한 시와 그림을 교차해가며 검토한다.

2. 탁족 공간의 생태미학적 요소

1) 청정한 공간: 맑은 물이 있는 깨끗한 산수자연

탁족에 대한 가장 오래된 이야기는 『초사楚辭』 「어부사漁父詞」에서 굴원屈原과 어부漁父의 문답에서 등장한다.[2] 이는 쫓겨 가던 굴원에게 어부가 부른 노래로 알려져 있는데, 세상의 맑고 흐림에 따라 그에 맞게 갓을 씻든 발을 씻든 하면서 세상의 흐름에 맞추어 자기 몸을 보호할 것이지, 어리석게도 마음속 생각을 천하에 드러내어 세상에서 쫓겨나고 말았다며 굴원을 조롱하는 내용이다.[3] 탁족을 두고 회자되는 이 구절은 『맹자』 「이루離婁」에서도 인용되었는데,[4] 어린아이가 이 노래를 부르는 것을 듣고 공자의 입을 빌려 물의 맑음과 흐림이 그러하듯, 청탁淸濁은 자기 스스로가 취하는 것이라는 스스로의 처신과 인격수양에 달려있다

---

2 『楚辭』「漁父詞」: "滄浪之水淸兮可以濯吾纓, 滄浪之水濁兮可以濯吾足."
3 汨羅水에 몸을 던져 자살한 굴원의 운명에 대한 슬픔이 역설적으로 읊어진 이 노래는 당시 초나라의 민요였다고도 하고, 혹은 굴원을 추모하며 후대 사람들이 덧붙여 놓았다는 설도 있다. 고연희, 『조선시대 산수화: 아름다움 필묵의 정신사』, 122쪽.
4 『孟子』「離婁」上: "滄浪之水淸兮, 可以濯我纓, 滄浪之水濁兮, 可以濯我足."

는 처세의 한 방법을 제시한 것으로 이해된다.

즉, 창랑가滄浪歌 속의 '탁족'은 물이 가로막히면 돌아가듯, 세상의 변화에 따라 함께 변화하며 세상에 순응하는 태도로, 혼탁하더라도 세상을 버리지 않고 발을 담그고 살아가야 간다는 것이다. 이때 물은 맑음[淸]과 흐림[濁]으로 구분되면서 각각 갓끈[纓]과 발[足]에 대응하는데, 중국을 비롯한 동아시아 문인들에게 창랑가 속의 물의 상태(수질)는 사회적 상황을 상징하며, 발(또는 갓끈)을 씻는 행위가 여전히 사회 참여적으로 해석된다.[5] 따라서 이러한 굴원과 어부의 대화를 소재로 그려진 그림은 송대 작자 미상의 〈계방한화溪旁閒話〉(대만고궁박물원)와 같이 이야기 속 등장인물에 보다 집중되어 산수공간의 묘사는 두드러지지 않는다.[6]

그러나 이후 그림을 그려진 탁족의 공간은 주로 '흐린 물[濁水]'과 어울리지 않는 깊은 산 속의 '맑은 물가[淸水]'로 표현되며, 흐르는 물을 강조할 경우 강한 물결이 표현되기도 한다. 이것은 그림 뿐 아니라 시문, 제화시에서도 '발을 씻는 행위'가 이루어지는 장소가 깨끗한 자연, 산수공간으로 묘사되기 때문에 '탁족'과 '흐린 물'의 관계는 예술작품 속에서는 조금 약해진다. 오히려 예술작품에서의 물은 속세의 더러움을 씻어주며 신체와 정신을 깨끗하게 해주는 요소로 등장한다.

---

5 한편, 이러한 물의 상태에 좋고 나쁨을 구분 짓고, 갓을 쓰는 머리와 땅을 딛는 발이라는 신체적인 위치가 高下의 구분을 나타내는 상징으로 해석되기도 한다. 宋健友, 『尋根』5「濯足小談」, 44-46쪽 참조.

6 '탁영탁족'은 비유적인 이미지일 뿐이지만, 탁족의 공간이 후에 속세의 더러움을 씻어내는 맑은 물[淸泉]로 이미지가 변화하면서 탁족과 가장 긴밀한 관계를 갖는 장소인 창랑의 이미지도 맑음과 흐림을 분별을 가르는 공간이 아니라, 어부와 굴원이 만나는 이상적인 공간으로 묘사된 것으로 생각된다.

따라서 '씻음'으로 '정결淨潔'하게 하는 점에서 허유許由가 귀를 씻었다는 기산영수箕山潁水의 고사故事와의 관계성을 살펴 볼 수 있다.

요 임금이 다시 허유를 불러 구주九州의 수장으로 삼으려 했으나 허유는 듣고 싶어 하지 않아 영수가에서 귀를 씻었다. 그때 그의 친구 소부가 송아지를 끌고 와 물을 먹이려다 허유가 귀를 씻는 것을 보곤 그 이유를 물었다. "요 임금이 나를 불러 구주의 수장으로 삼으려 하기에 그 소리가 듣기 싫어 귀를 씻고 있네"라고 대답하자, 소부는 이렇게 말했다. "자네가 높은 언덕과 깊은 계곡에 거처한다면 사람 다니는 길이 통하지 않을 텐데, 누가 자네를 볼 수 있겠는가? 자네가 일부러 떠돌며 알려지기를 바라서 명예를 구한 것이니, 내 송아지의 입만 더럽혔네." 그리고는 송아지를 끌고 상류로 가서 물을 먹였다.[7]

요임금의 선양을 거절한 허유를 소부가 비난하고 있는데, 허유가 귀를 씻음으로 더러워진 물을 자기 송아지에게 먹일 수 없다고 한다. 여기서 두 사람 모두 물로 씻는 행위가 정결하게 하는 역할을 한다는 점에서는 동의하고 있다고 볼 수 있다.

한편, 청대淸代에 간행된 『개자원화전芥子園畫傳』의 「인물옥우보人物屋宇譜」에는 탁족하고 있는 인물이 수록되어 있다.[8] 삿갓을 쓴 어부 모

---

7 皇甫謐, 김장환 역, 『고사전』, 58-59쪽: "堯又召爲九州長, 由不欲聞之, 洗耳于潁水濱. 時其友巢父牽犢欲飲之, 見由洗耳, 問其故. 對曰, 堯欲召我爲九州長, 惡聞其聲, 是故洗耳. 巢父曰, 子若處高岸深谷, 人道不通, 誰能見子, 子故浮游欲聞, 求其名譽, 汚吾犢口. 牽犢上流飲之."
8 『芥子園畫傳』은 淸代에 간행된 畫譜로, 明末 文人畫家 李流芳(1575-1629)의 『山水畫譜』를 1679년 王槪가 增補 編輯하였다. 「人物屋宇譜」은 初集 5卷 가운데 제4권으로 點景人物, 橋梁, 家屋 등을 그리는 법을 설명하고 있다. 여기서도 탁족의 인물은 어부이면서 허유이고, 허유를

습을 한 인물이 바위에 걸터앉아 물을 바라보고 있는데, 그는 두 다리를 꼰 채 한 쪽 발을 물에 담그고 있다. 그림의 상단에 "탁족만리류濯足萬里流"라는 화제畫題가 붙어 있는데, 이는 서진西晉 시대 저명한 문학가인 좌사左思(250?-305)의 「영사시詠史詩」 속 "천 길 높은 언덕에서 옷에 묻은 먼지 털고, 만리 흐르는 강물에 발 씻으리라[振衣千仞崗, 濯足萬里流]"에서 그 유래를 찾을 수 있다.[9] 이 시에서는 은일의 상징인 허유를 등장시키며, 탈속脫俗을 추구하는 자신의 이상을 표현하고 있다. 주목되는 점은 좌사가 '갈옷을 입고[被褐]' '허유를 쫓아가서[追許由]' 하는 행위가 탁족이었다는 점이다. 귀를 씻어낸 허유와 탁족이 결합되는 지점이라고 할 수 있다. 속세에서 벗어난 생태적 공간에서 할 수 있는 행위 가운데 하나로 탁족이 표현된 것이다.[10]

그리고 성당의 시인이자 화가인 왕유王維(701-761, 또는 699-759)에 이르면 물의 맑음은 발을 씻는 것을 넘어서 물을 입에 머금고 양치질을 할 수 있을 정도가 된다. 그는 시 「납량納涼」에서 우거진 나무숲 사이로 흐르는 맑은 물로 양치질도 하고 발도 씻는다.

쫓는 시인 좌사로 볼 수 있다.
9 左思, 「詠史」 八首, 其五: "皓天舒白日, 靈景照神州. 列宅紫宮裡, 飛宇若雲浮. 峨峨高門內, 藹藹皆王侯. 自非攀龍客, 何爲欻來遊? 被褐出閶闔, 高步追許由. 振衣千仞崗, 濯足萬里流."
10 한편 조선시대 왕실에서 제작되어 감상되었을 것으로 추정되는 《萬古奇觀帖》 가운데 〈巢父洗領圖〉에서는 귀를 씻는 사람이 허유가 아닌 소부이고, 소를 탄 인물은 樊仲父로 등장한다. 이 그림의 맞은편에는 관련된 고사가 적혔는데, 요임금이 허유에게 왕위를 양위하고자 했다는 사실을 소부가 듣고 영수 강가에서 귀를 씻는다. 마침 소에게 물을 먹이던 번중부는 더러운 물을 소에게 먹일 수 없다며 상류로 끌고 간다. 전달하려는 메시지에 따라 성격이 유사한 인물 간에 중첩되는 예를 보여준다.

키 큰 교목이 만여 그루 있는데
맑은 물이 그 안을 뚫고 흐른다.
앞으로는 큰 강의 어귀가 보이고
확 트여 있어서 긴 바람 불어온다.
잔잔한 물결 백사장으로 젖어들고
흰 다랑어는 허공을 헤엄치는 듯하다.
너럭바위 위에 누우니
출렁이는 물결이 내 몸을 씻어준다.
흐르는 물에 입을 헹구고 발도 씻으며
눈앞으로 고기 낚는 노인을 바라본다.
낚싯밥 탐하는 물고기 얼마나 될까
물고기는 연잎 동쪽 놀이만 생각하니[11]

'맑은 물[淸流]'라는 단어를 직접 사용하기도 했지만, 시의 전체적인 분위기에서도 깨끗하고 평온함이 느껴진다. 또한 백거이白居易(772-846)도 「냉천정기冷泉亭記」를 비롯한 여러 시문에서 탁족의 공간으로 맑은 샘[淸泉], 맑은 시내[淸溪], 맑은 물[淸流]라는 단어를 즐겨 사용하고 있다. 이처럼 탁족의 장소는 맑고 깨끗한 산수 공간으로 표현되며, 신체와 정신을 깨끗할 뿐 아니라 씻은 후에도 여전히 티끌 없이 맑은 물의 형태로 자신의 정결함을 표현하기 위한 방법으로 쓰이기도 한다.

---

11 王維, 「納涼」: "喬木萬餘株, 淸流貫其中, 前臨大川口, 豁達來長風, 漣漪涵白沙, 素鮪如遊空, 偃臥盤石上, 翻濤沃微躬, 漱流復濯足, 前對釣魚翁, 貪餌凡幾許, 徒思蓮葉東."

2) 은거의 공간: 속세를 벗어나 자연에 의탁하는 안식처

이처럼 더러움을 씻어내어 깨끗하게 하는 맑은 물은 실은 신체적인 청결淸潔 뿐 아니라 속세에서 벗어나 정신적인 정결의 장소로 '은일隱逸' 공간의 표상으로 볼 수 있다. 중국 하남성 등현鄧縣에서 발견된 〈남산사호南山四皓〉 전화전화塼畵에는 탁족하는 인물이 등장하는데, 이는 탁족의 초기 도상으로 알려져 있다.[12] 사호四皓는 진시황의 폭정을 피해 섬서성의 상산에 은둔하여 살았던 동원공東園公과 하황공夏黃公, 기리계綺里季, 녹리선생甪里先生 등 네 사람의 백발 은일 현자를 일컫는다. 이들의 행적과 일화는 『사기』와 『한서』 등의 문헌에 전해지기 시작했으며, 남북조시대 이래 은일 및 탈속사상과 결부되어 추앙되었다. 허유가 은거한 기산箕山 역시 은자들의 대표적인 은둔처로서 탁족의 가장 오랜 상징적인 이미지는 은일과 관련이 깊다고 하겠다.

또한 굴원에게 탁영탁족을 제시했던 '어부'는 오랫동안 은일하는 현자의 이미지로 그려져 왔다. 『장자』「어부」편에서처럼 '큰 도'를 말해주는 지자知者의 모습으로 가르침을 주는 인물로 등장하기도 하고, 동진의 시인 도연명陶淵明의 「도화원기桃花源記」에 서술된 이상향인 무릉武陵을 찾아가는 인물도 어부이다. 현전하는 탁족도에는 어부의 모습으로 그려진 것이 상당수인데, 주로 강가에서 낚시하는 노인의 모습, 고깃배에서 유유자적하거나 낮잠을 자는 모습 등으로 그려진다. 명대

---

12 〈南山四皓〉畫像塼은 1958년 중국 하남성 鄧縣(현재의 鄧州) 學庄 지역에서 발견된 '鄧縣彩色畫像塼墓'의 출토품이다. 적어도 5세기 말에서 6세기 초 사이의 유물로 판단된다. 황보밀의 「高士傳」 중 「四皓」편을 전거로 한 것으로 생각된다. 박은영, 「중국 위진남북조시대 〈남산사호〉 전화연구」, 이화여자대학교 대학원 석사학위 논문, 3쪽.

에 편찬된 『삼재도회三才圖會』나 청대의 『개자원화전』의 탁족하는 인물이 어부의 복식으로 그려져 있는 것으로 보아, 속세를 벗어나 자연에서 즐기는 '탁족'과 은일자의 이미지가 결합되어 전승된 것으로 볼 수 있다. 여기서의 탁족은 자연 속에서 속세를 잊고 자연과 합일된 상태를 그려낸다고 할 수 있다. 그리고 어부와 마찬가지로 세상과 떨어져 산 속이나 한적한 시골에서 생활하는 나무꾼, 농부, 목동, 사냥꾼 등도 은일자에 비유되며 이들은 모두 초은招隱의 뜻을 지닌다.

대만고궁박물원 소장된 〈바위에 앉아서 구름을 바라본다[坐石看雲]〉에는 탁족하는 두 인물이 등장한다. 이는 송대 이당李唐의 작품으로 전해지는데, 그림에 붙은 화제畵題 '좌석간운坐石看雲'은 왕유의 시 「종남산 별장[終南別業]」의 한 구절을 취해서 그림으로 표현한 것이다.

> 중년에 들어 자못 도를 좋아하여
> 늙어서야 남산 기슭에 집을 지었네.
> 기분 내키면 늘 홀로 나서니
> 아름다운 경치는 나 홀로 알 뿐이네.
> 걸음이 다다른 물길 끝나는 곳
> 앉아서 피어오르는 구름을 바라보네.
> 우연히 나무하는 노인을 만나
> 웃으며 얘기하느라 돌아갈 줄 모르네.[13]

---

13 王維, 『全唐詩』126 「終南別業」: "中歲頗好道, 晩家南山陲. 興來每獨往, 勝事空自知. 行到水窮處, 坐看雲起時. 偶然値林叟, 談笑無還期."

이 가운데, "걸음이 다다른 물길 끝나는 곳, 앉아서 구름을 바라보네[行到水窮處, 坐看雲起時]"는 북송대 화가 곽희도 『임천고치林泉高致』에서 그릴만 한 화제로서 이 구절을 제시한다.[14] 그림의 오른쪽 하단에 놓인 석교를 지나 "물길 끝나는 곳"에 이르면, 바위가 겹겹이 솟아 있고 푸른 소나무가 바위 위에 감겨 있는 깊은 골짜기가 나타난다. 소나무 뒤로는 뭉게구름과 폭포가 있어 시에서 묘사하는 자연의 경치가 그림에 잘 담겨있다. 시에서는 탁족이 직접적으로 제시되지는 않았지만, 화가는 이러한 깊은 산수공간에서 만난 화자와 은일자인 나무꾼이 한담을 나눌 때 적절한 장면으로 자연스럽게 탁족을 선택한 것으로 보인다.

한편, 남송의 학자인 나대경羅大經(1196-1242)의 수필집 『학림옥로鶴林玉露』 「산정일장山靜日長」은 산속에서 사는 은사의 일상사를 담고 있는데, 그중 "흐르는 시냇가에 앉아 물장난을 치다가 양치질을 하거나 발을 씻기도 한다[坐弄流泉, 漱齒濯足]"며 탁족 장면도 등장한다. 새소리를 들으며 낮잠을 자고, 한가로이 산길을 거닐며 소나무와 대나무를 어루만지거나 어린 사슴이나 송아지와 더불어 숲과 우거진 풀밭에 누워 쉬는 등 자연과 밀접한 삶의 여러 모습을 표현하고 있다.[15] 이

---

14 곽희는 북송시대 화가로 그림을 그리려 할 때는 먼저 자연과 접해야 하는 점을 주목했다. 그의 아들 곽사는 『임천고치』에서 평소 곽희가 좋아하던 시구들을 모아 "선친께서 외던 시로서, 그림으로 그릴 만 한 것[先子嘗誦詩可畫者]"로 시 16편을 소개하는데, 「종남별업」의 이 구절은 그중 하나이다. 신영주 역, 『곽희의 임천고치』, 50-51쪽 참조.

15 羅大經, 『鶴林玉露』 卷4 「山靜日長」: "山靜似太古, 日長如小年. 余家深山之中, 每春夏之交, 蒼蘚盈階, 落花滿徑, 門無剝啄, 松影參差, 禽聲上下. 午睡初足, 旋汲山泉, 拾松枝, 煮苦茗吸之. 隨意讀『周易』, 『國風』, 『左氏傳』, 『離騷』, 『太史公書』及陶杜詩, 韓蘇文數篇. 從容步山徑, 撫松竹, 與麛犢共偃息於長林豐草間. 坐弄流泉, 漱齒濯足. 旣歸竹窓下, 則山妻稚子, 作筍蕨供麥飯, 欣然一飽. 弄筆窓前, 隨大小作數十字, 展所藏法帖, 墨跡, 畫卷縱觀之. 興到則吟小詩, 或草《玉露》一兩段, 再烹苦茗一杯. 出步溪邊, 邂逅園翁溪叟, 問桑麻, 說粳稻, 量晴校雨, 探節數時, 相與劇談一晌. 歸而倚杖柴門之下, 則夕陽在山, 紫綠萬狀, 變幻頃刻, 恍可入目. 牛背笛

렇게 속세에서 벗어나 자연을 심리적 안식처이자 즐거운 공간으로 인식하면서 학자로서의 본분을 잃지 않은 모습을 보인다. 마음이 내키는 대로 이긴 하지만 "『주역』, 『국풍』, 『좌씨전』, 『이소』, 『사기』를 읽고, 한유, 소동파에 도연명陶淵明과 두보杜甫의 시 몇 편을 함께" 하기 때문이다.

    이 글은 후대 문인들에게 애호되면서 그 내용을 전거로 해 은거생활을 묘사한 산수화도 많이 그려졌는데, 명대에 화제로 대두되어 당인唐寅과 심주沈周, 문징명文徵明 등과 조선 중기 이정李楨의 작품에 대한 기록이 전한다. 현재 명대 당인과 문가文嘉의 〈산정일장도〉(산동 지난시박물관)와 국립중앙박물관과 간송미술관 등에 소장된 조선 후기와 말기의 이인문李寅文(1745-1821)과 김희겸金喜謙(1706년경-?) 등의 작품이 알려져 있다.[16] 조선의 산정일장도는 병풍이나 화첩에서는 여섯 폭에서 여덟 폭으로 나뉘어 각 구절을 보다 강조해서 표현하기도 했다. 탁족을 화제로 한 '좌롱유천坐弄流泉'의 그림들은 선비가 계곡 사이에 앉아 있고 그 옆에는 시동이 서 있는 모습으로 표현된다. 이때 그려진 〈산정일장〉의 탁족도는 학자적 이상을 실천하며 사는 은사의 안빈낙도安貧樂道하는 삶을 담고 있다고 할 수 있다.

聲, 兩兩來歸, 而月印前溪矣."
16 山靜日長은 북송 唐庚의 시 「醉眠」의 첫 구절을 남송 羅大經이 인용해 쓰면서 유포되었다. 이상적인 은거처와 은거생활의 내용을 산정일장, 隨意讀書, 坐弄流泉, 麥飯欣飽, 弄筆展帖, 溪邊邂逅, 倚仗策門, 月印前溪의 장면으로 기술했으며, 이를 전거로 도회되었다. 한 장면을 단독으로 그리기도 한다. 학자의 은일을 묘사하는 宋詩意圖의 측면에서의 바라본 산정일장도에 대해서는 趙仁熙, 「宋詩를 畫題로 한 조선후기 회화」, 『文化史學』 34, 179-202쪽; 조선시대 山靜日長 제재의 유입 및 〈山靜日長圖〉 제작 양상에 대해서는 홍혜림, 「조선후기 은거 이미지의 전개와 변용: 〈산정일장도〉를 중심으로」, 『美術史學硏究』 95-123쪽 참조.

3) 납량의 공간: 더위를 식힐 수 있는 현실의 탁족 장소

실제적인 탁족과 관련된 계절은 여름이다. 발을 씻는 행위로만 본다면 어느 계절이든 상관없겠지만, '흐르는 물에 발을 담근다'에서 느껴지는 계절감은 확실히 여름이라고 할 수 있다. 시에 내포된 상징적 은유와 철학적 의미를 떠나서, 왕유의 시 「납량」의 제목을 풀어보자면 '더위를 피하여 서늘한 기운을 느낀다'와 같이 오래된 여름의 피서 방법 중 하나가 바로 탁족이다. 오늘날도 더운 여름 날 계곡이나 바다에서 발을 담그는 일은 흔하게 볼 수 있는 풍경이이며, 정약용丁若鏞(1762-1836)은 더위를 식힐 여덟 방법인 '소서팔사消暑八事' 가운데 하나로 '달 밝은 밤에 물가에서 발 씻기[月夜濯足]'를 제안하고 있다.[17] 이처럼 여름은 실제적인 탁족이 이루어지는 시기이면서, 탁족을 통해 계절의 변화에 따른 자연을 경험하게 해주는 요소가 된다.

당송팔대가인 한유韓愈(768-842)는 「산석山石」에서 어느 초여름날의 여정을 서술하는데,[18] 열 아름이나 될 것 같은 소나무와 상수리나무 사이로 흐르는 "시내를 만나면 맨발로 개울돌 밟고 건너니, 물소리는 콸콸, 옷에서는 바람이 이네.[當流赤足蹋澗石, 水聲激激風生衣]"라고 했다. 시냇물과 바람으로 속세의 먼지를 털어버릴 것 같이 어부와 굴

---

[17] 丁若鏞, 『丁茶山全書』1, 「詩文集」6. 소서팔사의 여덟 가지는 다음과 같다. 소나무 둑에서 활쏘기[松壇弧矢], 회화나무 그늘에서 그네타기[槐陰鞦遷], 빈 누각에서 투호놀이 하기[虛閣投壺], 깨끗한 대자리에서 바둑두기[淸簟奕棋], 서쪽 연못에서 연꽃 구경하기[西池賞荷], 동쪽 숲속에서 매미 소리 듣기[東林聽蟬], 비 오는 날 시 짓기[雨日射韻], 달 밝은 밤 발 씻기[月夜濯足]. 다산연구소 홈페이지(http://www.edasan.org/) 사랑방 게시글 참조.

[18] 한유가 徐州에서 洛陽으로 오는 도중 惠林寺를 둘러보고 쓴 시로 해질녘에 절에 도착하여 유숙하였다가 다음날 다시 여정을 떠나면서 목격한 주위의 아름다운 자연풍광을 묘사하고 있다. 「쉽게 읽는 동양고전」, 「동양고전종합DB」 해제 참조. (URL=http://db.cyberseodang.or.kr)

원이 만난 창랑 고사와 좌사의 영사시가 연상되는 장면이면서, 맨발과 시원한 물소리를 표현을 통해 여름날의 정서도 강하게 느껴진다.

한편, 이러한 탁족은 몸을 노출하는 것을 꺼렸던 조선시대 사대부들에게 물을 즐기는 가장 보편적인 방법이면서 정신 수양이자 탁족을 통해 마음이 깨끗하게 씻긴다고 여기는 상징적인 의미가 있었다. 전해지는 문집들의 여러 여행기록에 따르면 유람 중에 탁족을 하였다는 내용이 많은데, 특히 여름철에 유람을 할 때에는 여행의 피로를 풀고 더위를 쫓는데 가장 좋은 방법이었다. 탁족의 상징성을 모티브로 한 탁청정濯淸亭, 탁청헌濯淸軒, 탁족암濯足巖, 탁청대濯淸臺, 탁청지濯淸池가 정자나 건축물 등이 문집과 현존 지명에도 남아 있는 예들도 찾아 볼 수 있다.[19] 유람의 기록인 「유산기遊山記」에도 "갓끈을 씻고 발을 씻었다."는 기록이 적지 않게 실려 있으며, 탁족을 하며 옛 고사나 시구를 떠올리는 사대부들도 있었다.[20]

조선 후기 학자인 이엽李燁(1729-1788)은 1779년 북한산 산영루山映樓 근처의 계곡에서 탁족을 하면서 한유의 「산석」을 떠올렸고, 자신도 탁족의 느낌을 칠언율시로 옮겼다고 한다.[21]

---

[19] 조선시대의 탁족 문화에 대해서는 노재현·서효선·최종희, 「濯足의 배경과 그 문화 현상에 담긴 조경적 의미」, 『한국조경학회지』, 80-81쪽 참조.
[20] 조선시대 사대부들은 심신의 수양과 공부, 아름다운 산수의 감상, 문화유산의 답사 등 여러 가지 목적으로 유람을 했는데, 유람여행의 과정에서 탁족 외에 시 쓰기, 독서, 토론, 題名 등 다양한 활동을 했다. 정치영, 「조선시대 사대부들의 유람 중의 활동」, 『역사민속학』 제42호, 37-70쪽 참조.
[21] 장진엽, 「李燁의 「北漢道峰山遊記」 연구」, 『연민학지』 제18호, 251-252쪽 참조.

옷을 벗고 발을 씻으며 창려昌黎 옹의 '물결 속에 맨발을 담그고 시내바위를 밟는다'라는 구절을 나직이 읊조리니 또한 절로 기이한 시구였다. 각각 칠언율시를 지었다.²²

한유의 시구를 인용해 시냇가의 정취를 심화하면서 실제 자신이 바라보는 북한산의 경치를 감상하고 탁족을 통해 대상과 접하고 있다. 이러한 실제 피서 공간이나 지역 명소가 관념적 공간과 연결되는 구체적인 다른 예로 황해도에서 전승되는 해주팔경海州八景에 '광석천에서의 탁족[廣石濯足]'이 포함되거나 산음山陰(오늘날 경남 산청의 옛 지명) 지역을 읊은 시 가운데 자주 등장하는 '용바위에서의 탁족[龍巖濯足]' 등이 있다.²³ 여기에서도 좌사나 한유의 시, 창랑가를 연상시키는 '맨발[赤足]', '물이 맑고 흐린 것[水淸濁]' 등 고사나 시구의 제재를 끌어와 묘사하는 한편, 실제적인 탁족의 경험을 통해서 관념적 공간이 현재 자신의 눈앞에 있는 공간과 동일한 공간으로 인식하게 만든다.

명소 유람의 중에 이루어진 실제 탁족의 모습을 엿볼 수 있는 그림이 있다. 강세황姜世晃(1713-1791)의 송도(오늘날의 개성) 여행의 결과물로 추정되는 《송도기행첩松都紀行帖》의 화첩 제11면에는 태종대太宗臺의 여름 경치를 담은 실경산수화가 그려졌는데, 넓고 평평한 바위에 걸터앉은 선비들이 실제 탁족을 하는 장면이 묘사되어 있다. 소나무 숲과 입석立石으로 둘러싸인 개울에는 푸른 물이 흐르고, 갓을 벗고 다

---

22 李㙆,『農隱集』卷5,「北漢道峯山遊記」; "解衣濯足, 微唫昌黎翁'當流赤足踏澗石'之句, 亦自奇韻. 各賦七律."

23 李荇,『容齋集』「魚子游山陰十二詠」; 李植,『十淸軒集』序「山陰換鵝亭 次板上韻」九首 其二; 李敏求,『東州集』「山陰八詠」第4景.

리를 걷은 편한 차림으로 발을 물에 담근 모습이다. 그림 속의 선비들도 시원한 계곡물에 발은 담그며 더위를 식히면서 '탁영탁족'이나 좌사의 「영사시」를 떠올렸을 것이다. 이처럼 탁족은 중국과 한국의 문인들의 중요한 납량 방식으로 유행하였다.

3. 탁족도 감상을 통한 탁족지유濯足之遊

문징명은 명대 문인이자 서화가로 관폭도, 귀주도를 비롯한 산수화를 많이 그렸는데, 탁족을 소재로 한 회화작품도 여러 점이 남아있다. 그 중 〈임류탁족도臨流濯足圖〉의 상단에 씌인 제화시題畫詩를 통해서 그림의 감상자가 경험했을 미적 지각을 엿볼 수 있다.

> 늙어 시골로 돌아가려는 생각하며
> 때로 조용히 앉아 참선에 드네.
> 발아래 푸른 물굽이 굽어보니
> 원래 티끌도 없어 발 씻을 만하네.[24]

시의 화자는 탁족도를 앞에 두고 참선을 하며 상상의 세계로 들어가 탁족의 분위기와 청량감을 느끼고 있다. 화가는 탁족의 공간인 자연을 화면으로 끌어들여와 산수를 눈앞에 펼쳐 내었고, 회화 감상자는 눈앞의 그림을 통해 다시 산수 속으로 들어가는 경험을 하게 되는

---

24 "老歸林下意, 蕭閑燕坐時. 俯碧灣足底, 元無塵可濯."

것이다. 조선의 문인들이 남긴 제화시에도 이와 유사한 장면과 정감이 드러난다.

> 푸른 대나무 푸른 소나무에 초가 한 채
> 백년의 심사를 물결 위에 기탁하려네.
> 한가롭게 와서 이끼 낀 바위 위에서 발을 씻으며
> 고개 돌려보니 풍진 세상 저 멀리 아득하구나.
> - 이승소李承召(1422-1484), 「제화병題畵屛」[25]

> 강물에 발 씻으며 모래 위에 누웠으니
> 마음은 고요하여 청정무구 경지로세.
> 귓가에는 오직 바람에 물결 소리
> 번잡한 속세 일은 들리지 않는다네.
> - 홍유손洪裕孫(1431-1529), 「제강석題江石」[26]

현재는 그림은 전해지지 않지만, 아마도 초가집 한 채만 있고 대나무와 소나무가 우거진 깊은 산 속, 물결이 잔잔한 강가에서 탁족을 하며 물가를 바라보는 선비의 모습이 그려진 그림일 것이다. 제화시에는 곽희郭熙가 「산수훈山水訓」에서 밝힌 산수화의 창작 취지가 엿보인다. 곽희가 말하길 군자는 산수 속에 사는 즐거움과 명분을 꿈꾸지만 현

---

[25] 李承召, 『三灘集』「題畵屛」: "翠竹蒼松一草堂, 百年心思寄滄浪. 閑來濯足苔磯下, 回首風塵隔渺茫."
[26] 洪裕孫, 『篠叢遺稿』「題江石」: "濯足淸江臥白沙, 心神潛寂入無何. 天敎風浪長喧耳, 不聞人間萬事多."

실적으로 불가능하기 때문에 산수화를 통해 방에 앉은 채로 직접 산수 속에 있는 듯한 역할을 대신할 수 있다고 한다.[27] 산수화 감상을 통해 시냇물과 골짜기를 보는 듯, 원숭이와 새소리를 듣는 듯, 산과 물빛을 본 듯 마음을 즐겁게 하여 심상의 산수공간으로 이동하듯 시의 화자들도 자신의 마음을 흘러가는 물에 의지하며 한가로운 마음을 가지고자 했을 것이다.

산수 공간은 속세와 멀어진 편안함을 주는 한편, 왕유의 '납량'의 제목에서도 미루어 알 수 있듯, 시원한 물에 발을 담그는 행위 자체가 주는 청량감이 산수공간 안에서 경험할 수 있는 미적 쾌감으로 작용한다. 조선 중기의 황혁黃赫(1551-1612)의 『독석집獨石集』에는 병풍을 보고 지은 제화시가 전하는데, "창랑에서 발을 씻노라니, 강가의 더운 여름이 시원하구나.[濯足俯滄浪, 江干朱夏凉]"라며 더위를 탁족을 통해 쫓듯, 현재 탁족을 하고 있지 않지만, 탁족도를 보면서 마치 탁족할 때의 시원한 정취를 느낄 수 있다. 탁족도가 부채그림으로 많이 그려진 것도 이와 같은 이유일 것이다.

살펴본 바와 같이 탁족은 동아시아의 문인들에게 인격수양과 처신, 은일과 고답의 상징이면서 현실세계에서는 납량의 수단으로 지속적으로 수용되어 왔다. 관련 고사나 전대 문인의 시와 관련성이 깊지만 이러한 실제적인 탁족 경험도 일조하여 그림을 그리고 제화시를 제작하는데 반영되었다고 할 수 있다. 그리고 다시 감상의 차원에서 심상 속의 산수자연을 재경험하는 창구 역할을 한다. 또한 이러한 상상적 차원은 반대로 실제 탁족을 할 때, 굴원과 관련된 「창랑가」, 좌사나

---

27 郭熙, 『林泉高致』「山水訓」.

왕유의 시, 공자와 증점이 즐거움으로 여긴 기수욕沂水浴, 이전에 보았던 탁족도 등과 같은 예술 이미지들과 결부될 수 있다. 이런 체험을 통해 실제 탁족하는 공간을 넘어선 미적 경험을 더욱 풍성하게 이루어졌을 것이다. 물에 발을 담그는 행위를 통해서 경험하게 되는 새로운 의식은 장자가 추구한 '유遊'의 경지와 상통하며, 우리는 이것이 산수와 결합된 예로 종병宗炳(373-443)이 제시한 와유臥遊의 개념에서도 확인할 수 있다.[28] 따라서 이러한 전 과정을 '탁족지유濯足之遊'라고 할 수 있을 것이다.

한편, 물은 일반적으로 자연을 대표하는 상징성을 지니는데, 동아시아 사상 속에서 물은 자연의 일부를 넘어서 도의 형상이자 매개의 역할을 한다. 『노자』 8장에서의 "최고의 선은 물과 같다[上善若水]" "물은 도에 가깝다[故幾於道]"라고 하였으며,[29] 78장에서도 물의 성격을 도에 비유하여 설명하고 있다.[30] 『장자』 덕충부德充符에서도 "사람은 흐르는 물을 거울삼지 않고 (잔잔하게) 가라앉은 물을 거울로 삼는다[人莫鑑於流水, 而鑑於止水]"며, 물은 덕을 드러내는 도구로 사용되었다.

그리고 『논어』 「옹야雍也」에서 공자는 "지혜로운 사람은 물을 좋아

---

28 종병은 관직에 나가지 않고 자연에 은거하는 뜻을 품고 명산을 유람하면서 일생을 보냈고, 명산을 직접 돌아보는 체험을 통해 산수화를 그렸다. 후에 나이가 들고 병들면 名山을 두루 보지 못하게 될 것이라 생각하고, 과거에 유람했던 곳을 그림으로 그려 방에 걸어 두고 누워서 逍遙遊했다고 전한다. 종병의 산수이론이 담긴 『畫山水序』에는 산수화는 단순히 자연풍광을 그린 것이 아니라 대자연이 가진 장중한 정신을 드러내는 것이라고 하였다. 또한 자연미를 반영하는 산수화의 작용을 暢神, 즉 정신을 펼쳐내는 것이라 생각하였으며 산수화보다 사람의 정신을 유쾌하게 해주는 것은 없다고 보았다. 『宋史』 「宗炳傳」 참조.

29 『老子』 8장: "上善若水. 水善利萬物而不爭, 處衆人之所惡. 故幾於道. 居善地, 心善淵, 與善仁, 言善信, 正善治, 事善能. 動善時. 夫唯不爭, 故無尤."

30 『老子』 78장: "天下莫柔弱於水而攻堅强者, 莫之能勝, 以其無以易之. 弱之勝强, 柔之勝剛, 天下莫不知, 莫能行. 是以聖人云, 受國之垢是謂社稷主, 受國不祥是謂天下王. 正言若反."

하고, 어진 사람은 산을 좋아한다. 지혜로운 사람은 움직이고, 어진 사람은 조용하다. 지혜로운 사람은 즐거워하고, 어진 사람은 장수한다."[31] 라고 하였는데, 이는 산수의 특징과 사람의 도덕적 속성과의 유사성을 지적한 것이다. 사람은 자연미를 좋아하고 즐기면서 자연물을 가지고 있는 속성과 사람의 도덕적 속성의 연계성을 찾아내 상징으로 삼는다.[32] 유가의 자연을 대하는 태도에는 『논어』「선진先進」에 등장하는 증점曾點의 '욕기浴沂'가 많은 영향을 끼쳤다. 여기에서도 역시 산수는 단순한 유락遊樂의 공간이 아니라, 성정性情의 함양하겠다는 의지의 표출로 볼 수 있다.[33] 이 외에도 음수사원飲水思源 고사나 류우석劉禹錫 (772-842) 「누실명陋室銘」에서 "산의 명성은 높음에 있지 않고, 신선이 있어 명산이 되는 것이고, 물의 신령함은 깊음에 있지 않고, 용이 있어 신령스럽게 되는 것이다."[34]와 같이 철학적 개념들을 물에 비유하여 표현하는 예는 동아시아 전통문화 속에서 무수히 많다. 이처럼 물은 도가에서는 도를 이미지화하는 요소로 표현되며, 유가에서는 군자와 어

---

31 『論語』「雍也」: 知者樂水, 仁者樂山. 知者動, 仁者靜. 知者樂, 仁者壽.
32 자연미의 欣賞 중에는 도덕적 내용이 포함되는데, 후에 전국시대나 한대에서는 학자들이 분분하게 공자의 이 명제에 대하여 해석하고 발휘하여, '比德'이란 이론을 형성하였다. 중국 고대회화의 比德 사상의 형성과 변천과정 및 중국 고대회화와 도덕 사이의 상호관계에 대해서는 徐東樹, 「中國傳統繪畫中的比德觀」 참조.
33 그럼에도 '浴沂'는 일상생활과 가까운 곳에서도 도가 존재하며, 산수의 도 역시 멀리 있는 것이 아니라 우리가 살아가는 가까운 곳에 편재되어 있음을 일깨워준다. 이러한 태도는 반드시 깊은 산속이 아니더라도 가깝게 산수자연을 경험할 수 있는 행위로서 탁족이 가능했다는 점과도 연결될 수 있다. 고려 말 李齊賢이 松都를 추억하며 지은 「熊川禊飲」에는 탁족의 장면이 욕기의 장면과 함께 등장하기도 한다. "모래사장에 술 떨어지고 해도 지려는데, 맑은 물에 발 씻으며 날아가는 새 바라보네. 이 뜻 스스로 만족스러움 그 누가 알까, 공문에는 무우에서 놀고 돌아옴을 허여했다네(沙頭酒盡欲斜暉, 濯足淸流看鳥飛, 此意自佳誰領取, 孔門吾與舞雩歸)." 李齊賢, 『益齋亂稿』「憶松都八詠」 第5詠 熊川禊飲.
34 山不在高, 有仙則名, 水不在深, 有龍則靈.

울리는 공간으로 여겨졌다.

물과 신체와 접촉하는 행위는 대개 산수자연과 합일하는 물아일체이자 도와 상합相合하고자 하는 마음으로 이해할 수 있다. 동아시아 산수화에서는 탁족 외에도 물을 소재로 한 화제들이 다양하게 등장한다. '폭포 바라보기[觀瀑]', '강물 바라보기[觀水]', '낚시하기[釣魚; 獨釣; 垂釣]', '배를 타고 돌아감[歸舟; 歸帆]' 등 물이 있는 공간의 매개로 한 고사와 연결되거나 묘사하고자 하는 주제에 따라 더 세분화되기도 하고, 여러 화제들이 결합되어 한 그림 안에서 함께 구현되기도 한다. 그렇다면 다른 화제들과 비교해 탁족도에는 어떤 특징적인 생태심미관적인 요소를 찾아볼 수 있을까.

이경윤李慶胤(1545-1611)의 전칭작으로 알려진 〈고사탁족도高士濯足圖〉(고려대학교 박물관)에서 볼 수 있듯이, 탁족은 가장 최소한의 조건만으로도 탁족을 즐길 수 있는 공간을 충족한다. 폭포라는 특수한 자연조건(낙차나 유량)이나, 배나 낚싯대 같은 인공적인 요소도 필요하지 않다. 오히려 이런 부분들을 걷어내어 졌을 때 자연과의 거리가 한층 더 가까워지는 것이다.[35] 따라서 탁족은 산수자연과 사람 사이의 간극이 사라지면서 보다 직접적이고 밀접하게 참여하는 미적 경험을 할 수 있는 행위가 된다. 관폭, 관수와 같은 관조적인 태도에서는 경험할 수 없는 물의 차가운 온도, 물결의 움직임, 그리고 물속의 수초와 이끼, 발을 간질이는 물고기까지, 자연대상에 대해 새로이 감각하게 될 수 있다.

---

35 曾繁仁은 이러한 사람과 자연 사이의 거리가 가까워질수록 중국화가 추구하는 '可行', '可望', '可游', '可居'라는 예술 목표에 부합한다고 보았다. 曾繁仁, 「試論中國傳統繪畫藝術中所蘊涵的生態審美智慧」, 『河南大學學報(社會科學版)』, 4쪽.

이렇게 지각된 자연이 미적으로 인지될 때, 자연은 그 특별한 가치를 가지게 된다. 이렇게 주어진 생태환경 속에 적극적으로 참여한 미적 경험이어야만 감상의 대상과 감상자가 분리되지 않을 수 있다.[36] 감상자는 이러한 새로운 경험을 통해 스스로 고유한 몸을 지닌 감각적인 존재로서 산수자연 속에 존재하는 것을 의식할 수 있는 것이다.

4. 맺음말

지금까지 시와 그림을 통해 탁족이 이루어지는 공간과 탁족도의 제작과 감상의 측면에서 생태미학적 의의를 살펴보았다. 탁족도는 산수화의 여러 화제 가운데 하나로 산수화의 생태미학적 성격을 모두 설명 할수는 없지만, '산수화' '회화'라는 큰 덩어리가 아닌 보다 작은 부분에서 생태미학적 요소를 탐구하려는 시도였다.

이를 통해 정리하자면 탁족이 구현되는 영역은 크게 셋으로 나뉠 수 있다. 실제로 탁족이 이루어지는 현실적인 자연, 탁족을 소재로 한 문학작품이나 회화로의 재현, 예술작품을 통해서 이동된 심상의 영역이다. 그리고 이 각각의 영역들은 예술작품(시나 그림)을 매개로 긴밀하게 연결되어 있다. 그리고 구현된 탁족의 장소를 성격적으로 구별해 맑은 물과 깨끗한 산수자연이 있는 청정한 곳으로 더러움을 씻어내어 깨

---

[36] 아놀드 버린트(Arnold Berleant)는 자연과 대상과 그 자연 대상을 관찰하는 감상자가 상호적으로 통합되는 '참여적 경관'이라는 연관성 속에서 파악된다고 주장한다. Arnold Berleant, *Living in the Landscape: Toward an Aesthetics of Environment*, 30쪽.

끗하게 하는 '정결의 공간', 속세의 때를 벗고 자연과 밀접한 삶을 추구하는 '은일의 공간', 차가운 물에 발을 담그는 행위를 통해 여름의 더위를 식히는 '납량의 공간'으로 나누어 살펴보았다.

그리고 탁족도 제작에 바탕이 된 고사와 시, 탁족도 감상을 보다 심화시키는 제화시를 함께 살펴보면서 탁족도가 비록 현실은 속세에 있지만, 심상의 자연으로의 이동을 가능하게 하는 매개의 역할을 수행함을 확인할 수 있었다. 또한 탁족 행위는 더위를 쫓는 현실적인 문제의 해소와 함께 물의 흐름(시각), 물소리(청각)를 비롯한 물의 온도나 세기를 촉각을 통해 느끼는 등의 다양한 신체적 감각을 통해 자연을 경험하는 통로가 되어 생태환경에 대해 새롭게 인식할 수 있었을 것이다. 이렇게 감각된 인식은 다시 예술작품으로 표현하거나 감상하는 데에 영향을 주었을 뿐 아니라 탁족도 감상을 통해서도 간접적으로 이루어졌을 것으로 보인다.

참고문헌

고연희, 2007, 『조선시대 산수화: 아름다운 필묵의 정신사』, 돌베개.
郭熙, 신영주 역, 2003, 『곽희의 임천고치』, 문자향.
皇甫謐, 김장환 역, 2000, 『고사전』, 예문서원.
Arnold Berleant, 1997, *Living in the Landscape: Toward an Aesthetics of Environment*, Lawrence: University Press of Kansas.
노재현·서효선·최종희, 2013, 「탁족(濯足)의 배경과 그 문화현상에 담긴 조경적 의미」, 『한국조경학회지』 제41집 6호, 한국조경학회.
박은영, 2006, 「중국 위진남북조시대 <남산사호> 전화연구」, 이화여자대학교 석사학위논문.
유옥경, 2016, 「조선 후기 산수화의 臨流像 연구」, 『미술사논단』 제43호, 한국미술연구소.
장진엽, 2012, 「이엽(李燁)의 「북한도봉산유기(北漢道峰山遊記)」 연구」, 『연민학지』 제18호, 연민학회.
정치영, 2013, 「조선시대 사대부들의 유람 중의 활동」, 『역사민속학』 제42호, 한국역사민속학회.
조인희, 2010, 「宋詩를 畵題로 한 조선후기 회화」, 『文化史學』 제34호, 한국문화사학회.
홍혜림, 2016, 「조선후기 은거 이미지의 전개와 변용: <산정일장도>를 중심으로」, 『美術史學硏究』 제290·291호, 한국미술사학회.
祁海文, 2019, 「중국 고전 생태미학 연구에 대한 소고」, 『생태미학과 동양철학』, 문사철.
宋健友, 2015, 「濯足小談」, 『尋根』 5, 大象出版社有限公司.
徐東樹, 2005, 「中國傳統繪畵中的比德觀」, 南京藝術學院 博士論文.
曾繁仁, 2010, 「試論試論中國傳統繪畵藝術中所蘊涵的生態審美智慧」, 『河南大學學報(社會科學版)』 50(4).

생태미학의 욕망 전환
: 생태미학의 타당성 논변

장훼이칭張惠青
산동대학교 문예미학연구센터

내용요약

　　욕망의 전환[情感轉向]에 대한 사상적 흐름은 스피노자Spinoza의 '욕망의 기원과 성격'에서 들뢰즈Gilles Deleuze와 가타리Felix Guattari의 '감동과 욕망의 조합체', 그리고 가타리의 '변이적 감동-욕망'으로 이어진다. 변이적 감동-욕망은 인간지각의 핵심적인 측면에서 생태미학을 생성론으로 바꾸었고 새로운 시간관(지속적 시간), 신체관(기관 없는 신체), 그리고 사건관(출현 사건) 등으로 생성-타자라는 개념을 통해 생태미학이 잠재적으로 생태학의 전환으로 발전하는 계기를 제공했다.

　　생성론의 측면에서 인간의 심미 인지 체계는 둘로 나뉜다. 첫째는, '변이적 감동-욕망' 논리 하의 '심미 창조 모델'인데, 이 모델은 선험적 무의식적 측면에서 심미 인지를 우선시하고 인간의 보편적이고 공통적인 미적 경험을 칸트 미학에서 강조하는 '심미의 무공리성'을 추구한다. 즉 생태미학이 '애정에 의한 미[因愛而美]'를 추구하여 모든 종의 생태적 공평을 가능하게 한다. 둘째는, 일반적 인지 논리 하의 '심미 재현 모델'인데, 이 모델은 생태지식과 생태윤리와 같은 공리적 기능에 기초하여 생태 심미 인지에 도움을 준다. 이로써 생태심미 중의 생태가치를 담보하고 생태미학을 '지에 의한 발흥[因智而彰]'으로 이끌었다. 욕망의 전환이 생태미학을 윤리미학의 패러다임으로 이끌고 그것은 '생태-심미 충돌'을 해소하여 생태미학에 자율과 독립학과로서의 타당성을 부여하고, 생태미학은 포스트 미디어 시대를 향한 '분형적 본체론[分形的本體論]'으로 나아가게 하고 있다.

핵심어: 욕망 전향, 변이적 감동-욕망, 심미 창조, 윤리적 미학 패러다임,
　　　　혼돈 상호침투, 잠재적 생태학, 생성-타자

1. 머리말

생태미학 연구에서 지금까지 미해결된 이론적 난제는 생태학과 미학의 호환성 문제이다. 한편으로 미학은 감성학이라는 기복적 특성으로 인해 감성적 이미지의 심미적 감지에 기초를 두고 있다. 아울러 생태학의 생명 중심의 과학성(전체성, 유기성, 생명 프로세스성 등)은 감성적 이미지 뒤에 숨어 있는 '반심미'의 특성을 지니고 있다. 이 심미와 생태의 불일치가 미학의 원리에 미치는 어려움을 고브스터Paul H. Gobster는 생태−심미 충돌이라고 부른다.[1]

  이러한 충돌은 자연물 외부의 심미적 특징과 내적인 생태의 본질이 괴리에 잘 드러나 있다. 즉 아름다운 것은 생태적이지 않고, 생태적인 것은 아름답지 않다는 것이다. 심미적 가치만을 강조하면 자연물에 내재된 생태적 가치를 손상시킬 수 있다. 생태적 가치만을 강조하고 생

---

1 保羅·戈比斯特, 「西方生態美學的進展−從景觀感知與評估的視角看」, 『學術研究』, 2−16쪽 참조.

태미학을 생태과학에 편입시킨다면 미학적 자율을 상실하게 될 것이다. 더욱 중요한 것은 인간의 본성에 내재된 미적 가치에 대한 욕구를 무시하면, 인간의 정신적인 삶을 피폐시키고 생태미학의 향후 발전을 기대할 수 없다는 것이다.

생태학과 미학의 이러한 내재적인 상호 배척성은 한때 생태미학을 독립된 미학 분야로서의 타당성을 의심받게 했다. 그렇다면 '생태-심미 충돌'의 해소 가능성은 없을까? 다시 말해 어떻게 하면 생태미학의 이론적 한계를 돌파할 수 있을까? 이 글은 서구에서 새롭게 대두되고 있는 '정서적인 전환affective turn'을 접점으로 삼아 변이적 감동-욕망 이론의 발전 맥락을 체계적으로 검토한다.

가타리와 들뢰즈의 생성론과 결부시키고, 인간 심미 인지 체계의 두 측면(선험적 무의식적 측면과 일반적 인지의 의식적 측면)에 영감을 받아 이 이론적인 난제에 돌파구를 마련하고 생태미학의 타당성을 논증하였다. 변이적 감동-욕망은 잠재적인 생태학적 지향성으로 인해, 생태미학에 일종의 윤리미학적 패러다임을 부여한다. 그것은 생성-타자(becoming-other)를 통해 생태미학을 큰 사랑을 지향하는 학문[大愛之境]으로 발전시킨다. 즉 "마땅한 것을 사랑한다"에서 "사랑하기에 아름답다"로의 전환을 이끌고, 인간과 자연의 타자는 '공통의 정감'을 이루게 하고 모든 종의 생태적 공평을 가능하게 한다는 것이다.

2. 감동-욕망: 심미인지 체계의 무의식적 차원

욕망affection에 대한 이론적 전개는 들뢰즈와 가타리에서 스피노자와 베르그송으로 되돌아가는 사상적 흐름을 따른다. 스피노자는 욕망 이론을 전개한 최초의 철학자로, 데카르트에 반대하는 욕망 철학에 입각하여, 욕망을 다음과 같이 정의하였다: "나는 욕망을 몸의 느낌으로 이해하는데, 이러한 느낌은 신체 활동의 힘을 증진시키거나 감퇴시키기도 하고, 원활하게 하거나 방해하기도 한다. 이러한 욕망이나 느낌에 대한 생각은 동시에 그에 따라 증진되거나 감퇴되기도 하고, 원활하게 되거나 방해받기도 한다."[2]

그는 '기쁨과 고통과 욕망'을 세 가지 기본 욕망으로 정의하고, 이에서 48가지 욕망을 결합하거나 도출하여 하나씩 일일이 설명했다. "들뢰즈의 방센느에서의 스피노자 커리큘럼(1978-1981) 기록"에서 들뢰즈는 사유와 욕망의 차이에서 출발하여 스피노자의 욕망 이론에 대해 다음과 같이 해석했다. 사유는 '표상적 사상 양식'이고 욕망은 '비표상적 사상 양식'이다.[3] 나아가 욕망을 재해석하여 "누군가의 존재의 힘의 연속적 변화이고, 이 같은 변화는 그가 지닌 생각에 의해 정해진다"라 하였다.[4] 이 정의에 따르면 스피노자에게 기쁨과 고통은 가장 기본적인 두 가지 정서(passion)이며, 욕망에 의해 조성된 '연속적 변화의 선율 위'에 존재한다. 고통은 "나의 행동능력을 약화시키는 모든 정서이

2　斯賓諾莎, 賀麟 역, 『倫理學』, 商務印書館, 97쪽.
3　吉爾·德勒茲, 姜宇輝 譯, 「德勒茲在萬塞訥的斯賓諾莎課程(1978-1981)記錄」, 4쪽.
4　吉爾·德勒茲, 姜宇輝 譯, 「德勒茲在萬塞訥的斯賓諾莎課程(1978-1981)記錄」, 8쪽.

고, 기쁨은 나의 행동능력을 증대시키는 모든 정서이다."[5] 이 둘은 "연속적 변화의 선율 위"의 다른 정서들과 함께 사유의 여과를 통해 주체의 행동능력을 증대시키거나 약화시킨다.

스피노자를 '철학자들의 그리스도'로 받들었던 들뢰즈의 욕망 이론은 스피노자 『에티카』의 욕망 계보 선상에 있다. 들뢰즈와 가타리는 그들의 생성론을 스피노자의 욕망 철학에 융합시킴으로써 스피노자의 '몸의 행동의 힘'과 '마음 사고의 힘'의 동등한 대응 관계를 더욱 상세히 설명하였다.[6] 그리고 욕망 이론과 일맥상통하는 사상 체계를 정립했다.[7] 들뢰즈와 가타리는 공저 『천의 고원Thousand Plateaus』에서 욕망을 전쟁 기계를 이해하는 방식과 동일시하여 전쟁 기계의 메커니즘은 곧 욕망으로 메커니즘으로 서술했다. 무기는 곧 욕망이며 욕망은 곧 무기이기에, 전쟁 예술은 욕망을 강화하고 육성하는 것을 목적으로 하는 반면에 무기는 단지 일시적인 수단일 뿐이며 무기를 버려두는 것이 최종 목적이라고 인식한다.[8] 그리고 더 나아가 욕망과 감정의 비교를 통해 욕망의 개념을 강화하였다.

베이컨을 논하는 중에, 들뢰즈는 '감각의 논리'에서 출발하여 베이컨 작품에서 '순수한 형상'이 '구체적 그림'으로 대체되는 문제를 탐색하고, "감각은 감축할 수 없는 종합적인 특징을 지니는 것 같다"고 지

---

5 吉爾·德勒玆, 姜宇輝 譯, 「德勒玆在萬塞訥的斯賓諾莎課程(1978-1981)記錄」, 8쪽.
6 邁克爾·哈特, 蔣洪生 譯, 「情動何益?」, 101쪽.
7 들뢰즈와 가타리의 감정 이론은 『千高原』, 『感覺的邏輯』, 『電影1: 運動-影像』 『電影2: 時間影像』, 『什麼是哲學』와 『批評與診斷』 등에 집중적으로 반영되어 있다.
8 德勒玆, 加塔利, 姜宇輝 譯, 「資本主義與精神分裂(卷2): 千高原」, 上海書店出版社. 677쪽.

적했다.[9] 베이컨에게 "감정은 없고 욕망만 있으며 …… '감각'과 '본능' 만 있다."[10] 이처럼 욕망의 감각에 끼치는 핵심적 역할을 특히 강조했다. 영화를 논하는 중에, 들뢰즈는 베르그송의 생명 철학 체계를 네 차례 논평했고, 그의 시간의 '지속성' 개념을 높이 평가했다. 아울러 영화의 가장 극단적인 가능성에 착안하여 감동percept이라는 개념을 만들어냈고, '양면성'을 지닌 트랜지스터-영상(현실성과 잠재성의 무한한 상호변환 중의 '판별 불가능성'으로 인해 순수 시간과 그 분출만을 목도할 수 있는 것) 의 관계를 일종의 '과거의 현재(현실 영상)'과 '보존된 과거(잠재적 영상)' 의 취합으로 해석했다.[11]

나아가 "우리가 시간 속에서 가장 먼저 경험하는 것은 욕망이며, 그 다음이 바로 시간 그 자체, 즉 사랑함과 사랑받음 중에 존재하는 분절의 잠재성"이라고 강조했다.[12] 감동 개념의 제시는 욕망 이론을 크게 발전시켰다. 철학을 논하는 중에, 들뢰즈와 가타리는 예술을 자기보존의 '감각의 조합체'로 간주하고 이 표현을 이용해 '감각의 종합적인 특징'이라는 질문에 답했다. 그들은 "사물이든 예술품이든, 자기를 보존하는 것은 하나의 감각의 덩어리bloc de sensations이며, 즉, 하나의 감지물 percept과 느낌affect의 조합체"라 여겼다.[13] 이를 통해 percept와 affect 가 처음으로 병치되어, 들뢰즈의 이른바 '감각의 순수한 생존물'을 구

---

9 吉爾·德勒兹, 董强 譯, 『弗蘭西斯·培根: 感覺的邏輯』廣西師範大學出版社, 50쪽.
10 吉爾·德勒兹, 董强 譯, 『弗蘭西斯·培根: 感覺的邏輯』廣西師範大學出版社, 52쪽. 이 논문에서 '감정'은 애정(affection)을 말하며 들뢰즈의 '욕망'개념에 대한 해석은 '애정'과 비교 중에 완성된다.
11 德勒兹, 謝强 等 譯, 『時間: 影像』, 湖南美術出版社, 106-129쪽 참조.
12 德勒兹, 謝强 等 譯, 『時間: 影像』, 湖南美術出版社, 130쪽.
13 吉爾·德勒兹, 菲利克斯·迦塔利, 張組建 譯, 『什麼是哲學』, 湖南文藝出版社, 434쪽.

성했다.[14] 이로써 욕망 이론은 기념비적인 진전을 맞았고, 마침내 가타리는 그 걸작 『카오스모제Chaosmose(혼돈상호침투)』에서 'percept와 affect의 조합체'를 더욱 발전시켰다. 'mutant'라는 수식언을 이용해 '변이된 감동 – 정감mutant percept and affect'으로 정의하고, 혼돈 상호침투 이론을 통해 본체론을 설명함으로써 욕망 개념에 대한 가장 독창적인 이론을 구축했다.

도대체 어떤 욕망[情感]이었을까? 들뢰즈와 가타리의 욕망 이론 해석은 감동Percept과 지각perception, 욕망affect과 감정affection을 비교하는 것에서 시작되었고, 감동과 욕망의 개념과의 연관과 병치에서 완성되었다. 우선 감동은 지각에 대한 초월이다. 감동은 일종의 독립적인 감각 존재로서 이를 인지하는 사람의 상태에 의존하지 않는다. 감동의 대상은 "사람보다 먼저 존재하는 자연풍경이고 사람이 현장에 없는 자연풍경이며, 사람은 비록 그 현장에 없지만, 자연풍경 중에 존재한다"라고 하는 감각의 조합체 일부가 된다.[15] 감동은 '제2의 눈'과 같이 생명에 대한 통찰을 지니고 있어서, 사람으로 하여금 '생명체' 안에서 생명을 보고, 일상의 경험 중에 생명체를 보게 한다."[16] 결국 표상 내부에서 시각 자체를 활성화하여 보이지 않는 것을 볼 수 있게 하고 "보이지 않던 힘을 볼 수 있게 한다."[17] 그래서 들뢰즈는 『비평과 진단』에서 감동을 '하나의 생성 속의 지각'이라고 표현했다.[18]

---

14 吉爾·德勒茲, 菲利克斯·迦塔利, 張組建 譯, 『什麼是哲學』, 湖南文藝出版社, 440쪽.
15 吉爾·德勒茲, 菲利克斯·迦塔利, 張組建 譯, 『什麼是哲學』, 湖南文藝出版社, 442-443쪽.
16 吉爾·德勒茲, 菲利克斯·迦塔利, 張組建 譯, 『什麼是哲學』, 湖南文藝出版社, 450쪽.
17 弗朗索瓦·祖拉比什維利, 王德誌 等 譯, 「論"感-動"的六則筆記」, 51쪽.
18 弗朗索瓦·祖拉比什維利, 王德誌 等 譯, 「論"感-動"的六則筆記」, 51쪽.

둘째, 욕망은 욕망에 대한 초월이다. 스피노자에 따르면, 욕망이란 욕망이 가해지는 affected 신체의 어떤 상태를 의미하며, 욕망은 신체가 하나의 체험상태에서 다른 체험상태로 이행하는 것을 의미하며, 감정이 욕망 affect을 가하는 신체에 발생하는 변천 variation과 연관되어 있다.[19] 들뢰즈는 욕망을 "한 물체가 다른 물체의 작용을 감당할 때의 상태"이며, "욕망은 많은 감정의 변화[情動]가 가해지는 물체이지, 감정의 변화를 가하는 물체의 본성이 아니다"라고 여겼다.[20] 이처럼, 감정은 신체가 욕망의 작용 이후의 효과나 '흔적'을 나타낸다. 욕망은 강도強度의 논리를 따르는데, 여기서 강도란 여기서 강도란 신체가 욕망을 견디는 힘과 이와 관련된 힘의 한계에 대한 것이다.[21]

마지막으로, 감동과 욕망이 함께 감각의 조합체를 형성하고, '미학적 조합의 지평'을 함께 구축하였다. 여기서 감동은 지각을 초월하고, 욕망은 감정을 초월하며, 감동과 욕망의 조합체는 일반적인 지각을 초월한다. "무한한 우주를 향해 개방하고 분기하며 …… 유한을 통해 무한을 찾아 재건한다." 예술의 요체가 바로 여기에서 모두 드러난다.[22]

이처럼 감동과 욕망은 보편적이고 공통적인 미적 경험으로서, 무의식적인 차원에서 미학이 감성학의 기초가 된다는 것을 확고히 하고 있다. 감동은 일종의 비판적 critical – 진단적 clinical 지각이며,[23] 욕망은 일종

---

19 Gilles Deleuze, *Spinoza: Philosophie Pratique, Les Editions de Minuit*. 69쪽.
20 吉爾·德勒兹, 姜宇輝 譯, 「德勒兹在萬塞訥的斯賓諾莎課程(1978-1981)記錄」, 9쪽. 본문 중의 "情動"은 "affect"의 또 다른 번역이다.
21 吉爾·德勒兹, 姜宇輝 譯, 「德勒兹在萬塞訥的斯賓諾莎課程(1978-1981)記錄」, 15쪽.
22 吉爾·德勒兹, 菲利克斯·迦塔利, 張組建 譯, 『什麼是哲學』, 湖南文藝出版社. 490쪽.
23 弗朗索瓦·祖拉比什維利, 王德誌 等 譯, 「論"感-動"的六則筆記」, 53쪽.

의 선험적이고 사람의 차원을 넘어서는 순수 감각으로서, 감동과 욕망은 함께 변이적 인식 모델을 구성한다. 이 모델은 사람의 인지 체계의 일반적인 인지 모델을 초월하여, 심미 체험을 심미 재현과 심미 창조로 이어지게 한다.

인간의 심미 인지 체계에 대한 욕망의 혁명적 변혁 때문에 P. T. 클러프Patricia T. Clough는 『욕망의 전환The Affective Turn』이라는 책을 썼고, 책의 서문에서 『천의 고원』의 번역자인 B. 마수미Brian Massumi의 'affect'에 대한 정의를 참조하여 욕망의 의미를 다음과 같이 서술했다. "'욕망'은 일반적으로 신체의 감응affect 및 피감응affected 능력, 또는 신체의 행동, 참여와 연결 능력의 증대 또는 감소를 의미한다. 따라서 자동 감응autoaffection은 살아 있는 자기 감각과 상관되어 있으며, …… 활력aliveness이나 생명력vitality과 관련이 있다."[24] 의심할 여지없이 이 정의는 스피노자의 생명철학에 부합하며 욕망을 일종의 선험적이고 사람의 차원을 넘어서는 신체 기능으로 해석한 것이다. 이로써 욕망은 생명의 이미지인 유기체를 넘어 생명 자체로 옮겨갈 수 있었고, 가타리와 들뢰즈의 생성론에 완벽히 상응할 수 있게 되었다.

---

[24] 派翠西亞·蒂奇內托·克拉夫, 尉光吉 譯, 「『情動轉向』導論」, 74쪽. 필자의 생각에 여기서 신체의 감응(affect) 및 피감응(affected) 능력은 "신체의 욕망 부가(affect)와 욕망 수용(afected)의 능력"으로 번역하는 것이 더 적절하다고 판단된다.

3. 생성-타자: 생태미학의 잠재 생태학으로의 전환

변이된 감동-욕망은 인간 지각의 핵심으로부터 현실 세계 밖의 잠재적 세계를 향하게 된다. 그것은 우리가 경험하게 하는 것은 더 이상 조직화된 외연적인extensive 물질의 세계가 아니라 감지자의 심미적 선호에 좌우되지 않는 인간적 감성 그 자체, 즉 일종의 '감성적인 존재'이다.[25] 그것은 인간의 지각이 잠재적 세계로 열려 있을 때, 현실적 존재 위에 부가되는 잠재적 생성becoming이 된다. 욕망은 생성이고, 감동은 생성 중의 지각이며 변이된 감동-욕망은 바로 생성 중에 생긴다. 생성은 가타리와 들뢰즈의 사상 체계에서 핵심적인 개념 중 하나이며, 두 철학자의 일생의 연구 목표는 플라톤의 '존재' 개념에 대항하는 '생성' 개념의 정립이었다. 들뢰즈가 말했듯이, 예정된 생성 흐름 뒤의 진실의 세계는 존재의 안정된 세계가 아니며, 생성의 흐름 밖에는 '존재'가 없다. 모든 '존재자'는 생성-생명의 흐름에서 상대적으로 안정된 순간일 뿐이다.[26] 이처럼 그들은 생성론으로 전통철학의 본체론을 뒤집었다.

그렇다면 도대체 생성이란 무엇인가? 『천의 고원』의 '한 베르그송주의자의 추억' 부분에서 들뢰즈와 가타리는 생성에 대해 상세하게 논술했다. 먼저, 생성의 진실성을 긍정했다. 생성은 "유사성이나 모방이 아니다 …… 생성은 상상 속에서 이루어지는 것이 아니다. …… 생성-동물은 꿈도 환상도 아니다. 그것들은 완전한 진실이다 …… 진실은 자

---

25 克萊爾·科勒布魯克, 廖鴻飛 譯, 『導讀德勒茲』, 重慶大學出版社, 154쪽.
26 克萊爾·科勒布魯克, 廖鴻飛 譯, 『導讀德勒茲』, 重慶大學出版社, 151-152쪽.

기 자신을 생성하는 것, 곧 생성된 한 부분이다."[27] '생성된 한 부분'은 그 시간의 공존성으로 인해 '생성 특유의 진실성'을 만들어냈고,[28] 그것은 결말이 결여되어 있기에, 우리는 최종 생성물을 볼 수 없다. 다음으로, 생성의 창조성을 강조했다.

그들은 생성과 진화의 차이를 다음과 같이 설명했다. "생성은 일종의 진화가 아니다. 적어도 혈통이나 혈연관계에 의한 진화는 아니다 …… 생성은 혈연관계와는 구별되는 다른 질서이다". "진화가 어떤 진정한 생성을 포함하고 있다면, 그것은 공생symbiose이라는 넓은 영역 안에 포함되는 것이다." 아울러, 말벌과 난초 등 '공생'에 의해 형성된 생성된 한 부분을 예로 들며, 이른바 비혈연성을 긍정하고 기존에 종속관계였던 '신진화론'을 부정하고 '상호얽힘involution'이 생성된 블록의 형식을 구성했다. 생성은 휘말림성이며 휘말림성은 곧 창조성이기 때문에 생성은 곧 창조성이다.[29] 마지막으로 생성의 의미를 다음과 같이 설명했다. "생성은 일종의 뿌리줄기와 같으며, 한 그루 계통적인 나무와 같은 것이 아니다. 생성은 분명 모방이 아니며, 동일화도 아니다 …… 번식도 아니며 …… 혈연관계를 통한 번식이 아니다 …… 더 이상 우리를 '출현', '존재', 또는 '번식'으로 이끌지 않는다."[30] 이로써 '생성'은 플라톤주의의 '존재'와 '모방'과 완전히 결별했다.

생성론은 우리에게 시간과 신체, 사건에 파노라마를 제공한다. 변

---

27 德勒兹·加塔利, 姜宇輝 譯, 『資本主義與精神分裂(卷2): 千高原』, 上海書店出版社, 34쪽.
28 德勒兹·加塔利, 姜宇輝 譯, 『資本主義與精神分裂(卷2): 千高原』, 上海書店出版社, 335쪽.
29 德勒兹·加塔利, 姜宇輝 譯, 『資本主義與精神分裂(卷2): 千高原』, 上海書店出版社, 335쪽.
30 德勒兹·加塔利, 姜宇輝 譯, 『資本主義與精神分裂(卷2): 千高原』, 上海書店出版社, 336쪽.

이된 감동-욕망은 일종의 강도^{intensive} 논리를 따르며, 생성된 한 부분을 담지체로 하는 시간, 신체, 그리고 사건에 내재한다. 우선, 생성 중의 시간은 '지속^{duration}'의 '순수 시간'이다. 이 시간은 더 이상 과거, 현재, 그리고 미래가 차례로 이어지는 선형적 시간이 아니라, 이 삼자의 잠재적 종합을 통해 형성되는 일종의 역설적 시간이며, '이후'(아직 등장하지 않은 '미래')이자 '이전'(이미 그 자리에 서 있는 '과거')인데, 유독 현재는 회피하고 있다. 들뢰즈는 인간의 인지 경험에서 시간의 세 가지 통합 방식을 다음과 같이 해석했다. 현재의 경험은 일종의 '습관'에 의해 지탱되어, 이미 발생한 경험의 중복이다. '기억'은 그때의 경험의 보존과 재현을 통해 과거를 현재로 가져온다. '기대'는 시간의 단절을 통해 미래를 향해 열려 있고, 미래를 현재로 가져온다.[31] 따라서 시간은 순수 경험의 발생 조건이 된다.

둘째, 생성 중인 몸은 일종의 기관 없는 신체$^{the\ body\ without\ organs}$이다. 기관 없는 신체의 개념은 알토$^{Alvar\ Aalto}$를 계승했으며, 알토의 기관 없는 신체에 관한 전형적 해설은 다음과 같다. "몸은 (곧) 몸일 뿐이다. 그것이 유일한 것이며 기관을 필요로 하지 않는다. 몸은 영원히 유기조직이 아니다; 유기조직은 몸의 적이다."[32] 들뢰즈가 보기에, 기관 없는 신체의 진정한 적은 기관이 아닌 유기체인데, 유기체는 "생명이 아니라, 그것은 생명을 가두어 놓았기 때문"이다.[33]

---

[31] 李科林, 「時間的生命內涵」, 『世界哲學』 第5期, 102-106쪽 참조.
[32] 吉爾·德勒茲, 董強 譯, 『弗蘭西斯·培根: 感覺的邏輯』, 廣西師範大學出版社. 59-60쪽; [法]德勒茲·加塔利, 姜宇輝 譯, 『資本主義與精神分裂(卷2): 千高原』, 上海書店出版社, 220쪽. 동시에 이 두 권의 상관 내용을 참고했는데, 인용 부분의 번역은 『感覺的邏輯』에서 따왔다.
[33] 吉爾·德勒茲, 董強 역, 『弗蘭西斯·培根: 感覺的邏輯』 廣西師範大學出版社, 60쪽.

따라서 그는 기관 없는 신체에 다음과 같은 세 가지 정의를 내린다. 하나, 각종 유형의 기관 없는 신체가 '강도intensive의 원점'으로서 생성의 모체matrice가 된다. "그것은 강도強度적이고 성형되지 않은 비층화된 물질로서 강도의 모체이며, 강도는 0이다."[34] "그것은 강도를 만들어내고 그것들을 하나씩 몸에 분포시키는 것 자체가 강도성이고 비확장적인 공간에 분포시키는 것이다."[35] 둘, 각종의 유형의 기관 없는 신체가 강도를 발생시키는 패턴은 신체 차원을 통과하는 파동과 진동에 관련되며, 신체의 차원이 그것으로 인해 발생할 수 있는 강도적인 욕망의 집합이 된다.[36] 셋, 모든 기관 없는 신체의 총합과 강도를 이루는 연속체는 그것들이 용납되는 평면 위에 서로 연결되어 있고, 욕망을 구성하는 내재적인 영역은 우리를 속박하는 층을 무너뜨린다. 즉 유기체, 의미, 주체 등이 구금된 생명을 해방시킨다.[37] 요컨대 몸의 차원에서 욕망을 만드는 모체가 되고, 이로 인해 생성된 모체가 되는 것을 알 수 있다.

셋째, 생성 중의 사건은 일종의 '타자'와의 우연한 만남encounter으로 시간의 단절rupture 지점에서 생성의 도피선lines of flight을 열었다. 들뢰즈의 사건윤리학은 스토아학파의 사상을 기반으로 하는데, 그가 보기에 생성은 세 가지 측면에서 사건에 연관되어 있다. 첫 번째 측면은 신체의 표면이 사건의 발원지이다. 사건은 신체의 혼합에 의해 야기된,

---

[34] 德勒茲·加塔利, 姜宇輝 譯, 『資本主義與精神分裂(卷2): 千高原』, 上海書店出版社, 212쪽.
[35] 德勒茲·加塔利, 姜宇輝 譯, 『資本主義與精神分裂(卷2): 千高原』, 上海書店出版社, 212쪽.
[36] 德勒茲·加塔利, 姜宇輝 譯, 『資本主義與精神分裂(卷2): 千高原』, 上海書店出版社, 367쪽.
[37] 德勒茲·加塔利, 姜宇輝 譯, 『資本主義與精神分裂(卷2): 千高原』, 上海書店出版社, 212쪽.

모든 신체의 혼합에 의해 형성된 강도적인 연속체로서, 하나의 욕망의 내재적 영역 또는 융합적 평면을 만들어 사건의 발원이 되는 모체가 된다. 두 번째 측면은 시간의 역설은 사건을 이해하는 근본적인 시작점이다. 사건은 "영원하면서도 방금 일어난 일이자, 곧 일어날 예정이지만, 결코 일어나고 있는 것은 아니다"라고 말했다.[38] 사건은 언제나 현재를 외면하고, 그 시점에서 '시간의 공백'이 존재한다. 시간의 단절점이 다가올 사건advent event의 시작점을 구성하는 것은, 발생의 '외연'과[39] 생성의 '도피선'을 여는 지점이기도 하다. 세 번째 측면은 변이의 감동-욕망은 생명 사건 현실화의 감각 초석이다. 변이된 감동-정감은 항상 일반적 인지를 넘어서서 보통 일상의 경험 속에 숨어 있는 생명들의 틈을 파고들며, 견디기 어려운 것들의 배후의 힘을 들춰내며, 생성-타자를 통해 생명의 무한한 창조로 이어진다.

생성-타자는 생태미학의 잠재 생태학virtual ecology으로의 방향성을 열었다. 생성론으로부터 생성-타자의 시간, 신체 및 사건의 관계로부터 우리는 생성-타자의 발생 메커니즘을 쉽게 알 수 있다. 사건은 지금 '시간의 공백'에서 극단적인 단절을 이루고 기존의 인과관계의 사슬을 부수고, 신체라는 내재적인 영역을 매개로 진실세계와 잠재세계의 연계성을 실현한다. 그로 인해 극단적인 변혁(생성-타자)을 일으키

---

38 吉爾·德勒茲, 陳永國 譯, 「什麼是生成?」, 『生産. 第五輯, 德勒茲機器』, 廣西師範大學出版社, 82쪽.
39 吉爾·德勒茲, 陳永國 譯, 「什麼是生成?」, 『生産. 第五輯, 德勒茲機器』, 廣西師範大學出版社, 84쪽. 들뢰즈의 판단에 "사건은 결정체(晶體, crystal)와 같아서 가장자리나 가장자리에서만 생성되고 발전한다. 이것은 신체의 '표면'이 생성에서 작용하는 것, 그리고 생성되는 '변연' 효과를 인정한다. 사람은 바로 국경을 따라가면서 표면의 가장자리를 통과함으로써 비물질적인 것들로 몸을 통하게 된다." 이것은 신체의 '표면'이 생성에서 작용하는 것, 그리고 생성되는 '변연' 효과를 긍정하는 것이다.

고, 차이 영원한 회귀eternal return로 나아가고, 보편성과 동일성을 이질성으로 맞서는 기본 방식을 구성한다.

생성-타자와 관련된 모든 항목을 통틀어 볼 때, 타자와 잠재는 그 중 가장 핵심적인 키워드임에 틀림없다. "타자는 우선 인지 영역의 구조이고 …… 구조의 타자로서 가능 세계로 표현된다. 그것은 표현되었고, 이해되었지만 여전히 표현되는 것의 밖의 것이다."[40] 선험적인 타자는 가능 세계에 대한 표현이지만, 표현되는 것 밖의 잠재적 가능성에 대한 표현이기도 하다. 이것이 곧 우리를 가타리의 잠재적 생태학으로 이끄는 포인트이다. 가타리는 오늘날의 생태적 딜레마를 직시하고, "재건 가치의 핵심축, 인간관계와 생산의 활력"이라는 생태 구원의 취지를 살려, 아래와 같이 제안한다. "잠재 생태학은 현실 세계의 생태학만큼이나 필수적이다 …… 잠재생태학은 멸종위기 종의 보호에 힘쓸 뿐만 아니라, 전대미문의(한 번도 보지 못한 것과 느껴보지 못한) 주체적 형식을 창조하고 발전시키기 위한 조건이 된다."[41]

그래서 생태학을 일종의 광의의 생태학generalised ecology으로 발전시키고, 새로운 가치 체계와 생명의 품격을 목표로 하는 생태 지혜ecosophy를 정립한다. 이로써, 생태미학이 생성-타자를 통해 현실세계의 질곡에서 벗어나, 기존의 밋밋한 존재의 영역existential Territories에서 벗어나 새롭고 전례 없는 가치의 세계incorporeal Universes로 향할 수 있도록 하는 것이다. 존재의 영역과 가치의 세계는 주체적인 본체론의 두 가지

---

40 吉爾·德勒茲, 陳永國 譯, 「什麼是生成?」, 『生産. 第五輯, 德勒茲機器』, 廣西師範大學出版社. 95-96쪽.

41 Félix Guattari, *Chaosmosis: an Ethico-Aesthetic Paradigm*, Translated by Paul Bains·Julian Pefanis, Sydney: Power Publications, 91쪽.

요소가 되고,[42] 인간 주체성은 지속적인 생성-타자의 변화 과정 resingularize에서 자생성autopoiesis을 얻음으로써 생명은 끊임없는[生生不息] 창조적 여정으로 이어진다.

4. 애정에 의한 미[因愛而美]: 생태미학의 윤리미학 패러다임

변이된 감동-욕망과 일반적 인지는 인간의 심미 인지 체계를 함께 구성됐다. 가타리는 양자의 병존에 따른 미적 경험의 역설에 대해 다음과 같이 말했다. "욕망affects은 존재하는 체득 패턴으로서 순간적으로 발생하는데, 사실 재현representation 영역에서 상징적인 특징과 묘사적인 후렴refrain은 존재를 위한 촉매작용처럼 필수 불가결하다. …… 그러나 현실 세계에 미치는 영향이 아무리 복잡해도 감동-정감의 덩어리를 재현하는 것은 언제나 심미를 통해 이뤄진다.

서로 관통하는 순간에 주체와 대상, 자신과 타자, 물질과 정신, 이전과 그 이후 등의 대립적 관계들이 한데 모인다. 간단히 말해서, 욕망은 재현과 언어상의 문제가 아니며, 욕망은 곧 존재이다."[43] "욕망은 곧

---

42 주체적 생산은 가타리 연구의 시작점과 종결점이며, 『三重生态学』와 『카오스 상호침투』를 포함한 거의 모든 저작을 관통하는 하나의 중심선이다. 가타리는 윤리 미학적 패러다임의 기치 아래, 기계적인 '조립(assemblage)'의 이념을 이용하여, 그의 "四象限 조립 모형"을 그렸다: 주체적으로 생산되는 네 개의 본체론 요소를 각각 종횡좌표 축이 정한 다음과 같은 네 개의 상한 내에 배치한다: 기계어족(machinic Phylums, 약어는 Φ), 가치세계(incorporeal Universes, 약어는 U), 존재영역(existential Territories), 흐름(Fluxes, 간단히 F로 표기). 그의 주체적 생산의 원모식화(metamodeling)라는 이론적 구상을 마무리지었다.

43 Félix Guattari, *Chaosmosis: an Ethico-Aesthetic Paradigm*, Translated by Paul Bains·Julian Pefanis, Power Publications, 93쪽.

존재이다"라는 말은 의심할 여지없이 미적 감각에서의 욕망의 핵심적 위치를 드러낸다. 변이된 감동-욕망은 감성적이고 직관적인 특성 때문에 항상 이성, 지식, 공리 등의 관여를 피해 첫 순간에 심미 경험에 도달함으로써 일반적 인지를 넘어 심미 경험 면에서 우선적 위치 차지한다.

그렇다면 이 두 가지 판이한 심미 인지 패턴이 어떻게 심미 인지 과정에 작용할까? 우선, 일반적 인지는 심미적 재현aesthetic representation 모드에 속하며 어떤 흥미 있는, 분별할 수 있는, 중복되는 대상을 감지하는 경향이 있다. 이러한 대상에 대한 과학적 지식에 의한 의미나 정보의 발견과 재현에 주력한다.[44] 심미 재현은 지성과 윤리적 요소의 제약을 받으며 심미 경험을 현실 세계에서 익숙한 혹은 규범적인 견해로 유도하여, 생태미학을 '지에 의한 발흥'으로 이끈다.

다음으로, 변이된 감동-욕망은 무의식적인 차원의 감성적 경험으로서 규범적인 재현 체계와는 구별된다. "일반적인 감각과 사유상태에서 벗어난 영역의 감동-정감deterritorialised percepts and affects"에 힘쓰고 있으며 …… 우리를 주체적 형식의 근본적 변이로 이끈다."[45] 생성-타자를 통해 심미 창조aesthetic creation로 향한다. 심미 창조는 보편성과 공감각을 갖춘 심미적 경험으로 그 창조성은 그 독특한 심미 메커니즘에서 비롯되었다. "내재적인 것과 외적인 것을 구분하지 않는다. 그것들은 무수하게 다양한 측면을 지니고 있으며 그로 인해 내부와 외부

---

44 克萊爾·科勒布魯克, 廖鴻飛 譯, 『導讀德勒茲』, 重慶大學出版社, 30쪽.
45 Félix Guattari, *Chaosmosis: an Ethico-Aesthetic Paradigm*, Translated by Paul Bains· Julian Pefanis, Power Publications, 89쪽.

를 숨기고 있다. …… 그것은 생성(차이의 발생원)이며 각기 영역의 중심에 기반을 두고 있으면서도 그것들의 이질성을 강조하기 위해 다른 영역들 사이에 있다."[46]

궁극적으로 이 두 심미 인지 방식은 의식과 무의식을 보완하는 심미 인지 모델을 함께 구축한다. 심미가 끊임없이 우리의 존재를 만들어 내는 영역(T)을 재현하는 것은 범위화 과정을 위한 것이다. 심미 창조가 우리에게 제공하는 새롭고 전례 없는 가치세계(U)는, 범위화 과정을 풀기 위한 것이다. 영역의 구축과 해체의 반복은 심미적 경험 측면에서 현실성과 잠재성의 연계하였고 주체적 생산도 완성했다.

심미 재현과 심미 창조는 생태미학을 윤리 미학적 패러다임으로 나아가게 한다. 윤리미학 패러다임은 윤리와 창조에 동시에 주목했다. 전자는 선험적 준칙과 도덕적 판단의 속박을 넘어 일종의 내재적 윤리적 결단과 선악에 대한 달관으로 생명의 원칙에 대한 근본적 탐구를 이끌고 있다. 후자는 차이와 창조의 힘을 강조하며 "모든 것은 끊임없이 창조되고 처음부터 다시 시작되어야 하며, 그렇지 않으면 일종의 구태의연한 순환과정에 빠질 것"이라고 생각한다.[47]

가타리는 그의 혼돈상호침투 이론으로 윤리미학의 패러다임에 대한 본체론적 사고를 했는데, 그가 보기에 심미 창조는 일종의 혼돈상호침투chaosmosis이다. 그것은 감지할 수 있는 유한성의 기초 위에서 창조성의 잠재력을 파악하는 힘이다. …… 그것은 유한 속도의 사건을 무

---

[46] Félix Guattari, *Chaosmosis: an Ethico-Aesthetic Paradigm*, Translated by Paul Bains· Julian Pefanis, Power Publications, 92쪽.

[47] Félix Guattari, *The Three Ecologies*, Translated by Ian Pindar·Paul Sutton, Bloomsbury Academic, 27쪽.

한 속도의 중심에 두고, 전자가 가져다주는 잠재력은 후자를 창조적 강도로 만든다. 무한 속도는 유한 속도를 탑재하고 잠재를 가능으로 전환하며 가역성을 불가역성으로 전환하고 연장延長을 차이로 변환한다."[48] 혼돈이 서로 스며드는 과정은 주체적으로 생산되는 과정을 수반하고, 각각의 '신체'는 '감지점'이 되어 혼돈의 우주를 향해 활짝 열리고, '이중 표현double articulation'을 완성한다. 그 자체로 가장 요원한 혼돈과 가장 깊은 혼돈의 주름을 향한 '위상 공간topological space'은 '가치세계의 초감각적 무한성'을 창조해내고 그 자체로 한정되는 형식을 향한다.

'나'로서의 자신의 이미지를 형성함으로써 '존재하는 영역의 감지 가능한 유한성'을 창조한다. 전자는 무한 속도의 세계에서 이질화된 '존재being – 속성quality'을 나타내며 주체적으로 생산되는 영역을 구성한다. 후자는 감속의 유한세계에서 동질화된 '존재being – 물질matter – 허무nothingness'로서 주체적인 생산의 범주화를 이루는 한 축을 구성한다. 존재의 영역(T)과 가치세계(U)는 공통적으로 '내재적 지평'에 스스로를 구축했고 그것들은 상호교합을 통해 유한성과 무한성, 혼돈과 복잡성 자체의 일치성ontological consistency을 이루었다.[49]

요컨대 혼돈 상호침투 이론은 미시 지각microperception 측면에서 우리에게 심미인지의 본체론적 근거를 설명하였다. 존재의 영역은 심

---

[48] Félix Guattari, *Chaosmosis: an Ethico-Aesthetic Paradigm*, Translated by Paul Bains· Julian Pefanis, Power Publications, 115쪽.

[49] Félix Guattari, *Chaosmosis: an Ethico-Aesthetic Paradigm*, Translated by Paul Bains· Julian Pefanis, Power Publications, 111쪽; 張惠靑,「混沌互滲－走向主體性生產的生態美學－論加塔利倫理美學範式下的生態智慧思想」,『浙江社會科學』, 141-147쪽을 함께 참조. 이 글을 참조하면 혼돈의 상호침투와 주체적 생산 이론을 더 잘 이해할 수 있다.

미 재현에 대응하여 인간의 주체적인 존재 유지(지속적인 영역의 구축)에 힘쓴다. 가치세계는 심미 창조에 대응하여 인간의 주체적인 변이(지속적인 영역의 해체)에 주력함으로써 생명본체는 항상 일종의 개방적인 '자위自爲(for-itself)'를 고수하게 되고,[50] 지속적인 생성-타자를 통해 '영원회귀'를 지향한다. 즉 모든 것은 끊임없이 제로에서 시작되고 모든 것은 혼돈의 출현 지점에서 신생新生 상태로 치환된다.[51]

생성-타자는 우리에게 사랑으로 인한 미美의 생명 광경을 그려주었다. 생성-타자는 생태 심미가 더 이상 현실 세계의 실존적 형식의 재현에 국한되지 않도록 하고, 모든 생명(자연과 인공, 인간과 인간 이외의 존재)이 변하고 생성될 수 있는 잠재력을 획득하게 한다. 이로써 서로 다른 종들을 모두 아우르는 특징적 관계로 일종의 '특이 본질'을 보여준다. 스피노자가 말했듯이 "내 관계와 특징적 관계는 나의 '특이 본질'을 표현하는데 …… '특이 본질'은 역량의 등급으로, …… 나의 강도의 한계를 나타낸다."[52] 특이 본질은 사람을 순수한 강도强度의 세계로 이끈다. 사람을 일종의 지복béatitude 또는 자발적 욕망auto-affect의 경지에 오르게 하고, 모든 신체의 강도는 외적인 것의 강도와 서로 맞아떨어진다. "자신에 대한 당신의 사랑은 동시에 당신과는 다른 것에 대한

---

[50] Félix Guattari, *Chaosmosis: an Ethico-Aesthetic Paradigm*, Translated by Paul Bains·Julian Pefanis, Power Publications, 109쪽. 가타리에 따르면, 모든 존재는 생성-생명의 흐름 속에서 상대적으로 안정된 순간일 뿐, 모든 존재는 우선 자주적 일치성, 자주적 확실성, 특정한 타성(alterity) 관계에 나타나는 자위(for-itself)적 존재이다. 그래서 생명본체는 끊임없이 생성을 향해 열린 개방적인 상태를 부여한다.

[51] Félix Guattari, *Chaosmosis: an Ethico-Aesthetic Paradigm*, Translated by Paul Bains·Julian Pefanis, Power Publications, 94쪽.

[52] 吉爾·德勒茲, 姜宇輝 譯, 「德勒茲在萬塞訥的斯賓諾莎課程(1978-1981)記錄」, 21쪽.

사랑이고, 동시에 하나님에 대한 사랑이자, 그 자신에 대한 하나님의 사랑이다."[53]

이것은 들뢰즈의 '운명 사랑amor fati' 윤리학을 구현한 것이며, 그러한 것을 사랑한 것으로 내재성으로부터 윤리적인 결단을 구한다. 외적인 것을 찾거나 '그러하다'는 것을 넘어서는 어떤 진리, 변호, 또는 기초를 찾는 것이 아니다.[54] "그러한 것을 사랑하라"는 것은 우리들로 하여금 '타자'의 '그러한 것'에서 생명을 상상하고 생각하라는 것이다. "우리는 우리 자신을 더 이상 생명 위에 위치하며 생명과 양립하는 불변의 인지자로 여기지 않으며, 우리는 우리 스스로를 생명 인식의 흐름에 심취하게 할 것이다."[55] 자신을 초월하여 세상 만물을 존중하고 선하게 대하는 것이다. 이 큰 사랑의 경지는 인류가 자연의 타자와 '공감'을 이루게 하고, '사랑에 의한 미'를 통해 모든 종의 생태적 공평함을 실현하고 생태미학적 구원을 완성한다.

생태미학의 욕망 전향 이론의 학술적 기여는 다음과 같이 요약할 수 있다. 첫째, 변이의 감동-욕망이 무의식적인 측면에서 감성학으로서의 생태미학의 기초를 다졌다는 점이다. 심미 창조 모델은 그 보편성과 공통성의 특징으로 칸트 미학이 주창하는 '심미의 무공리[審美無功利]'를 구성하여, 생태미학에게 미학으로서 자율성을 보장하였다. 이와 함께 일반적인 인지 논리 하의 심미재현 모델로 생태지식과 생태윤리에 의한 생태심미 달성이라는 사명을 띠고 생태심미 중의 생태가치의

---

[53] 吉爾·德勒茲, 姜宇輝 譯, 「德勒茲在萬塞訥的斯賓諾莎課程(1978-1981)記錄」, 22쪽.
[54] 克萊爾·科勒布魯克, 廖鴻飛 譯, 『導讀德勒茲』, 重慶大學出版社, 88쪽.
[55] 克萊爾·科勒布魯克, 廖鴻飛 譯, 『導讀德勒茲』, 重慶大學出版社, 155-156쪽 참조.

획득하였다.

둘째, 두 가지 심미인지 모델은 의식과 무의식의 융합을 생태학과 미학의 호환성으로 최적의 결합점을 찾았다. 그것은 심미 가치의 획득을 심미 창조적 측면에 맡기고 생태적 가치의 획득을 심미적 재현의 측면으로 한정하지만, 심미 재현이 심미 가치를 동시에 획득할 수 있는 가능성(생태 가치와 심미 가치의 일치)을 배제하지 않는다. 이로써 생태미학은 생태-심미 충돌이라는 이론의 딜레마에서 벗어나 독립된 미학으로 타당성을 얻게 된다.

셋째, 변이적 감동-욕망은 개인에 있어서 심미 인지 체계의 무의식적 회귀로서 그 무의식적 체험과 창의적 특성으로 생태미학을 일종의 무의식 미학unconscious aesthetic으로 이끈다.[56] 무의식 미학은 생태미학으로 하여금 전통미학의 현실세계 재현 편중이라는 심미적 특징을 극복하게 하는 동시에 현상학 미학의 경험적 사실에 얽매인 심미적 특징을 극복하게 한다. 잠재 생태학을 향해 열린 생성-타자는 심미의 창조적 차원을 열어주며 전통적인 미학과 현상학적인 미학이 잠재성에 대해 간과했던 것을 보완한다.

마지막으로 생태미학의 욕망의 전환은 우리에게 지속적인 개방과

---

[56] Félix Guattari, *Chaosmosis: an Ethico-Aesthetic Paradigm*, Translated by Paul Bains·Julian Pefanis, *Power Publications*. 가타리는 프로이드와 라콘에 대한 무의식적 전승과 확장을 통해 "무공리"와 "자유" 범주를 무의식 미학의 기본적 차원으로 통합하고, 그 과정의 창조적 차원(주체성 구현)를 제창한다. 생태미학의 무의식에 대한 강조는 서양 생태미학의 창시자인 Juscuk Koh로 거슬러 올라간다. Koh는 「생태미학」이라는 글에서 형식미학, 현상학미학, 생태미학 등의 11개 방면에서 행한 비교에서 생태미학을 창의력 미학으로 자리매김하고 생태의식 미학을 강조하는 데 초점을 두고 있다. 무의식 체험과 창의력에 대한 Koh의 강조는 철학의 기초를 떠나 필자의 연구 결론과 일치한다.

갱신이라는 인간본체론, 즉 분형본체론fractal ontology을 제시한다.[57] 시간의 단절점과 생성된 도피선이 끊임없이 열리고, 존재 자체의 끊임없는 탈바꿈, 맹아萌芽와 변형, 정체성의 의미에서 이대생성異代生成, ontological heterogenesis으로 나아가고 있다.[58] 이대생성은 포스트 미디어 시대의 생태미학의 이론적 연구에 무척 중요하기 때문에 또 다른 글에서 논해야 할 것 같다.

---

[57] Félix Guattari, *Chaosmosis: an Ethico-Aesthetic Paradigm*, Translated by Paul Bains·Julian Pefanis, Power Publications, 95쪽.

[58] Félix Guattari, *Chaosmosis: an Ethico-Aesthetic Paradigm*, Translated by Paul Bains·Julian Pefanis, Power Publications, 96쪽.

참고문헌

德勒茲, 謝强 等 譯, 2004, 『時間: 影像』, 湖南美術出版社.
德勒茲·加塔利, 董宇輝 譯, 2010, 『資本主義與精神分裂(卷2): 千高原』, 上海書店出版社.
吉爾·德勒茲, 菲利克斯·迦塔利, 張組建 譯, 2007, 『什麼是哲學』, 湖南文藝出版社.
吉爾·德勒茲, 陳永國 譯, 2008, 「什麼是生成?」, 『生產. 第五輯, 德勒茲機器』, 廣西師範大學出版社.
吉爾·德勒茲, 董强 譯, 2017, 『弗蘭西斯·培根: 感覺的邏輯』廣西師範大學出版社.
克萊爾·科勒布魯克, 廖鴻飛 譯, 2014, 『導讀德勒茲』, 重慶大學出版社.
斯賓諾莎, 賀麟 譯, 2015, 『倫理學』, 商務印書館.
Félix Guattari, 2006, *Chaosmosis: an Ethico-Aesthetic Paradigm*, Translated by Paul Bains·Julian Pefanis, Sydney: Power Publications.
Félix Guattari, 2014, *The Three Ecologies*, Translated by Ian Pindar·Paul Sutton, New York: Bloomsbury Academic.
Gilles Deleuze, 1981, *Spinoza: Philosophie pratique*, Paris: Les Editions de Minuit.

李科林, 2012, 「時間的生命內涵」, 『世界哲學』第5期.
張惠青, 2017, 「混沌互滲: 走向主體性生產的生態美學-論加塔利倫理美學範式下的生態智慧思想」, 『浙江社會科學』.
保羅·戈比斯特, 2010, 「西方生態美學的進展-從景觀感知與評估的視角看」, 『學術研究』第4期.
弗朗索瓦·祖拉比什維利, 王德誌 等 譯, 2016, 「論"感-動"的六則筆記」, 『生產. 第11輯, 德勒茲與情動』, 江蘇人民出版社.
吉爾·德勒茲, 姜宇輝 譯, 2016, 「德勒茲在萬塞訥的斯賓諾莎課程(1978-1981)記錄」, 『生產. 第11輯, 德勒茲與情動』, 江蘇人民出版社.
邁克爾·哈特, 蔣洪生 譯, 2016, 「情動何益?」, 『生產. 第11輯, 德勒茲與情動』, 江蘇人民出版社.
派翠西亞·蒂奇內托·克拉夫, 尉光吉 譯, 2016, 「〈情動轉向〉導論」, 『生產. 第11輯, 德勒茲與情動』, 江蘇人民出版社.

저자 소개

신정근 辛正根

서울대학교에서 「고대 중국 '인(仁)' 사상의 형성과 전개에 관한 연구」(1999)로 철학박사를 취득하였고, 서울대학교 철학사상연구소의 연구원을 거쳐 성균관대학교 교수로 재직 중이다. 현재 유학대학 학장, 유학대학원 원장, 동양철학문화연구소 소장 등을 맡고 있으며, 사)인문예술연구소 대표로 인문학과 예술의 결합을 추진하고 있다. 아울러 동양철학과 BK21+ 사업단장을 맡아 산동대 문예미학연구센터와 학술적 교류를 꾸준히 진행하고 있다.

동아시아 철학/미학의 주요 개념의 어원과 전개 과정을 규명하는 개념사·철학사·미학사를 충실히 연구하면서 동아시아 철학/미학 이론을 현대사회의 의미 맥락에 재구성하여 현대동아시아 철학/미학의 성립 가능성을 모색하고 있다. 『사고전서총목제요』의 전역과 주역 그리고 『동아시아미학예술미학총서』(중국편)의 기획과 번역을 완수했고, 앞으로 철학/미학의 통사를 구상하고 있다. 『사람다움의 발견』, 『철학사의 전환』, 『중용이란 무엇인가』, 『인권유학』 등 다수의 저서와 논문이 있다.

쩡판런 曾繁仁

당대 중국 생태미학 창시자 중 한 사람이며, 산동대학교 종신 교수로 현재 교육부 지정 인문사회과학 핵심연구기지 '산동대학교 문예미학연구센터'의 명예주임과 중국 사회과학원 철학사상연구소의 학술고문 등을 맡고 있다. 산동대학교 당서기이며 총장, 국무원 학위 위후연회의 중구구 언어문학과 심의팀 간사, 중화 미학학회 부회장, 중외 문예이론학회 부회장을 역임하였다. 아울러 2005년 전국 100편 우수박사학위 논문지도 교수상, 2007년 산동성 사회과학 1등상, 교육부 사회과학 우수상 등 학술상을 수차례 수상하였다.

주요 저서로는 『西方美學範疇硏究』, 『生態存在論美學論鼓』, 『中西對話中的生態美學』, 『生態美學基本問題硏究』, 『生態美學導論』 등이 있다. 그리고 『中國美育思想通史』, 『中外美育思想家評傳』 등의 편집을 주관하였다.

정석도 鄭錫道

관동대학교(현 가톨릭관동대학교) 예술대학에서 서양회화를 전공하고, 성균관대학교 대학원 동양철학과에서 석사와 박사학위를 받았다. 북경대학교 철학과에서 박사 후 연수를 마치고, 청화대학교 철학과에서 박사학위를 받았다.
현재 카톨릭관동대학교 VERUM 교양대학 교수로 재직 중이며, 주된 연구방향은 '중국철학사', '도가철학', '동아시아 미학'이다. 대표 연구로는 『하늘의 길과 사람의 길-노자철학의 은유적 사유문법』, 「만청시기의 도가연구와 문화계몽」, 「도가의 생태미학」 등이 있다.

청상잔 程相占

1995년 산동대학교의 중문학과에서 중국고전문학을 전공했으며 문학박사 학위를 받았고, 같은 해 산동대학교 문예이론 연구실의 일원으로 교편을 잡았다. 교육부 장강학자(長江學者) 특별초빙교수이며, 산동대학교 문학원 교수 및 박사과정 지도 교수, 부원장이고 동시에 교육부 인문사회과학 중점연구기지인 산동대학교 문예미학연구센터의 부주임이며, 국제 영문 학술지인 Contemporary Aesthetics의 국제 자문위원이다.
주요 연구 분야는 중국미학, 생태미학, 환경미학, 신체미학 그리고 생태비평이다. 8권의 학술 전문서적, 3권의 번역서를 출간했으며, 중꾸, 미국, 영국, 독일, 폴란드, 터키 등 국가에서 115편의 중문이나 영문 논문을 발표하였다. 주요 학술 업적은 다음과 같다. 중국 전통의 핵심 가치관인 '생생(生生)' 개념을 바탕으로 '생생미학(生生美學)'이라는 분야를 개척하였다. 노르웨이 철학자 네스의 '생태지혜T'를 참고하여 독특한 '생태지혜C' 개념을 창조하였으며, 중국 전통 사상의 현대화 및 그 보편성을 위한 이론 프레임 구축을 시도하고 있다.

김미영 金美英

세종대학교와 숙명여자대학교 대학원에서 한국전통춤을 배웠고, 성균관대학교 동양철학과에서 박사학위를 받았다. 현재 성균관대학교 동양철학문화연구소 연구교수로 재직 중이다. 전통시대 검술을 바탕으로 한 검무교육프로그램 제작에 관심이 있고, 문학작품에 나타난 춤의 형상화를 바탕으로 한 무론(舞論)을 공부하는 데에 뜻을 두고 있다.
저서로는 『『악학궤범(樂學軌範)』 악론(樂論)의 동양사상 2580』(단독)과 『21세기 유교 연구를 위한 백가쟁명』(공동)이 있으며, 「『시경』 속 춤동작의 문예적 표현 탐구」,

「당시(唐詩)에서의 춤동작에 대한 문학적 형상화」, 「왕양명(王陽明)의 심학(心學) 이론으로 본 한국전통춤의 사욕(私欲)과 천리체인(天理體認)」, 「전쟁과 춤 그리고 유교-〈파진악(破陣樂)〉을 중심으로-」, 「무예도보통지(武藝圖譜通志) 검술을 기초로 한 조선검무의 춤동작과 사상성 연구」 등 다수의 논문이 있다.

저서로는 『중국철학과 예술정신』(1997), 『유학자들이 보는 노장철학』(1998), 『노장철학으로 동아시아문화를 읽는다』(2002)가 있다. 「노장의 미학사상 연구」, 「주역의 미학사상 연구」 등 학술논문 130여 편과 월간 『서화잡지』에 실린 100여 편의 소논문 및 서화 평론글이 있다.

동양의 그림과 글씨 및 다양한 유물·유적에는 동양철학이 담겨 있다는 점에 착안하여 동양철학과 동양예술의 경계 허물기에 주력하고 있다.

후요우펑 胡友峰

2007년 절강대학교 중문과에서 문학박사 학위를 받았고, 현재 산동대학교 문예미학연구센터 교수이면서 박사생 지도교수이다. 국가 고위 인재채용 특별지원 만 명 프로젝트에 당선되었고, 산동성 태산학자泰山學者 특별 초빙전문가이다.

지금까지 『文學評論』, 『文藝理論硏究』, 『外國文學』 등의 학술지에 80여 편의 논문을 발표하였으며, 『剛德美學的自然與自由觀念』, 『媒介生態與當代文學』 등 3권의 저서를 출간하였다.

이용윤 李容潤

성균관대학교 동양철학과에서 학사학위, 중국 북경대학교 철학과에서 석사학위, 미국 위스콘신대학교 동아시아과에서 박사학위를 받았다. 성균관대학교 유교문화연구소의 학술지 『Journal of Confucian Philosophy and Culture』의 편집장을 역임했었고, 성균관대학교 유학대학의 장학교육기관인 양현재(養賢齋)의 재감을 역임했으며, 현재 성균관대에서 강의하고 있다.

주요 연구분야는 중국 선진시대의 도덕철학과 우주론 등으로, 윤리규범의 기원과 메커니즘에 대한 탐구에 중점을 두고 있다. 주요 학술논저로는 『The Ethical Mapping of Tian (Heaven) and Dao (Way): An Interaction Between Cosmology and Ethics in Early China』, 『내 마음속 논어』(공저), 『21세기 유교 연구를 위한 백가쟁명: 1권 유교의 과거와 현재 그리고 미래』(공저), 「Tian 天(Heaven) as a Cosmological Framework for Kongzi's Moral Teaching」, 「맹자의 보편적 인성론: 개방적 소통을 향한 내적 인프라 구축」 등이 있다.

한칭위 韓淸玉

1981년 6월생으로 산동(山東) 양산(陽山) 출신이다. 문학박사이며, 현재 산동대학교 문예미학연구센터 교수로 재직 중이다. 박사과정의 멘토로 있으며 산동대학교 제노(齊魯)청년학자이다.

주요저서는 『예술자율성 연구』 (인민출판사 2019) 등이며, 『문학평론』, 『철학동태』, 『철학과 문화』 등 A&HCI 저널을 포함하여 학술논문 40여 편을 발표했다. 그중 5편은 인민대학교 저널에 옮겨 실렸다. 국가급 프로젝트 2건을 주관하였다. 중국문예평론가협회 회원, Korean Journal of Converging Humanities 편집위원회 등을 겸임 중이다.

금종현 琴鍾鉉

한신대학교 철학과를 졸업하고, 성균관대학교에서 대학원 생활을 하였다. 「의(義) 사상의 기원과 전개」(2011)로 철학박사학위를 취득하고, 성균관대학교, 한신대학교, 한국외국어대학교 등에서 강사로 활동하였다. 사)인문예술연구소의 선임연구원으로 재직했고, 중국 제남(濟南)의 제노공업대학교(齊魯工業大學校) 조선어과 등에서 외국인 교수로 중국인 학생들을 만났다. 현재는 성균관대학교 유학대학 연구교수로 재직 중이다.

주요 관심사는 중국 선진시대 국가와 공동체 문화의 흐름과 당시의 지식인들은 이에 대응하여 어떻게 윤리 개념을 정초했는지에 대한 연구이며, 이러한 지혜들을 현대에 어떻게 접목할 수 있을지에 대해서도 고민하고 있다. 이와 관련한 연구로 「의 실천의 근원적 모순과 이에 대한 공자의 고뇌와 선택」와 「맹자의 내면화 기획을 통한 유학 윤리의 정초-의 개념을 중심으로」 등 여러 편의 논문이 있다.

왕주저 王祖哲

현재 산동대학교 문학원 및 문예미학 연구센터 부교수를 역임하고 있다.

주 연구분야는 예술철학, 문화철학, 언어 철학, 및 Giambattista Vico, Benedetto Croce, 주광첸(朱光潛)의 미학 등이다. 학술 번역작품은 『예술 대 비예술』(Tsion Avital), 『예술철학: 대분석미학도론』(Carroll), 『인류환경미학』(Arnold Berleant, Allen Carlson) 등을 비롯하여 30여 종이 있다.

박지혜 朴智慧

충북대학교 고고미술사학과를 졸업하고, 홍익대학교 미술사학과에서 일본 근대기 신남화 논쟁을 주제로 석사학위를 취득하였다. 현재 성균관대학교 동양철학과에서 예술철학을 공부하고 있으며, 한국미술연구소CAS의 연구원으로 재직 중이다.

한국을 비롯한 근대기 동아시아의 미의식과 미술이론에 관심을 가지고 있으며, 시각자료 분석을 통한 근대기 미술 인식에 대해 연구하고 있다. 주요 연구로는 「신남화의 성립과 전개: 1910년대 일본화단을 중심으로」, 「《조선미술전람회》 참고품 재평가를 위한 모색」이 있다.

장훼이칭 張惠靑

1977년 5월생으로, 산동(山東)의 쥐안청(鄄城) 출신이다. 1999년 천진대학교 건축학과를 졸업하고 건축학사를 받았다. 2009년 산동대학교 토건수리학과 건축설계 및 이론학 석사학위를 받았으며, 2014년 천진대학교 건축학과 건축설계 및 이론학 박사학위를 받았다. 2015~2018년 산동대학교 문예미학연구센터에서 생태철학과 생태미학 연구로 중국언어문학 박사후 연수과정을 연수하였다. 현재 산동건축대학교 예술대학 부교수로 재직하고 있으며, 생태철학과 생태미학, 지속 가능한 에너지 경관과 경관 미학, 자생 공간론, 건축공간 미학 등 주로 생태학과 관련된 도시설계와 환경미학과 관련된 연구를 진행하고 있다.